Paul d'ESTRÉE

LE
THÉÂTRE SOUS LA TERREUR
(THÉATRE DE LA PEUR)
1793-1794

D'APRÈS DES PUBLICATIONS RÉCENTES
ET D'APRÈS LES DOCUMENTS RÉVOLUTIONNAIRES DU TEMPS
IMPRIMÉS OU INÉDITS

Prix biennal de l'Association de la Critique dramatique et musicale (1910)

PARIS
EMILE-PAUL FRÈRES, ÉDITEURS
100, RUE DU FAUBOURG SAINT-HONORÉ, 100
—
1913

LE

THÉATRE SOUS LA TERREUR.

(THÉATRE DE LA PEUR)

1793-1794

OUVRAGES DE PAUL D'ESTRÉE

Œuvres inédites de Motin (avec notice et notes). Paris, librairie des bibliophiles, 1883.

Mémoires de Voltaire, écrits par lui-même (avec notes et commentaires). Paris, Kolb, 1891.

Les Hohenzollern (en collaboration avec E. Neukomm). Paris, Perrin et Cⁱᵉ, 1892.

Un policier homme de lettres. L'Inspecteur Meusnier (1748-1757). Paris, aux bureaux de la Nouvelle Revue rétrospective, 1892.

Les Explosifs au XVIII° siècle. Paris, aux bureaux de la Nouvelle Revue rétrospective, 1894.

Journal inédit du lieutenant de police Feydeau de Marville (1744). Paris, aux bureaux de la Nouvelle Revue rétrospective, 1897.

Les théâtres libertins du XVIIIᵉ siècle (en collaboration avec Henri d'Alméras). Paris, Daragon, 1905. *Epuisé.*

Les organes de l'Opinion publique dans l'Ancienne France (en collaboration avec Fr. Funck-Brentano). Paris, Hachette et Cⁱᵉ.

   I. Les Nouvellistes, 2ᵉ édition, 1905.

   II. Figaro et ses devanciers, 1909.

   III. La Presse clandestine (en préparation).

Le Père Duchesne. Hébert et la Commune de Paris (1792-1794). (Couronné par l'Académie française). Paris, Ambert et Cⁱᵉ, 1909.

La Duchesse d'Aiguillon (en collaboration avec A. Callet). Paris, Emile-Paul, 1912.

Un Rebouteur du Val d'Ajol et la Légende de Valdajou. (Bulletin de la Société française de l'Histoire de la Médecine). 1912.

EN PRÉPARATION :

Le Maréchal de Richelieu.

LE

THÉATRE SOUS LA TERREUR

(THÉATRE DE LA PEUR)

1793-1794

D'APRÈS DES PUBLICATIONS RÉCENTES
ET D'APRÈS LES DOCUMENTS RÉVOLUTIONNAIRES DU TEMPS
IMPRIMÉS OU INÉDITS

Par Paul d'ESTRÉE

Prix biennal de l'Association de la Critique dramatique et musicale (1910)

PARIS
ÉMILE-PAUL FRÈRES, ÉDITEURS
100, RUE DU FAUBOURG SAINT-HONORÉ, 100

—

1913

A MONSIEUR ADOLPHE BRISSON

PRÉSIDENT DE L'ASSOCIATION DE LA CRITIQUE DRAMATIQUE
ET MUSICALE

Hommage de l'Auteur

PAUL D'ESTRÉE

AVANT-PROPOS

Le *Théâtre de la Révolution*, qui a déjà trouvé tant d'historiens, dont le mieux documenté est assurément M. Welschinger [1], est, de l'avis unanime, aussi pauvre de souffle, d'idées et de style qu'il est inesthétique. C'est moins l'espace et les horizons qui lui manquent que les hommes. Il semblerait, tout d'abord, à vue de pays, qu'au lendemain du 14 juillet 1789 — date consacrée par la tradition pour marquer l'avènement de la liberté en France — une ère d'émancipation dût s'ouvrir également pour notre école dramatique. Né pouvait-on légitimement espérer que cette atmosphère régénératrice allait donner l'essor à tout un essaim d'auteurs indépendants, qui, affranchis des entraves de la censure, produiraient, aux yeux de l'univers étonné, autant et d'aussi magnifiques chefs-d'œuvre que le théâtre des Corneille, des Racine et des Molière, né sous l'étreinte arbitraire du pouvoir absolu ?

Or, ce nouveau répertoire, s'il fut abondant, resta toujours au-dessous du médiocre. Ce n'était pas qu'il eût à souffrir, dans le principe, de l'indifférence publique, qu'il ne fût pas stimulé par la bienveillance des uns ou cahoté par l'hostilité des autres. Aux premiers

---

[1] H. WELSCHINGER. *Théâtre de la Révolution* (1789-1799). Documents inédits. Paris, 1880.

appels de cette liberté naissante, les salles de spectacle s'étaient transformées en arènes politiques, où spectateurs, auteurs, acteurs s'invectivaient et se gourmaient le moins courtoisement du monde. Si, un jour, les partisans de l'Ancien régime restaient maîtres du terrain, le lendemain leurs adversaires reprenaient l'avantage. Quand le désordre dépassait les limites permises, la police intervenait, mais bien souvent pour être honnie et rossée par les belligérants. N'importe, chacun avait pu manifester *librement*, suivant ses idées ou ses convictions : seulement ce milieu était peu favorable pour une autre *liberté*, celle de l'art dramatique, que gênent singulièrement les trop bruyantes explosions, simultanées ou successives, d'enthousiasme ou de malveillance.

Dans la période qui suivit — et celle-ci sera plus particulièrement l'objet de notre étude — les tumultes ne furent pas moins formidables, mais bientôt ils cessèrent. Le vent de la Terreur avait soufflé sur les théâtres. Il ne fut plus désormais permis aux directeurs, aux auteurs, aux acteurs, au public lui-même, d'avoir d'autre opinion, ou tout au moins d'en exprimer une, qui ne fût celle « à l'ordre du jour ». L'argument de la guillotine répondait victorieusement à la moindre objection ou velléité d'opposition.

On comprend si l'art dramatique, réglementé d'ailleurs par décrets de la Convention, sur propositions du Comité de Salut Public, pouvait s'accommoder d'un tel régime. Cependant, il lui était interdit de garder le silence. Et, s'il parlait, il devait célébrer la gloire du Gouvernement révolutionnaire. Or, son répertoire, aussi copieux que le précédent, vaut moins encore. Que peut être, en effet, un théâtre, commandé par des impresarii, écrit par des auteurs, joué par des artistes, écouté par des spectateurs qui vivent tous sous la menace de la délation ?

LE THÉATRE DE LA PEUR.

Quand disparut cette angoisse de tous les jours et de toutes les heures, les salles de spectacle redevinrent ce qu'elles étaient à l'aurore de la Révolution, des champs-clos où républicains et royalistes recommencèrent, avec des fortunes diverses, à se heurter de rude façon. La police se faisait peut-être mieux obéir que pendant l'âge d'or de la Constituante : car les anciens décrets avaient toujours force de loi ; et d'ailleurs elle n'aurait pu tolérer que la forme du gouvernement fût mise en discussion. Mais l'idolâtrie ultra-révolutionnaire n'était plus de rigueur et les gens de théâtre avaient les coudées franches. L'art dramatique n'y perdit pas en quantité, mais n'y gagna guère en qualité. A peine quelques comédies et peut-être un peu plus de vaudevilles, marquent-ils d'une pierre blanche cette troisième période du *Théâtre de la Révolution*.

Il est vrai que la grande épopée Napoléonienne ne verra pas une génération plus brillante d'auteurs dramatiques.

Le Théâtre et les Pouvoirs publics

Le Théâtre et les Pouvoirs publics

CHAPITRE PREMIER

Entreprises de la Commune de Paris sur l'autorité de la Convention. — Les « invitations » de Pétion. — Interdiction de l' « Ami des Lois » et de « Mérope ». — Décret des 2 août et 1er septembre 1793. — Beautés de la censure théâtrale. — Servilité des théâtres. — Exécutions policières.

La loi du 13 janvier 1791, votée par l'Assemblée Nationale, avait accordé au théâtre sa pleine et entière liberté.

Le décret de la Convention du 2 août 1793, confirmé par celui du 1er septembre, la lui retira.

La Convention cédait ainsi à la pression continue qu'entendait exercer sur ses délibérations le Conseil général de la Commune de Paris.

L'Assemblée souveraine avait tenté cependant un semblant de résistance. Elle supportait impatiemment, et surtout quand elle obéissait à l'impulsion de la Gironde, le ton impérieux et les mesures arbitraires de cette Commune de Paris, soucieuse d'imposer son autorité despotique à la liberté de penser, de supprimer les pièces et de fermer les théâtres qui n'avaient pas l'heur de lui plaire.

C'était précisément le Conseil général qui avait

ouvert les hostilités, à l'occasion des représentations de *l'Ami des Lois* sur le Théâtre de la Nation (janvier 1793). Il avait interdit la pièce qu'il estimait trop favorable aux intérêts de la contre-révolution, déjà surexcitée par les débats du procès de Louis XVI.

La Convention casse l'arrêté de la Commune. Celle-ci, furieuse, en prend un autre, le 14 janvier, qui prescrit, par mesure de police, la fermeture des spectacles. Mais le nouvel arrêté, non moins illégal que le précédent, est cassé à son tour. Pétion, au nom de la liberté, s'était élevé contre l'abus de pouvoir de la Commune : « La loi, disait-il, met les pièces de théâtre sous la responsabilité des auteurs et des acteurs ; voilà la vraie, la seule responsabilité. » Mais, en sa qualité d'ancien maire de Paris, il crut devoir expliquer à ses collègues la procédure usitée de son temps en de semblables conflits :

« Les magistrats font des *invitations* : ils appellent chez eux les directeurs de spectacles et leur répètent qu'il est imprudent de jouer telle ou telle pièce. J'ai fait moi-même de pareilles *invitations* ; et elles ont réussi. »

La Commune devait avoir le dernier mot. Le 30 mars, sous prétexte qu'elle était chargée de la police des spectacles, elle interdisait l'*Ami des Lois* ; et, du même coup, elle « invitait » (elle n'avait pas oublié le mot de Pétion) la Convention Nationale à faire réviser par son Comité d'Instruction publique l'ancien répertoire, pour « le purger de toutes pièces propres à corrompre l'esprit républicain. »

Le lendemain, le député Génissieux abondait dans le sens du Conseil général de la Commune, en disant qu'il venait de voir dans *Mérope* (quel aristocrate que ce Voltaire !) une reine pleurer la mort tragique de son mari et souhaiter ardemment le retour de ses frères. Aussi, sur la proposition de Boissy d'Anglas, la Convention, déférant à l'« invitation » de la Commune, avec une docilité dont elle fut bientôt coutumière, ordonnait-elle au Comité d'Instruction publique de lui présenter une loi sur la surveillance des spectacles : elle chargeait en même temps le maire Pache d'arrêter les représentations de *Mérope*.

Mais ce fut surtout après la chute des Girondins, partisans déterminés de la liberté du théâtre, chute qu'avait provoquée et précipitée la Commune, que la Convention se laissa forcer la main par un pouvoir qui, grâce à l'appui des Jacobins et des sections parisiennes, pesait déjà si lourdement sur les délibérations de la représentation nationale.

En effet, le 31 juillet, le « Comité de Salut Public... du département de Paris » adressait cette communication « aux rédacteurs » du *Journal des Hommes libres*, qui la publiait dans son numéro du 3 août.

« Citoyens, le Comité de Salut Public du Département de la Seine, séant aux Quatre-Nations, vous « *invite* » (c'était décidément le terme consacré) à insérer dans votre journal, aujourd'hui ou demain, la note suivante :

« Signé : MARCHAND, *président ;* GENOIS, secrétaire.

« Le Comité de Salut Public du Département de Paris a invité les Directeurs des théâtres et comédiens sociétaires à conférer avec lui sur les pièces qu'ils représenteront, pendant que nos frères des départements seront à Paris.

« Les Directeurs et les Comédiens s'étant rendus à l'invitation et ayant donné communication de leur répertoire, le Comité a vu, avec la plus grande satisfaction, que ses intentions avaient été prévenues. »

Le directeur du *Journal des Hommes libres*, Charles Duval, en bon Montagnard et parfait Jacobin qu'il était, ne pouvait qu'obtempérer à l'invitation, d'autant que, la veille, le 2 août, le vrai Comité de Salut Public, celui de l'Assemblée Nationale, emboîtant le pas à ses collègues de Paris, avait proposé une loi règlementant les spectacles, qu'adopta sur l'heure la Convention. Le Comité invoquait, lui aussi, pour motiver le dépôt de son projet, « la fête du 10 août, à laquelle devaient assister les députés chargés de présenter l'acceptation de la Constitution et son désir de former de plus en plus, chez les Français, le caractère et les sentiments républicains [1]. »

Cette loi du 2 août 1793 était ainsi libellée :

« Article I. — A compter du 4 de ce mois, et jusqu'au 1er septembre prochain, seront représentées, trois fois la semaine, sur les théâtres de Paris, qui seront désignés par la municipalité, les tragédies de *Brutus*, *Guillaume Tell*, *Caïus Gracchus*, et autres pièces dramatiques qui retracent les glorieux événements de la liberté. Une de ces représentations sera donnée chaque semaine aux frais de la République.

« Article II. — Tout théâtre sur lequel seraient représentées des pièces tendant à dépraver l'esprit public et à réveiller la honteuse superstition de la royauté, sera fermé, et les directeurs arrêtés et punis selon la rigueur des lois.

---

1. Schmidt. *Tableaux de la Révolution française*, t. II, p. 112. Leipzig, 1867-70, 3 vol. in-8.

« La municipalité de Paris est chargée de l'exécution du présent décret [1]. »

Un autre décret ordonnait la même surveillance à toutes les communes de la République.

La loi du 1er septembre complétait celle du 2 août, en accordant à la Commune de Paris ce qu'elle souhaitait depuis si longtemps, la police, par ses soins, des théâtres de la capitale, c'est-à-dire la libre satisfaction de ses animosités et de ses rancunes.

De là à reprendre une pratique de l'ancien régime, hier encore bafouée, méprisée, détestée, il n'y avait qu'un pas. Et la Commune l'eut bien vite franchi.

Il fallait donc, pour obéir à la loi (et cette Commune, si facilement insurrectionnelle, se piquait d'être une scrupuleuse observatrice de la légalité), il fallait examiner de près les pièces de théâtre. Et ce furent les deux administrateurs de police, Baudrais et Froidure, qui furent chargés de ce travail de censure, d'ailleurs aussi pénible que fastidieux. Il ne se passait pas de jour où chacun des vingt théâtres de Paris [2] ne leur envoyât un certain nombre de manuscrits. Quand une pièce leur « présentait quelque chose de contraire aux prin-

---

1. Le *Journal de la Montagne* (n° LXVI) dit que, le 2 août, les théâtres de la Nation, du Vaudeville, de l'Opéra avaient été entourés par la force armée entre 8 et 9 heures : on n'en put sortir qu'en montrant sa carte de civisme.

2. Nous n'avons pas cru devoir donner la liste de ces théâtres qui avaient « poussé comme des champignons sur les ruines de la Bastille », écrivait un contemporain — d'autant qu'elle est sans intérêt pour le sujet qui nous occupe. On la trouvera complète dans le livre de M. Welschinger. A l'exception de l'Opéra, du Théâtre Français, de l'Opéra-Comique, des scènes d'Audinot et de Nicolet, des Variétés Amusantes et de quelques forains, tous spectacles qui existaient avant la Révolution, la plupart de ces petits théâtres, dont les noms se modifiaient au gré des événements, n'eurent qu'une existence éphémère. Il est vrai que les grands avaient déjà tant de mal à vivre ! A donner l'acte de naissance et l'histoire de tous les théâtres et théâtricules de la Révolution, nous eussions lassé la patience du lecteur : nous n'avons retenu que les spectacles intéressant notre sujet.

cipes actuellement établis et aux mœurs qui doivent en être les conservatrices, ils se consultaient et donnaient leur avis par écrit sur une feuille volante dont ils gardaient le double dans leurs bureaux ».

Baudrais et Froidure procédaient comme les censeurs de l'ancien régime. Ils proposaient les modifications qui rendaient la pièce « susceptible de paraître sans danger sur la scène », ou en proscrivaient la représentation.

Dans le rapport qui signale les manipulations des deux censeurs révolutionnaires, nous voyons que le *Comité d'Instruction publique* de la Convention avait trouvé un moyen, radical autant qu'ingénieux, d'épurer l'ancien répertoire. Il proposait de le suspendre en bloc [1].

Les amputations et les travestissements, infligés à la littérature dramatique du régime déchu, par les administrateurs de la police, sont restés légendaires.

Dans le *Déserteur*, « le Roi passait » devenait « la Loi passait ». Le fameux vers du *Tartufe*

Nous vivons sous un prince ennemi de la fraude

se disait :

Ils sont passés les jours consacrés à la fraude.

Dans le *Cid*, le roi était un général des armées républicaines au service de l'Espagne.

On fit sauter ces deux vers du *Mahomet* de Voltaire :

Extermine, grand Dieu, de la terre où nous sommes,
Quiconque avec plaisir répand le sang des hommes.

Jules Janin tint, un jour, entre ses mains, un exem-

---

[1]. *Archives de la préfecture de la Seine* d'après l'*Histoire de la censure* d'Hallays-Dabot, 1862. Paris, p. 190 (Exemplaire de la Bibliothèque de la ville de Paris dédicacé à M. de Villemessant).
Le livre d'Hallays-Dabot est précieux à consulter, parce qu'il contient des documents inédits, puisés aux *Archives de la préfecture de police et de la Seine*, à peu près disparues dans les incendies de l'Hôtel de Ville et du Palais de Justice en 1871.

plaire du *Misanthrope*, revu et corrigé par un rimeur patriote, exemplaire d'où avaient disparu les marquis, les vicomtes et jusqu'au « roi Henri » de la vieille chanson.

Les théâtres qui, pour s'épargner des pertes de temps et d'argent, offraient, de leur propre mouvement, leur répertoire, tant ancien que moderne, aux ciseaux de la nouvelle censure, n'attendaient même plus qu'elle y pratiquât ses salutaires mutilations. Ils la devançaient dans cette œuvre de sécurité personnelle avec un empressement qui ne trahissait que trop la servilité de la peur. L'Ambigu-Comique déclare qu'il a substitué dans ses pièces d'autrefois la qualification de *Citoyen* à celle de *Monsieur*. La note suivante se lit à la fin du répertoire de l'Opéra-Comique : « Les pièces ci-dessus avec l'apostille *arrangées*, sont celles où jadis il y avait des *seigneurs* et qu'on a remises à l'*ordre du jour.*

« Quant aux autres qui ne sont point apostillées, c'est qu'elles n'étaient point dans le même cas et qu'il n'y avait rien qui rappelât l'ancien régime. »

Le directeur du Théâtre des Sans-Culottes, avant même de lire les pièces, regardait si elles portaient le visa de Froidure [1].

Bien mieux, en mars 1794, la Commune de Paris exigea que chaque troupe envoyât à l'Hôtel de Ville ses registres et son répertoire [2]. Et il résulte d'une

---

1. En 1793, le *Théâtre Molière* avait pris le nom de *Théâtre des Sans-Culottes*.
2. WELSCHINGER. *Théâtre de la Révolution*, p. 102.
Nous avons trouvé dans les *Archives de l'Opéra* (carton administration 1793-47) la minute d'une note du Comité des Artistes, à la date du 21 germinal an II (10 avril 1794) annonçant aux administrateurs de police l'envoi des pièces de son nouveau répertoire, le *Siège de Thionville* entr'autres, et de deux ouvrages de l'ancien, *Armide* « avec corrections » et *Orphée*.

statistique [1] qu'en trois mois, sur cent cinquante pièces, trente-trois furent refusées et vingt-cinq admises à correction : parmi ces dernières, le *Devin du Village* (de Jean-Jacques, l'apôtre de la Révolution !), *le Père de famille*, la *Métromanie*, *Guillaume Tell*, bien qu'il fût affublé en sans-culotte suisse. La police avait biffé presque tout le répertoire de Molière et *Nanine*, *Beverley*, *le Glorieux*, *le Jeu de l'Amour et du Hasard*, *le Dissipateur*, *le Joueur*, *l'Avocat Pathelin*, *Mahomet*, « chef de parti ». Les dénouements de *Brutus* et de la *Mort de César* devaient être changés.

Par contre, la censure municipale autorisait *Encore un Curé*, *Plus de bâtards en France*, *la Papesse Jeanne*, *Esope républicain*, *la Mort de Marat*, *l'Esprit des Prêtres*, *les Crimes de la Noblesse* : presque tout le répertoire de la Cité ou Palais-Variétés [2].

1. Vivier. *Etudes administratives* (Paris, 1852), t. II, pp. 400 et suiv.
2. Nouveau théâtre en face du Palais de Justice, construit sur l'emplacement de l'ancienne église de Saint-Barthélemy.

CHAPITRE II

Pièces jouées par ordre. — Une troupe de comédiens à l'Hôtel de Ville. — Epuration d'acteurs. — La « Chaste Suzanne » et le Conseil des Quatre. — Le théâtre dans les églises. — Plus de théâtres, dit Lejeune ; partout des théâtres, dit Delacroix. — Les tribunes aux harangues des « Révolutions de Paris ».

Si encore, au prix d'une soumission aussi basse, les théâtres n'avaient jamais eu à faire qu'à Baudrais et qu'à Froidure, qui, en somme, n'étaient pas de méchantes gens [1] ! Mais il en allait de la censure du nouveau régime comme de la censure de l'ancien. Tout le monde prétendait être censeur ; d'où la confusion des pouvoirs, c'est-à-dire l'anarchie dans la tyrannie. Des Montagnards à la Convention, des membres du Conseil général à la Commune, des Sans-Culottes au Club des Jacobins, des patriotes aux Assemblées de section ou dans les Sociétés populaires récriminaient à tout propos contre les théâtres, signalaient tels auteurs ou tels acteurs comme autant d'aristocrates irréductibles, récla-

---

1. Baudrais et Froidure avaient eux-mêmes cessé de plaire. On leur reprochait d'être trop sensibles aux œillades des jolies actrices de Feydeau, le théâtre réactionnaire. Et Baudrais avait poussé l'imprudence jusqu'à dire qu'il eût simplement condamné Louis XVI à la déportation, s'il eût fait partie de ses juges. En réalité, c'était, après la déroute des Hébertistes et en qualité d'administrateurs de police sous cet ignoble régime, que Baudrais et Froidure avaient été destitués, emprisonnés le 9 germinal, par ordre du Comité de Salut Public et remplacés par Faro et Lelièvre. Les nouveaux venus étaient en fonctions le 6 floréal, puisque nous voyons qu'à cette date ils refusaient d'autoriser l'*Entrevue des Patriotes* (manuscrit de la Biblioth. Nationale, fonds Soleinne), « attendu qu'elle est remplie de ducs, de duchesses, d'abbés et qu'on y représente les gardes nationaux comme des ivrognes ».

maient la révision des pièces les plus inoffensives, exigeaient une esthétique nouvelle.

Les exemples abondent de ces « autorités constituées », ainsi qu'on les appelait déjà à cette époque, qui se croyaient qualifiées pour imposer, par la terreur, leurs volontés aux théâtres plus ou moins récalcitrants.

Quand Sylvain Maréchal vint lire aux acteurs du Théâtre de la République sa répugnante comédie du *Jugement dernier des rois*, trois conventionnels étaient présents. Grandmesnil voulait la refuser. Et comme l'auteur insistait pour connaître les raisons du comédien qui se dérobait de son mieux :

— Si je joue votre pièce, dit enfin Grandmesnil, et que les rois reviennent, je serai pendu.

— Voulez-vous l'être, réplique un des représentants, pour ne pas la jouer [1] ?

La Commune apportait, dans ses relations avec les théâtres, un esprit tout particulier d'acrimonie et de malveillance qui devait singulièrement décourager les mieux pensants.

Dans sa séance du 24 brumaire an II précédant l'arrestation de la Montansier, directrice du Théâtre National, rue de la Loi, comme elle l'était déjà de la salle des Beaujolais au Palais-Royal, Chaumette, qui venait, d'accord avec son substitut Hébert, de réclamer impérieusement cette incarcération, voulait, en outre, qu'on « fît passer à la censure » tous les acteurs et directeurs des spectacles parisiens : ce que le Conseil général vota avec ensemble.

Le même arrêté ordonnait la fermeture du *Théâtre Montansier* (c'était la dénomination officielle de la salle des Beaujolais).

---

1. HALLAYS-DABOT. *Histoire de la Censure*, p. 184.

Mais les deux entreprises devaient souffrir également, et pendant quelques jours, de la disgrâce de leur propriétaire. Le *Théâtre Montansier*, fermé le 14 novembre (24 brumaire), avait rouvert le 15 et pris, du 16 au 21, le nom du *Théâtre du Péristyle* « au Jardin de l'Egalité », puis avait fait encore relâche jusqu'au 27.

Le *Théâtre National*, resté ouvert le 14, avait fermé du 15 au 20 et repris le cours de ses représentations, non sans quelques intermittences [1].

Evidemment, ces interruptions marquaient autant de crises de peur, par lesquelles passaient les malheureux artistes abandonnés à eux-mêmes ; car, Neuville, le futur mari de la Montansier, ne pouvait s'occuper de la direction des deux théâtres, étant lui-même sous le coup d'arrestation.

Pour en finir, la troupe du *Péristyle*, la plus compromise, résolut de plaider directement sa cause auprès de la Commune.

Ce fut ainsi qu'elle se présenta, le 28 novembre (8 frimaire an II), devant la redoutable Assemblée, sollicitant l'honneur de rouvrir définitivement la salle Montansier sous le nom de *Théâtre de la Montagne*. On répondit aigrement aux acteurs que, n'étant pas « épurés », il était difficile de savoir s'ils « méritaient un titre aussi élevé », et s'ils coopéraient, dans la mesure de leurs moyens, à la « propagation du patriotisme et de l'esprit public. »

La discussion fut longue et révéla une fois de plus l'esprit étroit et pointilleux de la Commune. Enfin Lullier, procureur-syndic du Département, emporta un vote favorable, sur cette observation que si les

---

[1]. *Moniteur* du 16 au 26 novembre 1793. — Le *Théâtre National* devait disparaître en germinal an II.

acteurs « s'égaraient, la surveillance active des magistrats réprimerait » leur audace.

Lullier donnait la note vraie : cet « œil » qu'on voit figurer, comme vignette, sur tant de documents officiels du temps, est le symbole exact de la vigilance inquiète, méfiante, méticuleuse, incessante, tracassière, de la Commune de Paris, qui domine par l'épouvante et gouverne par la répression.

C'est ainsi que, d'après Jauffret, dans les théâtres, l'officier de police apporte aux acteurs des couplets sur la guillotine, couplets qu'ils doivent chanter et que le public applaudit frénétiquement, avec ou sans conviction [1].

La Société des Jacobins, de qui la Commune semble la parfaite émanation, exerce aussi un double droit de censure et de contrôle sur les productions théâtrales. L'ex-académicien La Harpe, à qui l'oubli du devoir confraternel et les affres de la peur avaient fait commettre les pires vilenies, signale les prétentions jacobines dans un de ces écrits qui furent, par la suite, comme la réparation publique du lettré repentant. Il s'agit de la « reprise [2] — pendant le procès des Girondins — de la *Chaste Suzanne* » que les auteurs avaient dû « amender », et pour obtenir d'en continuer les représentations, et pour ne pas être emprisonnés comme suspects :

« Nous avons vu, il y a deux ans, et moi j'ai vu, de mes propres yeux, à la représentation d'une pièce qui avait paru contre-révolutionnaire, parce qu'on y disait que des accusateurs ne pouvaient être des juges (allu-

1. JAUFFRET. *Théâtre révolutionnaire* (Paris, 1869), p. 200.
2. Erreur manifeste de La Harpe : la *Chaste Suzanne* ne fut pas *reprise* pendant le procès des Girondins. La Harpe veut parler de la *reprise* après l'interruption qui permit aux auteurs d'opérer les corrections approuvées par les « quatre jacobins ».

sion au procès de Louis XVI) ; j'ai vu quatre Jacobins appelés officiellement et siégeant *gratis* au premier rang du balcon avec toute la dignité que des Jacobins pouvaient avoir, pour juger si les corrections que les auteurs avaient promises étaient suffisantes pour permettre que l'on continuât de représenter la pièce ; et, le lendemain, les journaux annonçaient que les commissaires jacobins avaient été contents de la docilité des auteurs et des changements qu'ils avaient faits. »

Cette Société qui, par l'établissement de ses filiales dans la plupart des départements, tenait, pour ainsi dire, la France, comme Paris, dans ses serres, se croyait autorisée par cela même à signifier à la Convention ses idées en matière de théâtre, ainsi qu'elle le faisait d'ailleurs en toute espèce de questions ou circonstances.

Dans sa séance du 25 décembre 1793 [1], une lettre de son *Comité de Correspondance* aux « Commissaires composant le Comité d'Instruction publique de la Convention » formulait à cet égard les desiderata, autrement dit les ordres de la Société.

Baillet, le signataire, demandait que l'Assemblée Nationale décrétât l'ouverture d'une salle de spectacle dans tout centre de population composant au moins 4.000 âmes. Là, les écoliers et les autres habitants pourraient donner un libre cours à leurs instincts dramatiques, mais à la condition de « ne jouer que des pièces sentimentales et dans le sens de la Révolution » — toujours l'idylle avec la guillotine à l'horizon !

Baillet avait résolu ce problème, adéquat aux nécessités bugdétaires du temps, que cette floraison subite de salles de spectacles devait s'épanouir, sans coûter un rouge-liard à la République : « Presque toutes les

---

1. SCHMIDT. *Tableaux de la Révolution*, t. II, p. 135.

villes ayant des églises vacantes, disait-il, on peut éviter de bâtir... Je crois que rien ne serait plus propre à instruire le peuple en lui faisant oublier les singeries des prêtres, et enfin à régénérer les mœurs. »

Il est vrai que certains conventionnels étaient depuis longtemps opposés à cette multiplicité et même à l'existence des théâtres. La France soutenait alors une guerre sans merci contre l'Europe coalisée ; et Lejeune — une figure antipathique cependant au premier chef —, eût voulu, non sans une certaine grandeur, qu'on fermât tous les théâtres et qu'en guise de spectacles, le peuple vît forger, sur les places publiques, les armes destinées à expédier dans le plus bref délai, « les tyrans et leurs esclaves ».

Mais Delacroix, député d'Eure-et-Loir, soutint, avec une non moindre chaleur, la thèse contraire, qui prévalut d'ailleurs à la Convention, que les spectacles guerriers et patriotiques étaient indispensables pour échauffer l'âme du peuple.

« Il n'est personne, disait-il, qui, en sortant de la représentation de *Brutus* ou de la *Mort de César*, ne soit disposé à poignarder le scélérat qui tenterait d'asservir son pays.

« Je demande que le Comité de Salut Public prenne des mesures pour qu'on ne joue que des pièces républicaines [1] ».

Heureusement, en ces temps héroïques, le Français avait dans le sang l'amour de son pays ; et ce fut, sans nul doute, cette noble mentalité, avivée par le sentiment du devoir, qui décida beaucoup plus que la déplorable littérature destinée à l' « échauffer », du succès final sur les champs de bataille.

---

1. *Moniteur* du 15 août 1793.

Par une coïncidence assez étrange, alors que Baillet demandait à la Convention de convertir les églises en salles de spectacle (les cathédrales du moyen-âge n'ont-elles pas abrité l'enfance du théâtre ?) les *Révolutions de Paris*, le journal de Prudhomme, émettaient une proposition à peu près semblable, dans un temps où l'Hébertisme réclamait les mêmes sanctuaires pour le culte de la Raison :

« ... L'école du théâtre est peut-être la seule qui convienne à un peuple laborieux, libre... Une autre institution, moins dispendieuse et plus importante encore, ce sont des tribunes aux harangues pratiquées sur les places publiques des villes et parsemées le long des grandes routes : il serait même bien qu'il y en eût une dans chaque hameau. Il faudrait les placer à côté de l'endroit consacré aux affiches des lois et actes de l'autorité... Les théâtres tiendraient lieu des autels, et les tribunes aux harangues remplaceraient les chaires des prédicateurs [1]. »

Quelle perspective que celle de ces rostres, échelonnées sur les routes comme des cabanes de cantonnier !

1. *Révolutions de Paris*, n° 216, décembre 1793.

CHAPITRE III

Tout le monde est censeur. — « Paméla » et Robespierre. — Volte-face du Comité de Salut Public. — Robespierre protecteur des religions. — « Le Tombeau des imposteurs » et la « Sainte Omelette ». — Une pluie de démentis.

La censure administrative, appliquée à tort et à travers, taillant, coupant, rognant, remplaçant tel terme par tel autre, *tripatouillant*, pour tout résumer en un mot, des œuvres dramatiques jusqu'alors respectées, ne devait pas suffire à rassurer l'esprit inquiet des maîtres de l'heure. Pour eux, la suppression, pure et simple, de la pièce incriminée était encore la meilleure de toutes les solutions. Et la sans-culotterie, intransigeante, n'en réclamait pas d'autre à la Convention, à la Commune, dans les clubs et dans les sociétés populaires : aussi, la motion adoptée, la police s'empressait-elle de sévir. Ce n'était pas seulement la pièce qui était frappée, c'étaient encore l'auteur et ses interprètes, c'était le théâtre lui-même : on fermait celui-ci et on incarcérait ceux-là.

L'aventure classique de *Paméla*, comédie de François de Neufchâteau, jouée en août et septembre 1793, sur la scène de la Nation, synthétise à souhait cette action commune de toutes les « autorités constituées » par la loi ou par... la démagogie contre la liberté du théâtre.

Le 2 septembre, Robespierre est à la tribune des Jacobins. Un officier [1] vient d'en descendre, après avoir

---

1. *Journal des Débats et de la Correspondance des Jacobins* du 5 septembre 1793. — Cf. le *Journal de la Montagne* et AULARD, la

raconté, au milieu de l'indignation générale, comment il a été houspillé pendant une représentation de *Paméla*, par les spectateurs et par « le Président du Conseil d'administration du théâtre » pour avoir protesté contre la mise en scène et les maximes aristocratiques de la pièce.

Robespierre rappelle le décret de la Convention ordonnant aux théâtres, sur toute l'étendue du territoire de la République, de jouer trois fois par semaine des œuvres patriotiques et prescrivant la fermeture des salles de spectacle, où seraient représentées des pièces infectées d'aristocratie et injurieuses pour la Révolution : « Le Théâtre de la Nation est dans ce cas ». On avait déjà dénoncé au Comité de Salut Public cette *Paméla* où les décorations de l'Ancien régime étaient insolemment prodiguées, où l'on jetait un « vernis d'odieux ridicule » sur la Révolution, où s'étalait enfin « l'éloge affecté de la Constitution britannique, à tel point que le peuple eût pu désirer un gouvernement semblable à ce « gouvernement monstrueux ».

On sait, de reste, si Robespierre était anglophobe ! Il ajoutait que le Comité de Salut Public avait fait suspendre la pièce et enjoindre aux comédiens d'en apporter le manuscrit. On sut ainsi que François de Neufchâteau en était l'auteur. Celui-ci promit de pratiquer les corrections et les suppressions qu'exigeait le Comité ; mais il se garda bien de tenir parole [1], « d'après ce que dit le citoyen qui a vu la pièce ».

Société des Jacobins. — L'officier était, paraît-il, JULLIAN DE CARENTAN, qui devint, par la suite, un officier... de police.

1. *Paméla* fut arrêtée à la huitième représentation ; et la neuvième fut annoncée « avec changements ». Le Comité de Salut Public les avait acceptés ; mais ce fut le vers qu'avait laissé subsister François de Neufchateau
Le parti qui triomphe est le seul légitime,
qui fit tout le mal.

Il faut donc, concluait Robespierre, poursuivre l'auteur et fermer la salle : « Assez longtemps les habitués de ce théâtre, qui est le repaire dégoûtant de l'aristocratie de tout genre ont insulté la Révolution et ses soutiens généreux... ; ils iront porter ailleurs leur inutilité et leur insolence..., il faut que ce spectacle où l'on ose prêcher la contre-révolution avec tant d'impudence soit détruit. »

Et, pour joindre les actes aux paroles, le bilieux Conventionnel accompagne le plaignant au Comité de Salut Public : d'où l'arrêté, le rapport de Barère, le décret de la Convention qui envoient l'auteur et les acteurs en prison et ordonnent la fermeture du théâtre de la Nation.

« Hier encore, écrivait le *Journal de la Montagne* (organe du Club des Jacobins), qui relate les divers épisodes de l'incident, ce théâtre était entouré d'une foule effrayante de voitures, qui, par leur somptuosité, effaçaient tout ce que l'ancien régime offrait de luxe. »

Quel appel à la haine et aux convoitises de la meute affamée et déguenillée de ces sans-culottes, que d'aucuns ont nommé depuis « l'armée du prolétariat ! »

A quelques mois de là, une surprise attendait les auteurs et les directeurs de théâtre.

Au lendemain du 14 juillet 1789, on avait monté ou remis à la scène toute une série de pièces, que, sous l'ancien régime, les « censeurs de police » avaient refusé d'approuver, parce qu'elles battaient en brèche la religion catholique ou en traînaient les prêtres dans la boue. Puis, une foule de vaudevilles et d'opéra-comiques, s'égayant aux dépens du clergé régulier, avaient transformé les cloîtres austères en boudoirs galants, sans que l'autorité s'avisât d'y trouver à redire. Du théâtre la facétie était descendue dans la rue, et, mieux encore avait forcé l'enceinte des Assemblées officielles. Les Hébertistes ne s'étaient pas contentés de célébrer le culte de la Raison à Notre-Dame dans une orgie qui rappelait la Fête des Fous au moyen âge ; ils avaient envoyé leur déesse à la Convention y recevoir le baiser fraternel du Président. Enfin, comme ces fervents zélateurs de l'athéisme ne comprenaient leur religion qu'à l'exclusion de toutes les autres, ils avaient offert à la Convention la surprise d'une petite cérémonie qui leur était familière, c'est-à-dire une procession de bons b... de sans-culottes travestis en moines ou en prélats, distribuant des bénédictions, aspergeant d'eau bénite et terminant la fête par une ronde effrénée autour de reliques jetées hors de leur châsse et de crucifix brisés, épars sur un drap mortuaire.

Cette sarabande fit froncer le sourcil à Robespierre, qui se méfiait des manifestations turbulentes, surtout quand on ne lui en avait pas demandé la permission : d'ailleurs il venait de fulminer l'anathème contre l'athéisme, une doctrine aristocratique, prétendait-il.

Et voilà qu'entre temps l'Opéra faisait afficher l'*Inauguration du Temple de la Vérité* ou le *Tombeau des Imposteurs*, pièce dans laquelle on chantait la grand'messe devant un autel pourvu de tous les accessoires nécessaires à la célébration de l'office : chandeliers, crucifix, calice, ostensoir, Evangile. L'acteur, chargé du rôle de prêtre, entonnait le *Pater*, revêtu d'ornements sacerdotaux, pendant que les chœurs l'accompagnaient, parodiant, comme lui, les chants d'Eglise.

C'était du moins ce qu'affirmait... par ouï-dire (car la pièce n'était pas encore imprimée) le *Journal des Spectacles*, une feuille d'opinion modérée, qui était plutôt portée à la conciliation et qui ne manquait pas de bon sens.

Elle insérait en même temps cet extrait des registres du Comité du Salut Public, à la date du 2 nivôse — un arrêté qui étranglait la pièce, avant même qu'elle n'eût donné signe de vie.

« Le Comité de Salut Public, voulant déconcerter les manœuvres des contre-révolutionnaires, pratiquées pour troubler la tranquillité publique en provoquant les querelles religieuses ;

« Voulant faire respecter le décret rendu le 16 frimaire par la Convention Nationale, pour maintenir la paix et la liberté des Cultes ;

« Fait défense au Théâtre de l'Opéra et à tous autres de représenter la pièce intitulée le *Tombeau des Imposteurs* ou *l'Inauguration du Temple de la Vérité*, et toutes celles qui peuvent tendre au même but, sous les peines portées par les décrets précédents contre ceux qui abusent du théâtre pour favoriser les vues des ennemis de la Révolution.

« *Robespierre, Barère, Prieur, Billaud-Varenne, Carnot, R. Lindet, Collot d'Herbois.*

« Pour extrait : *A. Prieur, Robespierre, Barère, Carnot, Billaud-Varenne*[1]. »

Le *Journal des Spectacles*, approuvant la teneur de cet ukase, l'accompagnait de la réflexion suivante :

« Que de haines et peut-être que de malheurs aurait causés un semblable ouvrage ! » — Il ne se doutait guère, lui non plus, de l'orage qui s'amassait sur sa tête !

Il avait attribué la musique de la pièce à Grétry ; et celui-ci s'était énergiquement défendu d'en avoir écrit une seule note.

C'était possible ; et même c'était exact. Mais Grétry

---

1. *Journal des Spectacles*, numéro du 7 pluviôse an II (Bibl. Nat., Z 20776-20778).

était le type des trembleurs. Les purs lui avaient si souvent reproché et... brûlé sa partition de *Richard*, qu'il aurait bien pu, pour se la faire pardonner, composer celle du *Tombeau des Imposteurs* : seulement le terrible Comité venait d'improuver la pièce : il était plus sage d'en décliner la responsabilité.

D'autre part, un rédacteur du *Journal de la Montagne*, ancien acteur devenu auteur dramatique, Plancher-Valcour, avait écrit à son confrère pour lui infliger également un démenti, mais beaucoup plus catégorique. Il affirmait que la musique du *Tombeau des Imposteurs* n'était pas de Grétry : tout au plus connaissait-il de ce compositeur un opéra où l'on chantait l'*Ave Maria* en chœur (insinuation quelque peu malveillante !) Il trouvait bien « hasardée » la réflexion du journaliste : « Que de haines, etc... », attendu que celui-ci parlait d'une pièce qu'il ignorait. Lui, Plancher-Valcour, qui avait vu et lu le manuscrit, n'y avait relevé aucun exercice du culte, ni grand'messe, ni consécration, ni mise en scène du *Pater* [1]. Le rédacteur du *Journal des Spectacles* n'était guère mieux renseigné, quand il prétendait la musique du *Tombeau* « parodiée sur d'anciens airs ou des chants déjà connus ». Plancher-Valcour affirmait le contraire, car il savait quel était l'auteur de la partition.

Alors, comment expliquer la décision du Comité de Salut Public ? Celui-ci, ne pouvant avoir deux poids et deux mesures, avait, paraît-il, interdit, du même coup et pour le même motif, la « *Sainte Omelette*, pièce capucinique [2] », jouée sur le Théâtre de la Montagne. Un

---

1. Il avait les meilleures raisons de le savoir, puisqu'il en était l'auteur avec Moline et Léonard Bourdon le conventionnel (la lettre de P. Valcour est du 8 nivôse).

2. Pièce de Dorvigny, d'après les *Spectacles de Paris et de la France pour 1794*. — Le *Journal des Spectacles*, du 14 nivôse an II, dit que le sujet est le même que celui de l'*Omelette Miraculeuse*.

curé y donnait la bénédiction avec la Sainte Omelette.

Le gouvernement avait invoqué, pour suspendre les représentations de cette farce, la raison d'Etat. En mettant à la scène la question religieuse, les auteurs poussaient à la guerre civile : ils contrariaient le but que s'était toujours proposé la Convention, celui de faire oublier les prêtres. C'est avec un sophisme de cette force que l'administration jacobine et terroriste entendait bannir du théâtre les gens de qualité, comtes, marquis, ducs et princes qui peuplaient l'ancien répertoire.

Et c'était encore pour cette raison que le Comité de Salut Public, voulant révolutionner jusqu'au vocabulaire des comédiens, avait expressément recommandé aux directeurs de ne plus désigner les *Pères nobles* — un terme séculaire — que sous le nom de *Pères sérieux* [1].

Evidemment, le *Journal des Spectacles* se gardait bien de relever cette double analogie, alors qu'il attribuait au Comité de Salut Public l'interdiction de la *Sainte Omelette*. Mais il jouait, en vérité, de malheur. Là encore il reçut un démenti. Les artistes du Théâtre de la Montagne, par l'entremise de leur « directeur-régisseur », protestèrent contre l'article du journal. Aucune « autorité constituée » n'avait défendu leur pièce : c'est « par prudence » qu'ils en avaient arrêté la représentation. Le manuscrit en était cependant passé par la censure ; mais ils avaient voulu le soumettre à un nouvel examen, pour en « retrancher ce qui pouvait alarmer les scrupules ». Leur but et celui de l'auteur, c'est de « dévoiler le charlatanisme » et de « désabuser les âmes faibles croyant aux prétendus miracles et non de ridiculiser aucune religion. » Ils invitaient donc le

---

1. WELSCHINGER. *Théâtre de la Révolution.*

rédacteur du *Journal des Spectacles*, après avoir inséré leur protestation, à venir entendre la nouvelle version de la *Sainte Omelette*, pour se rendre compte des modifications apportées au texte primitif : le public, prévenu par le rédacteur, ne « taxerait pas les artistes de désobéissance en leur voyant continuer une pièce que la *Feuille du Salut Public* engageait tous les autres théâtres à jouer [1] ».

Etait-ce bien sûr que ces artistes si scrupuleux n'avaient pas reçu un sérieux avertissement du Comité? Et leur communiqué n'avait-il pas d'autre but que celui de leur sauver la face ?

1. *Journal des Spectacles* (janvier 1794, p. 1498).

CHAPITRE IV

Antagonisme entre la Commune et le Comité de Salut Public. — Une lettre de comédien-auteur. — Incidents du « Congrès des rois ». — Le théâtre selon le cœur de la Convention. — Entretien « amical et fraternel » avec les directeurs des théâtres parisiens. — Exode de comédiens. — Plus de passeports. — Intervention de Payan.

La Commune n'avait pas vu d'un œil favorable l'interdiction du *Tombeau des Imposteurs* [1]. Les Hébertistes qui étaient en majorité dans l'Assemblée et qui manœuvraient déjà contre Robespierre, ne pouvaient admettre que le Comité de Salut Public, dont il était l'inspirateur, empiétât sur les attributions du Conseil général, précisément dans une question qui leur tenait au cœur. Son arrêté était un coup droit porté au procureur de la Commune, Chaumette, un des grands pontifes du culte de la Raison.

Mais, d'un autre côté, l'influence de Robespierre était considérable à la Convention, au Club des Jacobins, dans les Sociétés populaires. Et celle de la Commune avait peu à peu diminué, depuis le 2 juin 1793, jour de triomphe, où le Conseil général, à qui la Montagne devait d'avoir écrasé la Gironde, avait ordonné la ferme-

---

1. Les administrateurs de la police l'avaient autorisé. Nous voyons, en effet, dans les *Archives de l'Opéra* (carton administration 1793-47) la certification par Hainaut, secrétaire général du Théâtre de la République, de cette note adressée par les administrateurs de police « aux citoyens artistes réunis du Théâtre de l'Opéra et celui de la République » :

22 frimaire an II.

« Nous avons lu, Citoyens, la pièce intitulée le *Tombeau des Imposteurs* et nous pensons qu'elle peut être représentée sans inconvénient. »

ture des spectacles, sans que la Convention eût osé s'y opposer [1].

Il fallait cependant, pour le maintien de son prestige, que son droit de censure demeurât entier, d'autant que les auteurs, même les mieux notés, se demandaient, non sans anxiété, la marche à suivre, afin de contenter ou plutôt de ne pas mécontenter deux pouvoirs en perpétuel conflit.

Le 12 nivôse, Destival, un comédien-auteur assez estimé, collaborateur de Plancher-Valcour, exposait ainsi son embarras à Baudrais, l'administrateur de la police [2] :

Le directeur du théâtre qui doit jouer ma pièce, le *Nouveau Calendrier* ou *Il n'y a plus de prêtres*, est tellement « craintif » que j'ai fait suspendre les répétitions, depuis l'arrêté pris par le Comité de Salut public contre le *Tombeau des Imposteurs*. Or, tu as lu ma comédie et tu ne peux ignorer qu'elle « ne touche en rien à la célébration du prétendu mystère de la religion catholique ». On joue tous les jours *Tartufe*, les *Prêtres et les Rois*, l'*Esprit des prêtres* : pourquoi ne jouerait-on pas ma pièce ? — Ton directeur, répondit Baudrais, pris, comme fonctionnaire, entre le marteau et l'enclume, ton directeur a mal interprété l'arrêté que j'ai envoyé à tous ses confrères. Ton *Nouveau Calendrier* ne ridiculise pas les pratiques du culte romain : on peut donc le jouer, et il serait à souhaiter qu'on donnât de sem-

---

1. Cette fermeture des théâtres était devenue, par sa fréquence, une mesure d'opposition arbitraire et tyrannique entre les mains de la Commune. On ne saurait croire combien de relâches durent subir les théâtres en 1793 et 1794, à propos de n'importe quel événement. Ce chômage révolutionnaire était à la hauteur de celui de l'ancien régime.
2. *Archives de la préfecture de police*, d'après HALLAYS-DABOT, *Histoire de la Censure*, p. 185.

blables pièces dans les autres théâtres de Paris, pour « former l'esprit public », surtout chez « un peuple qui ne veut plus de charlatans d'aucune espèce. »

Baudrais et Froidure n'avaient pas cependant donné leur approbation à l'*Ermite aux enfers,* pantomime de moines et de nonnes, dont le dénouement était moral puisque le Père Antoine épousait la prieure.

En raison de l'antagonisme qui persistait entre la Commune et le Comité de Salut Public, un révolutionnaire de la première heure ne devait pas trouver plus d'indulgence pour son *Congrès des Rois*. C'était cet Eve Demaillot, ancien soldat déserteur qui, certain jour, dans un club, perdant le fil de son discours, avait saisi son violon et joué une contre-danse, dont les notes sautillantes avaient ragaillardi l'auditoire tout autrement que l'éloquence de l'orateur [1].

Or, Demaillot n'était pas en odeur de sainteté (c'est le cas de le dire) auprès de la Commune ; et son *Congrès des Rois* était une folie dans le genre du vaudeville, où, le premier, il devait mettre en valeur le type, depuis fameux, d'une poissarde, *Madame Angot* [2].

Cagliostro, envoyé par le Pape à un congrès de rois se tenant en Prusse, conduit les souverains dans un salon obscur et les fait entrer en d'énormes cruches, d'où ils assistent à un défilé d'ombres chinoises. Parmi ces silhouettes, on distingue Marat et une troupe de sans-culottes qui prédisent à l'envi la chute des tyrans. Mais surgit l'armée française. Aussitôt les rois sautent à bas de leurs cruches, se coiffent du bonnet rouge pour n'être pas reconnus et dansent, en

---

1. LOTTIN. *Histoire de Beaugency*, tome I, p. 266.
2. Le nom et le type de Mme Angot se retrouvent dans plusieurs publications de style poissard du milieu du XVIIIe siècle. Demaillot mit l'un et l'autre au théâtre, en 1795, dans *la Nouvelle Parvenue*.

chantant la *Carmagnole*, autour de l'arbre de la Liberté.

A l'issue de la première représentation, le citoyen Barrucaud, de la section de *l'Arsenal*, fait irruption à l'Hôtel de Ville pour dénoncer à la Commune une pièce jouée sur le théâtre Favart [1], le *Congrès des Rois*, dont plusieurs scènes, applaudies à outrance par les aristocrates, l'ont « révolté ». L'infâme Cagliostro y tient le rôle d'un personnage éminent, tandis que l'ombre de Marat, passant derrière un transparent, est bafouée comme le dernier des pîtres.

Plusieurs membres du Conseil général font chorus avec Barrucaud. Ils abominent la pièce : ils y voient un « venin caché comme dans *l'Ami des Lois* ». Et l'Assemblée arrête que l'administration de la police lui soumettra un rapport sur le *Congrès des rois*.

Dès la seconde représentation, paraît-il, Cagliostro avait été remplacé par Lorenzo, médecin du Pape [2].

Mais, à entendre l'administrateur, dans son rapport, la pièce n'en restait pas moins « une mauvaise pasquinade digne des bateleurs forains ; et c'était faire injure au bon sens du peuple de croire qu'on pouvait l'amuser ainsi ». Au surplus, pour « ne pas donner de chaîne à la presse », le rapporteur eût voulu que l'administration de la police fût déchargée de l'examen du théâtre : « c'est de la censure ».

— Non pas, non pas, protestent des membres de la Commune ; « c'est de la surveillance ».

Et, tout fier d'avoir trouvé cette distinction digne de maîtres en casuistique, le Conseil général décide « qu'il

---

1. C'était le théâtre de la *Comédie Italienne*, autrement dit *Opéra-Comique*, devenu le *Théâtre de la rue Favart* en 1792, puis de l'*Opéra-Comique National* en 1793-1794. — Voir l'excellent ouvrage de M. A. POUGIN, *l'Opéra-Comique pendant la Révolution* (Paris, 1892).
2. HALLAYS-DABOT, *Histoire de la Censure*, pp. 188-190.

faut se conformer au sage arrêté du Comité de Salut Public, qui prescrit de surveiller l'esprit public et non de censurer les pièces de théâtre ».

Par conséquent, il passe à l'ordre du jour sur le vœu des administrateurs de la police, mais proscrit une farce qui « favorise tous les partis [1] ».

Sans doute, la Commune de Paris s'était offert la satisfaction de frapper un homme, cher à des Conventionnels [2] qu'elle haïssait. Mais, à cette heure où son étoile pâlissait, — Hébert et ses acolytes étaient déjà menacés — il était, pour elle, de bonne politique de montrer quelque déférence envers une Assemblée qu'elle accablait naguère de pétitions, c'est-à-dire de

---

1. *Moniteur* des 9 et 18 mars 1794 (19 et 28 ventôse an II).

Le compte rendu de la séance du 28 ventôse par le *Moniteur* est évidemment établi d'après le procès-verbal *officiel* de la Commune. Or, on peut se faire une idée de la confiance que doit inspirer ce document, quand on compare son analyse du rapport de l'administrateur de la police avec le rapport *original*, tel que M. Hallays-Dabot l'a retrouvé aux *Archives de la préfecture de la Seine* et inséré dans son livre.

Le censeur municipal y dit très nettement : « Aucune loi ne semble rétablir la censure de théâtre ; cependant, depuis que la loi du 2 septembre (1793) ordonne à la police de surveiller plus sévèrement les spectacles, la censure s'est à peu près rétablie. »

Et il conclut, en demandant si les administrateurs de la police doivent continuer l'examen des pièces. Au cas où le Conseil général ne prendrait pas de décision, ils en référeraient au *Comité d'Instruction publique*, avec qui, dans « quelques conférences fraternelles », ils ont exprimé le désir de voir substituer à l'ancien répertoire des pièces propres à répandre les lumières, détruire les préjugés, stimuler l'amour et la pratique des vertus républicaines.

D'ailleurs, au lieu de déprécier le *Congrès des rois*, ainsi qu'en témoigne la version du *Moniteur*, le rapporteur en fait l'éloge et le représente comme l'œuvre, amusante par son esprit satirique, d'un « patriote dont le civisme est connu ».

Le texte de ce rapport explique, de reste, la mauvaise humeur du Conseil général et son vote hostile contre le *Congrès des rois*.

2. Le *Congrès des rois* dut cependant ressusciter ; car le poète Arnault affirme, dans ses *Souvenirs* (t. IV, p. 412), que le Comité de Salut Public fit interrompre la pièce uniquement au point de vue diplomatique, parce que le Gouvernement tenait à ménager certains princes disposés à négocier avec la France.

sommations pressantes et impérieuses, auxquelles il fallait se soumettre.

L'arrêté où elle rendait hommage à la « sagesse » du Comité de Salut Public datait du 24 ventôse ; mais, le 22, elle en avait reçu cet avertissement, qui, sans toucher aux prérogatives policières de la Commune, réservait pour la Convention le droit et le soin de choisir la scène qu'elle entendait donner comme le Théâtre-Modèle :

« Le Comité de Salut Public, délibérant sur la pétition présentée par les sections réunies de *Marat*, *Mutius Scévola*, du *Bonnet rouge* et de l'*Unité*, arrête :

« 1º Que le *Théâtre ci-devant Français* (celui du faubourg Saint-Germain) étant un édifice national, sera rouvert sans délai, qu'il sera uniquement consacré aux représentations *données de par et pour le peuple*, à certaines époques de chaque mois.

« 2º L'édifice sera orné en dehors de l'inscription suivante : *Théâtre du Peuple*. Il sera décoré au-dedans de tous les attributs de la liberté. Les sociétés d'artistes dans les divers théâtres de Paris seront mises tour à tour en réquisition pour les représentations qui devront être données trois fois par décade, d'après l'état qui sera fait par la municipalité.

« 3º Nul citoyen ne pourra entrer au *Théâtre du Peuple*, s'il n'a une marque particulière qui ne sera donnée qu'aux patriotes, dont la municipalité règlera le mode de distribution.

« 4º La municipalité de Paris prendra toutes les mesures nécessaires pour l'exécution du présent arrêté ; elle rendra compte des moyens qu'elle aura pris.

« 5º Le répertoire des pièces à jouer sur le *Théâtre*

du Peuple sera demandé à chaque théâtre de Paris et soumis à l'approbation du Comité [1].

« 6° Dans les communes où il y a spectacle, la municipalité est chargée d'organiser, sur les bases de cet arrêté, des spectacles civiques donnés au peuple gratuitement chaque décade. Il n'y sera joué que des pièces patriotiques d'après le répertoire qui sera arrêté par la municipalité, sous la surveillance du District qui en rendra compte au Comité de Salut Public.

Signé : BARÈRE, PRIEUR, COLLOT D'HERBOIS. »

C'était bien le *Théâtre par ordre :* les artistes tenus de jouer, les spectateurs de porter la cocarde officielle, les municipalités d'organiser la représentation sous leur responsabilité.

Et ce théâtre devait être « décoré de tous les attributs de la Liberté ! »

Pour donner une sanction à son arrêté du 22 ventôse, le Comité de Salut Public décida, le 27 germinal an II (16 avril 1794) le transfert immédiat de l'*Opéra* dans la salle de la rue de la Loi et celui du *Théâtre National* dans la salle du faubourg Saint-Germain (celle de la Nation). De ce fait, la Société des acteurs de la Montansier se trouvait dissoute. Et pendant que la troupe de l'Opéra ne bougeait pas de la salle du boulevard Saint-Martin, qui menaçait ruine, les débris du Théâtre

---

1. *Les Spectacles de Paris et de la France pour l'année* 1794 insèrent, à ce propos, une note bien curieuse. Si leur publication, commencée en vendémiaire an II, s'est trouvée retardée, c'est, disent-ils, qu'ils ont tenu à donner à leurs lecteurs le « *Répertoire civique proposé pour le Théâtre du Peuple* qui doit être dans chaque grande commune ».

Et, en effet, nous trouvons, à la fin du volume, ce « Répertoire révolutionnaire extrêmement essentiel pour remplacer le répertoire ancien, dans lequel il y a une foule de pièces qui ne peuvent plus se jouer devant un peuple libre et régénéré ».

National passaient la Seine et constituaient, avec Molé et Mademoiselle Devienne, une nouvelle société, qui prenait possession de l'ancienne Comédie Française, transformée suivant les prescriptions de l'arrêté du 22 ventôse.

La salle était rouverte, le 17 juin, sous le nom de *Théâtre de l'Egalité* [1].

Mais, ce n'est pas, à coups de décret, ni par des changements d'enseigne, qu'on improvise un répertoire général, et de haute moralité, tel que le rêvait le Comité de Salut Public.

Et ces hommes de gouvernement, en dépit des exagérations systématiques qu'exigeait le souci de leur popularité, se rendaient bien compte de l'infériorité intellectuelle de leurs « réchauffeurs » d'enthousiasme patriotique ; car ils ne cessaient de faire appel à toutes les initiatives, à tous les lettrés, à tous les artistes, pour fonder le Théâtre idéal que devait créer, à leur sens, la dramaturgie révolutionnaire. Nous avons vu que le Comité d'Instruction publique de la Convention avait eu précisément pour mission — mission qui resta d'ailleurs stérile comme le reste de sa tâche — de préparer une évolution que la tyrannie jacobine rendait déjà impossible.

---

1. P. POREL et G. MONVAL, *Le Théâtre de l'Odéon*. Paris, 1876. — Le 16 août, les ex-comédiens français, que la mort de Robespierre avait sauvés de la guillotine, réintégraient leur ancienne salle, où des acteurs du *Théâtre de la République* les avoient précédés de quelques jours.

Quant à l'*Opéra*, le 9 thermidor, le jour même de la déconfiture jacobine, il jouait encore dans la salle du boulevard Saint-Martin : il ne devait ouvrir ses portes dans l'immeuble de la Montansier que le 20 du même mois. Et Barère de s'en attribuer toute la gloire dans ses *Mémoires* (t. II, p. 144) : « C'est moi qui fis transférer le magnifique spectacle, sous le nom de *Théâtre des Arts*, dans la salle que venait de faire construire Mlle Montansier sur le terrain de l'hôtel et du jardin de Louvois. »

Ce n'était pas, cependant, que les pouvoirs publics ne s'y fussent entraînés depuis quelque temps.

Le *Moniteur* du 13 pluviôse an II (1er février) publiait deux documents qui témoignent de cet effort commun de deux administrations plutôt en état d'hostilité permanente.

« Le *Comité de Sûreté Générale* (de la Convention) a mandé les directeurs des différents spectacles de Paris ; et, dans un entretien amical et fraternel, leur a recommandé de faire de leur théâtre une école de mœurs et de décence, leur permettant de mêler aux pièces patriotiques que l'on donne chaque jour des pièces où les vertus privées soient représentées dans tout leur éclat. »

« Le *Comité de surveillance du Département de Paris* vient de seconder cette mesure dictée par un esprit d'ordre et de sagesse. Il a fait afficher un avis aux différents artistes des théâtres de cette ville, qui renferme des exhortations et des conseils propres à conserver la pureté des mœurs publiques et à vivifier ces arts qui ornent et embellissent la Société. »

Evidemment, l' « entretien amical et fraternel », l' « avis » plein « d'exhortations et de conseils », qu'offraient ces vertueux fonctionnaires, furent accueillis avec « sensibilité » — le mot à la mode — par les intéressés ; mais ceux-ci savaient à quoi s'en tenir sur les « pièces patriotiques », auxquelles ils avaient apporté, presque tous avec conviction, le concours de leur expérience ou de leur talent : elles avaient lassé, pour la plupart, la patience du spectateur ; et, malgré les encouragements officiels, ne faisaient plus recette. Le public réclamait fréquemment celles de l'ancien régime ; et les troupes des théâtres les plus en vogue y revenaient d'autant mieux que les directeurs avaient, comme bien on pense, une préférence marquée pour un répertoire qui remplissait leurs salles.

La perspective de triompher sur le *Théâtre du Peuple*, surtout à titre grâcieux, ne parut pas autrement les séduire ; et l'arrêté du 22 ventôse qui célébrait, par anticipation, les bienfaits de la réorganisation de l'art dramatique, n'eut, tout d'abord, pour résultat, que d'accélérer vers les départements, et même l'étranger, un exode datant d'un mois à peine.

En effet, nous voyons que, le 26 pluviôse, des comédiens se présentent devant le Conseil général, pour solliciter le visa de leur certificat de civisme, qui leur tiendra lieu de passeport. Mais la Commune est méfiante : elle a constaté, avec la Convention, que l'enthousiasme de la gent comique s'est singulièrement refroidi, depuis l'obligation de jouer des pièces patriotiques qui n'attirent personne, sinon quelques siffleurs déterminés. Et la Commune s'avise que certains de ces départs en lointain pays ressemblent plutôt à des fuites. Aussi, quand la Guimard de l'Opéra vient lui réclamer la prolongation de son certificat de civisme [1], Payan, successeur de Chaumette sous le titre d'agent national, se lève-t-il vivement pour récuser un patriotisme que démentent les relations bien connues de la danseuse avec le prince de Soubise et autres aristocrates de même farine. Le Conseil opine du bonnet et... le 6 ventôse, rend à la Guimard sa carte civique, faveur dont bénéficie, à son tour, Vestris père, ajourné lui aussi [2].

Moins bienveillante pour Mesdemoiselles Peslin et Courtois, deux actrices qui avaient fait les délices des petites maisons, sous « l'odieux régime de la tyrannie »,

---

1. A. POUGIN. *L'Opéra-Comique pendant la Révolution*, 1892, pp. 99-104. — *Feuille du Salut Public*, 26 pluviôse an II.
2. *Journal de Paris*, 6 ventôse an II.

la Commune leur refuse le *visa* libérateur, mais accorde un passeport à la « Vieille Colombe », ex-étoile de la Comédie Italienne, que Dunkerque, prétendait-elle, était impatient d'applaudir.

Les jours suivants, les requêtes se multiplient. Le 5 avril, sur la demande d'une « jeune citoyenne qui a contracté un engagement pour Marseille », plusieurs membres du Conseil général prennent feu. Le bruit court, disent-ils, que des nobles se cachent dans les coulisses comme figurants ou comme machinistes. Après six mois de présence sur les planches, ils en font signer le certificat au directeur, certificat qui leur permet d'obtenir un passeport, excellente occasion d'émigrer sans péril. Cette révélation impressionne le Conseil ; et la « jeune citoyenne » se voit refuser l'honneur et le plaisir d'aller charmer Marseille. Puis la Commune décide qu'il ne sera désormais délivré de passeports du même genre qu'aux acteurs ayant préalablement justifié de leur acte de naissance, d'un certificat de résidence à Paris et de leur temps de service sur tel ou tel théâtre [1].

Mais la question devait revenir, le 26 avril, devant l'Assemblée de l'Hôtel de Ville, des « citoyens artistes » ayant introduit auprès de ce tribunal de l'Inquisition démagogique de nouvelles demandes de passeport. Pour les repousser, un des juges reprit les arguments avancés par ses collègues dans une séance précédente et les étaya même de cette considération, que la plupart des acteurs « ne quittaient Paris que parce qu'on y jouait des pièces patriotiques ». Payan, qui détenait la pensée de Robespierre, protesta, la « circulation des personnes étant analogue à celle des denrées, qui est

---

1. *Journal de Paris*, 18 germinal an II.

libre ». Si les citoyens sont suspects, il faut les arrêter : on n'a pas à connaître si un tel est ou n'est pas comédien, mais poursuivre le vice où il se trouve. Et comme les apophtegmes majestueux ne coûtaient rien à ce clair de lune de Robespierre, avec qui d'ailleurs un autre « pompier », le général Hanriot, luttait de grotesque solennité : « Ne soyons rigoureux qu'à propos, dit-il, ou plutôt soyons toujours justes... tous les citoyens sont honorables quand ils sont utiles à la patrie. » Sur ce beau discours, le Conseil général rapporta son arrêté.

Les comédiens n'en restaient pas moins très surveillés ; ils n'ignoraient pas d'ailleurs qu'une administration, inquiète et tracassière, bien ou mal renseignée par des collectivités ou par des individualités fort ombrageuses, quoique sans mandat, notait, au jour le jour, leur tenue, leurs gestes et jusqu'aux moindres inflexions de leur voix. Ils devaient donc s'observer rigoureusement pour n'être pas relevés du péché d'indifférence, d'aristocratie ou d'immoralité ; car il fallait vivre ; et tous ne pouvaient prendre leur vol vers des parages plus hospitaliers.

CHAPITRE V

Le Comité de Salut Public entreprend la régénération de l'art dramatique. — La Commission d'Instruction publique, bureau de censure. — Les commentaires de Payan. — Les « phosphores éphémères ». — Le « Génie » invité à « déployer ses plans ». — Déchet de la fête de l'Etre suprême. — L'Hébertisme des arts. — Chant du cygne.

Au fond, cette administration, gouvernementale ou municipale, si entichée qu'elle fût de sa turlutaine de ramener toute une société au niveau égalitaire rêvé par elle, ne se dissimulait pas l'insuccès de ses efforts, et, — pour ne citer d'exemple que dans le milieu qui nous intéresse — le peu d'enthousiasme qu'y rencontrait le répertoire du théâtre révolutionnaire.

Le Comité de Salut Public comprit si bien une indifféférence, qui n'osait s'avouer du mépris ou du dégoût, qu'il résolut de réaliser lui-même ce qu'il appelait « la régénération de l'art dramatique », mais toujours dans cet esprit sectaire dont il s'était fait le prisonnier. Un extrait du registre de ses arrêtés, inséré dans le *Moniteur* du 15 juillet 1794 (27 messidor an II) démontre assez que cette émanation conventionnelle entendait décréter la victoire sur le théâtre comme sur le champ de bataille.

1° La *Commission d'Instruction publique* était chargée, en vertu de la loi du 12 germinal[1] concernant « la

---

1. La Convention, dans sa séance du 12 germinal an II, avait décrété le remplacement des ministres par douze grandes commissions. D'où cette *Commission d'Instruction publique* dont nous avons déjà maintes fois parlé (pp. 4 et suiv.) et qui avait, par un arrêté du 25 floréal, « non publié », dit M. Vivier (*Etudes administratives*, p. 444), rétabli la censure en ordonnant aux théâtres de Paris de lui communiquer toutes les pièces de leur répertoire.

régénération de l'art dramatique » de la police morale des spectacles qui fait partie de l'éducation publique. C'était, comme on voit, un nouveau bureau de censure.

2º Cet article accentuait encore l'importance des fonctions censoriales de la commission, qui aurait à connaître des pièces anciennes et nouvelles, et à qui, dans toute l'étendue du territoire de la République, l'administration de la police municipale devait faire parvenir, à bref délai, le répertoire de ces mêmes pièces.

3º La police intérieure et extérieure des théâtres « pour le maintien du bon ordre », était réservée aux municipalités. Leurs attributions étaient donc nettement délimitées ; la Commune de Paris, entr'autres, ne pouvait donc plus s'arroger cette « police morale » qu'elle exerçait si volontiers à titre de surveillance [1].

4º On daignait laisser l'organisation matérielle, la direction intérieure et l'administration financière des théâtres aux artistes ; mais ils devaient en soumettre les plans et en communiquer les résultats à la commission d'Instruction publique.

5º Pour chacun des théâtres de l'*Opéra national*, rue de la Loi (la salle construite par la Montansier) et de « *l'Egalité faubourg Germain* » (la salle de la Nation),

---

1. La *Commission* était entrée absolument dans les vues du *Comité de Salut Public* qui voulait en finir une bonne fois avec les velléités d'empiètement d'une Commune, cependant toute à la dévotion de Robespierre. Donc la Commission entend remplacer ces administrateurs de la police que nous voyons opérer encore le 6 floréal. Et, forte de l'arrêté du Comité de Salut Public du 18 prairial qui lui attribue, à elle seule, l'examen de toutes les pièces, jouées ou à jouer, sur le territoire français, elle invite, le 5 messidor, les administrateurs de la police à lui faire remettre « registres et répertoires », en un mot, « à se dépouiller d'une responsabilité qui n'est pas la leur ». Aussi, en raison de ses pouvoirs officiels, ordonne-t-elle des changements dans le *Diogène* de Sylvain Maréchal, dans l'*Epicharis* et dans le *Doria* de Legouvé et d'Avrigny.

La Convention avait vaincu administrativement la Commune de Paris, avant d'en triompher politiquement le 9 thermidor.

cette même commission nommait un agent chargé de surveiller la « propriété nationale » confiée aux artistes, l'exactitude des recettes qu'ils encaissaient et des paiements qu'ils devaient effectuer, enfin l'ensemble de leur gestion et « surtout ce qui concernait le public ». Ces agents étaient tenus de rendre compte de leur mandat à la commission d'Instruction publique.

Collot d'Herbois, Barère et Billaud-Varenne, avaient contresigné la délibération du Comité.

Ces prescriptions, qui garrottaient si étroitement artistes et directeurs (car ceux-ci étaient compris dans la même servitude), furent suivies d'un commentaire de l'omnisciente et omnipotente commission de l'Instruction publique, dû à l'éloquence d'un de ses membres les plus encombrants, l'ineffable Payan.

« Jusqu'à présent, écrivait-il en manière d'exorde, les théâtres abandonnés aux spéculations des auteurs, dirigés par les petits intérêts des hommes et des partis, n'ont marché que faiblement vers le but d'utilité politique que leur marque un meilleur ordre de choses ».

Il importe d'analyser avec soin ce document officiel ; car, sous l'emphase de la forme et sous l'abondante boursouflure des images, il caractérise l'esthétique jacobine en matière de théâtre ; et les grands mots de vertu, de justice, de moralité, de régénération, avec lesquels il jongle si volontiers, n'y dissimulent qu'imparfaitement l'injonction faite aux intéressés d'avoir à coopérer au « but politique » que se propose le Gouvernement.

Payan daigne cependant se montrer bon prince pour certains théâtres.

Bien que « le despotisme les eût condamnés à une nullité réfléchie, à une trivialité repoussante, à une immoralité hideuse, parce qu'ils étaient fréquentés par cette classe de citoyens que le despotisme appelait le peuple..., quelques-uns ont paru sortir de leur léthargie, aux premiers accents de cette liberté qui rappelait sur leur scène le bon sens et la raison ».

Beau jour sans lendemain ! « Si leurs efforts ont été plus constants qu'heureux, si, malgré quelques étincelles fugitives, quelques phosphores éphémères, la carrière dramatique est restée couverte de ténèbres perfides, vous en connaissez les causes : des préjugés d'auteurs, caressés d'un certain public, accoutumés à un certain genre de succès, des sentiments plus bas encore expliquent assez à l'observateur ce sommeil momentané des Muses ».

D'une voix prophétique, Payan déclare qu'on « ira chercher bientôt le mal jusque dans sa racine » ; mais, à l'heure présente, il suffit de « préparer la régénération morale qui va s'opérer » et de « seconder les vues provisoires de l'arrêté du Comité de Salut Public... Les théâtres sont encombrés des débris du dernier régime, de faibles copies de nos grands maîtres... Il faut dégager la scène, afin que la raison y vienne parler le langage de la liberté, jeter des fleurs sur la tombe de ses martyrs, chanter l'héroïsme et la vertu, faire aimer les lois et la patrie. »

Notre phraseur réclame le concours des artistes qui exécutent et des autorités qui surveillent ; les acteurs, directeurs, entrepreneurs de spectacles doivent « dans quelque lieu que ce soit de la République, faire parvenir à la commission d'Instruction publique leur répertoire actuel et les manuscrits nouveaux qu'on leur présente [1] ».

---

1. *Arrêté de la Commission d'Instruction publique* du 25 floréal. — Cet arrêté avait été précédé d'un rapport de Billaud-Varenne, au nom du Comité de Salut Public, « sur la nécessité d'inspirer l'amour des vertus civiles par des fêtes publiques et des institutions morales ».

Ainsi, de par la voix autorisée du zélateur de Robespierre, la censure s'affirmait plus tyrannique que sous l'ancien régime : ce n'était pas seulement Paris, c'était encore la France qui devait passer aux bureaux de l'administration de la police à l'Hôtel de Ville. Il est vrai que maintenant la Commune de Paris est toute entière dans la main de Robespierre.

Et Payan conclut sur cette péroraison qui, sous les fleurs de rhétorique, cache le serpent de la fable. *Latet anguis in herbâ.*

« Vous qui aimez les arts, qui, dans le recueillement du cabinet, méditez tout ce qui peut être utile aux hommes, écrivains, patriotes, déployez vos plans, calculez avec nous la force morale des spectacles. Il s'agit de combiner leur influence sociale avec les principes du gouvernement ; il s'agit d'élever une école publique, où le goût et la vertu soient également respectés. La commission interroge le génie, sollicite les talents, s'enrichit de leurs veilles et désigne à leurs travaux le but politique vers lequel ils doivent marcher. Elle est comptable aux lettres, à la nation, à elle-même, du poète dont elle n'aura pas monté la lyre, de l'historien à qui elle n'aura pas donné un burin et des crayons, du génie enfin dont elle n'aura pas fécondé et dirigé les élans [1] ».

Mais ce que ne disait point Payan, ni la commission, ni les maîtres du pouvoir, ni la presse qui les adulait, c'est que, si l'étoffe du génie et même du talent manquait aux auteurs dramatiques, l'indépendance, nécessaire à toute manifestation intellectuelle, leur faisait, comme on verra plus tard, totalement défaut. La prosopopée de Payan est le comble de l'hypocrisie dans le

---

1. *Bibliothèque de la ville de Paris*, n° 12298.

verbiage : une phrase seule, que nous avons déjà signalée, est l'expression de la vérité, celle-ci : « La commission... désigne à leurs travaux le but politique vers lequel ils doivent marcher... » Le panégyrique de la Révolution et plus encore de la Terreur... ou la Mort !

Encore fallait-il que le panégyrique fût un chef-d'œuvre. Un rapport de ce même Payan le dit de façon formelle, à l'occasion des œuvres dramatiques qu'avait inspirées la Fête de l'Etre suprême.

« Il est une foule d'auteurs alertes à guetter l'ordre du jour : ils connaissent le costume et les couleurs de la saison : ils savent à point nommé quand il faut affubler le bonnet rouge et quand il faut le quitter (Robespierre n'avait jamais voulu porter cette coiffure qu'avait subie Louis XVI). Leur génie a fait un siège, emporté une ville avant que nos braves républicains aient ouvert la tranchée... De là, la corruption du goût, l'avilissement de l'art... La médiocrité, tapie sous l'égide de la liberté, ravit, en son nom, le triomphe d'un moment. »

C'était une allusion aux pièces lamentables qui avaient eu la prétention de célébrer la Fête de l'Etre suprême. Une telle insignifiance, caustiquement relevée par quelques plaisantins (il en restait encore, bien qu'en très petit nombre), n'était-ce pas une injure à l'adresse de Robespierre, le premier pontife de la cérémonie ? — « Elles (ces pièces) offraient le grand, le sublime tableau du 20 prairial rétréci dans les proportions de la scène qui les attend... Que diriez-vous, si l'on vous montrait les batailles d'Alexandre dans une lanterne magique, ou le plafond d'Hercule sur une bonbonnière ?... Quelle scène, avec ses rochers, ses arbres de carton, son ciel de guenilles, prétendrait égaler la magnificence du 20 prairial !... Qui ne voit que ces mascarades deviendraient de préférence les fêtes de la *bonne compagnie* (on désignait ainsi le public réactionnaire). » Et cette conclusion s'imposait : Toute œuvre dramatique médiocre favorise la contre-révolution.

Un dernier rapport de l'infatigable Payan renouvelait, sur le mode tragique, cette assertion. Et l'agent national, nommé, par les soins de Robespierre, secrétaire de la commission d'Instruction publique, rappelait, pour mieux appuyer son argumentation, l'exécrable mémoire d'Hébert, cet abominable *Père Duchesne* qui, un moment, avait fait trembler sur son piédestal l'idole des Jacobins :

« L'ignorance, la grossièreté, la barbarie, enfin tout ce qu'on peut appeler l'*Hébertisme des arts*, marchait à la contre-révolution par l'abrutissement de la pensée, comme l'*Hébertisme* par les complots, le désordre et le meurtre.

« L'hydre des factions avait dressé toutes ses têtes à la fois pour enlacer tous les membres du corps politique, on le retrouvait au théâtre et sur les places publiques, aux tribunes et dans les antres des journalistes : de tous côtés sifflaient ses serpents, partout il distillait ses poisons. »

De même que le Gouvernement « écrasa les crimes » d'Hébert, de même la Commission d'Instruction publique doit anéantir une littérature qui fut leur auxiliaire et qui renaît avec audace.

Et l'inlassable rapporteur qui, pour la première fois peut-être, fait luire dans sa copie un éclair de bon sens, signale un exemple de la censure hébertiste, marquant et flétrissant, du « cachet de cet homme dont le surnom seul fut une platitude révoltante », le poème de l'opéra de *Castor et Pollux*, défiguré par les plus absurdes corrections. La « céleste Raison » y remplaçait « la divine

Amitié ». Et partageant la rancune du patron contre un vocable qui avait osé faire concurrence à celui de l'Etre suprême, Payan déclare avec dédain :

« Ce mot de Raison ne fut jamais plus vide de sens que quand certaines gens nous en fatiguaient les oreilles [1] ».

Ce fut le chant du cygne. Quatre jours après, Robespierre et Payan allaient, comme « le monstre » Hébert, « mettre la tête à la chatière » sur la place de la Révolution.

[1]. Nous avons trouvé, aux archives de l'Opéra (carton-administration 1793-1794), un document, datant de floréal an II, qui démontre péremptoirement le désarroi et l'affolement du monde des théâtres, après les défenses et les interdictions censoriales, suspendant, pour ainsi dire, en bloc, le nouveau répertoire. La Société des Artistes de l'Opéra signale les protestations des « auteurs — poètes et musiciens » — d'ouvrages reçus et en cours de répétition, « arrêtés comme n'étant pas à l'ordre du jour ». Les intéressés demandent que les artistes interviennent auprès de la municipalité, d'autant qu'ils sont absolument sans ressources.

CHAPITRE VI

Le théâtre dans les départements. — La manifestation d'Orléans. — Le sifflet de Jay Richard. — Comment les représentants Pinet et Cavaignac comprenaient l'égalité. — On fête à Brest l'exécution de Marie-Antoinette et on célèbre le culte de la Raison à Perpignan. — Une tirade de Voltaire au théâtre de Metz. — Les théâtres de Bordeaux et la Commission militaire. — Surenchère démagogique des directeurs Cabousse et Ribié à Rouen. — « Corneille, originaire de la Commune ». — Le Conseil général révolutionnaire de la Commune de Rouen. — Interdiction du Mariage de Figaro à Marseille. — Le comédien idéal d'après Maignet.

Au cours d'une de ces séances où la Commune de Paris refusait avec ensemble les passeports que lui demandaient divers artistes pour « aller jouer la comédie en province », l'Assemblée avait arrêté « qu'il serait écrit au Comité de Salut Public pour l'inviter à jeter un regard sévère sur l'esprit qui peut animer les différents spectacles des départements, sur les pièces qu'on peut y jouer et sur les différents comédiens qui les jouent [1] ».

Le Comité de Salut Public n'avait pas attendu cette « invitation », pour suivre de près la marche, souvent hésitante et pénible, du chariot de Thespis à travers la France. Par ses soins, les représentants en mission, munis d'instructions précises, n'ignoraient rien de ce qui se passait dans les théâtres des villes où ils étaient chargés de prêcher l'Evangile selon la Convention. Ainsi qu'à Paris, la police des salles de spectacle était confiée à la vigilance des municipalités ; mais les députés

1. *Moniteur* du 28 germinal an II.

n'en conservaient pas moins un droit de surveillance très étendu sur la composition de l'affiche, sur le jeu des acteurs et sur l'attitude du public.

A cet égard, leurs rapports avec les spectateurs ne brillaient pas toujours par la courtoisie ni l'aménité. Collot d'Herbois et Laplanche, commissaires de la Convention dans la Nièvre, s'étaient arrêtés à Orléans pour enquêter sur le prétendu assassinat dont leur collègue Léonard Bourdon se plaignait d'avoir été victime, le 16 mars 1793, alors qu'à la suite d'une partie de débauche, il avait été tout simplement corrigé de sa turbulence et de sa goujaterie.

Entre temps, Laplanche et Collot d'Herbois se rendirent au théâtre pour y voir jouer le drame de Fenouillot de Falbaire, l'*Honnête criminel*. La salle était comble. Or, au premier acte (scènes IV et suiv.), un des personnages se répand en injures contre des « commissaires nouvellement arrivés ». Aussitôt, des spectateurs, qui, paraît-il, avaient demandé la pièce, donnent le signal d'applaudissements plusieurs fois répétés. Les deux représentants en avisèrent, le 26 mars 1793, le Comité de Salut Public [1] ; et quelque temps après, la ville d'Orléans ne sut que trop ce qu'il en coûtait de ne pas prendre au sérieux la Convention en goguette ou en voyage. Des innocents payèrent de leur tête l'indigestion et la rancune de Léonard Bourdon.

A Toulouse, le député Dartigoeyte montra, lui aussi, comment il comprenait la régénération de l'art dramatique en France. Le 1er germinal an II, au *Théâtre de la Liberté*, alors que, dans les *Révolutions de Cyrène*, l'actrice disait : « Il faut abattre la tête des tyrans », un coup de sifflet traversa la salle. Dartigoeyte, qui

---

1. *Moniteur* du 28 mars 1793.

se prélassait dans une loge, chercha du regard l'audacieux improbateur. Mais, déjà, le public avait crié *bis* à l'actrice.

— Pas de *bis*, pas de guillotine, continuez le spectacle, clama un des assistants.

C'était Jay Richard, un ouvrier imprimeur que Dartigoeyte fit condamner à la déportation, pour avoir « avili dans sa personne la représentation nationale [1] ».

Excellent prétexte maintes fois invoqué par les députés pour châtier les insolents qui ne s'inclinaient point assez bas devant les missionnaires de la Convention ! Ramonde « ex-prêtre, brigadier dans les fourrages et Thuillier, dit Rigaudon, gendarme », commirent cette grave imprudence, le jour où ils rappelèrent aux principes de l'égalité les députés Pinet et Cavaignac qui se gardaient bien de pratiquer pour eux-mêmes cette vertu républicaine. Quand ces grands seigneurs jacobins honoraient de leur présence le théâtre de Pau, ils en choisissaient, d'ordinaire, la loge la plus confortable et la mieux isolée du commun des mortels.

— A bas le grillage ! Point de distinction, crièrent un jour, au milieu de la représentation, Ramonde et Rigaudon, en montrant du doigt la loge officielle.

Quelques jours après, ils y conduisirent deux femmes en leur disant :

— Mettez-vous ici : la loge des députés est celle de tout le monde.

Il était impossible d' « avilir » davantage « la représentation nationale ». Aussi, le 3 floréal an II, la commission des administrations civiles de Pau s'empressa-

---

1. CONNAC. *La Révolution à Toulouse* (*Revue des Pyrénées*, 1901), p. 148.

t-elle d'envoyer à la guillotine les contempteurs de la Majesté Conventionnelle [1].

C'était, en effet, dans les départements, les salles de spectacle qui étaient le point de départ ou le rendez-vous des manifestations politiques.

Ricard et Jeanbon Saint-André écrivaient de Brest, le 30 vendémiaire an II (21 octobre 1793), au Comité de Salut Public :

« Hier, la nouvelle de la justice trop tardive, qui vient d'être faite de la femme qui a causé tous les maux de la France, est parvenue à Brest, au moment où la Société populaire était assemblée. Par un mouvement unanime, tous les membres se sont levés en criant : Vive la République ! La nouvelle fut transmise à la Comédie, d'où les spectateurs allèrent se réunir aux pieds de l'arbre de la Liberté, pour y chanter l'hymne chéri des vrais patriotes. On illumina sur le champ ; le lendemain, une salve de 23 coups de canon et, le soir, il y eut un grand bal public [2]. »

S'il faut en croire une tradition rapportée par l'abbé Toreilles, dans son livre *Perpignan pendant la Révolution* [3], le théâtre de cette ville fut témoin, le 7 mars 1794, d'un spectacle de même nature, réglé, comme le précédent, par les soins de l'administration, alors qu'il était tombé en désuétude à Paris. On célébrait à Perpignan le culte de la Raison dans la cathédrale ; et les jeunes filles de la ville, en sortant de la cérémonie, durent se rendre au théâtre, après avoir fait le tour de la guillo-

---

1. BERRIAT SAINT-PRIX. *La Justice révolutionnaire*, 1870, t. I, p. 329. — DARRICAN. *La Terreur à Bayonne*.
2. LEVOT. *Histoire de la ville et du port de Brest pendant la Révolution*, p. 175.
3. L'abbé TOREILLES. *Perpignan pendant la Révolution*, 1896, t. II, p. 309.

tine, pour baiser, sur la scène, les pieds de la déesse Raison.

Il semble qu'en ces tristes journées, le théâtre et la guillotine fussent, comme on disait alors, des foyers d'éducation civique, qui se complétaient ou se remplaçaient au besoin, suivant l'inspiration de la municipalité, ou selon les vues de l'administration supérieure.

A Metz, la Révolution avait fermé le théâtre et dressé, devant lui, sur la place dite de l'Egalité, la guillotine [1]. Mais, d'autre part, comme il ne fallait pas négliger les enseignements recueillis dans un répertoire approprié aux circonstances, un des acteurs de la troupe, membre de la Commune, nommé Belval, avait organisé, en face de la guillotine, une mise en scène répondant, selon lui, aux exigences de l'éducation populaire. Sur le parapet central de la terrasse s'étendant au-dessus des arcades du portique, Belval avait fait pendre un écriteau, encadré de filets tricolores, où flamboyait cette tirade de Voltaire qu'il était allé cueillir dans *Brutus* (acte I, scène II), en la dépaysant... au détriment de la prosodie :

> Si dans LES RUES *(sic)* de Metz (Rome) il se trouvait un
> Qui regrettât les rois et qui voulût un maître, [traître,
> Que le perfide meure au milieu des tourments,
> Que sa cendre coupable, abandonnée aux vents,
> Ne laisse ici qu'un nom plus odieux encore,
> Que le nom des tyrans que Metz entière abhorre.

Mais, où l'on peut se rendre encore mieux compte de la main-mise sur les théâtres, leur répertoire, leurs personnes et jusqu'à leur public, par les organisations de la Terreur, c'est dans de grandes villes telles que Bordeaux, Rouen, Marseille, où cette pression adminis-

---

1. JEAN JULLIEN. *Le théâtre à Metz* (notes et souvenirs), 1908.

trative se compliquait de l'âpreté des rivalités politiques et de la férocité des haines locales.

Cette crise atteignit toute son acuité, lors de l'arrivée d'Ysabeau et de Baudot dans la capitale de la Gironde — du *Bec d'Ambès*, vocable nouveau qui devait remplacer un nom à jamais détesté.

« Trois mannequins de théâtre furent ceux qui les premiers votèrent à la voix des représentants. L'un de ces misérables histrions devint ensuite juge de ce tribunal de sang qu'on appela *Commission militaire* ; les autres, revêtus d'emplois honorables, tinrent dans leurs mains la vie et la fortune des citoyens et rarement les laissèrent-ils échapper. Baudot et Ysabeau étaient donc entourés de ces baladins nouveaux-nés dans la Révolution, qui n'avaient jamais rien fait pour elle, de ces hommes d'occasion qui avaient embrassé le civisme comme un métier, la patrie comme une proie et qui criaient *Vive la République* aujourd'hui, comme ils criaient autrefois *Vive le Roi*, flagornaient bassement toutes les idoles du jour... intrigants à double face, qu'on ne connaissait à Bordeaux, que pour les avoir sifflés sur la scène. Hélas ! un coup de sifflet a coûté la vie à cent mille citoyens... Déjà, ils s'étaient réparti entre eux le nombre des négociants ; déjà ils s'étaient partagé les maisons ; déjà les plus adroites combinaisons étaient prises pour organiser le pillage et le meurtre en réalisant ce projet. Mais Ysabeau, quoique faible, sut découvrir leurs coupables desseins ; le masque tomba et les scélérats restèrent [1] ».

Sans doute, ce Sainte-Luce Oudaille, qui parle d'une voix si véhémente, doit être écouté avec circonspec-

---

1. SAINTE-LUCE OUDAILLE. *Histoire de Bordeaux pendant dix-huit mois, ou depuis l'arrivée des représentants Tallien et Ysabeau jusqu'à la fin de leur mission*, 1794.

tion ; mais il est certain que la *Commission militaire*, nommée par les Conventionnels envoyés à Bordeaux, s'attira de toute la ville le même concert de malédictions. Après l'entrée triomphale de Tallien et d'Ysabeau, le 17 octobre 1793 [1], la situation empira.

Les spectacles furent plus particulièrement molestés. Le 27 novembre, à dix heures du soir, le Grand Théâtre était investi par l'armée révolutionnaire, sous les ordres du général Brune. Deux mille spectateurs s'y trouvaient rassemblés ; et tous les citoyens suspects, ou jugés tels, y furent mis en état d'arrestation [2].

D'autre part, les 27 et 28 novembre, la Commission militaire avait décidé l'incarcération des comédiens du Grand Théâtre en raison d'une représentation de *La vie est un songe*, où le cri de *Vive le Roi !* avait retenti dans la salle ; et, deux jours après, les représentants en mission écrivaient à leurs collègues de la Convention :

« Tous les sujets du Grand-Théâtre, au nombre de 86, sont mis en état d'arrestation. »

Ils devaient être acquittés, le 25 décembre, par la Commission militaire, à l'exception du malheureux Arouch, qui fut guillotiné, comme convaincu d'avoir poussé le cri séditieux de *Vive le Roi*, bien qu'il n'eût cessé de répéter :

— Mais c'était dans mon rôle [3] !

---

1. VIVIE. *Histoire de la Terreur à Bordeaux*, t. I, pp. 413 et suiv.
2. *Ibid.*
3. Une autre version dit que cet Arouch ou Arrouche était non pas un comédien, mais un marin. D'ailleurs nous avons vainement cherché son nom sur l'état de la troupe du Grand Théâtre donné par les *Spectacles de Paris et de la France* pour l'année 1794.

Arouch ne fut pas seul frappé. Nous voyons dans l'*Abréviateur* du 5 février 1794 qu'un « jugement fut rendu, le 13 nivôse, contre la citoyenne Jeanne Louise, dite Dorfeuille, veuve de Philippe Diatrosally, née à La Haye, directrice du Grand Spectacle et des Variétés

Entre temps, les représentants, « considérant que le *Grand-Théâtre* avait toujours été le rendez-vous des royalistes, des muscadins et des fédéralistes », en avaient transporté la concession aux comédiens du *Théâtre de la République*.

Une autre scène, celle de *la Montagne*, ne trouva pas plus d'indulgence auprès de cette terrible Commission, qu'avait indignée la représentation de la *Tentation de Saint-Antoine* (2 nivôse an II), une pièce, qui, « au milieu de quelques traits de patriotisme, présentait des scènes scandaleuses et immorales, dignes des lieux de prostitution ».

Et l'arrêté, pris le 10 nivôse par la Commission militaire, « traduisait de suite dans le secrétariat... les individus composant le *Théâtre de la Montagne* » :

« Considérant que ce mélange perfide de principes de la raison avec la licence du vice est un outrage à la liberté, puisqu'il faisait penser que la Révolution, en détruisant les abus et les préjugés, dissout aussi tous les éléments de la morale et de la décence ;

« Considérant d'ailleurs que les acteurs de ce théâtre, lors de la lutte entre les républicains et les royalistes, ont plus d'une fois prêté à ceux-ci leur influence funeste, que leur dernier attentat contre les mœurs publiques pourrait bien n'être qu'une suite du système formé pour avilir par tous les moyens possibles la sainte cause de la liberté. »

---

de Bordeaux, convaincue d'avoir fait jouer la pièce intitulée *La vie est un songe* et d'avoir répondu à ceux qui l'invitaient à donner des pièces patriotiques.

— Il ne faut choquer aucun parti.

« Ayant égard à la faiblesse de son sexe et à la modicité de sa fortune, la Commission militaire ne la condamne qu'à la détention jusqu'à la paix. »

La représentation de *La vie est un songe* remontait, dit M. Pougin (*L'Opéra-Comique pendant la Révolution*), à six mois de là, au 17 juin.

Partant de ce principe, « les magistrats de la Révolution, concluait solennellement la Commission, trahiraient leurs devoirs, s'ils souffraient que les théâtres, ces tribunes d'instruction nationale, devinssent des foyers de corruption ». Et afin que nul ne pût ignorer sur quels auxiliaires comptait la Commission pour diriger sûrement sa procédure, elle faisait appel au patriotisme des « bons citoyens, », dans le but d'éclairer « sa *religion* (elle ne craignait pas d'employer le mot) sur la conduite et les sentiments inciviques » des détenus, et de « prendre une mesure qui soit pour tous les théâtres de la République une grande et énergique action ».

Les artistes et le directeur du *Théâtre de la Montagne*, bien que sévèrement blâmés par cette commission puritaine, eurent, eux aussi, la bonne fortune d'être acquittés et celle, meilleure encore, de n'être pas dépossédés de leur salle [1].

A Rouen, les deux théâtres vivaient plutôt en parfaite intelligence avec la municipalité qui était révolutionnaire au premier chef [2]. Leurs directeurs, comptant de chauds amis au Conseil général et à la Société populaire, s'efforçaient de justifier une distinction aussi flatteuse par la mise en œuvre d'un répertoire « selon les principes ». Et c'était à qui ferait assaut, sur le terrain, de surenchère démagogique, de Cabousse, impresario du *Théâtre des Arts*, devenu *Théâtre de la Montagne* [3] le 18 novem-

---

1. Le 5 prairial, Jullien fils (de Paris), qui remplaçait Ysabeau, astreignait les théâtres de Bordeaux au régime censorial qu'avait édicté l'arrêté du 25 floréal de la *Commission d'Instruction publique*.
2. Consulter à cet égard le bel ouvrage de M. Clérembray, *La Terreur à Rouen*, 1901.
3. Ce Cabousse avait le sens de la réclame. Dans l'article consacré au théâtre de Rouen par *Les Spectacles de Paris et de la France* pour 1793, il s'était mis carrément en vedette de la façon suivante : « Je me cite le premier, pour avoir le plaisir de rendre un juste hommage à mes camarades. Il serait difficile de rassembler une troupe plus

bre 1793, ou de Ribié, fondateur de la nouvelle salle, celle de *la République*.

De tous temps et sous tous les régimes, on plaisante volontiers en France sur la magistrature édilitaire, aussi bien dans les plus grandes cités que dans les plus humbles bourgades. On croirait, s'il fallait ajouter foi à ces épigrammes, plutôt faciles, que nos municipalités sont peuplées de Béotiens. A vrai dire, pendant la Révolution, bon nombre de ces Conseils généraux de communes (car toutes avaient droit et tenaient à ce titre ambitieux), pour être autant de Palladiums de la sans-culotterie idéale, ne rappelaient en rien le Temple des Muses, même dans ces comités d'Instruction publique qu'ils instituaient, à l'exemple de la Convention Nationale.

A ce point de vue, la municipalité de Rouen était supérieurement partagée. Le 23 floréal an II, le citoyen Lamandé, dans une séance du Comité d'Instruction publique, fit une motion digne d'immortaliser son nom. C'était, comme d'ailleurs presque tous les conseillers de Rouen, un partisan convaincu de Robespierre. Aussi, dans sa proposition, dénonçait-il la rue de la *Mère Duchesne* et demandait-il qu'on fît « tomber le nom de la femme, comme la tête du mari était tombée sous le glaive de la loi » et qu'on lui substituât « le nom de Corneille, originaire et pendant longtemps habitant de cette commune [1] » ..., ses seuls titres sans doute à cette distinction.

Tant il est vrai qu'on n'est jamais prophète en son pays, fût-on même l'auteur du *Cid* ou de *Cinna !* La

---

unie et qui montre plus de zèle pour faire valoir une entreprise. La preuve de cette vérité est que je ne fais point de changement dans la grande partie de ma troupe pour la campagne prochaine. Heureux le directeur qui peut réunir talents, conduite et activité dans ses camarades pour ses entreprises ! »

1. NOURRY. *Le Théâtre français de Rouen en 1793*, 1893, p. 49.

proposition de Lamandé était renvoyée à la commission de voirie, quand on s'avisa, trois jours après, que le nom de Corneille avait été donné à « la ci-devant rue d'Ecosse ».

Mais, si bienveillante que fût l'administration municipale pour Cabousse et Ribié, dont un public, exigeant et tumultueux, rendait la double gestion aussi coûteuse que difficile, il fallait bien les rappeler de temps à autre à l'observation des règles prescrites par le Comité de Salut Public.

Aussi deux arrêtés [1] du « Conseil général révolutionnaire de la Commune » vinrent-ils édicter, coup sur coup, des dispositions ayant force de loi, qui durent amener une certaine perturbation dans le régime des spectacles.

La première ordonnance, datée du 25 mars 1794, était ainsi libellée :

« Arrête, l'agent national entendu, que les directeurs ou régisseurs des Théâtres de la Montagne et de la République seront tenus de faire lever la toile tous les jours à 5 heures 1/2 du soir très précises et de finir à 9 heures, à peine d'être condamnés à cent livres d'amende par voie municipale. »

Cette même ordonnance avait abordé la question des spectacles gratis, qu'elle avait résolue, dans le sens bien entendu du Comité de Salut Public, en la faisant précéder des adulations les plus plates à l'adresse du populaire :

« Considérant que, s'il importe à l'égalité de détruire entièrement l'aristocratie des richesses et de rendre communs au peuple les avantages jusqu'ici réservés exclusivement à l'opulence orgueilleuse, il est aussi du

1. BOUTEILLER. *Histoire des Théâtres de Rouen*, t. IV, pp. 28-30.

devoir d'une administration révolutionnaire et populaire de hâter cette époque bienfaisante ;

« Considérant que les bons citoyens de cette commune, concourant autant qu'il est en eux au maintien de notre sublime Révolution, méritent de jouir le plus tôt possible des bienfaits que la loi assure aux bons citoyens des grandes communes de la République, etc... »

Le Conseil général avait fixé déjà le choix de son répertoire : l'*Ami du Peuple*, de Camaille Saint-Aubin, pour la première décade, le *Repos des bruyères*, pour la deuxième.

Un second arrêté, du 2 avril 1794, contresigné par le maire Pillon et le secrétaire Havard, avait ainsi déterminé l'économie de ces représentations gratuites :

Article I. — Les Théâtres de la Montagne et de la République seront ouverts et donneront une représentation, *de par et pour le peuple*, le quintidi prochain.

Article II. — Les directeurs seront tenus de faire afficher aux portes de leurs salles respectives, en caractères très ostensibles, une inscription portant cette note :

Unité, Indivisibilité de la République Française,
Egalité et Fraternité.
Aujourd'hui spectacle de par et pour le peuple.

L'article III stipulait que la composition du spectacle serait envoyée, au plus tard, la veille de la représentation, à l'administration du district.

L'Article IV traitait de la distribution des billets. Chaque membre du Conseil général s'en réservait une dizaine qu'il distribuait aux « patriotes de sa connaissance ». En outre, l'*Hôpital général*, le *Comité d'Instruction publique* recevaient chacun d'autres billets qui étaient répartis entre les pensionnaires des hôpitaux et les instituteurs.

Cabousse et Ribié — Ribié surtout — multipliaient ces représentations, dont ils furent à peine remboursés ; et nous verrons plus tard quelle fut la récompense de l'un et l'autre.

Hélas ! comme l'a si souvent répété la sagesse des nations, ce qui est vérité à Paris est mensonge à Rome. Et cet *Ami du Peuple*, qui devait être pour la population de Rouen un aliment si substantiel, devenait le plus subtil des poisons pour les sans-culottes de Marseille.

En effet, le 18 Brumaire an II, les représentants Fréron et Servières, l'enveloppant dans la même réprobation que l'*Ami des Lois*, le flétrissaient en ces termes :

« Considérant que l'*Ami des Lois*, sous un titre patriotique, était une pièce contre-révolutionnaire et servait tellement la vengeance des fédéralistes de Marseille qu'on la donnait deux fois par jour, en parodiant le costume des patriotes détenus dans les cachots ;

« Considérant que l'*Ami du Peuple*, sous un titre encore plus séduisant, mais non moins imposteur, est une pièce feuillantine d'autant plus propre à égarer l'opinion publique que l'intérêt est adroitement dirigé sur un négociant, c'est-à-dire sur un homme de cette classe qui, dans Marseille, employait ses trésors à salarier les contre-révolutionnaires ;

« Considérant que l'objet de cet ouvrage ne tend qu'à endormir les justes défiances du peuple envers les hypocrites qui se disent ses amis et à lui faire faire l'application du principal personnage, à ces négociants, qui, pour s'attacher le peuple, avaient fait mettre le prix du pain à cinq sous, à l'époque du système sectionnaire [1] ».

---

1. *Journal des Spectacles*, brumaire an II.

Suivait, bien entendu, l'interdiction au directeur du *Théâtre Le Peletier* de jouer l'*Ami du Peuple*, sous peine d'arrestation immédiate.

La Commission municipale, instituée par Fréron et Servières, s'empressa d'imiter un exemple venu de si haut. Elle débuta par un coup de maître. Elle défendit le *Mariage de Figaro* :

« Considérant que la pièce est immorale et indigne de fixer les regards des républicains, le caractère des personnages ne rappelant que d'orgueilleux préjugés, des maximes de despotes et des distinctions anti-sociales, l'éloge prodigué aux vices des grands et le ridicule aux tribunaux et aux magistrats ». Il n'était pas jusqu'aux costumes « rappelant d'anciens préjugés » qui ne fussent signalés au mépris public : donc le bonnet rouge et la carmagnole obligatoires.

Il était écrit que Marseille — fédéraliste en ce temps-là — devait passer par toutes les brimades qui constituaient alors la réglementation des théâtres par l'autorité administrative.

C'était au tour du comédien à subir l'épreuve ; et jamais peut-être son rôle, tel que le comprenait le jacobinisme dans la société nouvelle, ne fut mieux défini que par le successeur de Fréron, Maignet [1] l'incendiaire et le « destructeur » du bourg de Bédoin, qui pontifiait, au nom de la Convention, à Marseille, le 6 août 1794 (19 thermidor), alors que le maître de la doctrine ne faisait plus trembler personne.

C'était, en effet, sur le mode solennel et majestueux,

---

1. *La Biographie portative des Contemporains* (1834) entreprend une réhabilitation en règle de Maignet, faisant retomber tout l'odieux de cette exécution sur le commandant Suchet, plus tard maréchal de France et duc d'Albuféra. — La *Biographie Michaud* ne se prononce pas, mais reconnaît à Maignet de « la probité ».

que Maignet apprenait au comédien le genre de services qu'attendait de lui la République : les professionnels dûrent être ébahis d'une comparaison qu'ils n'auraient jamais prévue, mais peu satisfaits du niveau égalitaire sous lequel voulait les courber l'orateur.

« Les artistes, élevés à la dignité d'instituteurs du peuple, disait Maignet, doivent se pénétrer de l'importance de leurs fonctions ; affranchis par la Révolution d'un préjugé, injuste sans doute en lui-même, mais fondé peut-être sur la conduite immorale de quelques-uns d'entre eux, ils doivent mériter ce bienfait par la régularité de leurs mœurs et l'utile emploi de leurs talents ; en jouissant de tous les droits des citoyens, ils sont tenus d'en remplir tous les devoirs... En conséquence, ils doivent à la République l'entière abnégation de tout intérêt personnel, de tout esprit d'intrigue, de toute vue étroite d'égoïsme et surtout de cette aristocratie d'amour-propre, de ce fédéralisme du talent qui, isolant l'homme et lui faisant tout rapporter à lui-même, sacrifie les progrès durables de l'art au succès passager de l'artiste [1] ».

S'autorisant de ces belles théories qui mettaient sur le même plan l'infime cabotin et l'acteur génial, Maignet prétendit imposer aux comédiens de Marseille l'obligation de jouer pour la République, comme certains de ses collègues entendaient forcer les auteurs dramatiques à faire bénéficier le peuple du spectacle de leurs œuvres. En conséquence, d'accord avec Michot et Hainault « commissaires du Comité de Salut Public pour la régénération des théâtres [2] », Maignet arrêtait que le *Comité d'administration des théâtres de Marseille*

---

1. WELSCHINGER. *Th. de la Révolution*, pp. 151-153.
2. *Ibid.*

avait seul le droit de distribuer aux artistes les rôles qu'il les jugerait capables de remplir, sans qu'ils puissent en refuser ni en réclamer aucun. Mais, pour leur donner une compensation équitable, il ordonnait que tout le monde, même les militaires et « personnes y attachées », payât sa place au théâtre… Car, hélas ! en ces temps primitifs, le billet de faveur commençait déjà à sévir.

CHAPITRE VII

Faillite de la régénération dramatique. — Représailles et palinodies. — Moralité des représentations de par et pour le peuple : ce qu'on en pense à Rouen et Montpellier. — Après le 9 thermidor, le théâtre est encore tracassé, mais n'a plus peur.

Tout système politique, basé sur la compression à outrance, toute forme de gouvernement prétendant imposer par la Terreur à une société la conception idéale et la pratique journalière de la vertu, de la justice et de la morale, porte en soi le germe d'une fin prochaine. Des ressorts aussi fortement tendus se brisent fatalement. Et le peuple, inquiet, effaré, abruti, qui se résignait à ployer sous l'effort, finit par se dérober.

La faillite de « la régénération des théâtres » suivit donc de près la faillite de la Terreur.

De même que l'axe du gouvernement central s'était déplacé avec la chute du jacobinisme, de même les administrations municipales, délivrées du joug tyrannique des sociétés populaires, filiales de la trop fameuse pépinière de la rue Saint-Honoré, s'étaient, sinon complètement renouvelées, du moins modifiées dans une très large mesure.

Certes, il n'était pas question de renverser la République, mais de la rendre acceptable pour tous. Et la réaction thermidorienne menaçait d'en faire un instrument d'oppression, même pour les hommes de bonne volonté qui consentaient une nouvelle expérience.

A vrai dire, il était bien difficile de s'opposer à des représailles qu'eût plutôt encouragées l'opinion publique, surtout quand elles visaient moins les hommes que le régime. Et le théâtre se prêtait le mieux du monde à ces manifestations. Au besoin, certaines municipalités les eussent dirigées, soit pas conviction, soit par crainte des pires désordres.

Ainsi Rouen vit, à moins de dix mois de distance, deux délibérations de son Conseil général consacrer la plus amusante des palinodies [1].

Aux termes d'un arrêté du 24 mai 1794, on avait élevé à grand renfort de bras, une *Montagne* en plein Champ-de-Mars. Un autre arrêté du 24 février 1795 en ordonna la destruction. « Un jour, s'écria pompeusement le municipal Victor Lefebvre, avait vu s'élever ce symbole monstrueux de l'inégalité ; un jour le vit disparaître ».

Et, le 6 ventôse an III, dans la salle du Grand Théâtre, décapitée de son titre de la Montagne, ces couplets chantés entre les deux pièces de la représentation — donnée au bénéfice des indigents — affirmaient, en vers, d'ailleurs pas bien méchants, l'anéantissement du « Symbole monstrueux de l'inégalité » :

> AIR : *Ramonez ci, Ramonez là.*
>
> On a rasé la Montagne
> Au champ de l'Egalité ;
> On a fait rase campagne
> Pour courir en liberté.
> Hé hut ! hé aye ! hé hut ! hé pousse !
> Hé aye ! hé hut !
> Et voilà comme il arrive.
> A tous ceux qui bâtiront là,
> Autant il en arrivera.
> Ecoutez-ci, écoutez là
> Tous ces couplets de haut en bas. } *bis.*

Nous verrons plus loin que les directeurs Cabousse

---

[1]. BOUTEILLER. *Histoire des Théâtres de Rouen*, tome IV, pp. 28-30.

et Ribié furent singulièrement bousculés par leur clientèle et contraints à changer leur répertoire. La municipalité leur avait cependant imposé les représentations *de par et pour le peuple*. Ils s'étaient soumis. Et voilà qu'à la dernière du *Repos des bruyères*, le 25 vendémiaire an III, les fêtes populaires menaçaient de disparaître, du fait même des autorités. Les Administrateurs de l'Hospice général se plaignaient que leurs vieillards prissent plutôt le chemin du cabaret que celui du théâtre et que les jeunes orphelines se répandissent en désordre dans les couloirs de la salle, échappant ainsi à toute surveillance. Au reste, pour ces enfants et pour ces vieillards, les spectacles se terminaient beaucoup trop tard.

La municipalité de Montpellier s'était montrée encore plus explicite. Le 1er nivôse an III, elle intervenait auprès du district, pour obtenir la suppression pure et simple des représentations « de par et pour le peuple ». Elle avait constaté que « le but proposé était manqué, qu'il n'en résultait aucune instruction pour le peuple et qu'au contraire ses mœurs se dépravaient ». Le district fut du même avis, mais maintint les représentations, attendu qu'elles avaient été ordonnées par les délégués de la Convention. Et, par manière de consolation, il invitait la municipalité à ne faire jouer que « des pièces patriotiques propres à former le caractère et élever les mœurs, etc... » C'était avouer que Montpellier en avait vu d'un genre tout différent [1].

En effet, le Gouvernement ne pouvait admettre, pour le principe, qu'après tant de motions et de délibérations, d'arrêtés et de décrets sur la rénovation du théâtre, sous le souffle fécond de l'esprit révolutionnaire,

---

1. Duval Jouve. *Histoire de Montpellier*, 1881.

la Convention se déjugeât, au point de détruire son œuvre de ses propres mains.

Mais, ce ne fut plus par voie d'intimidation, ni par la menace des pires châtiments, que procéda désormais l'administration, pour obliger les théâtres, leur personnel, leurs impresarii, leurs auteurs à devenir les éducateurs du peuple, en le bombardant de chefs-d'œuvre supérieurement joués. Elle multiplia les coups d'épingle, les taquineries, les vexations, les procès-verbaux, afin d'arriver plus sûrement à son but. Jamais, comme l'a prouvé M. Welschinger dans son excellent livre, à l'aide de précieux documents empruntés à nos Archives, jamais le théâtre ne fut plus tracassé, ni moins éprouvé. La police épluchait toujours le dialogue des pièces, épiait le costume des comédiens où pouvaient se glisser des croix de Saint-Louis et des plumets blancs, signifiait aux directeurs la fermeture de leur salle, si les Chouans venaient y faire tapage. Mais la peur n'y régnait plus depuis le 9 thermidor.

Les passions politiques s'y jouaient librement. Comme avant la mort de Louis XVI, les partis s'y disputaient la place : on échangeait force injures et force horions. Mais, en somme, une sorte de liberté était rendue aux théâtres. Les directeurs ne tremblaient plus quand ils affichaient une pièce nouvelle. Les auteurs n'étaient plus tenus d'être plus révolutionnaires que la Révolution ; et les acteurs n'avaient plus besoin d'éplucher leur rôle pour en extirper une phrase ou un mot irrévérencieux ; le public lui-même qui avait acheté à la porte le droit de siffler ou d'applaudir, n'était plus obligé de se contraindre, pour n'être pas enlevé, en bloc et en un tour de main, par les soudards d'Hanriot.

C'est précisément cette étreinte et cette angoisse de la peur, durant la domination jacobine, chez les directeurs, auteurs, comédiens, spectateurs et même critiques dramatiques, que nous nous proposons d'étudier dans les chapitres suivants. Le théâtre, né au milieu de ces transes quotidiennes, ne pouvait être qu'inepte, servile et féroce.

Les Directeurs de Théâtre

A Paris. — En Province

Les Directeurs de Théâtre
(1793-1794)

A Paris

CHAPITRE PREMIER

Incertitude des directeurs de théâtre entre l'Ancien et le Nouveau régime. — La clôture pascale et Manuel. — Un arrêté du Conseil général de la Commune mort-né. — Les administrateurs de l'Opéra et le Gratis.

Aux premières heures de la Révolution, dans cette période d'effervescence et d'agitation qui précéda la chute de la royauté, et qui n'était déjà plus l'ancien régime sans être encore le nouveau, les directeurs de théâtre en étaient arrivés à ne plus savoir où commençaient leurs droits et où finissaient leurs devoirs.

Jadis ils étaient tenus de pratiquer la clôture pascale, c'est-à-dire de fermer leur théâtre pendant la Semaine Sainte et la Semaine de Pâques. La municipalité parisienne ayant rétabli la censure après l'avoir supprimée, ils se demandèrent et lui demandèrent s'ils devaient, comme par le passé, suspendre, pendant quinze jours, le cours de leurs représentations.

L'ancien prisonnier de la Bastille, Manuel, devenu

procureur de la Commune de Paris, profita de l'occasion pour répondre, sur le mode pompeux, par la circulaire suivante, aux administrateurs de la police qui l'avaient saisi de la question [1] :

« Quand, après une longue nuit, la vérité se montre, fait honte aux dupes et peur aux fripons ; quand la liberté ne veut plus de tyrans, ni l'égalité d'esclaves ; quand une Constitution protège tous les cultes comme toutes les opinions ; alors il n'y a plus que le peuple qui, par ses représentants, puisse commander des fêtes, les fêtes de la patrie ; et il faut que les religions se renferment toutes, sans se cacher, dans leurs temples...

« Personne ne conçoit mieux que vous, que, si chacun est maître de ses talents comme de ses pensées, il ne doit pas plus être défendu de jouer une pièce le Vendredi Saint, que de le faire, à ceux du moins qui ne partagent pas le deuil de la religion... Sous quel prétexte, la municipalité, gardienne de toutes les propriétés, condamnerait-elle au repos une foule de citoyens que le théâtre fait vivre et une foule plus grande encore qu'il amuse et qu'il instruit... Le théâtre ne me paraît pas seulement un moyen d'instruction entre les mains du philosophe qui éclaire le peuple, il en est un aussi de bon ordre entre celles de l'administrateur qui le conduit...

« Il serait bien à désirer que Rome, toute entière dans la sacristie, s'aperçût, à la fin du Carême, qu'elle n'a plus de privilèges ; et rien ne lui prouvera mieux les progrès de la raison que l'indépendance des théâtres, qui, pendant le temps que les chrétiens assisteront à des Ténèbres, représenteront pour les *Amis de la Constitution*, la *Mort de César*. »

Cette neutralité, si large et si tolérante, ne devait

---

1. *Journal de Paris* du 28 mars 1792.

être qu'un vain mot, cinq mois après, alors que, sous un prétexte quelconque, — le décès d'un prince de la démagogie ou la fermeture des barrières de Paris — les théâtres étaient obligés de faire relâche. Il est vrai que la municipalité de Mars avait été chassée de l'Hôtel de Ville par la Commune insurrectionnelle du 10 août et que les successeurs de celle-ci allaient vigoureusement saper cette belle « indépendance des théâtres », proclamée si haut par Manuel.

Leur démonstration abusive contre la *Chaste Suzanne* et l'*Ami des Lois*, improuvée par la Convention qui s'autorisait de l'abolition de la censure, visait plutôt encore les auteurs de la pièce que les directeurs du théâtre où elle était représentée.

Après la chute des Girondins, l'esprit d'arbitraire de la Commune de Paris put se donner libre carrière et comprit bientôt dans la même persécution les entrepreneurs de spectacles. Son hostilité se traduisit, le 18 juin 1793, par un arrêté du Conseil général, dont les considérants sont restés célèbres :

« Considérant que depuis longtemps l'aristocratie s'est réfugiée chez les administrateurs des différents spectacles ;

« Considérant que ces *Messieurs* corrompent l'esprit public par les pièces qu'ils représentent ;

« Considérant qu'ils influent d'une manière funeste sur la Révolution..., etc... »

Le fond de la querelle ne laisse pas que d'être plaisant. — La Commune, devançant les délibérations de l'Assemblée Conventionnelle, estimait que les « administrateurs » ne donnaient pas suffisamment de ces spectacles *gratis*, pour lesquels certains membres du Conseil général avaient un goût tout particulier.

Les directeurs de théâtre, justement émus de ces

considérants, se rendirent, le 20 juin, à l'Hôtel de Ville, pour protester contre leur injuste malveillance. Et, à l'appui de leur réclamation, ils produisirent l'état des pièces patriotiques qu'ils avaient fait jouer dans le but de propager l'Evangile révolutionnaire.

Il fallut que l'argument fût sans réplique, pour que l'arrêté fut rapporté sur la proposition de Réal, premier substitut du procureur de la Commune.

Les administrateurs de l'Opéra s'étaient adressés à la presse, à deux journaux très lus, le *Moniteur* et *la Chronique de Paris*, pour faire justice de telles imputations. S'ils n'avaient pas jusqu'à présent donné de *gratis*, c'était précisément parce que la Commune n'avait pas encore accepté les dates qu'ils avaient choisies pour ces représentations. Et, par prudence, ils avaient eu « la précaution de retrancher du répertoire toutes les pièces qui pouvaient inspirer aux malveillants des applications coupables. »

A son tour, le 2 août 1793, la Convention décrétait la loi draconienne que nous avons intégralement transcrite [1] et la représentation gratuite, aux frais de l'Etat, d'un certain nombre d'ouvrages patriotiques. Un règlement, retrouvé aux Archives Nationales par M. Welschinger, donne la liste des théâtres appelés à répandre cette manne civique *de par et pour le peuple*, suivant la sacro-sainte formule.

1. Le Théatre et les Pouvoirs publics, p. 6.

CHAPITRE II

Campagne de la Commune de Paris contre les directeurs de théâtre. — Débuts de la Montansier. — Sa légion de volontaires à Valmy. — Roman de Duhem. — Lettre de la Montansier au Comité d'Instruction publique. — Un numéro du Père Duchesne. — Incarcération de la Montansier. — Robespierre en parle aux Jacobins.

De cette époque qui précède de quelques semaines seulement « la Terreur à l'ordre du jour », datent l'inquisition et la pression officielles, exercées quotidiennement à Paris sur les entreprises théâtrales.

Les directeurs — et ceux-là mêmes qui avaient sollicité la censure communale — résistaient de leur mieux, excipaient de leur bonne foi, plaidaient les circonstances atténuantes, cherchaient à gagner du temps, et finalement se résignaient quand l'autorité daignait les laisser vivre.

La lutte de certains fut épique.

La Montansier, entr'autres, demeura jusqu'au bout sur la brèche, comme une amazone du temps de la Fronde.

On a dit jadis de la galanterie ce qu'on dit aujourd'hui du journalisme, qu'elle menait à tout, à la condition d'en sortir.

Cet adage — qui nous devons le reconnaître — n'émane pas de la *Sagesse des nations*, se vérifia pour Marguerite Brunet, beaucoup plus connue sous son nom de guerre et de théâtre, la Montansier. Du jour où elle obtint, grâce à la faveur de Marie-Antoinette, le privilège de la salle de Versailles, elle put se croire enfin sur la route de la fortune. Ses mésaventures à la direction de Rouen, mésaventures que lui avaient attirées les violences de son amant Neuville, n'étaient pas pour décourager une humeur aventureuse comme la sienne. Et la Révolution, à ses débuts, la trouva toute prête à l'exploiter patriotiquement, bien qu'au fond l'ex-courtisane fût restée le courtisan discret, mais fidèle, du régime déchu.

La Montansier dirigeait au Palais-Royal le Théâtre des Beaujolais [1], qui devait bientôt porter son nom, quand l'invasion de la France par les Prussiens fit bondir tous les cœurs de colère et d'indignation. La patrie déclarée en danger, des volontaires, que brûlait une fièvre d'héroïsme, coururent aux frontières. Chaque pays, chaque ville en équipa des bataillons. La Montansier voulut avoir les siens. Ce fut ainsi qu'elle envoya au camp de Dumouriez une légion de quatre-vingts hommes, enrôlés, habillés, armés à ses frais. Ces volontaires étaient commandés par Neuville et comptaient dans leurs rangs plusieurs acteurs de la Montansier. Ils ne rentrèrent à Paris que deux mois après leur départ, c'est-à-dire après l'expulsion définitive de l'ennemi.

A cette époque, et peut-être même depuis plus longtemps, la Montansier était en relations suivies avec Dumouriez. Or, plusieurs mois après la victoire de Valmy, le général était devenu suspect à la Montagne ; et comme si cette éducatrice de la démagogie révolutionnaire eût pressenti la trahison imminente de l'ancien ministre de Louis XVI, elle le poursuivait de ses invectives dans ses journaux, dans ses clubs, à la Con-

---

[1]. *Les Spectacles de Paris et de la France pour les années* 1793 *et* 1794, le dénomment : « *Théâtre Montansier*, au jardin de la Révolution. »

vention même, en lui donnant pour complice de sa forfaiture la directrice du Théâtre Beaujolais.

Or la comédienne, et par ricochet Dumouriez, trouvèrent un défenseur inattendu dans la personne de Duhem, un député qui appartenait cependant à la Montagne. Le 12 mars 1793 [1], ce conventionnel montait à la tribune pour raconter à ses collègues un véritable roman.

Appelé, disait-il, au Comité de Sûreté générale, il y avait appris que la Convention désirait être édifiée sur certaine médaille contre-révolutionnaire qu'il venait de recevoir ; et Duhem s'empressait de lui en tracer la description. C'était une sorte de jeton large comme un écu de six livres qui portait sur « sa face » cette inscription : « Roi de France et de Navarre » et, à « son cordon », celle-ci : « Louis XVI, né à Versailles, le 23 août 1754, roi le 10 mai 1774, martyrisé le 21 janvier 1793 ». Cette médaille était parvenue, la veille, au représentant, munie de cette adresse : « Au député, le citoyen Duhem » et accompagnée d'un billet anonyme ainsi libellé : « La Montansier, payée par la France à Bruxelles, y a apporté cette médaille ; et la jeune Crumpipen, maîtresse de Dumouriez, en a distribué partout. » Duhem courut aux renseignements et sut de son collègue Lacroix que la Montansier, à Bruxelles, avait rendu d'éminents services à la liberté, en jouant *gratis* pour le peuple des pièces très révolutionnaires, et que ses acteurs avaient converti plus d'aristocrates que les aristocrates n'avaient perverti de patriotes. Duhem, en résumé, ne voyait dans tout cela qu'une « petite espièglerie d'aristocrates » et demandait que Dumouriez restât à la tête des armées.

---

1. *Moniteur* du 15 mars 1793.

La défection de ce général fut, sans nul doute, funeste à la Montansier. Mais l'orage qui s'amassait lentement sur la tête de la comédienne, n'éclata guère qu'en novembre 1793.

La Montansier avait fondé et inauguré, trois mois auparavant [1], rue de la Loi (rue Richelieu), une nouvelle scène qu'elle dénommait *Théâtre national*, et dont elle avait su fort habilement amorcer le succès. Elle avait distribué, dans les premiers temps, bon nombre de billets de faveur ; et le public avait fini par prendre le chemin du théâtre. Les pièces ne valaient ni moins, ni mieux que celles des autres entrepreneurs. Mais il ne paraît pas qu'elles aient attiré les foudres de l'autorité sur la direction. C'était plutôt la directrice qui était personnellement désignée à la vindicte des lois. La Montansier ne l'ignorait pas ; et elle avait tenté de parer le coup par une manœuvre attestant l'ardeur et la sincérité de sa foi républicaine.

En conséquence, elle avait adressé, au commencement d'octobre 1793, la lettre suivante [2] :

« *Aux citoyens représentants du peuple souverain composant le Comité d'Instruction publique.*

« CITOYENS,

« Pénétrée des effets salutaires que peuvent produire sur l'esprit public les représentations des ouvrages où respire l'amour du plus pur républicanisme, nous avons

---

1. Le 15 août. — La Montansier ne doutait de rien : n'avait-elle pas demandé, l'année précédente, à la municipalité, les décors, les danseurs, les chœurs de l'Opéra, « pour donner de grands spectacles » ?

— Impossible, mille regrets, avait répondu l'administration du théâtre, à qui la ville avait renvoyé cette étrange requête (Archives de l'Opéra. Inspection. Correspondance 1791-1792).

2. ARCHIVES NATIONALES, F17 1040-980.

consacré notre nouveau théâtre pour n'y représenter autant que possible que des ouvrages patriotiques. Il serait flatteur pour nous que vous jugeassiez vous-même de l'esprit républicain qui règne dans les pièces que l'on y représente ; et ce désir patriotique nous autorise à vous offrir, citoyens représentants, une loge à mon Théâtre National, rue ci-devant Richelieu. Il me sera honorable de vous la voir accepter.

« Ne croiriez-vous pas convenable que nous donnions, par semaine et pour toujours, une représentation *pour et par le peuple ?* Cette mesure peut être d'un intérêt majeur pour soutenir l'esprit public à la hauteur de la Révolution ; si vous l'agréez, je suis prête à l'exécuter.

« 22me jour du 1er mois de la 2me année de la République.

« Montansier. »

Le Comité d'Instruction publique ne daigna même pas répondre ; et on lit en marge de la lettre :

« Passé à l'ordre du jour le 26 du premier mois. »

En effet, la nouvelle convertie n'avait pu parvenir, malgré sa formelle adhésion au catéchisme révolutionnaire, à désarmer la méfiance jacobine. Celle-ci, de jour en jour plus agressive, la dénonçait enfin à la Commune de Paris, comme suspecte d'intelligences avec l'étranger[1]. Des ennemis acharnés de la Montansier, Chaumette et son substitut Hébert, n'avaient jamais pardonné à la directrice du Théâtre National sa liaison avec Dumouriez, objet perpétuel de leur haine et de leurs récriminations. Ils précisèrent à la tribune du Conseil général, leur accusation. A les entendre, la Montansier avait reçu des fonds des Anglais, des émigrés

---

1. *Moniteur* du 16 novembre 1793 (Séance du Conseil général de la Commune de Paris du 23 brumaire).

et même de Marie-Antoinette — cent mille écus ! — pour la construction de son théâtre. Ses relations avec l'ancienne Cour et avec Dumouriez, la dépréciation qu'elle avait tentée des assignats, le papier-monnaie de la République, tout, dans ses actes, la condamnait. Plus particulièrement, Chaumette insistait sur cette considération, la moins spécieuse de toutes, que la nouvelle salle de spectacle constituait un danger permanent pour la Bibliothèque Nationale dont elle était la plus proche voisine.

Sous une forme pittoresque en son ignoble langage, le misérable Hébert a résumé, dans son *Père Duchesne* [1], les chefs d'accusation portés par la Commune contre la directrice du Théâtre National.

Jacqueline, la femme du vieux marchand de fourneaux, grille d'aller au spectacle.

— « Ecoute, notre homme, on a dit comme ça, qu'il y a un nouveau théâtre qui est beau à faire peur, ousqu'on vous prie très poliment d'entrer *gratis*, attendu que la salle est toujours vide. Si tu veux, nous en tâterons, puisque ça ne coûte qu'un moment d'ennui. On m'a dit que c'est une brave citoyenne qui a fait construire cette salle pour amuser tous les sans-culottes de Paris et faire mettre la clef sous la porte à tous les autres comédiens.

— « Quel est le laquais de muscadin qui t'a fait un pareil conte ? C'est la Montansier dont tu veux parler ; et tu donnes le nom de citoyenne à une pareille guenon ! Apprends que cette vieille balayeuse de coulisses était la première pourvoyeuse de la louve autrichienne. A Versailles, elle lui tenait complaisamment la chandelle, quand elle encornaillait l'ogre Capet dans sa

---

1. *Le Père Duchesne*, n° 310.

petite loge. Quand la b... de ménagère de Versailles fut à l'ombre, elle suivit le traître Dumouriez à Bruxelles, et, après lui avoir rendu le même service, elle lui aida à faire perdre le crédit des assignats, en affichant à la porte de son spectacle que l'on paierait 3 livres aux premières places en numéraire et 6 francs en assignats. La g... qui aurait dû être raccourcie pour avoir commis un pareil crime, a eu l'audace, f..., de venir ensuite demander 80.000 francs à la Convention pour récompense. Le Gargantua Lacroix, pour bonnes raisons, a appuyé sa demande de tous ses poumons. On connaîtra sous peu les voleurs de grand chemin qui ont fourni des fonds à cette banqueroutière pour construire ce nouveau b... On saura que chaque pierre est cimentée avec le sang du peuple, que les décorations ont été faites aux dépens des chemises de nos braves volontaires. Patience, le temps découvrira tout. En attendant, le Comité de Sureté générale doit faire arrêter comme suspecte cette tripoteuse de l'ancien et nouveau régime ; et la Convention ne doit pas souffrir un spectacle auprès de la Bibliothèque Nationale, qui, tôt ou tard, y mettrait le feu et détruirait le monument le plus précieux de l'Univers. »

Hébert avait prévu et prédit le dénouement de ce roman comique. — Le Conseil général décida, comme sanction à la dénonciation dont il était saisi, l'arrestation de la Montansier et la fermeture du Théâtre qui portait son nom. Le lendemain, la comédienne était appréhendée, alors qu'elle montait en voiture avec Fabre d'Eglantine [1] et conduite à la Petite Force, d'où elle ne devait plus sortir qu'après le 9 thermidor.

La décision du Conseil général amenait quelques jours

1. POREL et MONVAL. *Histoire de l'Odéon*, t. I, p. 119.

plus tard Robespierre à la tribune des Jacobins [1]. Le conventionnel avait sur le cœur un propos tenu par Hébert dans la Société, propos dont il ne rendait pas cependant responsable l'auteur du *Père Duchesne*, bien qu'il eût déjà le pressentiment de la malveillance, prudemment dissimulée, du fonctionnaire municipal à son égard.

« Un homme très connu, dit Robespierre, a voulu persuader à Hébert qu'après l'arrestation de la Montansier, je devais dénoncer cette mesure, dénoncer, à cette occasion, Pache (le maire de Paris), Hébert et toute la Commune. Je devais prendre apparemment un vif intérêt à cette héroïne de la République, moi qui ai provoqué l'arrestation de tout le Théâtre Français. »

Et Robespierre démontrait l'invraisemblance d'un tel racontar, lui qui s'était, au contraire, affirmé l'irréductible « défenseur de tous les patriotes et martyrs de la même cause. »

Il attribuait cette calomnie à « une armée d'espions, de fripons stipendiés qui s'introduisaient partout »; car rien jusqu'ici n'est venu prouver que le chef de la Montagne se soit jamais intéressé à la Montansier; et nous croirions plus volontiers qu'Hébert ait forgé ce mensonge de toutes pièces, inaugurant ainsi la campagne qu'il devait mener si sournoisement contre l'autorité et contre la puissance de Robespierre.

---

1. AULARD. *Société des Jacobins*, séance du 21 novembre 1793.

CHAPITRE III

Francœur, le directeur de l'Opéra, et le motif de son incarcération. — « La Passion du Christ ». — Une sommation de Comité révolutionnaire. — Dorfeuille, directeur du théâtre de la République. — Le mime Lazzari. — Séraphin, directeur du théâtre d'Ombres. — Une affiche de Barré, directeur du Vaudeville. — Un auteur généreux.

Francœur, un des directeurs de l'Opéra, ne fut guère plus heureux que la Montansier. C'était un de ces « administrateurs » aristocrates, que la Commune accusait de corrompre l'esprit public par des pièces contre-révolutionnaires et qui avaient dû se laver de ces noires accusations en produisant le répertoire patriotique qu'ils avaient servi à leur clientèle.

Au fond, le directeur de l'Opéra et son associé Cellerier[1] étaient, comme la directrice du Théâtre National, des républicains malgré eux ; ils ne pouvaient oublier les jours heureux qu'ils avaient vécus sous le sceptre abhorré du tyran ; et ils constataient, non sans amertume, la pénurie de recettes qui avait suivi l'avènement glorieux du sans-culottisme intégral. Mais le souci de leur sécurité personnelle les avait obligés à faire contre mauvaise fortune bon cœur, en instituant toute une série de compositions musicales, dont les poèmes portaient cette empreinte ultra-révolutionnaire, qui était comme la marque de fabrique des tragédies, des comé-

---

1. La Commune insurrectionnelle du 10 août 1792 leur avait confié l'administration de l'Opéra *(Spectacles de Paris et de la France pour l'année 1794)*. — Cellerier ou Célerier était l'administrateur-comptable.

dies, voire des vaudevilles du temps. Pour un peu, il eût fallu que les partitions elles-mêmes fussent « à l'ordre du jour » ; et nous verrons que des musiciens réussirent ce tour de force.

Malheureusement, le sentiment artistique de Francœur se révoltait par moment contre d'aussi dures nécessités ; et certain jour qu'on lui présenta un opéra sur la *Passion du Christ*, il ne put réprimer un geste de protestation.

Le comte Beugnot, qui vit le manuscrit [1], dit qu'il comportait trois actes ou trois parties : 1° *l'Accusation ;* 2° *le jugement ;* 3° *l'exécution.* C'était, dans tous ses détails, le drame du Golgotha.

L'Ancien régime n'eût pas accepté un tel sujet ; le nouveau y tenait, au contraire, beaucoup. Il affectait une admiration très vive pour la personnalité du Christ ; Camille Desmoulins, Hébert et combien d'autres journalistes ne parlaient qu'avec amour et respect du « sans-culotte Jésus ».

Francœur n'éprouvait pas une moindre vénération pour le héros républicain de la Passion ; mais il avouait plus tard à Beugnot que le personnage ne lui avait jamais paru suffisamment scénique et que la dramatisation toute moderne de ce vieux mystère ne l'avait guère séduit.

Cependant, le travail des répétitions n'était pas encore commencé. Les Comités, d'ailleurs, ne s'entendaient pas sur l'opportunité, ni sur le jour de la représentation. Fabre d'Églantine avait collaboré, disait-on,

---

1. *Mémoires du comte Beugnot,* t. I, p. 247. — D'après Beugnot, Francœur et Célerier furent incarcérés le 16 septembre ; le 17, note la couverture d'un état d'appointements (Archives de l'Opéra) avec cette mention : « accusés injustement d'être suspects, moyen dont on se servait alors pour s'emparer des propriétés. »

au poème : aussi Collot d'Herbois, l'ex-cabotin auteur, lui opposait-il d'aigres critiques. Pour les mettre d'accord, on expédia Francœur à la Force, où Beugnot devait être son compagnon de captivité. Le grief le plus grave qu'on eût invoqué contre le directeur de l'Opéra, c'était d'avoir apporté de sérieux obstacles à la mise en scène de ce que Beugnot appelait un « puissant ressort dramatique. »

Peut-être la détention de Francœur avait-elle une cause plus lointaine, si l'on tient pour authentique l'anecdote que le fougueux Girondin Girey-Dupré raconte dans son *Patriote français*. Au dire de l'ardent polémiste, Francœur aurait reçu, le 15 mai 1793, le poulet suivant :

« Le Comité révolutionnaire de la section Bon-Conseil... ne voulant, en ce moment, exiger qu'une portion de ton superflu, te requiert de payer

dans les 48 heures.	1.200 livres
sous quinzaine autres.	1.200 livres
et dans le mois encore.	1.200 livres
	3.600 livres

« Si tu refuses de payer cette somme, tes meubles et immeubles seront saisis et vendus par le Comité révolutionnaire et ta personne déclarée suspecte. »

Or, en fait de « meubles et immeubles », Francœur n'avait que des dettes. On devine sa réponse.

En tout cas, entré à la Force le 16 octobre 1793 [1], il n'en sortit qu'un an après : la Terreur avait vécu.

Dorfeuille, l'associé de Gaillard pour la direction du *Théâtre de la République*, pouvait encore plus mal finir.

---

[1]. *Les Spectacles de Paris et de la France pour 1794* disent que Francœur et Cellerier furent arrêtés et emprisonnés pour cause de malversations en octobre 1793. M. Pougin donne la date du 17 juillet (*L'Opéra-Comique pendant la Révolution*).

Après la journée du 10 août 1792, on avait découvert dans les papiers, saisis, de Laporte, intendant de la liste civile, une lettre de Dorfeuille qui fut publiée par les journaux et qualifiée de contre-révolutionnaire. Il est certain que Dorfeuille, à l'exemple de ses confrères Francœur et Montansier, n'avait accueilli qu'avec un enthousiasme très mitigé les idées nouvelles. Plus encore que Gaillard, moins réfractaire au mouvement libéral, il reprochait à ses pensionnaires d'y adhérer systématiquement. Il n'admettait au théâtre, en temps de révolution, que la neutralité pure et simple. Il était imprudent, disait-il, de prendre parti et de « transformer un gymnase en arène de gladiateurs ». Les artistes, qui étaient depuis longtemps en désaccord avec leurs directeurs, ne furent pas étrangers, paraît-il, à la publication de la malencontreuse lettre d'un homme qu'ils prétendaient hostile au nouveau régime. Dorfeuille, dénoncé au Comité de surveillance de la Commune, n'eut que le temps de fuir [1]. Il dut encore s'estimer heureux de traiter, pour la cession de sa part de propriété, avec ces comédiens qui l'avaient déclaré traître à la patrie. Il leur laissa pour cent mille livres, payables à longue échéance, un bien dont il avait refusé cinq cent mille comptant deux années auparavant.

Gaillard conserva la moitié qui lui appartenait. Mais le *Journal des Spectacles* de 1793 ne trouvait pas que le théâtre fût mieux administré.

Il est intéressant de voir comment, sur les scènes

---

1. *Les Spectacles*, etc... signalent d'un mot bien amusant ce départ : « le citoyen Dorfeuille, ingrat envers la Révolution... disparut. ». L'entreprise Dorfeuille-Gaillard, qui avait recueilli les comédiens dissidents du *Théâtre de la Nation*, portait encore, le 18 août 1792, le nom de *Théâtre Français*. Du 19 août au 29 septembre, elle devenait le *Théâtre de la Liberté et de l'Egalité* et le 30 septembre *Théâtre de la République*. *Tot regna, tot nomina!*

même les plus infimes, la crainte de ne pas paraître assez à « la hauteur des principes » incitait les directeurs à corser progressivement leur programme. Deux exemples typiques suffisent à cette démonstration.

Lazzari, un mime italien qui eut son heure de célébrité, dirigeait, en novembre 1792, les *Variétés Comiques* de la foire Saint-Germain. Il adjoignit, le 7 février 1793, à cette entreprise, celle du *Théâtre français du boulevard du Temple*. Et bientôt il donnait successivement, sur les deux scènes, l'*Entrée des Français à Chambéry*, le *Départ d'un père de famille pour les frontières*, la *Bataille de Jemmapes*, la *Mort de Le Peletier Saint-Fargeau*, suivie de son *Apothéose* et de sa *Pompe funèbre*, le *Suicide ou la mort de Pâris*. — C'était, pour ainsi dire, l'histoire de France, au jour le jour, en pantomimes.

Car ce genre était surtout en vigueur au Théâtre français du boulevard du Temple. Puis, à ces tableaux, vraiment patriotiques pour la plupart, succèdent des exhibitions absolument tendancieuses, la *Mort de Marat* avec son *Apothéose*, les *Brigands de la Vendée*, *A bas la Calotte !*

Quand Séraphin, le fondateur du *Théâtre d'Ombres* qui était une des curiosités du Palais-Royal, vint à Paris, il trouva au château de Versailles le plus bienveillant accueil. Ses marionnettes y firent les délices du jeune Dauphin et de sa sœur, la future duchesse d'Angoulême : à ce titre, il obtint le privilège d'appeler son théâtricule *le Spectacle des Enfants de France*. Ce qui ne l'empêcha pas, en 1789, dans son *Apothicaire patriote* — un précurseur de M. Homais — de célébrer, sur le mode lyrique, la vaillance des harengères parisiennes à Versailles, qui, dans les journées des 5 et 6 octobre, en avaient ramené, sabre et fusil au poing, « le boulanger, la boulangère et le petit mitron ».

Trois ans après, Séraphin montait pour son *Théâtre d'Ombres*, la *Démonseigneurisation*, des scènes que lui avait composées Dorvigny le bohème, prétendu bâtard de Louis XV ; puis, toujours dans le même ordre d'idées, la *Fédération nationale en* 1793 ; enfin, le 30 janvier 1794, au bénéfice des indigents de la section de la Montagne, *la Pomme à la plus patriote* ou *la Chute du Trône*.

Un dernier exemple, celui de Barré, « homme de lettres et directeur du Vaudeville », est profondément attristant. Il ne prouve que trop à quel degré de bassesse peut faire descendre la peur. Comme nous le verrons plus tard, l'impresario devait payer la rançon de l'auteur dramatique.

En octobre 1793, Barré faisait afficher dans tout Paris ce placard adressé

A ses concitoyens [1]

« C'est avec le plus grand étonnement que je viens de lire, dans le *Bulletin du tribunal criminel révolutionnaire*, les dépositions du citoyen J.-B. Lapierre, adjudant-général par intérim de la quatrième division, dans le procès de la veuve Capet, portant que, dans la nuit du 20 au 21 juin 1791, il a reconnu Barré, homme de lettres, parmi les différents particuliers, qui allaient du château dans les cours et des cours dans le château.

« Je défie qui que ce soit, et le citoyen Lapierre lui-même, de prouver qu'il m'ait jamais vu dans l'intérieur du château des Tuileries. Je défie même de prouver que j'aie jamais eu aucune relation directe ou indirecte avec les tyrans dont la justice nationale a purgé le sol de la liberté. Je ne me suis jamais approché des murs qui les renfermaient, que lorsque j'en ai été requis par les

---

1. *Journal des Spectacles* du 23 oct. 1793.

officiers de ma compagnie pour y faire mon service en ma qualité de simple volontaire de la Garde nationale et à toute autre époque que celle désignée dans la déposition, affirmant n'avoir pas été commandé de garde dans le courant dudit mois. »

Et le signataire de l'affiche laissait entendre, malgré un correctif élogieux, qu'on avait pu le confondre avec son frère, alors de service au château comme capitaine ou major de la Garde nationale.

Cet empressement à décliner toute responsabilité de complicité dans l'affaire de Varennes, ne pouvait-il en faire planer le soupçon sur « le major » Barré », de service au château ? » Hélas ! en ces temps d'épouvante, Hébert n'avait-il pas crié bien haut qu'il dénoncerait plutôt son frère, s'il le savait entaché d'aristocratie ?

Barré, « le directeur du Vaudeville », donnait encore une preuve de sa servile poltronnerie dans cette insertion qu'il avait sollicitée de la terrible *Feuille du Salut Public*, insertion où il déclarait renoncer à la légitime perception de ses droits d'auteur, pour la plus grande gloire du Gouvernement révolutionnaire.

« Persuadé que le genre du Vaudeville peut servir autant que tout autre à propager les principes républicains, et à maintenir l'esprit public, puisque, le soldat sous la tente, l'artisan dans son atelier, peut avoir continuellement à la bouche un refrain républicain, j'avertis que tous les théâtres de Paris et de la République pourront représenter les pièces purement patriotiques que je ferai, soit seul, soit en société, à commencer par l'*Heureuse Décade* qui a eu le bonheur de réussir. Ainsi les directeurs ou entrepreneurs qui désireraient se les procurer, peuvent s'adresser au théâtre. On les leur délivrera, avec permission de les jouer, sans aucune rétribution d'auteur. »

CHAPITRE IV

Les sans-culottes pudibonds. — Nicolet rappelé à la pudeur. — Circulaire aux artistes du théâtre de la Montansier. — Un rapport de Billaud-Varenne. — Dénonciation d'une pantomime à la tribune des Jacobins. — Explication des administrateurs du Lycée des Arts.

La politique n'était pas le seul terrain sur lequel les directeurs de théâtre devaient reconnaître et proclamer l'autorité suprême de la Convention ; ils étaient encore tenus de donner des spectacles irréprochables au point de vue des mœurs, en raison de cette maxime, répétée à tout propos par Robespierre, que la Vertu était la base essentielle du Gouvernement républicain. Assez de turpitudes avaient déshonoré la scène française dans les dernières années du pouvoir monarchique : il appartenait au nouveau régime de la régénérer en sévissant contre un retour offensif de l'ancien. N'était-ce pas contribuer encore à creuser davantage l'abîme infranchissable qui devait séparer à jamais le présent du passé ?

Aussi faut-il attribuer à une préoccupation de ce genre la communication suivante adressée à la presse par le Comité de surveillance du département de Paris le « 26 nivôse an II de la République française une et indivisible [1],

« ... Les Théâtres doivent être l'école de la vertu et

---

1. *Journal de Paris* du 29 nivôse an II. — Le 25, Brun, le secrétaire-greffier du Comité (18, rue de la Convention Nationale), envoyait ce communiqué, pour insertion, au « frère et ami » Charles Duval, rédacteur-propriétaire du *Journal des Hommes libres de tous les pays*.

des mœurs ; les directeurs et les auteurs sont responsables des abus qui se commettent sur la scène.

« Le théâtre dit de la Gaîté s'étant écarté de ce principe inviolable, le Comité a appelé dans son sein les directeurs, acteurs et actrices, qui le composent, et, après leur avoir donné une leçon des plus sévères, il a provisoirement gardé au Comité Nicolet, directeur, et le citoyen Rhomin (Romain), acteur, principalement coupables, l'un d'avoir commis les plus sales obscénités et l'autre de les avoir tolérées. Le Comité en a sur-le-champ instruit le Comité de Sureté générale de la Convention.

« Signé : GENOIS, MOESSARD, MARCHAND, GUIGNE jeune, DELESPINE, LECRIVAIN, FOURNERAT, FRANCHET, CHÉRY, CLÉMENCE, BRUN, secrétaire-greffier. »

Ce communiqué avait été suivi, à bref délai, d'une autre note à la presse que nous avons rapportée en son temps [1], où le Comité de Sûreté générale annonçait « l'entretien amical et fraternel » qu'il avait eu avec les directeurs des théâtres de Paris, pour les exhorter à respecter la pureté des mœurs et les lois de la décence [2].

Au reste, depuis que le *vertueux* Robespierre était parvenu à se débarrasser, de la façon expéditive que l'on sait, des concurrents trop pressés de prendre sa place, le ton des notes adressées aux directeurs de théâtre devenait chaque jour plus comminatoire. Telle, par exemple, la circulaire des administrateurs de police, le 26 avril 1794, aux acteurs du Théâtre National, associés pour la gestion de l'entreprise. Cette circulaire leur était envoyée en conformité du rapport, déposé

---

1. LE THÉATRE ET LES POUVOIRS PUBLICS, p. 34.
2. *Moniteur* du 13 pluviôse an II (1er février 1794).

le 20, par Billaud-Varenne, au nom du Comité de Salut Public sur « la nécessité d'inspirer l'amour des vertus civiles par des fêtes publiques et des institutions morales.

« Nous vous enjoignons expressément, citoyens, au nom de la loi et sous votre responsabilité personnelle, de faire disparaître sur le champ de toutes vos pièces de théâtre, soit en vers, soit en prose, les titres de *duc, baron, marquis, comte, monsieur, madame*, et autres qualifications proscrites, ces noms de féodalité émanant d'une source trop impure pour qu'ils souillent plus longtemps la scène française [1] ».

Mais, dans leur fièvre d'épuration qu'exacerbait une délation incessante, il arrivait à ces braves sans-culottes de commettre des bévues dont l'énormité eût désarçonné des révolutionnaires moins à cheval sur les grands principes. Telle la dénonciation, à la tribune des Jacobins, le 3 septembre 1793, d'une pantomime du *Lycée des Arts*, *Adèle de Sacy*, où des abstracteurs de quintessence démagogique ne voulaient voir, dans une femme persécutée, attendant, avec son fils, l'arrivée de son mari et de son frère pour la débarrasser du tyran, que Marie-Antoinette et le Dauphin, appelant de tous leurs vœux l'intervention des comtes de Provence et d'Artois.

L'incident fit grand bruit. Les administrateurs du *Lycée des Arts*, Gervais, Desaudrais et Jouan vinrent, aux Jacobins, le 4 septembre, rétablir la vérité des faits [2].

Ils consentent, tout d'abord, une concession nécessaire : ils ne veulent pas médire de la dénonciation, pierre angulaire du Gouvernement jacobin :

« Le bon républicain ne redoute pas les dénonciations,

---

1. WELSCHINGER. *Théâtre de la Révolution*, p. 106.
2. *Le Théâtre du Lycée des Arts* était l'ancien *Théâtre du Cirque*.

parce qu'elles sont *la pierre de touche* du civisme ; mais toute dénonciation doit être examinée, approfondie : c'est le devoir de la surveillance, et c'est alors que l'estime publique fait justice du dénonciateur.

« On vous a dénoncé *Adèle de Sacy*, jouée sur le Théâtre du Lycée. Quoique ce spectacle appartienne à un directeur particulier qui en est l'entrepreneur, et que le théâtre soit absolument séparé des Arts, l'administration a conservé dessus un droit de surveillance qui la met dans le cas de vous répondre des principes de civisme sur lesquels cette entreprise particulière est suivie ; et le *Lycée des Arts* a donné trop de preuves de son amour pour *l'utilité publique* pour que les administrateurs puissent être soupçonnés.

« Il est bien difficile de dénoncer une pantomime, car c'est bien le cas de dire qu'il ne peut y avoir un mot à redire dans la pièce. Adèle, malheureuse, poursuivie par un tyran, a son mari et son frère qui la vengent et le tyran est tué. Voilà toute la pantomime. »

Et les administrateurs s'autorisent de cette succincte analyse pour établir que les analogies avec le *Temple*, *le Dauphin*, *les ci-devant Monsieur et comte d'Artois* ne reposent sur aucun fondement. Au surplus, ils joignent à leur justification le scenario avec les airs correspondants qu'ils prient de faire examiner de près. Ils invitent en outre l'administration à une représentation à huis-clos, organisée uniquement pour elle. Puis le directeur suspendra quelque temps la pièce, bien qu'elle lui ait coûté déjà des frais énormes : il veut faire ce sacrifice à la tranquillité publique. Entre temps, la police décidera si *Adèle* est inoffensive ou non.

Le *Lycée des Arts*, par extraordinaire, gagna son procès[1].

---

1. *Journal des Spectacles* du 9 septembre 1793.

En Province

———

Dans les départements, les directeurs de théâtre étaient peut-être encore plus surveillés, harcelés et molestés qu'à Paris.

Dans la grande ville, les tracasseries administratives ne visaient, en réalité, qu'un petit nombre d'entreprises, soit que la vigilance jacobine, craignant de se ralentir en s'éparpillant, n'entendît peser que sur les directeurs notoirement hostiles à la Révolution, soit que les autres, tremblant d'être soumis aux mêmes vexations, n'eussent prévenu les exigences démagogiques par la refonte, plus ou moins spontanée, de leur répertoire.

Il en allait tout autrement en province. D'abord, les cités, même les plus florissantes, n'avaient qu'un nombre très restreint de spectacles : la surveillance et la police en étaient donc plus faciles. Pour être aussi active qu'à Paris, l'opposition contre-révolutionnaire, qui volontiers encourageait les directeurs à la résistance, était plus vite et plus énergiquement réprimée. Mais le châtiment présentait ce caractère particulièrement odieux qu'il n'était trop souvent que l'expression des haines locales recevant ainsi leur plus large satisfaction. Les entrepreneurs de spectacles encouraient les mêmes responsabilités et partageaient le même sort. Les municipalités, presque toutes acquises à la politique jacobine, et subissant en outre la suggestion de ces rancunes de clocher, prenaient d'ordinaire l'initiative des règlements concernant la police des théâtres et en poursuivaient l'application. Eussent-elles apporté quelque mollesse à l'accomplissement de leur tâche, que les représentants en mission dans chaque département les eussent rappelées à l'ordre, et sévi, de leur propre mouvement, contre les directeurs récalcitrants.

CHAPITRE PREMIER

La direction Dupré au théâtre d'Arras. — Bonnets et chapeaux. — Les « Amours de Bayard ». — Plus de farces après une « pièce patriote ». — Le Bon ne veut pas qu'on l'affiche comme chansonnier. — Une manifestation chorégraphique sur la scène. — Les principes de l'administrateur Lefetz. — Le Bon et Dupré au théâtre de Cambrai.

Dans la région du Nord, les conflits étaient fréquents.

Même avant la chute des Girondins, les directeurs n'avaient déjà plus le choix de leurs spectacles. En effet, le 4 mai 1793, la municipalité de Lille avisait l'impresario Pâris que son théâtre serait fermé, s'il ne donnait pas immédiatement des pièces patriotiques.

Mais où la tyrannie administrative se fit le plus rudement sentir, ce fut au théâtre d'Arras, sous le proconsulat du trop fameux Le Bon [1].

Longtemps avant l'arrivée de ce sinistre personnage, l'acteur-directeur Dupré-Nyon avait eu maille à partir avec l'autorité municipale. Mais c'était dans un temps où celle-ci n'était pas la plus forte et fléchissait bien souvent sous ce vent d'orage qui soufflait un peu partout sur les scènes françaises. Les aristocrates d'Arras se donnaient le malin plaisir de provoquer dans la salle des manifestations politiques, parfois enfantines, mais qui les vengeaient des violences de leurs adver-

---

1. LECESNE. *Arras pendant la Révolution*, 1892 *passim*. — FLEISCHMANN, *Annales révolutionnaires*, décembre 1910-janvier 1911.

saires et dont il était bien difficile de découvrir les véritables auteurs. Ainsi, à peine le spectacle commençait-il, qu'ils faisaient sauter tous les bonnets rouges, largement encocardés, des sans-culottes, sous prétexte que ces coiffures des patriotes leur masquaient la vue de la scène : ils invoquaient les règlements de police qui autorisaient cette exécution, mais, en réalité, ils s'offraient la douce satisfaction « d'abaisser ainsi le bonnet de la liberté ».

Le 24 mars 1793, le Conseil de la Commune d'Arras délibéra longuement sur la question et finit par la résoudre au détriment des... chapeaux. Le bonnet rouge, disait l'arrêté, est le signe extérieur de la liberté ; assurément, on n'est pas forcé de le porter, mais le citoyen qui l'adopte comme coiffure, a le droit « d'en rester couvert partout et même au théâtre ». Personne ne saurait donc crier « A bas les bonnets ! » sous peine d'être arrêté, tandis que, les chapeaux incommodant la vue, nul ne peut au théâtre les conserver sur la tête.

A partir de cette époque, le conflit entra dans une crise autrement aiguë.

Le directeur a monté les *Amours de Bayard*, une pièce d'ailleurs ridicule. Tout à coup, le 8 mai, la municipalité en interdit la représentation.

— Mais, proteste Dupré, « ce Bayard » est absolument inoffensif.

Le Conseil général de la Commune fait la sourde oreille. Tout ce que peut obtenir le malheureux impresario, c'est que deux commissaires, délégués par la municipalité, assistent à la représentation pour se rendre compte de la « moralité républicaine » de Bayard. Mais « le chevalier sans peur et sans reproche » n'a pas l'heur de plaire aux deux juges. Et la pièce est de nouveau frappée d'interdiction.

— Soit, réplique le directeur, j'en élaguerai « tout ce qui a rapport à la Chevalerie ».

La municipalité reste inflexible ; mais, comme elle est sans préjugés, elle invite Dupré, le 22 mai, à « jouer pour les frais de la guerre. »

A son tour, cependant, elle est assez vivement attaquée pour ses agissements en matière de théâtre. Le 8 octobre, un membre de son Comité de surveillance s'étonne, s'indigne même que les affiches portent cette mention : *Par permission*, « ce qui tient du despotisme ». Et, comme il est en veine de critiques, il signale tel officier municipal qui s'attribue une loge et se permet d'en faire expulser les premiers occupants « ce qui peut occasionner des troubles ».

A Paris, « le foyer de la Révolution », conclut cet adversaire des billets de faveur, on ne supporterait aucun de ces abus. Le Comité donne raison au préopinant — ce qui n'empêche pas les officiers municipaux de continuer à parader dans leur loge.

Avec la deuxième mission de Le Bon (29 octobre 1793), la direction connut des jours encore plus difficiles.

Dupré, que, par la suite, des cabales devaient chasser successivement de Valenciennes, de Douai et de Dunkerque, a raconté, avec humour, dans un pamphlet édité à Mons où il s'était réfugié, toutes les tracasseries dont il fut victime, au cours de sa gestion directoriale au théâtre d'Arras.

Lenglet, premier adjoint de la Commune, avait alors pour mission d'examiner les pièces que Dupré se proposait de mettre à la scène, c'est-à-dire que ce fonctionnaire les allongeait ou les raccourcissait, en un mot les *tripatouillait* à sa guise. « Soit insouciance, soit méchanceté », écrit notre directeur, Lenglet s'abstint de pratiquer cette opération sur le *Tribunal redou-*

table [1] déposé à son domicile par Dupré, avant la représentation. La pièce fut donc jouée intégralement ; mais le rideau s'était à peine abaissé sur la dernière scène, que l'impresario était arrêté et conduit à la prison des Baudets.

Or, le public, demandant à cor et à cri le *Guillaume Tell* de Sedaine et de Grétry, où Dupré, paraît-il, faisait merveilles, la municipalité eut recours à un expédient, dont usait fréquemment l'ancien régime envers les acteurs contre lesquels il avait dû sévir et que réclamaient cependant les exigences du devoir professionnel. On tirait donc, chaque soir, Dupré de sa prison, pour le conduire, sous bonne escorte, au théâtre, d'où on le ramenait, avec la même cérémonie, aux Baudets, une fois la représentation terminée. Par esprit d'opposition, le public l'acclamait frénétiquement ; et lui, Dupré, « outrait le personnage en répétant les mots *Liberté*, *Égalité*, avec autant d'éclat que d'énergie ».

Un plaisantin même s'avisa de crier certain jour : « la liberté à Guillaume Tell ! » Sommation aussitôt répétée par une partie de la salle. Mais le municipal de service d'apostropher immédiatement le public : « Silence citoyens, la loi z'est là *(sic)* ; le tribunal jugera dans sa sagesse ce qu'elle aura t'à faire *(sic)*. » Et les gardes hâtèrent le départ de Dupré, sans même lui laisser le temps de se reposer, ni de se rafraîchir, si bien que, dans cette prison glaciale et sans air, le détenu fut pris d'une extinction de voix et contracta une pleurésie des plus graves.

1. *Le Tribunal redoutable*, suite de *Robert, chef de Brigands*, de la Martelière, avait été joué, pour la première fois, sans grand succès, sur le *Théâtre du Marais*. Il était attribué à Martainville, qui entrait à peine dans sa dix-septième année.

L'heure sonna enfin pour lui de comparaître devant le Tribunal révolutionnaire.

L'accusateur public, Demeuilly, reprocha sévèrement à Dupré d'avoir joué l'œuvre d'un « forcené et gangréné royaliste. » L'inculpé excipa de sa bonne foi et défendit avec conviction sa cause. Heureusement pour lui, le maire Hacot reconnut que Dupré avait déposé la pièce depuis trois semaines, qu'il avait obtenu « la permission verbale » de la représenter et que « l'affiche du jour portait la mention *Par permission de la municipalité* ».

Enfin, le 6 frimaire an II, Dupré était acquitté à la majorité ; mais le tribunal, le tenant pour suspect, en ordonnait la réincarcération « jusqu'à plus ample informé ». Les acteurs portèrent en triomphe leur directeur jusqu'à la prison.

Celui-ci n'en continua pas moins à faire, pendant deux mois, la navette de la maison d'arrêt au théâtre et du théâtre à la maison d'arrêt, même pendant le séjour de Le Bon. Le proconsul était un grand amateur de spectacles et surtout, en raison peut-être de son état de prêtre défroqué, de comédies anticléricales.

Cependant, au cours de ce même mois de frimaire, se succèdent des décisions arbitraires qui vont entraver plus étroitement la liberté du théâtre. Le 11, le District notifie à la troupe la prescription du Comité de Salut Public qui enjoint à tous les acteurs d'une entreprise quelconque de chanter, chaque décade, l'*Hymne à la Liberté*, sous peine d'être incarcérés, comme suspects, jusqu'à la paix.

Le 22 frimaire, nouvel arrêté aussi grotesque que tyrannique : le Conseil général de la commune d'Arras ordonne « de ne jouer après une pièce patriote aucune farce respirant la gaîté, pour ne point détourner l'esprit des assistants de l'impression que la pièce patriote a dû faire sur eux. »

Le 13 pluviôse, des membres de cet étonnant Conseil général, Caubrière, Danten, Daillet et Lenglet, font partie d'une commission de surveillance qui ne laissera passer aucune pièce contre-révolutionnaire. Le 27, sur la proposition de ces vigilants citoyens, il est décidé qu'à « l'exception de l'*Hymne des Marseillais* et du *Salut de l'Empire* » aucun chant ne pourra être exécuté sur le théâtre sans avoir été soumis à la municipalité. Cette délibération fut affichée à la porte de la salle et signifiée au directeur, qui dut illustrer la loge — enfin conquise ! — du Conseil général de cette inscription en gros caractères :

Respect a la loi !

Dupré n'était pas au bout de ses tribulations. Quelle irrévérence avait-il commise envers la statue de la Liberté, qu'il était tenu de produire tous les jours sur la scène ? Nous l'ignorons. Toujours est-il que la municipalité lui ordonna, le 5 ventôse, d'en exhiber une autre. Mais, bien qu'il eût réparé ou repeint convenablement cette statue, avariée sans doute par de trop longs services, il fut dénoncé pour avoir fait jouer, dans la même soirée, une pièce de l'ancien régime avec une pièce patriotique.

— Mais, dit l'infortuné directeur, c'était pour avoir plus de monde.

Puis, il expliqua, lorsqu'il lui fallut comparaître devant ce sénat ombrageux, que, le répertoire moderne étant beaucoup trop restreint, il avait dû recourir à l'ancien pour varier ses programmes, mais qu'enfin, du moment que la municipalité en exprimait le désir, il ne donnerait plus désormais que des pièces patriotiques.

— Amen ! fit le Conseil général.

Une autre raison, beaucoup plus sérieuse, avait déterminé la soumission, si prudente, de Dupré aux ordres impérieux de ses maîtres. N'avait-il pas affiché que, le 14 ventôse, on chanterait au théâtre des couplets du conventionnel Le Bon ? Or, cette plate courtisanerie avait, par extraordinaire, déplu au despote qui faisait trembler Arras. Il s'en était plaint aigrement aux officiers municipaux ; et le directeur avait dû encore s'en expliquer à la barre du Conseil. Il put prouver que la chanson lui avait été remise par la femme et par la sœur de Le Bon. Mais il fut obligé de biffer le nom du représentant des affiches et d'annoncer sur celles du lendemain que c'était par erreur que le délégué de la Convention avait été désigné comme l'auteur de la chanson.

Dupré entendit enfin sonner pour lui l'heure des suprêmes revanches : ce fut quand il eut la joie d'être cité comme témoin dans le procès Le Bon. Sa déposition dut faire les délices de l'audience. Nous lui empruntons un des plus drôlatiques épisodes d'une cause célèbre, plutôt atrocement lugubre.

Les administrateurs Lefetz et Varnier, mandataires de Le Bon et de la municipalité, avaient à cœur, en fidèles zélateurs de la doctrine prêchée aux Jacobins, de voir la vertu régner au théâtre, comme d'ailleurs dans toute la ville. Or, certain jour, leur pudeur civique y fut cruellement outragée. On jouait *Allons, ça va*[1], un vaudeville « selon les principes », se terminant sur une ronde, où tous les artistes, se tenant par la main, gambadaient,

---

1. C'était un vaudeville du *Cousin Jacques* (Beffroi de Reigny), qui portait comme sous-titre le *Quaker en France* et qui, malgré qu'il fût « selon les principes », avait eu pas mal de déboires à Paris.

avec plus ou moins de conviction, en chantant : « Mangeons à la gamelle ».

Une petite servante, âgée au plus de quatorze ans, qui se trouvait dans les coulisses, fut tellement empoignée par cette manifestation chorégraphique, qu'elle s'élança sur la scène, en son costume professionnel, et se mêlant à la farandole, esquissa, pour la plus grande hilarité des spectateurs, un de ces pas de haute fantaisie, dont, quelques soixante ans plus tard, la Closerie des Lilas devait remettre en honneur les scabreuses traditions.

L'administrateur Lefetz était là.

— Faites sortir cette fille, cria-t-il aux acteurs. Je me charge de l'arranger.

Et, en effet, il invita la municipalité à lui infliger au moins huit jours de prison. La petite servante en eut quinze.

Et l'administration profita de la circonstance pour édicter encore un règlement qui rendait le directeur responsable de la tenue de ses pensionnaires : « Toute indécence ou immodestie dans les habits ou dans les gestes des acteurs », prononçait l'ukase, sera puni de trois mois au moins de prison. Et, par contre-coup, le directeur, ou, à son défaut, sa femme, regardée comme suspecte, seraient mis sous les verrous, jusqu'à la paix.

Toutefois, l'austère Lefetz apportait, à l'occasion, d'agréables tempéraments à cette rigoureuse police des théâtres.

Un jour qu'il dînait chez une dame, fort désireuse d'aller au spectacle et surtout d'y voir une pièce qui n'était pas portée sur l'affiche, Lefetz envoie, deux heures à peine avant l'ouverture des bureaux, cette réquisition à Dupré :

« En vertu des pouvoirs dont je suis revêtu par le

représentant du peuple Joseph Le Bon, je requiers le directeur du *Théâtre d'Arras* de jouer la *Veuve du républicain*. »

Cette fois, la municipalité, saisie de l'incident par Dupré, regimba, malgré sa servilité coutumière, contre une méconnaissance si cavalière de son autorité. Elle fit savoir au grand ami du conventionnel que la composition des représentations théâtrales la regardait seule, et que le spectacle ne serait pas changé. Lefetz dut s'incliner ; mais il écrivit, sur l'heure, à Le Bon, une lettre, grosse de rancunes, contre la municipalité.

Phénomène inouï ! Dupré ne paya pas les frais du conflit.

Il est vrai que des épreuves non moins périlleuses l'attendaient à Cambrai.

Le théâtre de cette ville, dès les premiers jours de 1793, avait subi un régime de compression, qui donnait aux amateurs de spectacles comme un avant-goût de la tyrannie dont la Terreur allait empoisonner leur plaisir. Le 3 janvier, à l'*Apothéose de Beaurepaire* [1], le Club des Jacobins de Cambrai était allé protester, devant le Conseil de la Commune, contre une pièce qui avait scandalisé les amis de la République, par l'exagération visiblement outrée de son civisme. Les manifestations excessives, prêtées aux sans-culottes, rendaient ceux-ci encore plus ridicules. C'était une manœuvre, imaginée par les aristocrates, disaient les clubistes « pour inoculer le royalisme ».

Le Conseil de la Commune, docile instrument des Jacobins, interdit la représentation de l'*Apothéose*.

Au mois d'août, il autorise Dorsan, régisseur de la

---

1. Représentée pour la première fois, le 23 novembre 1792, au Théâtre National, avec la musique de Lesueur.

troupe de l'impresario Ditteville, à continuer l'exploitation du théâtre, mais à charge de jouer, chaque semaine, *Brutus*, *Guillaume Tell*, *Caïus Gracchus* et autres pièces patriotiques.

Mais, à ce compte, que devenait le répertoire (et c'était encore le plus intéressant) qui n'était pas pourvu de cette sacro-sainte étiquette ?

Le Bon nous l'apprend, le 5 mai 1794, quand il daigne s'occuper de la question. Les pièces de l'ancien régime sont insignifiantes, dit-il, quand elles ne sont pas obscènes. Mais, déclare-t-il, « cela n'arrivera plus ». En conséquence, il signifie à la troupe de Cambrai de n'avoir à représenter que des pièces civiques, préalablement examinées par le Conseil général de la Commune, sinon les comédiens seront arrêtés, comme suspects, à la diligence et sous la responsabilité des membres du Conseil général.

Et, comme, le 18, on joue *Crispin rival de son maître*, Le Bon oblige le Conseil général à lui substituer l'*Offrande à la Liberté*, après avoir infligé 24 heures de prison au directeur récalcitrant.

Ce fut, à cette époque — le 8 mai — que, sur la réquisition de Le Bon, Dupré-Nyon, mis en liberté, dut venir à Cambrai, « propager les principes républicains par des œuvres analogues aux circonstances »; sinon, il était menacé d'une incarcération immédiate. Le Bon fit une entrée sensationnelle à la tête de la nouvelle troupe ; il la précédait, à cheval, et le sabre au poing. Il avait expulsé celle de Picard jeune, au très grand regret de Dupré, ami de son prédécesseur. Il ne se montra pas moins sévère avec les nouveaux venus ; il procéda, sans plus tarder, à leur épuration, cérémonie toujours chère à la méfiance jacobine. Il ne dédaignait pas cependant d'assister et même de prendre part aux spectacles qu'il commandait. Il y prononçait des discours bien sentis, il y chantait ses compositions, mais en leur conservant, comme nous l'avons vu, le caractère de l'anonymat. Toutefois, ce farouche partisan de l'égalité ne l'admettait pas pour sa personne : un jour, il s'aperçoit que sa place au théâtre est occupée par une étrangère : aussitôt il apostrophe, dans les termes les moins courtois, la profane et la fait décamper, presque *manu militari*. Puis, apaisant son courroux, à la façon du Jupiter de la fable, il se dirige vers les actrices et se met à leur conter des fadaises.

Ces intermèdes, prévus ou non, n'enrichissaient guère le pauvre Dupré. Il n'en devait pas moins, aux termes de son contrat avec le terrible conventionnel, donner trois spectacles, chaque semaine, « par et pour le peuple », suivant la formule consacrée, moyennant une indemnité de 400 francs par représentation.

Il est vrai, ajoute-t-il d'un ton piteux, que je n'en ai jamais touché un centime.

CHAPITRE II

Chapeaux et bonnets au théâtre de Tours. — « Brutus » amputé. — Carrier au théâtre de Nantes. — « Républicanisme exalté » du théâtre d'Angers. — Les « Ris » et les « Grâces » au théâtre de Nevers pendant le proconsulat de Fouché. — Les décors du théâtre de Clamecy. — Le théâtre de la Liberté et de l'Egalité à Toulouse. — Générosité du Conseil général. — Les infortunes du « Chevalier Le Comte ».

Le 4 décembre 1793, le directeur du théâtre de Tours [1] avait eu, lui aussi, sans être Aristote, son « chapitre des... bonnets ».

D'irréductibles sans-culottes, s'installant depuis quelques jours dans la salle, coiffés de bonnets rouges, dont la hauteur était en raison directe de leur civisme, la majorité des spectateurs, agacés comme ceux d'Arras, d'une exhibition qui leur interceptait la vue de la scène, s'était mise à crier avec un rare ensemble :

— Bonnets ! Bonnets ! A bas les bonnets !

Le procureur de la Commune, Sénart, qui assistait à titre gracieux, bien entendu, à la représentation, estimant, peut-être avec raison, qu'il était en présence d'une manifestation contre-révolutionnaire, sortit de sa loge avec fracas et donna l'ordre de faire évacuer la salle. Entre temps, le Conseil général de la Commune se transportait au théâtre, procédait à un certain nombre d'arrestations, et rendant sans doute l'entrepreneur

---

[1]. FAYE. *La Révolution au jour le jour en Touraine*, 1906, pp. 171 et suiv. — Déjà, le 15 novembre, la *Société populaire* avait demandé et obtenu la fermeture du théâtre « souillé par des cris contre-révolutionnaires » ; et le représentant Guimberteau avait institué une Commission militaire pour juger les délinquants en dernier ressort.

responsable du tapage, lui signifiait d'avoir à fermer immédiatement, et jusqu'à nouvel ordre, la salle de spectacle.

Or, parmi les prisonniers, se trouvait le soldat Bonneau qui se défendait, avec la dernière énergie, d'être un contre-révolutionnaire.

— Si j'ai crié *à bas les bonnets !* prétendait-il, c'est en raison de ce règlement que personne ne doit rester couvert au théâtre.

En attendant, la salle restait fermée.

La Direction du district en consentit cependant la réouverture, mais à la condition que l'entrepreneur lui communiquerait le répertoire des pièces qu'il se proposait de faire jouer.

Enfin, le 21 décembre, la population tourangelle pouvait revenir au théâtre, mais l'autorité avait pris ses précautions pour éviter tout retour de tumulte. A chaque entr'acte, un officier de police montait sur la scène, et déclarait, à haute et intelligible voix, que, seuls, les citoyens ayant arboré le bonnet rouge, avaient le droit de rester couverts. Et, afin que les sourds eux-mêmes n'en pussent ignorer, un transparent illuminé, fixé au-dessus du rideau, notifiait aux spectateurs, dans des termes identiques, la teneur de l'arrêté municipal.

A quelques jours de là, le 1er janvier 1794, et vraisemblablement en guise d'étrennes, le conseil général de la Commune autorisait les artistes à jouer le *Brutus* de Voltaire, mais en supprimant les quatre derniers vers de la septième scène du premier acte. Il motivait, en ces termes, son coup de ciseau : « La maxime qu'ils expriment, quoique vraie dans un état asservi, serait de la plus dangereuse conséquence dans des circonstances révolutionnaires ». Et, comme conclusion, la municipalité entendait que le directeur rendît « son théâtre patriotique et moral. »

Que devait être celui de Nantes, lorsque Carrier présidait aux noyades, qui, dans son esprit, suppléaient si radicalement aux lenteurs de la guillotine ? Il nous reste peu de documents sur le genre de littérature dramatique qu'il réservait à ses administrés et sur les directions qu'il imposait aux entrepreneurs de spectacle de Nantes.

Toutefois, nous avons découvert une lettre de Carrier à la Convention, datée du 2 frimaire an II, dans laquelle cet ami du peuple, le « Marat Nantais », comme il méritait d'être appelé, commentait le sens des représentations *De par le Peuple* :

« Vincent-la-Montagne (était-ce le directeur du théâtre ?) avait promis aux Sans-Culottes que le jour de la dernière décade du mois de brumaire serait un jour de fête. On avait vu, pendant trop de siècles, les artistes vendre leurs talents à l'oisiveté du roi, à l'impudeur des courtisanes ; il fallait enfin que les théâtres, ouverts trop longtemps *de par le roi*, le fussent enfin de *par le peuple*. Ses ennemis n'avaient pas manqué de répéter qu'un spectacle gratuit amènerait de l'indécence et une rumeur peut-être dangereuse. Mais ces lâches calomniateurs du peuple n'ont pas senti la cruelle joie qu'ils croyaient se ménager.

« Le jour où les aristocrates vont au spectacle pour de l'argent, les artistes et les sans-culottes sont insultés, avilis ; le jour où le peuple s'y est rendu en masse, une tranquillité parfaite a rendu le spectacle infiniment intéressant. Le représentation de *Caïus Gracchus*, le Marat romain, a donné au peuple une grande leçon et lui a fait éprouver une vive sensation.

« Dans l'entr'acte, les cris de *Vive la Montagne !* se

sont fait entendre avec force. Le général Robert a entonné une hymne nationale avec ce ton qui caractérise un républicain. La ville a resté *(sic)* illuminée toute la nuit [1] ».

Dans cette même région de l'Ouest, Angers pouvait goûter en paix les beautés de ce *Caïus Gracchus*, dont un hémistiche célèbre, *Des Lois et non du sang!* avait si vivement exaspéré, à Paris, le Montagnard Albitte. Le Comité révolutionnaire d'Angers avait inscrit la tragédie de Chénier dans le répertoire, « empreint du républicanisme le plus exalté », qu'il avait imposé au directeur du théâtre et qui se bornait, indépendamment de *Caïus Gracchus*, à *Guillaume Tell*, *Brutus* et *Spartacus* [2].

Dans la Nièvre, le représentant en mission, Fouché, qui devait susciter contre son administration autoritaire et impitoyable tant de colères et de rancunes, entendit ployer le théâtre à sa règle inflexible, comme il l'avait déjà fait pour les autres institutions du département.

Le directeur de la troupe était un certain Saint-Phal (Symphal écrivent les contemporains), d'humeur indépendante et vagabonde, autant qu'on peut s'en rendre compte. Fouché lui avait désigné à Nevers l'église Saint-Etienne comme une salle de spectacle idéale. Saint-Phal obéit. Néanmoins, il fit jouer ses acteurs un peu partout, dans l'église des Jacobins, par exemple, le jour de la fête de la Réunion. Mais il en prenait sans doute un peu trop à son aise avec ses programmes ; car il reçut, un jour, l'injonction de ne donner aucun spectacle, sans l'accompagner de l'*Hymne à la Liberté*.

Au reste, le proconsul avait organisé, dans tout le

---

1. REVUE RÉTROSPECTIVE (de Taschereau), année 1836.
2. BORDIER-LANGLOIS. *Angers et le département de Maine-et-Loire*, t. I, p. 330.

département, un système de représentations allégoriques, que résume ainsi l'érudit historien de la *Nièvre pendant la Convention* [1] :

« On crée dans chaque ville un magasin pour les accessoires de fêtes et tout un personnel d'acteurs et de figurants. On lit dans les registres de la Commune de Nevers (7 frimaire an II) : « Mesures à prendre pour la fête de la Liberté, qui aura lieu le jour de la prochaine décade : 1º La statue de la Liberté sera habillée à neuf et, après la cérémonie, ses habits seront déposés à la Commune pour servir à d'autres cérémonies ; 2º le Conseil général nomme une commission à l'effet de choisir les Ris, les Grâces, les chanteurs, les danseuses, les musiciens, et les exercer, etc. » Ce jour-là, spectacle *gratis* dans le Temple, où aura lieu la cérémonie et où sera jouée la pièce de Fouché et le *Siège de Lille*. »

Clamecy, qui fut toujours un foyer très ardent des opinions les plus avancées, vit s'ouvrir un théâtre destiné à la propagande des doctrines révolutionnaires. Et (contraste bizarre !) on avait adapté aux exigences de cette mise en scène les décors vieux-style découverts dans le château de Brèves — application alors nouvelle de l'art d'accommoder les restes.

Dans le Midi, à Toulouse, la tyrannie communale, soutenue et encouragée par le représentant de la Convention, pesait lourdement sur l'exploitation théâtrale [2].

L'unique salle de spectacle, construite, en 1736, par les soins des Capitouls, « au logis de l'Ecu au poids de l'huile », était devenue, en 1792, un club, puis un magasin d'approvisionnements. Ce fut alors qu'un acteur, nommé Desbarreaux, futur maire de Toulouse

---

1. P. MEUNIER. *La Nièvre pendant la Convention*, 1898, t. II, pp. 158 et suiv.
2. CONNAC. *La Révolution à Toulouse*, p. 130.

et administrateur du Département, démocrate passionné et jacobin farouche, fit édifier une nouvelle salle de spectacle dans le jardin Saint-Martial. De nombreuses protestations adressées à la Convention contre un acte qu'improuvait une partie de la population, restèrent sans écho ; et Desbarreaux, poursuivant son projet de réforme, fit représenter sur son théâtre des pièces révolutionnaires, en même temps qu'il républicanisait le vieux répertoire.

Dans le courant de décembre 1793, l'officier municipal Delpont, s'autorisant des sacrés principes de la Liberté et de l'Egalité, renchérissait encore, avec l'agrément du représentant en mission, sur le civisme de Desbarreaux. Il supprimait les loges et autres divisions qui pouvaient exister dans la salle. Enfin l'entrepreneur Lecomte était incarcéré comme suspect ; c'était beaucoup moins sans doute pour le châtier de ses incorrections directoriales — car il paraît irréprochable à cet égard — que pour le punir de son insuffisance... pécuniaire. Il devait, en effet, à la Ville, 2.971 livres pour la location de la salle ; et s'il lui était impossible d'acquitter sa dette, à plus forte raison était-il incapable de donner les spectacles *gratis* que réclamait impérieusement sa créancière. Quand sa troupe fut autorisée à reprendre, pour son propre compte, l'exploitation du « Théâtre de la Liberté et de l'Egalité », la municipalité exigea, de nouveau, des représentations gratuites ; elle en demandait cinq, mais elle offrait aux acteurs une allocation de 3.000 livres ; seulement, en gardienne vigilante des deniers de la ville, elle prétendait retenir sur sa subvention la dette de Lecomte.

Naturellement, les malheureux comédiens refusèrent les 29 livres que leur abandonnait la générosité de la ville ; et il fallut l'intervention de Desbarreaux pour amener une transaction. La troupe toucha 1.500 livres pour les représentations gratuites.

Mais qu'advenait-il de Lecomte au cours de toutes ces négociations ?

Une relation contemporaine, très curieuse, très vivante, sur les prisons de Toulouse à cette époque, mais où vibre trop bruyamment l'exagération méridionale, nous fait assister à l'entrée et au séjour du directeur suspect « le ci-devant Chevalier Le Comte » dans une maison d'arrêt qu'elle dépeint comme un autre Enfer de Dante [1].

L'auteur de ce récit note la surprise de ses compagnons de captivité à l'arrivée d'un homme qui, « après avoir perdu un état et une partie de sa fortune, sacrifiait celle qui lui restait au divertissement des sans-culottes.

« ... On s'empresse, écrit Pescayre, de le conduire avec ses effets dans l'infirmerie qui, lorsque nous étions moins nombreux, nous servait de salle commune. Cette pièce, plus spacieuse, répondait à l'empressement des prisonniers qui se portaient en foule pour le voir. Chacun était curieux de connaître la nature des événements qui le confondaient avec nous.

« Le citoyen Maillard, régisseur de sa troupe, qui était entré avec lui, prétendit que ce n'était qu'une jalousie de métier, que le directeur de la Comédie de l'ancienne salle avait provoqué par de fausses dénonces (sic) l'arrêté fatal qui l'arrachait à sa troupe et la privait d'une administration, où ses grandes lumières et ses rares talents avaient, dans les circonstances les plus difficiles, fait l'admiration des partis. Maillard en

---

1. *Tableau des prisons de Toulouse sous le règne de Robespierre*, par le citoyen Pescayre, détenu. Toulouse, an III, tome I, pp. 80 et suiv.

était à cette partie de son discours, lorsqu'un artisan officieux, flatté de tenir dans ses bras un fauteuil qu'il portait à ce directeur, se met à crier :

— Place au théâtre !

« Vingt sifflets partirent à l'instant, et à la paix de cette infirmerie succéda le tumulte et le bruit orageux du parterre. Les gens sensés calmèrent ce désordre et exhortèrent le ci-devant Chevalier à mettre à profit ce moment, pour prendre le repos dont il avait besoin et soigner les plaies d'une jambe dont il était incommodé. »

Plus loin, Pescayre nous montre, sous un assez triste jour, ce Maillard, le régisseur de la troupe, qui faisait, aux premières heures de sa détention, un si pompeux éloge de son directeur.

« Assuré de sa prochaine sortie, il crut se rendre digne de ce bienfait en menaçant les prisonniers ; il les traitait d'aristocrates, promettait de les dénoncer et jouissait d'avance, disait-il, du plaisir barbare de les voir guillotiner. »

Maillard fut, en effet élargi, quelques jours après cette scène qui « avait tourné les sens » à ses victimes. Etant donné la noirceur du personnage, on serait en droit de se demander si les prétendues « dénonces » dont ce forcené accusait le concurrent de Le Comte, n'étaient pas le fait de Maillard lui-même. Par ces temps d'absence complète de sens moral, la délation, à qui son anonymat n'assure que trop l'impunité, n'était-elle pas une vertu civique [1] ?

---

[1]. Le baron de Bonglon dit dans les *Reclus de Toulouse sous la Terreur* (3e fascicule, 1912) : « A Toulouse, deux comédiens, Desbarreaux et Alexandre, dit Doisemont, marchaient pour la Révolution avancée, alors que leurs camarades Grenier, Médan, Buffart, Dupuy, Colin, les dames Milord, Sainville, Dorval restaient royalistes. » (Note de la page 232.)

CHAPITRE III

Après la tempête. — Les « airs chéris des Républicains ». — Le cœur de Bizet aîné. — Interdiction de « Zaïre ». — Le valet Merlin. — Facétie d'actrice. — Au théâtre national de Strasbourg.

Avec la fin du « règne de Robespierre », comme dit le bouillant Pescayre, cesse le règne de la Peur. Ce n'est pas que les directeurs aient recouvré toute leur liberté d'action ; mais ils respirent. Si on ferme encore leurs théâtres, eux, du moins, on ne les enferme plus.

Par contre, ils sont accablés de circulaires, de notes, de rappels aux règlements, voire de menaces, quand les violences de la réaction thermidorienne semblent mettre la République en péril. Car la Convention, puis le Directoire sont bien obligés, s'ils veulent vivre, de faire respecter les formes extérieures de la Révolution. Et, à plus forte raison, le théâtre, qu'on proclame toujours l'école des mœurs et des vertus républicaines, doit continuer à prêcher la suppression des distinctions nobiliaires, l'égalité et le tutoiement qui en est la manifestation la plus topique, l'horreur des rois, des aristocrates et des prêtres, l'observation du décadi, etc...

« Tous les directeurs, entrepreneurs et propriétaires des spectacles de Paris » sont donc responsables des atteintes portées à ces immortels principes.

Ils sont tenus de faire jouer et chanter, chaque jour, avant le lever du rideau, et dans l'intervalle de deux pièces, « les airs chéris des Républicains », tels que la *Marseillaise*, le *Ça ira*, le *Chant du départ*, *Veillons au salut de l'Empire*.

La police envoie un avertissement aux directeurs qui laissent leurs pensionnaires modifier à leur guise le texte de leurs rôles, ou « porter des panaches blancs à leur chapeau ».

Le titre de roi reconnu aux tyrans est toujours proscrit. Et Bizet aîné, directeur d'une scène provinciale, se défend de l'avoir laissé entendre sur son théâtre, auprès de François de Neufchâteau, l'auteur persécuté de *Paméla*, devenu, par les jeux de la politique, ministre du Directoire en 1797 [1].

— « Le mot de *roi* n'est prononcé par nous que du bout des lèvres et notre cœur n'y a aucune part. Et s'il était possible de le voir, on verrait autour, gravés en gros caractères, ces mots : Républicains Français et enfants d'obéissance au gouvernement républicain [2]. »

On interdit la représentation de *Zaïre* sur le théâtre du Marais, à « une date qui correspond à un jour férié dans la religion catholique ». — Par contre, on enjoint aux entrepreneurs de spectacles de célébrer la fête du 10 août, « en donnant, le 23 thermidor, les ouvrages dramatiques les plus propres à inspirer la haine des rois et l'attachement à la République ».

Quand les allusions sont trop vives ou trop directes contre le Gouvernement, comme dans *les Trois frères*, au Théâtre Louvois [3] où le valet Merlin (un membre du Directoire portait ce nom) est traité de fripon et de coquin, on ferme tout simplement la salle.

---

1. François de Neufchâteau, après le 18 fructidor, remplaça Carnot comme membre du Directoire.
2. HENRI CLOUZOT. *Le Théâtre révolutionnaire en Vendée (Revue d'art dramatique*, 1899).
3. *Le Théâtre de la rue de Louvois* ou *Théâtre Louvois* avait été construit, en 1791, sur l'emplacement de l'ancien hôtel du ministre de Louis XIV, entre les rues Sainte-Anne et Richelieu. — On y jouait la comédie, la tragédie et l'opéra.

A l'Ambigu-Comique, en mars 1796, une actrice qui doit dire : « il vient de recevoir 2.000 écus » ajoute « en numéraire ». Et cette allusion à la déconfiture des assignats fait éclater les rires et les applaudissements. L'administration, cette fois, se contente d'en écrire aux directeurs du théâtre.

La province suit le mouvement parisien. Elle ne craint plus de manifester son opposition au régime établi, en acclamant des pièces qui lui sont hostiles ou en sifflant les œuvres qui l'exaltent. Aussi les commissaires du Directoire, dans les départements, s'appliquent-ils à combattre un tel système. C'est ainsi que celui de Strasbourg demande à l'administration de la ville d'admonester sévèrement les directeurs du Théâtre National, qui provoquent des scènes scandaleuses par la substitution du répertoire réactionnaire aux pièces patriotiques. Il signale, entr'autres spectacles subversifs, *le Vieillard des Vosges*, dont les allusions à l'ancien régime et aux institutions proscrites ne sont que trop transparentes.

Auteurs Dramatiques

Professionnels. — Auteurs-Fonctionnaires

Auteurs Dramatiques

Professionnels

CHAPITRE PREMIER

L'Ecole dramatique de l'ancien régime. — Son attitude vis-à-vis le nouveau. — Sedaine à Saint-Prix. — Corrections du Philosophe sans le savoir. — Guillaume Tell sans-culotte. — L'Hymne de Ducis. — Rose et Picard de Collin d'Harleville. — Hoffman et le blanchisseur Gabriel. — Laujon sans-culotte pour la vie. — Palissot n'a jamais mis sur la scène J.-J. Rousseau.

De tous les genres dramatiques le plus facile à traiter pour un auteur, durant la Révolution, était assurément la tragédie. Même, sous l'ancien régime, quand on n'avait pas la plume trop acérée, ni l'allusion trop transparente, on pouvait dire leur fait aux rois et aux prêtres. Les « Censeurs de police » et, le plus sévère d'entre eux, le vieux Crébillon lui-même, reconnaissaient volontiers que les tyrans et les pontifes étaient, naturellement, odieux, avant une certaine date et à partir d'une certaine latitude. Par conséquent, les poètes tragiques n'avaient pas besoin de passer leurs vers à la loupe, sous la Terreur, du moment que les représentants du despotisme et du fanatisme n'y montraient pas les vertus réservées aux seuls républicains. L'esthétique de la tragédie n'était donc pas sensiblement modifiée depuis 1792.

La comédie offrait déjà plus de périls. Elle était moderne, contemporaine, actuelle. Elle évoluait dans des régions encore assez élevées ; et ses personnages appartenaient presque toujours à une élite sociale. Pour répondre à l'idéal révolutionnaire, ils devaient être pétris de vices. Ils n'étaient tolérés que s'ils faisaient litière des opinions de leur caste et que s'ils portaient bonnet rouge et carmagnole.

Les auteurs de tragédies ou de comédies estimées et applaudies sous l'ancien régime, et vivant encore sous le nouveau, ne pouvaient ignorer ces exigences du gouvernement jacobin.

S'ils se taisaient, soit par un dernier sentiment de gratitude pour une monarchie, qui leur avait été plutôt bienveillante qu'oppressive, soit par crainte de ne point paraître assez démocrates, soit enfin parce que la peur ou le dégoût avait tari chez eux toute inspiration, ils s'exposaient à ce raisonnement brutal, mais juste :

— Vous travailliez pour le tyran, pourquoi n'écririez-vous pas pour la République ? Vous n'êtes donc pas patriotes ?

Et plusieurs durent la subir, cette mise en demeure, qui s'étaient crus absolument oubliés dans leur obscurité voulue.

Les exemples sont assez nombreux de ces auteurs que leur réputation d'antan condamna, sinon à la production d'œuvres nouvelles, du moins à une révision minutieuse des anciennes.

Sedaine, qui, à défaut de style, avait un sens si prodigieux du théâtre, et qui avait remporté jadis de si éclatantes victoires, avait estimé que son âge (il avait

74 ans en 1793) lui donnait le droit au repos. Il s'était donc, en quelque sorte, terré aux environs de Paris, à Saint-Prix, dans l'espoir de n'y être pas découvert. Il avait compté sans la malignité d'un frère et ami, qui, sous prétexte de civisme, alla le relancer dans sa retraite, à propos d'une de ses pièces acceptée à la Comédie Française, en 1775, mais refusée par la censure.

Les auteurs, au XVIIIe siècle, se consolaient de ce genre d'accrocs — tel Beaumarchais avec son *Mariage de Figaro* — en allant lire leurs pièces dans les salons. Le futur roi de Suède, qui voyageait alors en France, entendit de cette façon *Maillard* ou *Paris sauvé*, le drame de Sedaine. Il en témoigna si hautement sa satisfaction que l'auteur lui fit tenir une copie de sa pièce par le ministre de Suède en France. Le prince s'empressa de remercier Sedaine, en raison du « principe de patriotisme » : l'état déplorable dont souffrait la France au temps de Maillard et de Charles V, lui rappelait la triste situation de son propre pays.

Un Suédois, du nom de Christian Kretzicoff (car il faut toujours que les étrangers se mêlent de nos affaires) s'avisa que l'auteur de la pièce se dissimulait un peu trop dans l'ombre, alors que le roi Gustave III, l'ancien prince voyageur, se mettait beaucoup trop en lumière. Il en écrivit, le 11 août 1793, aux « auteurs du *Journal des Spectacles*, qui, par bonne politique », firent insérer la lettre :

« ... Où est-il ? Que fait-il ? Si son ardent civisme ne m'était connu, j'accuserais son silence de modérantisme et je le rendrais responsable de ne pas mettre actuellement au théâtre la pièce patriotique, etc... »

On se demande si Christian Kretzicoff était bien sincère, d'autant que sa déclaration de « principes » (il ne cesse d'en parler) s'accompagne de réflexions et d'insinuations dont Sedaine se serait fort bien passé :

« Ne pensez-vous pas, comme moi, citoyens auteurs, qu'il serait très curieux de voir aujourd'hui quels étaient les sentiments patriotiques d'un despote, qui, depuis lors, s'est montré si ouvertement l'ennemi de la nation française? S'ils étaient tels que doit le faire présumer le civisme actuel du citoyen Sedaine, il est bien singulier que celui qui était alors un roi philosophe soit devenu ensuite un tyran fanatique. J'aime mieux supposer cela que d'imaginer que le citoyen Sedaine flattait, en 1775, la vanité et les passions des rois et qu'ils ne l'appelaient patriote que parce qu'il pensait comme eux. Il serait donc bien important pour la gloire du citoyen Sedaine, dont le républicanisme n'est suspect aujourd'hui à personne, qu'il fît imprimer ou jouer son drame de *Maillard*, pour prouver que ses sentiments ont sans cesse été purs et qu'il a toujours aimé la liberté et l'égalité. »

Déjà Sedaine avait dû consentir de sérieux remaniements pour une de ses pièces, le *Philosophe sans le savoir* : car un exemplaire de cette comédie, qui est assurément son chef-d'œuvre, porte, écrite de sa main, à la date du 3 février 1793, cette mention : « Voir les changements que la police d'alors me força de faire [1] ».

Ces modifications visent, comme bien on pense, le texte de l'ancien régime. Sedaine ajoute cette phrase : « Les hommes ne naissent-ils pas égaux ? »

Au lieu de « j'ai craint que l'orgueil d'un grand nom ne devînt le germe de ses vertus », il écrit : « J'ai craint que le misérable préjugé de sa naissance, qui ne sert que d'aliment à l'orgueil et à l'émulation, j'ai craint que le sot préjugé, que la raison fera un jour disparaître, ne devînt le germe de ses vertus. »

---

1. GUIEYSSE. *Sedaine* (Paris, 1909). — SEDAINE A SAINT-PRIX par A. REY *(Revue d'Histoire de Versailles*, 1905).

Il n'y eut pas jusqu'à son *Guillaume Tell*, qui, cependant, avait « racheté *Richard Cœur de Lion* », qu'il ne dût, en 1793, de concert avec Grétry, faire monter au diapason révolutionnaire. Il composa, au dénouement, une scène patriotique, où les sans-culottes venaient chanter aux Suisses des couplets sur l'air de la *Marseillaise*.

D'après le *Journal des Spectacles* (décembre 1793), Sédaine avait ainsi réglé cet extraordinaire anachronisme :

« On entendrait en sourdine l'air des *Marseillais* : « Amour sacré », Melchtal père dirait : « Qu'entends-je ? vas voir ce que c'est. »

« Guillaume Tell irait, reviendrait et dirait : Ce sont les Français, les braves sans-culottes de l'armée française.

« Alors ils paraîtraient et l'un d'eux dirait aux Suisses sur l'air des *Marseillais* :

    O vous qui donnâtes l'exemple
    Pour conquérir la liberté,
    Ne renversez jamais le Temple
    Que votre sang a cimenté
    . . . .
    Et ne nous forcez pas à dire
        Aux armes, etc...

« Melchtal répondrait sur le même air :

    Si jamais ma coupable race
    Devait protéger les tyrans,
    Que le ciel à l'instant l'efface
    De la liste de nos enfants, etc...

« Et, ajoutait le candide Sedaine, je suis persuadé que cela ferait bon effet. »

Sedaine fit plus ou... pire encore. Il brûla publiquement les idoles qu'il avait jadis encensées : son *Hommage aux Mânes de Le Mierre* se terminait sur cet alexandrin qui était un *Hommage* aux sans-culottes, très-vivants, célébrés dans *Guillaume Tell* :

> *Les prêtres et les rois ont dépeuplé la terre.*

Son ami Ducis, qui, en dépit de ses adaptations douceâtres de Shakespeare, avait, lui aussi, le sens du théâtre, ne se montre guère plus résolu en face des terroristes. Sans doute, pour expliquer le prétendu sommeil de sa Muse tragique, il parla, confidentiellement, des « Atrées en sabots », qui faisaient des loisirs à l'art dramatique. Mais il n'en coquettait pas moins avec leurs chefs qui les …suivaient et devinrent un jour leurs victimes. C'est ainsi qu'il accompagnait l'envoi d'une de ses tragédies à l'élégant Hérault de Séchelles du billet suivant [1] :

« Recevez, mon illustre concitoyen, le *sans-culotte Othello*… J'espère que Talma continuera à le faire rugir comme le lion du désert… Je vous embrasse en homme républicain. »

« … Que les Alpes, écrivait-il encore au même député, le 15 mars 1793, que les Alpes ont dû plaire à ton âme républicaine ! »

Certes, sa chanson de la *Décade*, qu'on cite volontiers, n'est pas méchante ; mais il s'était cru obligé d'y corriger, à la façon du vieux Laujon, son acte de baptême : « Sans-Culotte est mon nom », fredonne-t-il.

Et cependant le nouveau culte lui avait imposé de rudes privations. La Révolution triomphante avait enlevé à Ducis son poste d'attaché à la guerre, son emploi de « secrétaire de Monsieur » (le comte de Provence) et son traitement d'Académicien.

---

1. PAUL ALBERT. *Lettres inédites* (Paris, 1879), pp. LIV et suiv.

Ses biographes ont affirmé qu'étant indépendant de caractère et républicain par principe, Ducis avait accueilli, sans défaveur, le changement d'institutions politiques. Disons, pour être dans le vrai, qu'il le subit sans protester, et que la Restauration, adroite ce jour-là, ne lui en garda pas rancune ; car Ducis avait su racheter, depuis, un instant de défaillance, si excusable, et qui avait dû coûter à cette âme vaillante.

L'aimable et inoffensif Collin d'Harleville, ou Collin-Harleville, comme on l'appelait plus volontiers pendant la Révolution, appartenait à la même école dramatique. Son vers était plutôt prosaïque, son intrigue presque nulle ; et le caractère de ses personnages n'était qu'imparfaitement tracé ; mais son œuvre respirait un tel parfum d'honnêteté et la bonhomie en était si souriante, que son théâtre rencontrait toujours un public indulgent. Ses comédies, *le Vieux célibataire*, *les Châteaux en Espagne*, *M. de Crac dans son petit castel*, *l'Optimiste*, obtinrent chacune un brillant succès : la dernière cependant ne put trouver grâce devant la faction jacobine. Et, suivant le mot de Vilate, « Thalie fut éprouvée comme Melpomène ». *L'Optimiste* dut disparaître de l'affiche parce que « Barère et Robespierre (c'est toujours Vilate qui parle) ne trouvaient pas bon qu'un ex-noble donnât des leçons de vertu et de patriotisme à un sans--culotte [1] ».

Peut-être était-il difficile que l'auteur remaniât sa pièce : mais la retirer purement et simplement, c'était laisser suspecter son civisme ; et Collin-Harleville, qui avait le travail facile, préféra écrire une autre comédie, en quelque sorte la suite de *l'Optimiste*, à laquelle il

---

1. VILATE. *Causes secrètes de la Révolution* (Continuation des), an III.

donna le titre de *Rose et Picard*. Les personnages étaient les mêmes ; Picard fils, un bon républicain, aimait Rose, une bonne républicaine. Le pessimiste Morinval leur accordait sa protection ; mais la femme de l'optimiste, ci-devant M. de Plainville, s'opposait à leur union ; et il fallait que son mari la convertît aux immortels principes, pour qu'elle consentît au mariage du couple amoureux.

La pièce, jouée le 28 prairial an II, sur le Théâtre de la République, paraît avoir charmé les « auteurs » du *Journal de Paris*, surtout parce qu'elle atteste le civisme de Collin-Harleville : c'était un acte de sagesse, et pour le journal, qu'on savait un ami un peu tiède du gouvernement, et pour le poète dont il fallait garantir la sécurité.

La campagne fut habilement menée. Le compte-rendu de *Rose et Picard* estime que la pièce est excellente ; mais « ce qui la rend plus précieuse, c'est que l'auteur a fait naître avec beaucoup d'adresse les situations propres à combattre avec le plus grand avantage l'esprit aristocratique... Tous les décrets qui font époque et qui sont propres à hâter la régénération si nécessaire de nos mœurs, sont cités à propos d'une manière ingénieuse, ou traduits pour ainsi dire en beaux vers. Ceux en particulier sur l'Etre Suprême et sur la domesticité ont excité un mouvement général et sublime... »

Le *Bulletin des Lois* en vers !

Mais le mot de la fin est plus délicieux encore.

Les spectateurs, transportés d'enthousiasme, dit le compère du *Journal de Paris*, voulaient absolument voir Collin-Harleville pour lui faire une ovation ; mais l'acteur Monvel rentra aussitôt en scène, et, pour excuser l'auteur, annonça qu'il lui était absolument impossible de « se rendre aux vœux d'un public idôlatre », attendu que, dans le moment même, il était « occupé à monter sa garde ».

Et l'on aurait eu le courage de tracasser un aussi bon patriote !

Hélas ! les plus indépendants, les plus braves, les plus dédaigneux de popularité étaient obligés de courber la tête !

Hoffman, qui, avant la Révolution, s'était fait, grâce à son esprit et à son ingéniosité, une certaine réputation de librettiste pour opéras et opéras-comiques, se laissa emporter, lui aussi, par la vague de la peur.

Son poème d'*Adrien*, d'ailleurs bien fait et prêtant aux situations musicales, est resté célèbre dans les annales du théâtre révolutionnaire. L'empereur romain entrait sur son char de triomphe, traîné par des chevaux blancs, qui avaient, paraît-il, appartenu à Marie-Antoinette. La Commune de Paris (c'était en 1792) s'indigna, d'autant qu'elle voyait, dans ce triomphe d'*Adrien*, une allusion au frère de la reine, l'empereur d'Autriche, que les sottes et malsaines espérances des émigrés annonçaient déjà sur le chemin de Paris. La pièce coûtait fort cher, comme mise en scène, à l'Opéra ; et les directeurs voulaient négocier avec la ville pour éviter le désastre d'une interdiction formelle.

Les pourparlers durèrent fort longtemps, mais n'aboutirent pas. Hoffman se refusa à toute modification. Cette attitude l'avait signalé à la méfiance des Jacobins ; et, sans l'intervention très active du blanchisseur Gabriel, membre du comité révolutionnaire de son quartier, l'auteur intransigeant était jeté en prison : il dut cependant subir la loi commune. Et son opéra de *Callias* ou *Amour et Patrie* (1794), dont Grétry écrivit la musique, fut le gage de sa résignation. Il est vrai que, l'année suivant, il prenait sa revanche avec le *Brigand*, —

partition de Kreutzer, revenu, un peu tardivement, de ses erreurs démagogiques. Le titre seul de *Brigand* nous dit assez ce que devait être le poème.

Des auteurs plus âgés et qui avaient eu, dans le drame lyrique et dans l'opéra-comique, la réputation d'Hoffman, avaient cessé de produire. Marmontel s'était retiré, depuis 1792, dans un petit village aux environs de Gaillon. Il y mettait la dernière main à ces *Mémoires*, si curieux et si documentés, à la fin desquels il maudissait, dans les termes les plus énergiques, les heures sanglantes dont s'accompagnait le déclin de sa vie. Mais, avant de se résoudre à la retraite, il avait dû s'incliner, lui aussi, devant d'inéluctables nécessités. Le 3 août 1792, il remerciait l'administration de l'Opéra « de la très sage précaution qu'elle prenait de changer quatre vers de *Roland* » (partition de Piccinni).

Etait-ce le chœur : « Triomphez, charmante reine ? »

Il laissait donc à l'administration le choix entre deux versions nouvelles qu'il lui envoyait avec sa lettre [1].

Laujon, ancien secrétaire aux commandements du comte de Clermont et bon faiseur de divertissements, de parades et de saynètes pour petites maisons de grands seigneurs, était obligé, lui, de rester à Paris. La misère l'y condamnait. Il était vieux et malade, mais toujours souriant et poli. La Révolution l'avait privé de ses nombreuses places — des sinécures ; — et Laujon avait dû vendre sa chère bibliothèque. Il n'en montrait pas moins bonne figure aux farouches sectionnaires, qui regardaient d'un mauvais œil ce petit vieillard propret, à qui le mot de *citoyen* semblait écorcher la bouche. Et cependant il signait « Laujon, sans-culotte pour la vie » ;

---

1. ARCHIVES DE L'OPÉRA (Inspection-correspondance 1792-1793), 2ᵉ registre, p. 88.

c'était bien en effet pour... la vie qu'il signait ainsi.

Beaumarchais, qui avait vu la mort de si près, et que Manuel, à la veille des massacres de septembre, avait fait sortir à temps de prison, Beaumarchais, se sentant observé et surveillé, se gardait bien de faire parler le *Figaro* d'avant 1789. Mais, lui, le champion si ardent, toujours avant 1789, des droits d'auteur, abandonnait ceux de la *Mère coupable*, alors en représentation, pour les frais de la guerre.

Un autre écrivain qui avait travaillé, et non sans scandale, pour le théâtre, Palissot, l'auteur des *Philosophes* et des *Courtisanes*, n'était pas moins suspect aux hommes du jour. Il avait osé ridiculiser leur idole, Jean-Jacques, qu'il faisait marcher à quatre pattes sur la scène... Mais, pendant les sombres journées de la Terreur, il se défendit, comme un beau diable, d'avoir commis un tel sacrilège. Aussi, dans une note adressée, en octobre 1793, au *Journal des Spectacles*, « désavoue-t-il avec indignation qu'il ait mis Jean-Jacques sur la scène : c'était un valet singeant le maître ; et la preuve, c'est que Chaumette, le procureur de la Commune, détrompé par Palissot » a demandé lui-même pour un citoyen aussi estimable le certificat de civisme qui lui a été accordé.

Par contre, un admirateur passionné de Jean-Jacques, qui s'inspirait souvent de ses thèses paradoxales, pour en déduire des drames mortellement ennuyeux, Mercier, l'auteur du *Tableau de Paris*, gardait le plus profond silence. Sa recherche du néologisme, du bizarre et même du monstrueux, semblait renoncer à braver toutes les critiques. C'est aussi que ses attaches girondines et ses campagnes dans les *Annales patriotiques et littéraires* ne l'avaient que trop signalé aux rancunes des maîtres du jour.

CHAPITRE II

La jeune école dramatique : illusions et déceptions. — Marie-Joseph Chénier et « Timoléon ». — Indignation de Jullien père et quatrain de Jullien fils. — La version de Vilate : « Melpomène » au bûcher.

A côté de ces vétérans du grand répertoire tragique et comique, s'était formée une jeune école dramatique, dont les débuts avaient, à fort peu près, coïncidé avec ceux de la Révolution. En tout cas, à cette époque, ils étaient à peine connus et encore moins joués. Mais la plupart avaient accueilli, avec un enthousiasme sincère, l'ère nouvelle de liberté et d'égalité qui semblait s'ouvrir pour les « jeunes », aussi bien dans le domaine des arts que sur le terrain de la politique.

C'étaient, plus particulièrement, avec Marie-Joseph Chénier — le premier de tous, — Laya, Legouvé, Arnault, François de Neufchâteau, Luce de Lancival, Picard, Alexandre Duval, celui-ci déjà comédien et que nous retrouverons dans un prochain chapitre.

Tous ces auteurs, s'ils n'avaient pas un génie transcendant, avaient du moins l'âme honnête, un cœur généreux, une imagination ardente et des illusions tenaces. Ils crurent, de bonne foi, être entrés dans l'âge d'or et s'efforcèrent de monter leur lyre au diapason des harmonies célestes qu'évoquait cette classique réminiscence. Ces essais, il faut bien le reconnaître, ne furent pas des chefs-d'œuvre ; toutefois, par intervalles, en surgissait une situation heureuse, un beau vers qui forçait les applaudissements. En somme, la source de leur inspiration était pure ; et qui sait ? S'ils n'avaient pas été molestés et même persécutés dans la libre expression de leur pensée, s'ils n'avaient point, d'autre part, prêté l'oreille aux conseils de la prudence et même de la peur, peut-être, dans les horizons grandioses un instant entrevus par leurs rêves, auraient-ils senti passer sur leur front le souffle de la Muse. C'eût été un renouveau, une renaissance de l'art dramatique, tandis qu'il fallut attendre presque quarante ans ce rajeunissement des lettres françaises qui encore ne tint pas tout ce qu'il avait promis.

Marie-Joseph Chénier occupe, nous l'avons dit, la première place parmi les poètes tragiques de cette légion sacrée, le plus chaleureux peut-être de tous et que nous voulons croire convaincu, lorsqu'il glorifiait la Révolution, aussi bien dans ses fautes irréparables que dans ses aspirations libératrices. Il avait la couleur, la puissance, l'émotion ; et quelque inégales que fussent ses pièces, il savait racheter ses défauts de composition et de style par des situations fortement dramatiques et des vers vigoureusement trempés. Son œuvre tout entier est édifié à la gloire de la Révolution. Il est écrit sous l'empire d'une foi ardente, passionnée, absolue. Ses productions lyriques, et, parmi elles, plus de trente hymnes destinées à célébrer les grandes journées ou les actes notoires de l'ère nouvelle, attestent la même ferveur et la même sincérité.

Donc, on aurait pu croire que cet homme, devenu pour la République ce qu'on appelait, sous le régime déchu, un poète de cour, devait être intangible et inattaquable, une sorte de personnage sacré, aux yeux mêmes des plus intraitables démagogues.

Mais ces fous furieux eurent-ils jamais une lueur de bon sens, un élan de reconnaissance ?

Il suffisait que Chénier eût conservé des amitiés

dans le camp, dévasté, de la Gironde, qu'il fût le frère de l'admirable André — un véritable poète celui-là — dont il chercha vainement à sauver les jours, quoique en aient dit d'atroces calomnies ; il suffisait enfin que Marie-Joseph entendît maintenir son droit d'indépendance comme auteur dramatique, pour ameuter contre lui toute une bande de délateurs, de sycophantes et de jacobins furibonds.

Charles IX, célèbre par des batailles restées classiques, *Henry VIII* et *Calas*, de mérite littéraire bien inférieur, avaient classé Marie-Joseph Chénier parmi les plus purs républicains : n'était-ce pas autant d'exécutions, dans toutes les règles, des rois et des prêtres, de la tyrannie et du fanatisme ?

Avec *Fénelon* commença la défaveur. Etait-il admissible qu'un prélat fût tolérant, charitable et généreux ?

Caïus Gracchus fit déborder la colère et l'indignation des sans-culottes. Et cependant la critique des feuilles modérées reprochait à Chénier, comme une concession sans excuse consentie au socialisme du temps, d'avoir « prêché en quelque sorte », dans sa tragédie, la loi agraire et d'avoir ainsi transformé le Théâtre Français en Forum. Mais la même nausée, qui devait plus tard échauffer la bile du *Vieux Cordelier*, avait soulevé le cœur du poète ; et l'esprit de justice, plus fort, ce jour-là, que le sentiment de prudence, lui avait dicté le fameux hémistiche

Des lois et non du sang,

auquel le farouche Albitte allait répliquer, quelques jours après,

Du sang et non des lois.

Mais là ne s'était pas bornée la rancune des ultra-révolutionnaires. Robespierre et Billaud-Varenne n'avaient pas dissimulé leur mécontentement d'une profession de foi digne de « la faction des Indulgents ». Et l'orage, qui allait menacer la tête de Chénier, alors que ce fournisseur attitré des fêtes républicaines préparait son hymne en l'honneur de l'Etre Suprême, se forma, dès l'apparition de sa nouvelle tragédie, *Timoléon*.

Vilate édifie, à souhait, notre religion sur les persécutions — le mot n'est pas trop fort — qu'eut à subir Chénier, avant même que sa pièce fût complètement mise au point [1] :

« La guillotine exerçait son empire sur Melpomène », écrit, en son style imagé, celui sur qui la guillotine devait, bientôt aussi, « exercer son empire ».

Assagi par l'expérience de *Caïus Gracchus*, Chénier ne veut pas risquer l'existence de *Timoléon*, ni... la sienne, sans avoir obtenu l'approbation des maîtres du jour :

« Il soumet sa pièce à l'examen préalable des amateurs. Il convoque une assemblée nombreuse dans le salon littéraire du Théâtre de la République. Avant de nous y rendre, Barère et moi, nous passâmes chez Chénier. L'auteur de la comédie des *Philosophes*, Palissot, y était déjà avec d'autres personnes.

« Après un déjeuner très frugal et très précipité, nous nous acheminons vers la salle où nous étions attendus.

« Chénier commence la lecture de son manuscrit. Sa déclamation était chaleureuse et bruyante. On écoutait avec autant de silence que d'intérêt. L'actrice Vestris, inquiète des efforts de poitrine du poète, l'invitait à baisser de ton. Elle passait son mouchoir sur ses joues échauffées... Il me semblait voir cette fameuse actrice donner ses petits soins à Voltaire... »

---

1. VILATE. *Continuation des causes secrètes de la Révolution du 9 au 10 thermidor*, an III, pp. 23 et suiv.

Le sujet ne manquait pas de grandeur ni d'à-propos. Il « convenait parfaitement aux circonstances », dit Vilate.

La scène se passe à Corinthe. Il s'agit de couronner Timophane, destructeur des libertés publiques. Anticlès lui offre le diadème. Mutisme indigné d'une cité jusqu'alors indépendante à qui répugne une telle servilité. Mais Timoléon provoque et fait éclater la vengeance populaire. Timophane est massacré et la liberté sauvée.

Assurément la pièce prêtait aux allusions les plus saisissantes et les moins voilées. Mais cette sombre affabulation s'éclairait de telles beautés que l'auditoire en applaudit à tour de bras la lecture.

« Le lendemain, continue Vilate, je me trouve placé dans la société des Jacobins, près de David et Michot. Celui-ci disait à l'autre :

— Ah ! la belle tragédie que *Timoléon*, c'est un chef-d'œuvre ; demande à Vilate.

« Je ne pus m'empêcher de rendre justice aux talents rares et au génie de l'auteur. »

Mais David qui, « dès 1789, a montré, par son tableau de *Brutus au jour du supplice de ses enfants*, qu'il ne concevait la liberté que sous un air ténébreux, me répond :

— Chénier, une belle tragédie, c'est impossible. Son âme a-t-elle jamais bien senti la liberté pour bien la rendre ? »

A quelques jours de là, Vilate se trouve avec Billaud-Varenne et Barère, dans une réunion, où la conversation s'engage sur *Timoléon*. De ce ton tranchant, de cet air âpre et rude qui le caractérisait, Billaud-Varenne déclare que la tragédie de Chénier ne vaut rien et qu'elle n'aura même pas l'honneur d'affronter le feu de la rampe. Ce vers, que ne désavouerait pas la contre-révolution, l'a surtout choqué :

N'est-on jamais tyran qu'avec un diadème ?

Le Comité de Salut Public s'était sans doute cru visé par cet alexandrin.

Et Barère appuie son collègue, Barère qui avait acclamé la lecture, mais qui avait appris de Vilate le propos de David.

— Oui, disait cet opportuniste de la veille, il n'y a pas de génie révolutionnaire dans cette tragédie ; elle manque de plan.

Si Billaud-Varenne affirmait que *Timoléon* ne serait jamais représenté, c'est qu'il n'ignorait pas la décision des administrateurs de police, dont Payan, l'agent national près la Commune de Paris, avait donné communication en ces termes, à Robespierre :

9 germinal an II (29 mars 1794 [1]).

« ... Je vous prie de la lire avec attention : la représentation de cette tragédie produirait, je pense, les plus mauvais effets. Les poètes se modèleraient sur Chénier ; et nous ne verrions bientôt plus sur le théâtre que des rois honnêtes gens et des républicains modérés, belle leçon à présenter au peuple, beaux exemples à lui donner.

« Salut et fraternité.

« PAYAN. »

Répondant, devant Vilate, à la critique de Barère, Billaud-Varenne avait dit, par manière de conclusion :

— Ne souffrons pas que *Timoléon* soit joué : donnons-lui le plaisir de quelques répétitions.

---

1. MUSÉE DES ARCHIVES.

S'il faut en croire une version du temps, la pièce avait vécu à la répétition générale.

Une tirade, d'une modernité indiscutable, avait provoqué un incident très vif.

> La tyrannie altière et de meurtres avide,
> D'un masque révéré couvrant son front livide,
> Usurpant sans pudeur le nom de liberté,
> Roule au sein de Corinthe un char ensanglanté.
> Il est temps d'abjurer ces coupables maximes,
> Il faut des lois, des mœurs et non pas des victimes !

Jullien de la Drôme qui se rappelait sans doute, à cette variation sur l'hémistiche de *Caïus Gracchus*, l'exclamation d'Albitte, crie à Chénier :

— Tu n'as jamais été qu'un révolutionnaire déguisé !

Et l'auteur dût brûler son manuscrit, sous les yeux de Robespierre, Barère et autres conventionnels.

Audouin, rédacteur du *Journal Universel* et Jacobin de la plus belle eau, fait pareillement intervenir, à la répétition générale, « le brave Jullien de la Drôme », exaspéré de voir Timophane recevoir la couronne, sans que le peuple se révoltât. Jullien « tonne » :

— S'il n'y a dans Corinthe que Timoléon, il y a dans Paris autant d'ennemis de la royauté, autant de Timoléons qu'il y a de sans-culottes ; et ce serait les insulter que de leur donner une telle pièce.

« Et pendant que Jullien s'exprimait avec énergie contre l'ouvrage, son fils, âgé de 14 ans, faisait les quatre vers qui suivent :

> Au Théâtre-Français *Timoléon* revit :
> Il hésite à frapper un despote profane.
> Le parterre s'indigne et, d'un trépas subit,
> *Timoléon* tombe avant Timophane.

« Cependant Chénier s'est rendu au Comité de Sûreté générale, a brûlé lui-même son manuscrit et a demandé acte de cette conduite à laquelle les patriotes applaudissent [1] ».

Vilate raconte un peu différemment l'aventure. La pièce, dit-il, fut jouée devant le public. Barère l'entendit à côté de la Demahy, sa maîtresse, dans la loge de Louis XVI. Il paraissait distrait et ennuyé. Aux deux premières représentations, il partit au milieu de la pièce. Il n'assistait pas à la dernière. Ce jour-là, on arriva sans trop d'encombre à la scène, où le misérable Anticlès pose le bandeau royal sur le front de Timophane. Aussitôt se lève un patriote qui proteste contre un tel spectacle (Vilate ne nomme pas Jullien).

— S'il fallut aux Corinthiens, dit-il, une provocation de cette nature pour monter à l'assaut de la tyrannie, c'est faire injure au peuple français que de lui offrir cet exemple d'inertie. Qu'on baisse la toile et partons ! »

De tous côtés se croisent les applaudissements ; et Chénier est obligé de brûler sa pièce sur la scène.

Que l'auteur ait procédé à cette exécution, le jour de la répétition générale, ou peut-être une semaine après, il n'est pas moins certain qu'il dût s'y résigner ; et ce fut, hélas! la peur qui lui fit conduire « Melpomène », non pas « à la guillotine », mais au bûcher [1].

---

1. Dans la publication des *Procès-verbaux du Comité d'Instruction publique* (Imprimerie Nationale, 1901), t. IV, pp. 394 et suiv., l'éditeur, qui traite à fond la question, ajoute foi à la version d'Audoin.

1. *Timoléon* fut joué après le 9 thermidor. Mais il était écrit que cette tragédie devait être toujours fatale à son auteur. Les royalistes ne ménagèrent pas les allusions à Chénier, que leur mauvaise foi rendait responsable de l'exécution d'André.

Voir Hippolyte Lucas. *Histoire philosophique et littéraire du Théâtre-Français*, t. II, p. 138.

CHAPITRE III

Laya et l' « Ami des Lois ». — Une séance de la Convention. — Dialogue d'Arnault et de Fabre d'Eglantine. — Les « retranchements » de « Paméla ». — Epicharis et Néron : mort aux tyrans ! — Luce de Lancival et le tyran Porsenna. — Picard et son répertoire révolutionnaire. — Népomucène Lemercier « l'Idiot ». — « Je ne bois à la mort de personne ! » — Tactique d'Andrieux. — Abstention de Bouilly.

Certes, Laya qui fit jouer son *Ami des Lois*, sur le Théâtre de la Nation, au moment où la Convention décidait du sort de Louis XVI, n'était qu'un auteur dramatique de troisième ordre, versificateur médiocre et poète dépourvu de souffle ; mais il avait l'âme haute, le sentiment de sa dignité et la haine du despotisme, sous quelque nom qu'il s'affirmât. Or, en dépit de son inélégance, *l'Ami des Lois* fut la noble protestation d'un homme indigné de l'arbitraire d'une minorité factieuse et violente, l'effort généreux d'un écrivain honnête, entraîné par sa conscience sur la voie périlleuse de la satire politique. Un régime de liberté eût tiré profit de ces leçons sévères ; la tyrannie jacobine y trouva prétexte à forger des armes oppressives et sanglantes.

Lutte inégale qui mit aux prises, pendant plusieurs semaines, les parties contraires, au Théâtre et dans la rue, et qui se termina, comme chacun sait, par l'interdiction de la pièce, sur les injonctions menaçantes de la Commune de Paris.

C'étaient les sections de la Réunion et de la Cité, qui, les premières, avaient attaché le grelot, le 11 janvier, à la séance du Conseil général : encore celle-là avait-elle réservé « les droits de la pensée et de la liberté libres ». Mais la Cité s'était montrée intransigeante, « considérant la licence effrénée que se permettent les directeurs des divers spectacles, en donnant des pièces dont l'incivisme ne peut que corrompre l'esprit public. »

Laya avait toutefois pris ses précautions : il avait dédié l'*Ami des Lois* à la Convention :

« Citoyens législateurs, disait-il, ce n'est pas un hommage que je vous présente, c'est une dette que j'acquitte. L'*Ami des Lois* ne peut paraître que sous les auspices de ses modèles. »

Ceux-ci, ou du moins certains d'entre eux, déclinèrent ce grand honneur.

Prieur (de la Marne), quand il entendit le vers

Aristocrate, soit, mais avant honnête homme,

s'écria :

— Je demande si on peut être honnête homme et aristocrate [1].

Les ennemis du poète, et qui sait ? peut-être des confrères, plus obscurs ou moins applaudis (et il nous semble toujours voir apparaître au premier rang la mauvaise figure de Collot d'Herbois) mettons enfin, pour n'être pas suspects de partialité, des adversaires de Laya, exploitaient contre lui les faits-divers du jour ou les cancans de coulisses.

On prétendait que Cléry, le valet de chambre de Louis XVI, avait acheté pour son maître un exemplaire de l'*Ami des Lois* (était-il déjà imprimé [2] ?)

1. *Moniteur* du 12 janvier 1793. — Ce même jour, le 10, Laya s'était présenté à la Convention pour défendre son œuvre ; mais il dut se retirer devant le tumulte causé par sa présence.

2. Au dire de la *Biographie portative des Contemporains*, qui cite le *Journal de Cléry* comme référence, Laya fit tenir un exemplaire

Des journaux enregistraient cet autre racontar — dont se défendait d'ailleurs énergiquement Laya — que le ministre Roland avait acheté la plume de l'écrivain pour l'assister dans la guerre qu'il poursuivait contre les démagogues [1].

Malgré toute sa prudence, dès qu'il eût constaté l'acharnement des Jacobins et de la Commune contre l'*Ami des Lois*, Laya fut décrété d'accusation, et cette fois sur la dénonciation formelle de Collot-d'Herbois.

Danton, paraît-il, dans un élan de générosité (et il était coutumier du fait), offrit à la femme du poète d'abriter sous son toit la tête du proscrit [2].

Quoiqu'il en soit, Laya, pris de peur, dut se cacher. Mais, s'il était décrété d'accusation, il n'était pas sous le coup d'un mandat d'arrestation, comme le remarque Arnault [3]. Et celui-ci reçut un jour la visite d'un ami de Laya, le priant de s'informer si la vie de l'auteur de l'*Ami des Lois* était menacée. Le soir même, Arnault rencontrait aux Italiens Fabre d'Eglantine ; et comme le conventionnel lui avait rendu service, alors que lui, Arnault, était incarcéré, il lui demanda franchement si Laya et Desfaucherets, un autre homme de lettres, qui ne se croyaient pas en sûreté, avaient lieu de s'inquiéter.

— Pourquoi Desfaucherets ? objecta Fabre d'Eglan-

---

de l'*Ami des Lois* à Louis XVI qui désirait lire la pièce. — Le *Bulletin du bouquiniste* (Aubry, 1875-1876) s'est préoccupé de la question. M. Napoléon Marchal écrit, en effet, dans cette publication, que, si la première édition de la pièce est datée de janvier 1793, elle n'était certes pas imprimée le 14, puisque, au refus des comédiens de continuer les représentations, des jeunes gens étaient montés sur la scène pour la lire manuscrite ; peut-être fut-elle imprimée à la fin du mois.

1. *Moniteur* des 13 et 14 janvier 1793.
2. Jauffret. *Théâtre révolutionnaire*, p. 212. — *Bulletin du bouquiniste*, 1876, p. 117.
3. Arnault. *Souvenirs d'un sexagénaire*. Paris, 1833, 4 vol. in-12.

tine. Il ne nous aime pas, c'est vrai ; mais il ne s'en vante pas publiquement. On ne pense pas à lui. Cependant il fera aussi bien de ne pas se montrer. Mais au cas où il lui arriverait quelque mésaventure, prévenez-moi.

— Et Laya ?

— Oh ! oh ! c'est autre chose. Il a écrit l'*Ami des Lois*.

— N'aimeriez-vous pas les lois ?

— Il n'a pas craint d'attaquer Robespierre.

— Vous l'aimez donc bien, Robespierre ?

— Mais, vous, savez-vous ce que c'est qu'attaquer Robespierre ? Et peut-on se cacher trop soigneusement quand on l'a attaqué !

— Robespierre est-il un roi ?

— Robespierre est Robespierre.

Et Fabre s'éloignait, en levant les bras au ciel et en se répétant à lui-même :

— Attaquer Robespierre ! attaquer Robespierre !

Arnault s'empressa de faire dire à Laya qu'il eût à se bien cacher ; et le pauvre poète resta pendant quinze mois sans sortir.

La *Biographie portative des contemporains* représente, au contraire, Laya errant d'asile en asile, pour échapper à ses ennemis et surtout pour ne pas mettre en péril les jours d'une amie qui lui avait offert une hospitalité sans réserve.

François de Neufchâteau fut moins heureux encore avec *Paméla*, la comédie qu'il fit représenter, en septembre 1793, sur le Théâtre de la Nation. L'éloge du gouvernement anglais, mais plus encore la campagne courageuse de l'auteur contre l'esprit de persécution valut à François de Neufchâteau la haine des Jacobins, haine qui s'exaspéra encore du succès chaque jour grandissant de la pièce. Pas plus que nous n'avons raconté les batailles, si connues, engagées autour de *Charles IX* et de l'*Ami des Lois*, nous ne rappellerons les luttes, également classiques, des partis hostiles ou favorables à *Paméla*. Ceux-là, comme il fallait s'y attendre, devaient l'emporter : Robespierre était à leur tête.

Nous avons dit ailleurs [1], avec quelle âcreté bilieuse, l'oracle des Jacobins avait exécuté à la tribune « Monsieur » (on croit l'entendre) François de Neufchâteau, puis obtenu du Comité de Salut Public la fermeture du théâtre, l'incarcération de l'auteur et des interprètes.

François de Neufchâteau avait cependant opéré les « retranchements » qu'on exigeait ; et des commissaires l'avaient formellement constaté. Il s'était donc courbé sous le joug ; et il n'avait pas été plus épargné que Laya qui avait résisté et qui avait osé — crime encore plus impardonnable ! — « jouer Maximilien et Marat », comme s'en était plaint Robespierre jeune aux Jacobins.

Legouvé, le grand ami de Laya, n'avait pas montré moins de courage, quand il avait mis à la scène la tragédie d'*Epicharis et Néron*, qui fut représentée au commencement de février 1794. Mais il avait eu le bon esprit de la dédier à la Liberté ; et ce fut, sous l'égide de cette Déesse, qu'on invoquait si souvent et qu'on respectait si peu, que le jeune poète put instruire le procès du Néron sous lequel tremblait la France. L'allusion qui sortait en quelque sorte de tous les pores de la pièce pour rejaillir sur Robespierre, fut saluée avec transport par le public, devenu cependant bien craintif et bien veule. Des contemporains ont prétendu que le

---

1. Voir page 19.

conventionnel, quand il vit la pièce, se reconnut, mais qu'il ne broncha pas. Ernest Legouvé, le fils de l'auteur, affirme que, le jour de la première, Danton tendit le poing vers Robespierre, en mugissant de sa voix formidable :

— Mort au tyran !

Est-il bien avéré que les rivaux — déjà ennemis — se rencontrèrent à la première d'*Epicharis* ? Ce qui est certain, d'après une déposition de Duhem [1] devant le Comité de Sûreté générale, c'est que Danton assistait à la troisième représentation dans une loge où Chaumette lui racontait tout le dédain de son substitut Hébert (le Père Duchesne) pour les lois révolutionnaires, qu'il se vantait d'ignorer, quand elles contrariaient ses plans.

Legouvé, plus heureux que Laya et que François de Neufchâteau, ne fut pas inquiété pour sa pièce, que, par parenthèse, certains royalistes trouvèrent encore trop républicaine à leur gré.

On ne peut contenter tout le monde et son père.

Un autre poète tragique, Luce de Lancival, ancien professeur de rhétorique au Collège de Navarre, puis grand vicaire de M. de Noë, et enfin, comme écrit un de ses biographes « descendu pendant la Révolution de la chaire sur le théâtre », avait cru se faire bien venir du régime nouveau, en donnant, dans le courant de juillet 1793, les trois actes, tout brûlants de républicanisme, de son *Mutius Scévola*. Mais, quelle déception, et surtout quelle peur d'avoir froissé les pontifes du Jacobinisme ! On lui reprochait d'avoir trop mis en

---

1. Le *Père Duchesne*. Pièces justificatives (Archives Nationales W 76, dossier Hébert).

valeur la générosité du tyran Porsenna [1] : le démocrate *Mutius* n'atteignit pas la quatrième représentation. L'année suivante, ce fut *Hormisdas* qui ne vit même pas le feu de la rampe : « tout à tour trop ou trop peu révolutionnaire, dit plaisamment l'auteur dans la préface de la pièce imprimée, jamais elle ne fut *à l'ordre du jour.* »

Picard commençait à écrire ses amusantes comédies, pleines d'enjouement et pétillantes d'esprit, qui devaient connaître, pendant près de trente ans, de si belles soirées. Il était déjà l'auteur fécond dont le nom brillait au répertoire de tous les théâtres. Rien qu'en 1793, il donnait à la scène cinq comédies ; il est vrai qu'on ne les retrouverait pas dans l'édition qu'il publia de ses œuvres. Picard eut soin d'en exclure toutes les pièces révolutionnaires. Audiffred, le critique autorisé, qui lui consacre un long article biographique dans le Dictionnaire de Michaud, plaide les circonstances atténuantes en faveur de Picard. Il trouve « bien innocent », à côté de tant d'autres, « ce tribut aux circonstances pendant la Révolution ». Pourquoi, alors, le principal intéressé a-t-il voulu en faire disparaître jusqu'aux moindres traces ? Sans doute, il serait puéril de lui reprocher trop sévèrement son à-propos sur la reprise de Toulon ; un véritable patriote, un patriote dans l'acception réelle du mot, ne pouvait qu'être fier de ce fait d'armes : le sol sacré de la France était violé : on n'aurait su célébrer trop hautement la victoire qui en chassait l'étranger. Malheureusement, combien d'auteurs (car ils furent légion), mirent à profit l'événement pour faire leur cour à la démagogie et même réhabiliter les forçats

---

1. Luce de Lancival. *Œuvres*, t. I, préface de *Mutius Scévola* par l'auteur.

qui avaient pris part à l'action [1] ! Au reste, Audiffred, rappelant la platitude, voire la bassesse de la République des lettres, à genoux devant le gouvernement révolutionnaire, conclut philosophiquement : « Il y aurait eu du danger à ne pas l'imiter ! »

Andrieux, ce fin et spirituel auteur, qui avait si bien débuté au théâtre dans ses agréables badinages d'*Anaximandre* et des *Etourdis*, ne se pressait plus de produire ; ou, s'il se risquait, c'était avec la certitude que son œuvre ne lui attirerait aucun désagrément. Quand il donnait son *Enfance de J.-J. Rousseau*, il savait pertinemment ne froisser personne. Mais des critiques, plus ou moins grincheux, n'étaient pas dupes de cette tactique : le journaliste de *l'Abréviateur* entr'autres — une feuille de nuance jacobine — exprimait fort nettement le regret que le talent d'Andrieux ne s'employât pas davantage au triomphe « des mœurs et de la liberté ».

Quant à Vigée, frère de l'illustre peintre, Madame Vigée-Lebrun, auteur de jolies bluettes et poète mondain fort goûté, la Terreur ne lui laissa pas le temps de rien produire en son honneur. Président de la Société populaire de la section Molière et Lafontaine, plus tard section de Brutus, il fut tenu pour responsable du concours prêté par la Société à la cause des Girondins. Enfermé en décembre 1793 à Port-Royal, puis aux Carmes, il ne fut remis en liberté que le 7 août 1794.

Un jeune dramaturge, filleul de la princesse de Lamballe, Népomucène Lemercier, qui fut certainement un des précurseurs du romantisme au théâtre, se refusa

---

1. La pièce fut jouée le 31 janvier 1794. Un acteur, nommé Prévost, représentant le comte de Provence, imitait ses attitudes, le timbre de sa voix et jusqu'à ses traits. A l'avènement de Louis XVIII, Picard fit rechercher et disparaître tout ce qu'il put trouver d'exemplaires de la pièce (DESNOIRESTERRES. *Comédie satirique*, 1885, p. 415).

nettement à encenser l'idole. Et peut-être, en cette occurence, dut-il le salut à un accident qui l'avait rendu infirme dès l'âge le plus tendre : il avait une paralysie de la face.

Bien qu'ayant brisé sa plume après son insuccès de *Clarisse Harlowe*, il suivait assidûment les séances de la Convention. Là, dans les tribunes publiques, la fixité de son regard, l'expression stupide de sa physionomie et les exclamations étouffées qu'il poussait par intervalles au milieu des hurlements de joie ou de fureur des tricoteuses, lui avait valu, de ces dévotes de Robespierre, le surnom, peu flatteur, de l'*Idiot*. C'était pour lui la sécurité. Toutefois il fut touché, un jour, par cette pièce officielle :

« Le 9 brumaire an III (30 octobre 1794), le Comité de Salut Public arrête, sur la proposition du Comité d'Instruction publique, consignée dans sa lettre du 6 de ce mois, que le citoyen Lemercier, âgé de 23 ans 1/2, attaqué de paralysie et d'un asthme convulsif, est requis de se rendre à Paris pour y exercer ses talents dans la poésie dramatique.

« MERLIN, PRIEUR, GUYTON, ESCHASSÉRIAU, Ch. COCHON [1]. »

Robespierre n'était plus. Et cette réquisition, qui rappelait les agissements d'une faction disparue, n'en avait plus le caractère comminatoire [2]. Mais Lemercier ne se pressait pas de rentrer à Paris. Il était à Maisons, où il s'était mis en règle avec la loi du 26 germinal

---

1. MAURICE SOURIAU. *Népomucène Lemercier*. Paris, 1908.
2. C'était une sorte de circulaire que durent recevoir les auteurs dramatiques du temps et qui répondait au *postulatum* du *Comité de Salut Public* et de la *Commission d'Instruction publique* dont nous avons parlé dans la première partie de cette étude.
Nous en trouvons un autre exemple dans le document ci-dessous

concernant les nobles ; et il s'était fait dispenser, « comme invalide », de la Garde nationale. Mais, quand il revint à Paris, sous l'impression de la mort tragique de son ancien précepteur, l'abbé Barbeau, que Fouquier-Tinville avait laissé guillotiner, malgré sa promesse formelle de le sauver, Lemercier, furieux, faillit se faire un mauvais parti à Tours. A la table d'hôte, pendant que les habitués buvaient à la mort des aristocrates et le conviaient à leur rendre raison, il brisa son verre, en disant :

— Je ne bois à la mort de personne.

C'était également à Tours que s'était réfugié [1] pendant la Terreur (il l'affirme du moins dans ses *Récapitulations)* le jeune dramaturge Bouilly qui, sur la fin de l'ancien régime, avait déjà l'oreille du public. Ce peuple, que les tragédies, trop réelles, de la place de la Révolution allaient trouver si indifférent, s'apitoyait avec délices sur les spectacles factices, où Bouilly, qui devait

---

que M. Paul Déroulède a communiqué, en original, au journal *Comœdia*, le 15 décembre 1908 :

« Paris, 2 floréal an II de la République
une et indivisible.

« Le Comité de Salut Public, en vertu du décret du 27 germinal, concernant les mesures de police générale de la République, requiert le citoyen Pigault-Lebrun, auteur dramatique, pour être employé à faire des pièces patriotiques, à charge d'en faire preuve au Comité.

« Les membres du Comité de Salut Public : *H. Barère, Carnot, Saint-Just, C.-A. Prieur, Collot d'Herbois, Billaud-Varenne.* »

1. Néanmoins, dans un chapitre précédent où il couvre de fleurs le député Guimberteau, en accablant Héron de toutes ses malédictions, Bouilly reconnaît qu'il a été nommé administrateur du département par ses concitoyens. En réalité, d'après les pièces officielles publiées par M. Faye *(la Révolution en Touraine,* 1906), Bouilly était commissaire du pouvoir exécutif près du tribunal criminel en 1792 ; et, en 1793, cet homme qui, pendant la Restauration, devait si longuement larmoyer sur le funeste destin de Louis XVI et de sa famille, discourait, avec son abondance coutumière, comme juge du district, devant les « attributs de la royauté et de la féodalité », livrés aux flammes ; il présida même une commission militaire qui prononça des sentences de mort.

faire école, pleurait toutes les larmes de son corps. Le futur auteur de *Fanchon la Vielleuse* et de l'*Abbé de l'Epée* se défend d'avoir rien donné au Théâtre de la Peur ; il est vrai que, depuis, il se rattrapa, avec usure, sur le théâtre de la sensibilité, où seul, ou avec des collaborateurs de même farine, qu'une épigramme du temps associait ainsi sur l'affiche : *Pain, Bis, Bouilly.*

Enfin, un autre écrivain, plus fécond encore, et qu'un de ses thuriféraires devait appeler, à quinze ans de là, le *Napoléon du mélodrame*, Guilbert de Pixérécourt, débutait, en 1793, par *Seligo, ou le Nègre généreux*, un « opéra » qui est considéré comme la première de ses œuvres de théâtre et qui était, suivant le goût du jour, une apologie enthousiaste des hommes de couleur.

CHAPITRE IV

Les vaudevillistes de la Révolution. — Dorvigny, l'auteur de « Janot », puise ses inspirations au fond de la bouteille. — Les scènes « à la silhouette ». — L'Enrôlement de Cadet-Roussel. — Pourquoi Dorvigny ne vient-il pas saluer le public ? — La Parfaite Egalité. — Dorvigny achète sa tranquillité.

De nos jours — de tout temps, devrions-nous dire — il est peu d'auteurs dramatiques, destinés ou non à la célébrité, qui n'aient débuté dans la carrière par un vaudeville, l'acte classique, sinon le plus facile à faire, du moins le plus rapidement conçu et confectionné — essai sans grande importance, mais qui permet de tâter le public et qui, par aventure, peut le trouver bienveillant.

L'entreprise était autrement périlleuse pendant la Révolution.

Pour écrire des vaudevilles, ou pièces à couplets, sans risquer de choquer personne, il fallait des grâces d'Etat. Les critiques de profession semblaient s'entendre, quelle que fût la nuance de leur opinion politique, pour reconnaître que la plupart de ces productions, d'ordinaire en un acte, étaient d'une banalité et d'une trivialité désespérantes. Mais, sauf dans de très rares théâtres, dont la clientèle était de goût plus raffiné, le public était charmé de ces turpitudes ; et, tout d'abord, l'administration ne souffla mot, du moment que les « grands principes » n'étaient pas en jeu et que le gouvernement n'était pas critiqué. Cependant, pour éviter toute tracasserie, il était encore plus sage de célébrer, sous quelque forme que ce fût, et dans n'importe quel style, les bienfaits de la Révolution ; les démagogues entendaient par là, les dénonciations, l'arrestation, l'emprisonnement et l'exécution des suspects, l'excitation à la haine des citoyens les uns contre les autres, l'extermination ou la déportation en masse des nobles, des prêtres, des riches, bourgeois, négociants, industriels, cultivateurs, et en général de tous ceux qui, « s'ils n'avaient — suivant une phrase bien connue — rien fait contre la Révolution, n'avaient non plus rien fait pour elle. »

Evidemment, les auteurs qui s'adonnaient au genre simple et familier du vaudeville, ne partaient pas tous les jours en guerre contre les classes de la société que l'*Ami du Peuple*, le *Père Duchesne*, le *Rougyff*, le *Journal des Hommes libres* et autres feuilles de même couleur, vouaient à l'exécration des masses. Mais, comme la verve des vaudevillistes trouvait surtout ses inspirations dans l'observation des mœurs du temps et dans l'étude des faits de la vie courante, elle devait prendre à cœur d'encourager et même d'exalter les opinions, les actes, les arrêtés, les décrets qui avaient pour but — fussent-ils odieux ou simplement ridicules — de transformer l'état social de la France. Les termes de *Monsieur* et de *Madame* devaient être bannis du vocabulaire et le tutoiement adopté dans toutes les classes de la société ; il fallait assister assidûment aux assemblées de sa section ; et nous nous sommes souvent demandé comment on avait pu tolérer le frac, les culottes courtes et les escarpins de Robespierre, alors que les bons patriotes ne connaissaient que le bonnet rouge, la carmagnole et les sabots. Il fallait applaudir aux cérémonies, tant de fois grotesques, où, sous prétexte de rendre hommage aux idées, si belles et si pures, de Patrie et de Liberté, de grossiers fanatiques parodiaient en des chants, des processions et des promenades d'emblêmes, les grandes fêtes de l'antiquité, d'un si pénétrant symbolisme.

Or, les vaudevilles, qui vivent de l'à-propos, de l'actualité, du fait-divers, se heurtaient fatalement à plus d'un écueil, que l'esprit malin de l'auteur devait prudemment éviter. Car, pour quelques brouillons acclamant avec frénésie l'abolition de notre caractère national, combien de gens de bon sens et de bon goût, qui, sans être des talents de premier ordre, auraient voulu, tout en rendant hommage à l'action libératrice du nouveau régime, le plaisanter agréablement dans son rôle burlesque de touche-à-tout !

Mais le jeu en était hasardeux.

Et si, raisonnablement, on ne pouvait tracasser un auteur, qui se serait amusé, aux dépens d'un sectionnaire très zélé, mais butor, ou d'une « citoyenne révolutionnaire » plus assidue au Club qu'à son ménage, il était autrement aisé de découvrir dans un couplet de cet incorrigible gouailleur, une phrase et même un seul mot trahissant une allusion outrageante pour la République. Aussi, dans la crainte de surprises, tous les fabricants de vaudevilles encensaient-ils, à tour de bras, la Convention, les Comités de Salut Public et de Sûreté générale la Commune de Paris, les Clubs et les Assemblées révolutionnaires, en un mot le Peuple souverain, et maudissaient-ils avec ensemble les tyrans de tous pays et de tous sexes, les aristocrates, les prêtres, les accapareurs, les fédéralistes, les modérés, les Vendéens, les émigrés, les muscadins. Liberté, égalité, vertu, morale, sensibilité, autant de termes à l'ordre du jour ; et les auteurs en usaient à profusion dans leurs pièces, mais avec des cris de haine et de vengeance — par manière de correctif — contre les classes de la société, où il était interdit à tout bon sans-culotte de trouver un honnête homme et que la démagogie appelait... par antiphrase « les honnêtes gens ».

Parmi les vaudevillistes que le souci de leur sécurité obligeait à cette esthétique, nous voyons, à côté de professionnels, déjà populaires, par leur grosse gaîté ou par leur fine bonhomie, tels que *Dorvigny* et le *Cousin Jacques*, nous voyons toute une série d'amateurs, esprits plus affinés, qui, avant la Révolution, occupaient, pour la plupart, d'honorables emplois auprès de grands seigneurs ou de princes du sang et que la suppression de leur place avait condamnés à vivre du produit de leur plume. C'étaient *Després, Desfontaines, Radet, Deschamps, Barré, Léger*, etc...

Il nous a paru intéressant de consacrer quelques lignes ou quelques pages, suivant leur importance littéraire, ou le rôle qu'ils ont joué pendant la Révolution, à chacun de ces *auteurs gais* ou qui du moins faisaient profession de l'être, et à celles de leurs pièces témoignant le mieux de leurs concessions aux dures nécessités de la politique ambiante [1].

Dorvigny, que ses contemporains avaient surnommé l'Alexandre Hardi des Boulevards — il écrivit plus de quatre cents pièces — était surtout un joyeux compère, grand ami de la dive bouteille, et travailleur infatigable pour les beaux yeux de cette maîtresse dont il était l'insatiable amant. Son chef-d'œuvre, *Janot ou les battus paient l'amende*, une parade devenue classique, avait dû ses cinq cents représentations à l'interprétation, restée non moins célèbre, de l'acteur Volange.

---

1. La plupart des pièces dont nous donnons, dans cette étude, une analyse plus ou moins succincte, font partie du *Théâtre révolutionnaire*, catalogué sous les n°s 15709 et 15709[A], de la *Bibliothèque de la ville de Paris*. — Au département des manuscrits de la Nationale, le fonds, considérable, Soleinne contient plusieurs recueils de pièces révolutionnaires dont certaines sont restées inédites.

La Révolution trouva Dorvigny complètement ivre et absolument misérable. Il en était réduit à jouer ses pièces ; et jusqu'en 1791 et 1792, il remplit de ses hoquets et des éclats de sa gaîté les coulisses de l'Ambigu : « On trouverait, disait-on alors, plutôt de l'esprit dans un mélodrame, qu'un manuscrit de Dorvigny sans tache de vin. »

Pour un buveur de cet acabit, aimant, comme disait le *Père Duchesne*, à « se f... des pilles » dans tous les cabarets de Paris et des faubourgs, les temps révolutionnaires n'étaient guère propices. Les directeurs de théâtre payaient mal ou ne payaient pas leurs fournisseurs. Ce n'était pas que la clientèle chomât, mais elle avait déjà le goût avisé qui caractérise nos Parisiens du XXe siècle : elle entendait aller au spectacle sans bourse délier.

Aussi Dorvigny devait-il produire sans relâche et travailler presque gratis, lui aussi, pour sabler le petit bleu des guinguettes de la Râpée ou de la Courtille. Dans des heures de détresse, il alla jusqu'à écrire plusieurs scènes dites à la silhouette pour les Ombres Chinoises du Palais-Royal [1].

Et comme, à cette époque, les enfants étaient très précoces, puisqu'ils procédaient, avec des chiens ou des chats, à des lanternisations façon Foulon et Bertier, il est vraisemblable que la jeune clientèle dut prendre un extrême plaisir aux drôleries politiques de Dorvigny.

Mais une scène aussi restreinte ne pouvait suffire à l'idéal dramatique du maître vaudevilliste, que le président de sa section eût été autorisé à taxer d'incivisme, s'il n'avait apporté sa contribution à l'apothéose de la grande Déesse.

---

1. Voir page 86.

Dorvigny pensa d'abord à la France. Le pays était alors à deux doigts de sa perte. L'étranger foulait le sol de la patrie et Toulon était encore au pouvoir des Anglais. La Vendée tenait tête aux armées républicaines ; Lyon, Bordeaux, le Midi étaient en révolte ouverte, ou conspiraient contre le Gouvernement de la Convention. Et si la saine raison doit condamner le théâtre, inepte autant qu'odieux, qui encourageait la barbarie ou la stupidité de la Terreur, le patriotisme bien compris ne peut qu'applaudir aux spectacles composés pour réveiller et stimuler l'honneur national.

Donc, le brave Dorvigny, s'inspirant de ces nobles sentiments, avait écrit, à l'intention du Théâtre de la Cité-Variétés, qui le représenta, le 20 septembre 1793, l'*Enrôlement de Cadet-Roussel* ou le *Départ des bons enfants pour l'armée.*

Cadet-Roussel était, on le sait, un des fantoches favoris de l'auteur. Aujourd'hui, le voilà installé à la porte d'un traiteur avec des amis ; et, naturellement, il vide force chopines, en chantant, à la gloire de la Nation, la *Marseillaise*, la *Carmagnole*, le *Ça ira* — toute la lyre populaire du temps. Mais, soudain, éclate une fanfare de trompettes, résonnent les tambours, apparaît le drapeau noir. C'est le commissaire de la section qui fait son entrée et qui, entre deux bans de tambour, déclare « la patrie en danger ». Devant lui se dresse la tribune destinée à recevoir les enrôlements civiques. Les volontaires s'y succèdent avec entrain. Cet exemple finit par gagner Cadet-Roussel et ses camarades. Tous montent s'engager. Cadet Roussel, que le patriotisme rend éloquent, adresse à la foule des appels chaleureux ; et, dans un délire d'enthousiasme que partagent, de la voix et du geste, ses compagnons de plaisir, il fait une ardente profession de foi, où se confondent la haine de la tyrannie, l'amour de la République, le désir de voler à la frontière et d'y mourir, s'il le faut, pour le salut de la patrie.

Arrivent bientôt les volontaires de Gentilly, qui partent défiler, suivant l'usage, devant les membres de la Convention... Les Parisiens se joindront à ces jeunes soldats, pour aller jurer, à la barre de l'Assemblée, « l'unité et l'indivisibilité de la République, la fraternité, la liberté, l'égalité... ou la mort ! »

Cette fête à grand spectacle ne serait pas complète, si la note sentimentale, légèrement grivoise, ne perçait à travers ce fracas de cuivres et de tambours. Les femmes veulent accompagner, jusque au régiment, leurs maris, leurs frères, leurs fiancés, voire leurs amants. Mais le commissaire, l'homme qui... ne rit pas, se lève et, très gravement, leur lit le décret de la Convention s'opposant à des habitudes... un peu trop entrées, paraît-il, dans les mœurs du temps et des camps.

Des amis, ou des admirateurs convaincus de l'auteur, réclamèrent, à grands cris, quand la pièce fut terminée, la présence de Dorvigny sur la scène. Mais la toile ne se releva que pour faire place au régisseur, qui, d'un ton navré, dit aux spectateurs :

— Le citoyen Dorvigny tient essentiellement à se dérober aux applaudissements du public.

Quelques habitués se contentèrent de sourire, mais du fond de la salle, une voix se mit à crier :

— Il a bien fait.

Nous ne chercherons pas à pénétrer le motif d'une telle abstention ; nous signalerons simplement cette brève critique dans un compte rendu de la pièce : « L'auteur aurait pu prêter un peu plus de chaleur et d'héroïsme à ses ouvriers patriotes. »

Fût-ce pour prouver qu'il avait plus de ferveur

républicaine que ne paraissait le croire son Aristarque, mais il fit jouer, le 3 nivôse an II [1], la *Parfaite Egalité, ou Le tu ou le toi*, vaudeville en trois actes, qui, pour être la plus invraisemblable des bouffonneries, n'en dut pas moins le réconcilier avec la fine fleur de la démagogie.

A M. Gourmé, un petit-maître tout confit en politesse et très rigide sur le chapitre des distinctions sociales, Dorvigny opposait le citoyen Francœur, futur beau-père de ce muscadin, brave homme d'une simplicité un peu rude et qui, à force de prêcher autour de soi l'égalité, l'absence de formes et le tutoiement, finit par devenir ce que nous appelons aujourd'hui un insupportable *raseur*.

Quand Gourmé, agacé des manières rustaudes du jardinier François, bien et dûment stylé par Francœur, fait remarquer au bonhomme que le croquant lui manque de respect.

— Du respect ! s'exclame notre citoyen du Danube, c'est un mot rayé du dictionnaire des républicains.

A tout instant, Gourmé se sent et se déclare offusqué du ton et de l'air qui règnent dans ce temple de la *Parfaite Egalité* : car Francœur est une sorte de richard, propriétaire d'une belle maison de campagne et servi par une nombreuse domesticité. Ce qui ne l'empêche pas d'être *à tu et à toi* avec ses gens, vertement rabroués d'ailleurs, s'ils se permettent de lui dire *vous*. Mais Gourmé ne peut s'habituer à cette liberté d'allures.

— « Il n'y a pas, s'écrie-t-il douloureusement, jusqu'au petit tourne-broche, haut comme cela, qui ne se donne les airs de me tutoyer. »

Les cochers de fiacre jouent un certain rôle dans la

---

1. Le 4, dit le *Journal des Spectacles*.

pièce. On comprend si la nouvelle mode devait les mettre à leur aise. L'un d'eux crie à Gourmé :

— Eh ben ! allons, viens, où veux-tu que j' te mène ?

Tête de Gourmé qui se fâche et l'appelle insolent.

— Sauf le *respect* (Francœur ne relève pas cette incongruité) que je dois à la Compagnie, riposte le cocher, j' te donnerais une leçon de politesse avec mon fouet.

Avec la citoyenne Francœur, le dialogue prend une tournure moins agressive. L'automédon est jovial : c'est la politesse de la corporation.

— Me donnes-tu pour boire à ta santé, ma grosse républicaine ? dit-il à Madame Francœur.

Au surplus, Gourmé est battu sur toute la ligne : sa fiancée, Adelaïde, se désintéresse de ce poseur et de ce grimacier ; elle n'a plus de sourires que pour le jeune Félix, brave garçon qui l'aimait en silence, avant de partir pour la frontière y remplacer un commis, marié, de Francœur, et qui en revient couvert de gloire. Le père n'hésite pas à lui donner sa fille, d'autant qu'il était peu édifié sur la sincérité des vertus républicaines de son futur gendre. Gourmé était un tiède ; et Nicolas l'a dit sagement : « Stilà qui veut être modéré est le complice des aristocrates. »

En résumé, sauf quelques boutades où revit le génie poissard de l'auteur, ces trois actes sont peu récréatifs, n'en déplaise au *Moniteur* qui les admire. — C'était, du moins, pour Dorvigny, la rançon de sa sécurité.

CHAPITRE V

Le « Cousin Jacques » et ses « Lunes ». — Ses vaudevilles plusieurs fois centenaires. — La vie tourmentée du « Club des bonnes gens », avec additions, corrections ou commentaires. — Pessimisme et délire de la persécution : lettres terrifiées. — Les épreuves du « Quaker en France ». — Celles de « Toute la Grèce » sont compensées par le succès. — Le Cousin Jacques décrété d'arrestation. — Intervention de son frère le député. — Rancunes tenaces.

Louis-Abel Beffroi de Reigny, dit le *Cousin Jacques*, s'était fait connaître, quelques années avant la Révolution, par la publication d'un écrit périodique, décousu et bizarre, quelquefois spirituel, mais toujours empreint de cette fantaisie à bâtons rompus, qui fit, depuis, la fortune du *Tintamarre* et du *Chat-Noir*. Beffroi avait baptisé son recueil les *Lunes du Cousin Jacques* ; et ses abonnés, en correspondance réglée avec leur rédacteur, ne laissaient pas que d'être nombreux.

Avec la Révolution, Beffroi changea, sinon sa manière, du moins son genre. Il devint journaliste et surtout auteur dramatique. Certains de ses vaudevilles, *Nicodème dans la Lune* ou la *Révolution pacifique*, le *Club des bonnes gens*, la *Petite Nanette*, eurent un succès retentissant ; et, si, aujourd'hui, le besoin ne se fait pas sentir de les reprendre, on n'a pas du moins complètement oublié les types créés par l'auteur ; et l'on écoute encore, avec plaisir, des couplets dont nos pères répétaient à l'unisson les joyeux refrains.

Ce qui caractérisait essentiellement ces actualités, écrites dans un but politique, c'était une bonhomie non dépourvue de finesse, une malice innocente, un parfum d'honnêteté et un grand esprit de conciliation.

Malheureusement, ces sentiments d'un brave homme qui prêchait la sincérité, la paix et l'union, n'étaient que des vertus d'aristocrate aux yeux de combatifs, pour qui la Révolution ne marchait jamais assez vite. Beffroi, traité de modéré, de feuillant, de mauvais citoyen par ses confrères en journalisme, se rebiffa ; car, s'il était pacifique comme vaudevilliste, il avait la plume alerte et piquante d'un polémiste convaincu. Il se défendit, il attaqua même, avec vigueur, dans son *Tableau des spectacles* et dans son *Consolateur* : cette dernière feuille était presque aussi réactionnaire, mais moins brutale et plus décente toutefois que le *Petit Gautier* et autres gazettes du temps acquises à la cause royaliste.

Cette lutte se continua au théâtre.

Ce fut le *Club des bonnes gens*, joué en septembre 1791, qui déchaîna l'orage. L'auteur y réclamait l'indulgence pour les émigrés et faisait chanter par ses interprètes un couplet en l'honneur de Louis XVI, alors qu'une autre pièce, *la Journée de Varennes* ou le *Maître de poste de Sainte-Ménehould* appelait l'indignation publique sur la conduite équivoque du prince fugitif.

Déjà, six mois auparavant, aux *Capucins*, vaudeville de Beffroi, aristocrates et démocrates s'étaient colletés dans la salle ; et l'auteur avait dû faire baisser la toile au milieu du deuxième acte.

L'existence du *Club des bonnes gens* fut de plus longue durée, mais non moins agitée et coupée de nombreuses intermittences. Les frères ennemis persistaient à se livrer bataille pendant la représentation ; mais, cette fois, le vaudevilliste était pris plus directement à partie par les ultra-révolutionnaires. Il le déclare, avec une certaine vivacité, dans les *Courtes réflexions* dont il fait précéder une édition du

« CLUB DES BONNES GENS OU LA RÉCONCILIATION,
Comédie en vers et en deux actes,

représentée pour la première fois, à Paris, au Théâtre de Monsieur, aujourd'hui de la rue Feydeau [1], les 24, 25 et 26 septembre 1791, interrompue en mars 1792 après 46 représentations ; reprise au même théâtre, le quintidi 25 messidor, l'an 3me de la République (lundi 13 juillet 1795) avec les corrections et additions à la fin, et pour la 8me fois, le 17 thermidor.

Paroles et airs du *Cousin Jacques.*

. . . .

« Celui qui a fait le *Club des bonnes gens* fut brûlé, en 1791, par plusieurs sociétés populaires pour l'avoir fait. Il fut proscrit, écrasé de libelles, criblé de calomnies et de dénonciations pour l'avoir fait ; il passa 250 nuits, caché dans une muraille, pour l'avoir fait ; il fut volé, pillé, ruiné de fond en comble pour l'avoir fait... ; c'est-à-dire que, pour avoir prêché la bonne foi, la justice, la religion, la vertu, la fraternité, la douce égalité, etc..., il fut regardé et traité par ses contemporains comme le plus scélérat des hommes.

« Eh bien ! c'est lui qui, depuis le 9 thermidor (an II)

---

1. Construit de 1789 à 1790, ce théâtre, qui s'était ouvert le 6 janvier 1791, et qu'on avait appelé, en raison du patronage du Comte de Provence, le *Théâtre de Monsieur*, prit, pendant la Révolution, le nom du *Théâtre de la rue Feydeau*, puis de *Théâtre Feydeau* (son emplacement occupant le n° 19 de la rue). Il jouait également l'opéra-bouffe italien, l'opéra-comique, la comédie et le vaudeville. Il était très mal noté du gouvernement républicain : c'était, en quelque sorte, un théâtre d'opposition, et par son répertoire, et par ses acteurs, et par son public. Toutefois, pendant le régime de la Terreur, il dut, comme tant d'autres, user de prudence et de sagesse.

a consacré dix heures par jour, sans désemparer, au plaisir d'obliger ses semblables, qui n'a cessé de sacrifier tout son temps et sa plume à la défense, non seulement des *Jacobins*, dont les opinions étaient si différentes des siennes, mais de ceux-là même qui l'avaient le plus vexé, le plus calomnié. »

Et, après ce récit, dramatisé à souhait, d'épreuves assurément exagérées, que couronnait si bien l'apologie de la mission littéraire et de l'abnégation civique de l'auteur, Beffroi retournant à son *Club*, dont il ajournait encore une fois la reprise, lui pronostiquait, en style d'ancien faiseur d'almanachs, un succès que, par parenthèse, ne devait pas ratifier l'avenir :

« Il viendra un temps, où il reparaîtra sur la scène avec un nouvel éclat ; et, quand les choses seront un peu stables, et par conséquent plus calmes, le *Club des bonnes gens*, tout *royaliste*, tout *fédéraliste*, tout *modérantiste* et tout *conspirantiste* qu'il est, aura 200 représentations suivies ; et sur ce, mes chers frères et cousins, je vous souhaite toutes sortes de prospérités. »

Nous verrons, dans un autre chapitre [1], à quel point furent tumultueuses, non seulement à Paris, mais encore à Lyon, les représentations du *Club des bonnes gens*.

Assurément, Beffroi n'était pas né avec l'âme d'un héros ; mais sa mentalité, au lendemain du 10 août 1792, ne le prédisposait que trop à ce délire de la persécution dont nous découvrons les traces dans sa préface du *Club des bonnes gens*. Et si nous croyons devoir étudier d'un peu près ce cas psychologique, c'est qu'à notre avis, il explique, par sa franchise, les dépressions, les défaillances, voire la compromission de tant d'intelligences et de tant de cœurs pendant la tourmente révolu-

---

1. Voir pp. 376-377.

tionnaire. De fait, le Cousin Jacques avait de bonnes raisons pour trembler et pour se poser en victime : l'acharnement des Jacobins contre son œuvre justifiait sa peur que redoublait encore l'état d'anarchie où se débattait la France.

Aussi, comme il l'écrit aux membres de la section des Petits-Pères, dans une lettre datée du Joigny, « 18 avril an II » (1793) [1], était-il sorti de Paris, le 28 juin 1792, « avec un passeport en règle », pour se réfugier aux environs d'Auxerre. Les « événements du 10 août, du 2 septembre » et « tout ce qui s'en est suivi » ne l'avaient pas encouragé à en sortir ; « idolâtre de la paix, disait-il, je suis resté dans mon trou jusqu'au 1er mars. »

Or, six semaines auparavant, le 26 février 1793, Beffroi avait écrit de Vincelles, près d'Auxerre, au Comité de Sûreté générale, sous l'empire de la plus sombre mélancolie. Il se plaignait d'avoir été dénoncé par la *Société des Amis de l'Egalité* d'Auxerre (une filiale des Jacobins de Paris) comme l'auteur de l'*Almanach des Honnêtes gens*, publication réactionnaire, dont, par parenthèse, il n'avait pas écrit une ligne. Et le plus noir pessimisme débordait de sa plume :

« Est-ce ma faute, à moi, geignait le Cousin Jacques, si la plus déplorable versatilité empreint le caractère national, si tel homme qu'il fallait excuser hier est aujourd'hui l'objet du mépris public, si un patriote d'aujourd'hui passe demain pour un aristocrate, si l'on fait une Constitution qu'il faut jurer malgré ses incohérences, et, si, au bout d'un an on n'en veut plus [2]... »

Cependant, affirmait-il dans sa lettre à la section des

---

1. *L'Amateur d'autographes* (Charavay), t. IV, année 1868, p. 3. — La notation irrégulière de la date, pourrait faire croire qu'il s'agit du 18 *avril* 1794 : c'est bien *avril* 1793 qu'il faut lire.
2. *L'Amateur d'autographes*, t. I, année 1862-1863, p. 317.

Petits-Pères, il se disposait à rejoindre, le 1ᵉʳ mars, à Paris, sa femme et ses deux enfants, descendus, depuis le 3 novembre, à l'Hôtel de Beauvais, rue des Vieux-Augustins, quand ses amis le retinrent à Joigny. Il aurait eu « le plus grand plaisir à connaître les excellents patriotes composant la section des Petits-Pères », mais « on nous fait par ici un monstre de la situation de la capitale ; à chaque instant on nous menace de nouvelles scènes d'horreur ; j'adore la liberté, je fuis comme la peste tout régime arbitraire, toute vexation, toute persécution ; j'ai besoin de calme pour travailler ; j'abhorre le sang, les massacres et l'esclavage. »

Il convenait cependant — car l'intervention de son frère avait eu gain de cause — qu'il avait « une lettre du Comité de Sûreté générale et de surveillance de la Convention, qui l'invitait à dissiper ses alarmes, à calmer sa terreur, à retourner chez lui, à reprendre le cours de ses travaux... », autrement dit célébrer les beautés du régime révolutionnaire. Mais, malgré qu'il fût l'ami des députés *Hérault*, *Anacharsis*, *Mercier*, etc..., tout en ayant des « opinions moins exaltées que les leurs », il « hésitait à regagner un pays... qu'on lui peignait comme le théâtre de la persécution et de l'anarchie. » Et, concluait-il, « comme je suis quaker, je donnerais mon bon œil (l'autre était à peu près perdu) pour avoir la paix et le règne de la loi. »

Mais la réclusion qu'il s'imposait par prudence, lui était singulièrement pénible, pour lui, un homme de théâtre :

« Mon frère aîné, député de l'Aisne, m'invite sans cesse à revenir : j'ai plusieurs pièces de théâtre à *l'ordre du jour*, qu'on ne peut jouer sans moi... Mais j'hésite... » Néanmoins, si ses « frères et cousins » de la section lui affirment qu'il peut rentrer en toute sécurité », il vole dans les bras de ses chers compatriotes, sans que rien puisse l'arrêter davantage [1] ».

La réponse des « frères et cousins » dut être rassurante ; car nous retrouvons Beffroi à Paris, en octobre 1793, adressant au Comité de Salut Public un exemplaire d'un « opéra qu'on va jouer », accompagné d'une lettre, dans laquelle il « défie qu'on puisse lui reprocher une démarche ni une ligne suspecte [2] ».

Ce même mois, avant que son opéra ne fût affiché, il allait subir de nouvelles tribulations avec *Allons ça va* ou le *Quaker en France*, « tableau patriotique » qu'il exposait au théâtre Feydeau.

Cet acte en vaudevilles était dédié à « la Nation et aux armées françaises ». La mise en scène devait s'adapter, d'après l'auteur, aux exigences de chaque département ; mais le décor, unique, rappelait, en précisant les lignes et la couleur, la proposition du conventionnel qui voulait faire de toute la France l'atelier de la guerre.

« Le théâtre représente une grande place de village, environnée d'arbres, de maisons et de rochers, au milieu de laquelle sont tous les préparatifs de la réquisition de guerre. Deux moulins à bras pour moudre le grain ; deux forges pour faire des piques et des sabres ; un métier de tisserand, des cordonniers faisant des souliers et des bottes, et beaucoup de femmes et d'enfants occupés à filer au rouet, à coudre des chemises, des habits bleus et des capotes de soldats. »

Beffroi a criblé sa pièce de notes et ses vers d'astérisques. Il veut se mettre en garde contre de fausses interprétations. « Un journaliste, dit-il, m'a reproché

---

1. *L'Amateur d'autographes*, 1868, p. 3.
2. *L'Amateur d'autographes*, 1862-1863, p. 318.

de paraître trop ardemment dans ma pièce désirer la paix. J'aimerais autant qu'il eût trouvé la pièce contre-révolutionnaire. » Et cependant, quels sacrifices n'a-t-il pas consentis aux nécessités de l'heure présente ! Il a « dénationalisé l'esprit » de son quaker en faisant de ce pacifiste un apôtre de la guerre ! Cet homme de bien, il l'avait montré tout d'abord prêchant la *tolérance* : sa religion l'y obligeait ; mais, en présence des dangers de la Patrie, il n'est plus permis d'être tolérant ; et Beffroi, qui veut se mettre à l'ordre du jour, a remplacé le mot de *tolérance* par le terme d'*indépendance*.

Le public ne tint pas compte à ce réactionnaire repentant de son commencement de conversion. Une cabale se forma qui troubla profondément la première représentation. Le malheureux auteur s'indigne de l'injustice et de la malveillance de la part de détracteurs auxquels il n'a jamais fait de mal et qui « l'écrasent d'une grêle de calomnies ».

On va, s'écrie-t-il, jusqu'à me « reprocher de parler de Dieu ! »

Il faut se rappeler qu'à cette époque Robespierre n'avait pas encore réclamé le culte de l'Etre suprême, et que celui de la Raison, organisé par les Hébertistes, était célébré dans toutes les églises de Paris.

Mais ce citoyen paisible qu'est Beffroi, ce père de famille qui n'a d'autres ressources que le produit de sa plume et le fruit de ses veilles, espère en des temps meilleurs, où les passions politiques auront moins d'effervescence et permettront aux esprits rassis de distinguer les hommes purs des brouillons à bon droit suspects. En attendant, il ne veut répondre aux dénonciations que par des actes de civisme, d'autant qu'il a confiance dans les sentiments de justice des autorités.

Et il continuera son œuvre ; car, « *si je n'écris pas, on dira que je suis modéré.* »

N'était-ce pas le *Théâtre forcé ?*

Et le Cousin Jacques fit encore courir sa plume, bien qu'elle tremblât entre ses doigts. Il s'attela courageusement à un livret d'opéra, qu'il disait brûlant de patriotisme. Le genre se prête peu d'ordinaire aux manifestations de la politique ; mais, alors, ces poèmes bouillonnaient de ferveur républicaine et Beffroi voulut se mettre à l'unisson de ses confrères. *Toute la Grèce* fit cependant froncer le sourcil à Chaumette : Beffroi avait écrit ces deux vers de mirliton que devait chanter Lays :

> O belle Humanité, sans toi
> Il n'est ni bonheur, ni patrie !

Les Dantonistes ne s'exprimaient pas autrement. Et, sur l'ordre du procureur de la Commune, le poète eut à supprimer sa malencontreuse invocation.

Il avait pourtant pris toutes ses précautions pour ne déplaire à personne, comme l'atteste l'intitulé de sa pièce qu'il avait fait imprimer avant la représentation :

« *Toute la Grèce* ou *Ce que peut la Liberté*, épisode civique en deux actes (fait exprès pour l'Opéra) reçu, avec acclamation, le 14 septembre dernier, à l'Académie de musique, pour y être représenté au plus tôt. Ouvrage dédié à la Convention nationale, à la Commune de Paris, aux sections de Guillaume Tell et de Bonne Nouvelle d'où sont les deux auteurs.

« Paroles du Cousin Jacques, musique de Lemoyne. »

Et — comble de prudence — une petite note ajoutait que les auteurs n'avaient même pas osé faire figurer sur le théâtre Philippe de Macédoine « brisant sa couronne à l'aspect des vertus et du courage des républicains et leur jurant une éternelle amitié ». Ils estimaient « dangereux et impolitique de mettre sur la scène un roi quelconque. Vicieux ou vertueux, mort ou vif, il n'en faut plus. »

C'était bien la théorie jacobine. Un tyran (car le mot *roi* devait être rayé de la langue française) ne pouvait être qu'un monstre.

Toute la Grèce finit cependant par être représentée le 5 janvier 1794. Et nous nous demandons si c'est là cette « plate jérémiade qu'à produite la peur dans une crise de révolution » et que le *Tribunal d'Apollon* regrette de porter à l'actif de Beffroi, tout en le félicitant de son « honnête, vertueux et pacifique Nicodème [1] ».

La pièce n'en avait pas été moins applaudie ; et Beffroi, qui a l'épître facile, s'empresse d'écrire du fond de sa retraite (il se cachait toujours) au *Journal des Spectacles* [2] qu'il lui doit de connaître le succès de son opéra, dont il n'a vu, par parenthèse, ni les répétitions, ni la première. Sa pièce lui avait déjà valu tant de déboires, de chagrins et d'injustices, qu'il en avait déjà fait le sacrifice, quand le compositeur Lemoyne prit en main ses intérêts, qui, à vrai dire, étaient également les siens. Mais, enfin, « le succès de la pièce et le zèle des acteurs l'ont réconcilié avec un spectacle auquel il avait juré de renoncer. »

Beffroi rappelle assez adroitement que Luillier, le procureur-syndic du département, qu'il avait gratifié d'un « exemplaire de son ouvrage », lui avait répondu

---

1. Le Tribunal d'Apollon par une *Société de Pygmées littéraires* (et principalement Rosny), t. I. — Peut-être le critique vise-t-il encore l'opéra de *Démosthène*, joué à Favart, en germinal an II, opéra où la *Feuille de la République*, qui, d'ordinaire a la dent dure, relève « de beaux vers et des maximes patriotiques ».

2. *Journal des Spectacles*, n° du 19 nivôse an II.

que *Toute la Grèce* « électriserait en faveur de la liberté les âmes les plus froides ». Et, en effet, lui, Beffroi, avait bien prévu certains effets de mise en scène, celui du chœur « Oui, nous voulons la République et nous l'aurons » et encore « le tableau touchant de la citoyenne Maillard [1] embrassant les enfants ». Aussi vient-il d'envoyer un deuxième acte qu'il avait préparé à l'avance et qui se termine sur un ballet. Et il rappelle, en passant, qu'il fut le premier à célébrer au théâtre la reprise de Toulon.

S'il n'a pas voulu se nommer avant la première représentation, c'est parce que les journalistes, eût-il produit un chef-d'œuvre, ne l'en auraient pas moins abreuvé d'injures et de calomnies auxquelles il ne répond pas d'ailleurs. Ah ! il ne les aime pas les journalistes, et il le prouve, de reste, en récriminant contre Gorsas et Brissot — les pauvres ! ils étaient guillotinés ! — qui avaient osé prétendre que *Nicodème dans la lune* n'aurait pas six représentations : ils ne se sont trompés que de 328.

Il ne fallait pas cependant que Beffroi eût donné assez de gages de sa foi révolutionnaire, pour que le Comité de Sûreté générale eût lancé contre lui un mandat d'arrestation et ordonné la mise sous scellés de ses papiers.

Le frère de Beffroi prit résolument la défense du proscrit ; et, le 17 frimaire an II, il écrivait au Comité pour lui demander de rapporter le mandat et de lever les scellés : « Tout prouve, affirmait-il, que ses principes sont ceux d'un véritable ami de la liberté et de l'égalité. Il s'est montré au grand jour dans toutes les notes,

---

1. La « citoyenne Maillard », qui représentait, dans les cérémonies publiques, *la Liberté*, était une fervente royaliste.

manuscrits et pièces trouvés chez lui. On y a reconnu un vrai républicain, on y a trouvé une pièce en trois actes... *les Prêtres de Dodone*, qui prouve que son amour pour la religion ne lui donne pas de confiance aux prêtres. Il s'est voué à travailler pour les théâtres de manière à soutenir l'énergie et à fortifier les âmes républicaines. »

Le député de l'Aisne eut gain de cause ; et, depuis, Beffroi retrouva ce calme et cette sécurité, qu'il avait cru acheter par des complaisances pour le régime établi ; mais il n'oublia pas ses angoisses, ni les hommes qui les avaient provoquées. Dans son *Dictionnaire Néologique* [1], dont Bonaparte fit arrêter la publication par Fouché, il brisait audacieusement les idoles de la Terreur. C'est ainsi qu'il exécutait Billaud-Varenne « imbibé, jusques dans la moëlle des os, de l'essence du crime, du sacrilège et du blasphème ».

---

1. BEFFROI DE REIGNY. *Dictionnaire néologique des hommes et des choses de la Révolution*, an VIII, 3 vol.

CHAPITRE VI

Les fournisseurs attitrés du Vaudeville. — Allusions involontaires ou voulues. — Després, journaliste réactionnaire. — Son « inpromptu républicain l'Alarmiste ». — Carbon de Flins des Oliviers. — Le « Réveil d'Epiménide » et « la Papesse Jeanne ».

Pendant la Révolution, aussi bien après qu'avant la Terreur, les auteurs dont les noms reparaissent le plus souvent sur les affiches du Vaudeville, s'appellent Léger, Barré, Radet, Després, Deschamps et Desfontaines. Aussi les accoupleurs de mots à double sens — distraction bien innocente dans un temps qui en offrait si peu — avaient-ils coutume de dire que le Vaudeville était la plus délicieuse des maisons de campagne, puisqu'on y trouvait *des prés, des champs* et *des fontaines*. C'était, en réalité, une salle de spectacle fort tumultueuse, même à partir de 1791 ; le public applaudissait et sifflait tour à tour, s'injuriait, se colletait, ou s'unissait parfois pour conspuer et rosser la police qui prétendait intervenir dans la bagarre. Non pas que les pièces fussent des modèles d'ironie et de satire. Les auteurs que nous venons de citer n'avaient aucune prétention à la succession d'Aristophane : ils écrivaient sur un sujet quelconque, presque toujours d'actualité, dans une prose assez facile, mais honnêtement banale ; ils se réservaient pour les couplets dont, quelquefois, ils aiguisaient adroitement la pointe ; et c'était à cette « chute », impatiemment attendue, que partaient sifflets et bravos : *in cauda venenum.*

Il arrivait même que l'à-propos de l'allusion, cause de ces manifestations en sens contraire, avait échappé à l'auteur. A vrai dire, l'eût-il voulu que nous n'en serions pas autrement surpris. Ces vaudevillistes — n'est-il pas superflu de le rappeler ? — étaient presque tous des amis du pouvoir déchu. Ils le regrettaient, comme un patron généreux qui vous a comblé de faveurs et de grâces ; et ils maudissaient, dans leur for intérieur, ce nouveau maître, dont le premier soin avait été de supprimer les emplois, fonctions, sinécures, dont ils étaient nantis.

Ce fut ainsi qu'en 1789 Després se vit enlever le secrétariat du commandement de l'intérieur du royaume, dont il était titulaire depuis 1783. Autant par dépit que par conviction, il se jeta dans les rangs de l'opposition et fonda, de concert avec le général Arthur Dillon, le vicomte de Ségur et le comédien-publiciste Pariseau, la *Feuille du jour*, une gazette royaliste qui disparut le 10 août 1792, après avoir criblé de ses plus mordants sarcasmes les démocrates et les Jacobins. Dillon et Pariseau payèrent de leur tête cette lutte à coups d'épigrammes ; Ségur se cacha de son mieux et Després fut enfermé assez longtemps à Saint-Lazare. Il ne dut son salut qu'à un « inpromptu républicain » en un acte, l'*Alarmiste*, représenté au Vaudeville le 21 juillet 1794.

Le triste héros de cette pièce de circonstance est un ancien bailli, du nom de Perrault, qui s'est fait nouvelliste pour jeter l'alarme, la défiance et le découragement dans tous les rangs de la société. Au contraire, le maire du pays où Perrault sème l'épouvante, rassure ses concitoyens ; et, pour mieux protester contre les manœuvres d'accaparement, qui tendraient à affamer la capitale, il déclare que toutes les communes se disputent la gloire d'offrir à Paris une partie de leur récolte,

... Nourrir Paris
C'est nourrir la liberté même.

Puis le magistrat municipal fait conduire Perrault à la maison d'arrêt, en raison du décret « qui lui parviendra bientôt », décret sévère, mais juste, de la Convention « contre les fabricateurs ou propagateurs de fausses nuovelles ».

Plus tard, à l'époque de la Restauration, Després, redevenu fervent royaliste, désavoua, par l'organe de la *Biographie Michaud*, la paternité de l'*Alarmiste*. Le malheur veut que cette bluette, d'ailleurs insignifiante, soit signée. Cette faiblesse d'un honnête homme qui se défend d'avoir eu peur, ne porta d'ailleurs aucun préjudice à la carrière dramatique de Després. L'auteur de l'*Alarmiste* écrivit d'autres pièces, qui, plus intéressantes, eurent plus de succès, et fut, entre temps, un précurseur des Moliéristes. Il a publié plusieurs mémoires sur l'illustre comique ; et son mot sur Armande Béjart mérite d'être retenu : « Cette Béjart parut un moment fière d'être sa veuve ; elle n'avait jamais senti la gloire d'être sa femme. »

Comme Després, Carbon de Flins des Oliviers avait été ruiné par l'avènement de la Révolution. Il y avait perdu sa charge de conseiller à la Cour des Monnaies ; mais c'était une âme indulgente et candide, que ne troublaient même pas les malins distiques de Le Brun, alors que cet impitoyable confrère disait de lui :

Carbon de Flins des Oliviers
A plus de noms que de lauriers.

Il avait, cependant, sans la moindre rancune contre une Révolution qui le dépouillait, écrit pour en célébrer les bienfaits, le *Réveil d'Epiménide* (1790), une jolie comédie épisodique, parfait modèle de revue de fin d'année. Puis, il avait fallu songer à sa sécurité et donner, lui aussi, son acte... d'adhésion au gouvernement montagnard. Et cet homme d'esprit avait écrit, en 1793, une ineptie pour le Théâtre Feydeau, *la Papesse Jeanne*.

CHAPITRE VII.

Vaudevilles en collaboration. — Radet et Desfontaines. — Les malheurs de la « Chaste Suzanne ». — La pénitence du trio Barré-Radet-Desfontaines. — « Au retour », justification des massacres de septembre. — Lettre de prison. — « Encore un curé », hommage au culte de la Raison. — « La fête de l'Egalité » et la statuomanie. — Le « Canonnier convalescent », fait-divers. — Les « Chouans de Vitré ». — « L'Heureuse Décade » : le livre du Père Socle. — « Le Sourd guéri ».

Si jamais quelque spécialiste était tenté de reprendre la tâche interrompue de Goizet, l'*Histoire de la collaboration au Théâtre*, il lui faudrait consacrer un chapitre tout entier à l'œuvre de Radet, cet auteur dramatique de la fin du XVIIIe siècle et du commencement du XIXe, que ses contemporains dénommaient un des doyens et des régénérateurs du vaudeville français.

Jean-Baptiste Radet, que la négligence de sa nourrice avait condamné à être gaucher (sa main droite était brûlée), avait débuté comme peintre et ne manquait pas de talent. Il ne fit du théâtre qu'à l'âge de trente ans, et presque aussitôt avec des collaborateurs.

Rosières [1], Barré, Deschamps, Piis, Picard, Després, Desfontaines, comptent parmi les principaux.

Et même quand Radet signait seul sur l'affiche ou sur les pièces imprimées, il avait pour collaboratrice, dit un de ses biographes, « une dame de beaucoup

---

1. Ou *Rozières* : il était également acteur et désigné sur l'état de la troupe comme « instituteur des élèves » *(Spectacles de Paris pour 1794)*. Ce fut lui qui amena, dans la salle de la rue de Chartres, une partie des pensionnaires de la Comédie Italienne en 1791. Celle-ci n'avait conservé que ses chanteurs : c'était l'Opéra-Comique.

d'esprit, d'un goût sûr, d'un tact fin et délicat et dont la modestie égale le talent, car elle persiste encore aujourd'hui à garder l'anonyme. »

Cette révélation date de 1832.

A la veille de la Révolution, Radet, avant d'échanger la palette contre l'écritoire, avait profité de son expérience d'artiste pour publier une critique sous forme de couplets (nos revuistes ont remis la formule à la mode) sur le salon annuel du Louvre. Radet avait dû à cette innovation une notoriété des plus flatteuses, mais aussi force inimitiés. Il en tira cependant le meilleur parti, puisqu'il y trouva sa véritable voie et qu'il y gagna, en même temps, la protection de la duchesse de Villeroy. La grande dame lui offrit un appartement dans son hôtel et la situation de secrétaire-bibliothécaire. Et, — particularité assez piquante — quand la duchesse émigra et que le nouveau régime établit dans l'hôtel, confisqué au profit de la Nation, l'administration du télégraphe, Radet y conserva son logement jusqu'à la seconde Restauration.

Evidemment, cette situation privilégiée lui imposait des obligations et des ménagements vis-à-vis du plus ombrageux des pouvoirs ; mais, de tout temps, paraît-il, les vaudevillistes ont eu également des devoirs à remplir envers le public.

Un de ses collaborateurs, auteur non moins fécond et non moins applaudi, François-Guillaume Fouques Des Haies, plus connu sous le nom de Des Fontaines de la Vallée, ou plus simplement encore Desfontaines, n'avait eu qu'à se louer, lui aussi, de l'ancien régime. Successivement secrétaire des Commandements du duc des Deux-Ponts, censeur royal, inspecteur de la librairie, secrétaire ordinaire et bibliothécaire du comte de Provence, il occupait, à la petite cour de Monsieur, un poste des plus enviés. C'était lui le grand ordonnateur des fêtes et spectacles auxquels se plaisait le frère du roi. Il accueillit néanmoins, avec la résignation sereine d'un philosophe détaché des biens de ce monde, une Révolution qui lui enlevait toutes ses places : bien mieux, il s'en montra partisan ; c'était apparemment, écrit un de ses contemporains, pour réparer plus sûrement les brèches faites à sa fortune, avec un bagage dramatique frappé de l'estampille révolutionnaire.

Les deux collaborateurs apportèrent, ainsi que nombre de leurs confrères, le concours de leur talent à Barré, fondateur et directeur du Vaudeville [1], jadis avocat au Parlement et greffier à Pau. Barré était un homme d'esprit et versé, autant qu'un professionnel, dans la science des choses de théâtre. Il se mit en tiers avec Radet et Desfontaines, pour écrire et produire des pièces, parodies, vaudevilles ou comédies, qui se rattachaient à l'actualité, par des scènes épisodiques ou par des allusions fatalement inévitables.

Il était bien difficile à ces hommes et même à Desfontaines le libéral, d'accepter, d'un cœur léger, sinon la transformation politique et sociale qu'imposait l'évolution des idées, du moins les désordres tragiques qui l'accompagnaient et qui les blessaient dans leurs convictions les plus chères.

Cette révolte de leur conscience se fit jour dans une pièce dont le sujet ne semblait guère se prêter à une aussi subite explosion, la *Chaste Suzanne*. Le sort de Louis XVI était alors entre les mains de la Convention.

---

1. Piis et Barré donnèrent le nom de Vaudeville à l'ancienne salle du *Panthéon* ou *Wauxhall d'Hiver*, rue de Chartres, près du Louvre, salle qu'ils louèrent pour recevoir la troupe de Rozières et y faire jouer des *vaudevilles*, dont l'esprit frondeur dut capituler, comme celui de *Feydeau*, devant les menaces de la démagogie officielle.

Quand le public, plutôt réactionnaire, du Vaudeville, entendit jeter à la tête des deux vieillards libidineux qui dénonçaient la prétendue impudicité de Suzanne, cette apostrophe : « Vous êtes ses accusateurs, vous ne pouvez être ses juges », ce fut un tonnerre d'applaudissements dans toute la salle. L'allusion appuyait en quelque sorte une des objections les plus graves opposées, non pas au bien-fondé d'un procès que justifiaient des manœuvres d'une duplicité indéniable, mais à la composition d'un tribunal qui n'avait pas qualité pour en être juge.

D'autres « applications », comme on disait alors, venaient confirmer les visées « tendancieuses » — ici le mot est moderne — de la pièce du Vaudeville. Suzanne chantait encore au vieillard Accaron :

> Vous, dont le respectable emploi,
> L'auguste caractère
> Sont de faire parler la loi...

Et l'astucieux Accaron l'interrompait pour chanter à son tour :

> Sur cela soyez sans effroi ;
> Celui qui fait parler la loi,
> Sait bien la faire taire.

Ainsi que le répertoire du Cousin Jacques, l'*Ami des Lois* et *Paméla*, la *Chaste Suzanne* fut une des œuvres du théâtre révolutionnaire qui suscitèrent le plus d'orages, autant au dehors qu'à l'intérieur de la salle, et qui valurent le plus de persécutions à leurs auteurs.

Comme toujours, ce fut la Commune de Paris qui ouvrit officiellement le feu contre la *Chaste Suzanne*. Le 28 janvier 1793, Hébert, le rédacteur du *Père Duchesne*, substitut du Procureur de la Commune, qui avait déjà voulu sévir contre l'*Ami des Lois* voua, dans ces termes à la vindicte publique, le vaudeville de Radet et Desfontaines [1] :

Vu « que cette pièce trouble la tranquillité publique et qu'elle corrompt les mœurs républicaines, je requiers seulement que le département de la police soit chargé de prendre les mesures que la sûreté publique exigera... »

C'était un arrêt de mort que vota la Commune, mais que ne suivit pas cependant une sanction immédiate. Toutefois les auteurs ne perdirent pas pour attendre.

Ils avaient eu, à vrai dire, le pressentiment, sinon du sort qui les attendait, du moins de l'impasse où ils s'étaient engagés. Dans la préface de leur pièce, imprimée et publiée au lendemain de la première représentation, ils avouaient qu'ils s'étaient seulement aperçus, au second acte, « que le sujet était trop sévère pour être de l'essence du Vaudeville ». Ils n'en avaient pas moins continué leur travail. Et le *Mercure français* [2], journal plutôt réactionnaire, reconnaissait aussi, tout en les couvrant de fleurs, que leur « sujet était peut-être déplacé ».

D'ailleurs, d'accord avec la Convention, le *Conseil exécutif provisoire* avait enjoint aux directeurs des différents théâtres parisiens d'éviter la représentation de pièces ayant déjà provoqué des troubles et pouvant perpétuer l'agitation.

Sans vouloir entrer dans le détail d'épisodes, déjà connus, qui précipitèrent un dénouement facile à prévoir, disons qu'en raison du décret conventionnel ordonnant l'arrestation des auteurs de pièces contre-révolutionnaires et des directeurs de théâtre reconnus comme leurs complices, Barré, Radet et Desfontaines

---

1. BUCHEZ et ROUX. *Histoire parlementaire de la Révolution*, t. XXIII, *Bulletin de la Commune*.
2. *Mercure français* du 16 janvier 1793.

furent incarcérés pendant quelques mois à la Force. Ce fut dans le courant de septembre.

La perspective d'une comparution devant un tribunal qui acquittait rarement ses justiciables, inspira-t-elle aux détenus de salutaires réflexions ? Ou bien furent-ils officieusement avisés que la même plume qui avait été la cause de leur disgrâce pouvait être l'instrument de leur salut ? Aucun document n'est venu fixer notre certitude à cet égard ; mais ce qui est incontestable, c'est que, le 4 novembre 1793, le Vaudeville donnait de Radet et Desfontaines, toujours sous les verrous, une petite pièce, *Au Retour*, dont les sentiments et l'allure étaient nettement ultra-révolutionnaires.

Dans cette pochade, d'assez pauvre contexture, un maire villageois proclame le décret sur la réquisition ; et il est entendu que le jeune soldat Justin n'épousera sa fiancée, la tendre Lucette, qu'une fois la patrie hors de danger. Cette résolution est assurément digne d'éloges, mais Lucette qui se charge de l'affirmer sur un air de vaudeville, termine son couplet par un trait que durent énergiquement applaudir les septembriseurs : c'était, hélas ! la rançon de la *Chaste Suzanne*.

L'actrice qui tenait le rôle, la charmante Laporte, chantait donc :

> Des tyrans creusons le cercueil ;
> Brisons leur sceptre despotique.
> Point de paix tant que leur orgueil
> Méconnaîtra la République.
> Rois et tyrans, nobles et prêtres,
> Que tout ça tombe dans un jour ;
> Et si chez nous restent des traîtres,
> Vous n'en trouv'rez plus *au retour*.

Mais les portes de la Force ne s'ouvraient toujours pas, malgré cette amende peu honorable qui dut coûter singulièrement à Radet. Les auteurs, dont l'inquiétude s'augmentait chaque jour, se résignèrent alors à la plus lamentable démarche. Le 2 frimaire an II (22 novembre), ces nouveaux courtisans d'une vile démagogie en adulaient les représentants les plus autorisés, dans une humble lettre accompagnée d'une plate chanson, espérant que cet acte de déférence vis-à-vis d'un pouvoir, si brutal et si tyrannique pour la liberté de la pensée, hâterait leur délivrance. Les détenus écrivaient donc à la Commune de Paris [1] :

« CITOYEN PRÉSIDENT,

« Nous avons lu, avec autant de plaisir que de reconnaissance, dans le journal de décadi dernier, la mention civique faite au Conseil général de la Commune de notre pièce intitulée *Au Retour*. En attendant l'expédition qui doit nous en être remise et que nous désirons avec la plus vive impatience, nous te prions, citoyen Président, de communiquer au Conseil nos joyeux remercîments. Reçois, etc...

« RADET et DESFONTAINES. »

I

L'aristocrate incarcéré
Par ses remords est déchiré,
   C'est ce qui le désole ;
Mais le patriote arrêté
De l'âme a la sécurité,
   C'est ce qui le console.

II

Des mesures de sûreté
Nous ont ravi la liberté,
   C'est ce qui nous désole.
Mais dans nos fers nous l'adorons,
Dans nos chants nous la célébrons,
   C'est ce qui nous console.

---

1. *Moniteur* du 5 frimaire an II.

III

Des lieux témoins de nos succès
Hélas ! on nous défend l'accès ;
C'est ce qui nous désole.
Mais, par nos vers, c'est là le *hic*,
Nous propageons l'esprit public ;
C'est ce qui nous console.

IV

Pour nous encor la vérité
N'éclaire pas le *Comité* ;
C'est ce qui nous désole.
Mais, en attendant ce beau jour,
Vous applaudissez *Au Retour*,
C'est ce qui nous console.

En effet, pour « propager l'esprit public », ainsi qu'ils s'en vantaient, les auteurs d'*Au Retour* annonçaient, dans la préface de la pièce imprimée, qu'ils renonçaient à toute rétribution de la part des directeurs ou sociétés d'acteurs qui représenteraient ce chef-d'œuvre. On ne pouvait donc plus, en bonne conscience, retenir sous les verrous des gens baisant avec une telle résignation la main qui les avait si rudement châtiés.

Mis en liberté, Radet et Desfontaines, soit collectivement, soit individuellement, célébrèrent à l'envi les hauts faits et les prouesses de leurs persécuteurs. Dans un vaudeville qu'ils donnèrent en collaboration, le 30 novembre 1793, *Encore un Curé*, ils rimèrent ces deux couplets en l'honneur de la fête qu'avaient imaginé Hébert, Chaumette et leurs acolytes de la Commune, pour consacrer la substitution de culte de la Raison à celui de la religion catholique. « Le Curé » de la pièce chantait :

De la cagoterie
Détruisons le souvenir.
La Sainte Momerie
Ne peut plus nous convenir.

> Le culte patriotique
> Sera le seul de saison.
> Nous aurons pour fait unique
> La fête de la Raison.

Et « Gothon » concluait :

> Faisons un feu de joie
> D'nos saints d'bois Pierre et Laurent,
> Portons à la Monnoie
> Jacq' et Jean qui sont d'argent.
> Pour en faire bon usage,
> J'les offrons à la Nation,
> Et l'jour où j'en f'rons l'hommage
> S'ra la fête d'la Raison.

A trois mois de là, le 25 février 1794, nos deux auteurs, tenant toujours à donner des preuves irréfutables de leur sincère conversion, continuaient leur « propagande civique » par la *Fête de l'Egalité*, qui est, en même temps, une source de documentation topique sur l'esprit et les mœurs du jour. Car si le théâtre d'actualité, abêti par l'obligation d'un apostolat continu et d'un panégyrisme aveugle pour la plus grande gloire du gouvernement terroriste, est navrant de banalité et d'insignifiance au point de vue de l'art dramatique, il renseigne l'observateur et le curieux, aussi bien et peut-être mieux que les descriptions officielles ou les tableaux académiques de l'époque, sur la mise en scène, toujours très poussée, de la vie en plein air.

Donc, la *Fête de l'Egalité* nous donne, par son décor, l'impression du milieu si fréquemment le même, où se passait, dans le plus humble village de France, comme à Paris, une cérémonie, dont l'ordre et la marche étaient réglés par des rites absolument identiques.

Voici comment Radet et Desfontaines situent leur action :

« Le Théâtre représente la place de la Commune...

Au fond la statue de la Liberté, d'un côté, et de l'autre, celle de l'Egalité. Devant chacune de ces statues les bustes des Martyrs de la Liberté. Au milieu la tribune ombragée de feuillage ; et au devant un petit tertre pour recevoir le buste de Jean-Jacques Rousseau ».

Il n'est déjà plus question de cette déesse de la Raison, chantée par nos auteurs et renvoyée par Robespierre au magasin des vieilles lunes. Mais le théâtre n'en subit pas moins cette tyrannie du décor symbolique, si cher à la Révolution, où sont symétriquement disposés des statues d'allégories avec leurs attributs classiques et des bustes de grands hommes ou de « martyrs de la Liberté » : Brutus, J.-J. Rousseau, Marat, Le Peletier Saint-Fargeau et Chalier, le dément de Lyon. Il n'est pas de bonnes fêtes sans ce luxe d'effigies — la statuomanie qui commence.

Au cours de la cérémonie, Jacqueline (encore un sacrifice aux engouements populaires : Jacqueline c'était « l'épouse » du *Père Duchesne*, le type des parfaites ménagères et des républicaines accomplies) Jacqueline chantait :

> Autrefois, j'étions bêtes
> Et les grands l'trouvaient doux ;
> Je payions de belles fêtes
> Qui n'étaient pas pour nous.
>
> A présent v'là qu'en France,
> Grâce à nos bonnes raisons,
> C'est le pauvre qui danse
> Et l'rich' pay' les violons.

C'était le temps où le mari de Jacqueline, Hébert et son compère Chaumette, s'efforçaient de faire suer « au riche » par l'impôt forcé, la moitié de son revenu, et d'en démontrer, soit à la tribune, soit dans la presse,

1. L'ABRÉVIATEUR UNIVERSEL, messidor an II.

les « bonnes raisons ». Les mots de communisme, de socialisme et de collectivisme étaient, à vrai dire, ignorés ; mais ces précurseurs qui trouvaient, au Club des Cordeliers, plus d'un écho complaisant pour leurs doctrines, encore que fort nuageuses, en face de Robespierre, partisan résolu de la propriété, formulaient très nettement cette théorie que le riche ne devait être que l'économe, le régisseur de sa propre fortune, au profit du pauvre.

Voilà cependant à quelles insanités la peur entraînait des hommes que leur passé n'y avait certes pas préparés et qui, moins de trente ans plus tard, devaient solliciter et obtenir de la Restauration des pensions et des croix.

Les pièces qu'ils signaient chacun de leur seul nom, s'inspiraient, hélas ! de la même esthétique.

Dans le *Canonnier convalescent,* joué au commencement de juillet 1794, Radet avait dramatisé le fait-divers communiqué à la Convention [1] de cet artilleur, laissé pour mort par « les brigands » et se traînant jusqu'à un village voisin, où une jeune fille l'avait recueilli, guéri et sauvé. Aussi, pour la récompenser, la Société populaire de Port-Malo (Saint-Malo) lui avait-elle envoyé une couronne civique, en même temps qu'elle gratifiait d'un sabre le soldat.

Le public, dit le journal l'*Abréviateur,* redemanda plusieurs couplets ; et celui-ci, entr'autres, fut chaleureusement applaudi :

> Despotes de toute la terre,
> Nous rions de votre courroux ;
> Quand tous les rois nous font la guerre,
> Tous les éléments sont pour nous.

Mais l'*Abréviateur* qui, sous ses oripeaux jacobins, est un journal pacifique, se garde bien de citer le couplet

---

1. JAUFFRET. *Le Théâtre révolutionnaire,* 1869, p. 317.

que chante Bataille, soucieux d'exterminer jusqu'au dernier les Vendéens rebelles :

> Nos ennemis sur ces brigands
> Fondaient leur espérance :
> Qu'ils soient détruits ! Et les tyrans
> Fuiront loin de la France.
>
> Si nous voulons en peu de temps
> Que la guerre finisse
> De tous les traîtres au dedans
> Faisons prompte justice.

Les apologistes des massacres de Septembre n'employaient pas d'autre argument ; et le *Père Duchesne* y revient volontiers dans ses *Joies* et ses *Colères*.

Desfontaines avait précédé son collaborateur dans la dramatisation d'une anecdote historique sur les « brigands ». Mais lui l'avait placée en Bretagne et non en Vendée. Il avait fait jouer au Vaudeville, le 12 juin 1794, *le Chouan de Vitré*, dont la charmante, la toujours charmante Laporte, était la principale interprète sous le travesti du jeune volontaire Hullot.

Pendant que le *bleu* se repose chez la républicaine Charlotte, il y voit arriver une femme, les cheveux épars, sans souliers et « sans robes », vraisemblablement en chemise, comme l'observe fort judicieusement M. Henri Clouzot qui analyse la pièce [1]. Cette femme a pu échapper à la rage des Chouans qui avaient pris d'assaut et dévalisé la diligence de Vitré. La républicaine Charlotte lui donne aussitôt les vêtements nécessaires ; et le généreux Hullot oblige l'infortunée à prendre toute sa fortune, cent écus, sans vouloir faire connaître son nom, jusqu'au moment où ses camarades le révèlent, en amenant un brigand prisonnier.

---

1. H. CLOUZOT. *Revue d'art dramatique*, 1899.

Car, pendant toute la pièce, on a parlé de Chouans et on n'en a pas vu un seul, sinon, au dénouement, un captif, proche parent du fameux *In-Manus* de Victor Hugo *(Quatre-vingt-treize)*, qui se vante d'avoir commis les pires atrocités.

« Ce sont les prêtres, dit-il, qui nous les commandent. Les soldats tués pour la bonne cause ressusciteront au bout de trois jours ; j'ai un billet signé de quatre évêques et de cinq curés, tandis que celui qui épargne un républicain sera damné [1]. »

Louis Blanc certifie l'authenticité de l'anecdote dans son *Histoire de la Révolution*.

La conclusion de Desfontaines tient dans une sorte d'hymnes où il confond Chouans et Vendéens, et qui débute sur le mode tragique :

> Horde esclave et soldée,
> Brigands de la Vendée, etc.

Barré, le directeur du Vaudeville, qui, lui aussi, avait subi une détention de quelque durée, trouva, de son côté, dans d'autres collaborations, une excellente occasion de se faire pardonner sa participation, plus ou moins effective, à la *Chaste Suzanne*. Il s'associa deux comédiens de son théâtre, Rosières et Léger, sur lequel nous reviendrons plus tard, et que, malgré l'apparence de son civisme,

---

[1]. Le général Turreau écrit dans ses *Mémoires pour servir à l'histoire de la guerre de la Vendée* : « ... il est prouvé que les Vendéens crurent longtemps ressusciter trois jours après la mort ; les épouses, les mères conservaient les corps de leurs enfants et de leurs maris. » Et Michelet, sur ce témoignage, de dénoncer les fourberies sacerdotales, les miracles grossiers de physique et de magie blanche. Par contre, Poirier de Beauvais dit, dans ses *Mémoires* (p. 29) : « Je puis assurer qu'aucun prêtre dans la Vendée ne s'est donné le don de prophétie, qu'aucun n'a employé les ressources de la magie... J'ai vu moi-même les Vendéens rire de la stupidité qu'on leur supposait. »

la vigilance du sans-culottisme n'avait pas toujours jugé irréprochable.

L'*Heureuse décade* fut le premier fruit de cette triple collaboration. Ce « divertissement patriotique » représenté au Vaudeville, le 26 octobre 1793, était accompagné à l'impression de cette

NOTE

« Cette pièce faite, apprise et jouée en *cinq jours*, fut, à la suite de *Nicaise peintre*, annoncée par le couplet suivant, le jour de la première représentation :

> A vos yeux on va retracer
> Quelques traits de patriotisme.
> L'auteur mit à les esquisser
> Bien moins d'esprit que de civisme.
> Vous verrez bien si son pinceau
> A la ressemblance est fidèle ;
> Chacun de vous, pour ce tableau,
> Au peintre a servi de modèle.

Ainsi, le civisme tenait lieu de talent ; et, à ce compte, les spectateurs (nos trois auteurs ne le leur envoyaient pas dire) en sabots, en carmagnole et en bonnet rouge, avaient au moins autant, sinon plus d'esprit, que le trio Barré-Léger-Rosières, dans son rôle de maladroit adulateur.

La pièce, malgré qu'elle eût un grand succès, n'était qu'une pauvreté. Les deux héros, des villageois, le père et la mère Socle, débitaient, à tour de rôle, des âneries.

« Depuis que nous avons la Liberté, clamait avec enthousiasme la bonne femme, il fait toujours un temps superbe. »

Il est vrai que, douze ans plus tard, les mêmes vaudevillistes, ou quelque autre de leurs confrères, imagineront, pour l'Empereur, la légende du soleil d'Austerlitz, toujours fidèle aux fêtes napoléoniennes.

De son côté, le père Socle, après avoir chanté :

> Des rois l'égoïsme odieux
> Nous portait à l'idolâtrie,
> En attirant vers lui des vœux
> Que l'on ne doit qu'à la patrie,

le père Socle ouvrait, pour le lire publiquement, un grand livre où il avait consigné les faits et gestes de la famille pendant le cours de la *décade* — car le mot d'ordre était donné par le Comité de Salut public et par la Commune de Paris, aux directeurs de théâtre, auteurs dramatiques et comédiens de faire campagne pour le *decadi* patriotique contre le réactionnaire *dimanche*.

Et, gravement, l'honnête Socle lisait :

« Exécuté la loi du *maximum* même avant qu'elle fût promulguée. »

Trait de désintéressement commenté par ce couplet, qui définit très exactement les effets les plus certains d'une loi révolutionnaire aussi mal étudiée que mal appliquée — habitude trop familière, hélas ! à nos législateurs :

> ... Un Français...
> Croit gagner encor, lorsqu'il perd
> Pour le bien de ses frères.

A l'audition de cette maxime d'un socialisme naïf, la salle éclatait en applaudissements. Elle n'accueillait pas avec moins de faveur cet autre article du Livre de famille : « Le cinquième jour de la décade, la citoyenne Lejuste est parvenue à découvrir un complot formé pour semer la division entre les patriotes. » Et l'enthousiasme ne connaissait plus de bornes, quand la mère Socle disait à sa fille : « Vas avec un bon patriote ; tu n'es pas en mauvaise compagnie. » L'amour libre, dans la nature libre, était déjà à la mode.

Sur un terrain qui avait déjà vu s'ébattre le vieux Dorvigny, nous retrouvons Barré et Léger dans le *Sourd Guéri* ou *les Tu et les Toi*, représenté au Vaudeville le 31 janvier 1794.

Nos deux auteurs commencent par rendre hommage à une « autorité constituée » — la cellule-mère en quelque sorte de l'organisme révolutionnaire — avec laquelle il fallait compter : l'*Assemblée de section*. D'où ce dialogue :

Sophie. — Mais, ma bonne amie, où donc me conduis-tu si matin ?

La citoyenne Poli. — A la section, pour y entendre l'office.

Sophie. — L'Office ? A la Section ?

La citoyenne Poli. — Oui, ma chère Sophie,

> Le pur flambeau de la Raison
> A détruit cet affreux système
> Qui nous commandait la façon
> De célébrer l'Etre suprême.

Voilà deux ans que la citoyenne Poli a épousé le père de Sophie, parce qu'il est bon patriote ; mais les joies de son remariage n'ont pu mettre ce brave homme à l'abri de la surdité ; aussi Dorval, « médecin, officier et orateur », (on peut cumuler maintenant que jurandes et maîtrises sont abolies), va-t-il entreprendre la guérison de Poli pour les beaux yeux de Sophie.

Entre temps, la maison est en querelles : les domestiques ne peuvent pas se déshabituer de dire *vous* à leurs maîtres ; mais la cuisinière Marianne qui, elle aussi, est une « bonne patriote », reculera d'un jour son mariage avec André pour le punir de ne pas la tutoyer.

Enfin Poli est radicalement guéri ; mais comme il ignorait, alors qu'il était sourd, le triomphe de *Tu* sur *Vous*, il est tout estomaqué d'entendre tutoyer sa femme par Dorval. Et notre jaloux se cache pour mieux les épier. On voit d'ici l'innocent quiproquo dont le dénouement se devine.

Deschamps, qui fut un vaudevilliste fort applaudi, s'efforçait, lui aussi, de faire oublier par ses effusions révolutionnaires, qu'aux premières heures du nouveau régime, il avait été le secrétaire de ce malheureux ministre, M. de Montmorin, que la bande de Fournier l'Américain devait égorger à Versailles, en septembre 1792, avec les autres prisonniers arrivés d'Orléans.

Aussi, à l'issue d'une représentation de *la Revanche forcée*, donnée le 9 brumaire an II, au Vaudeville, pour les volontaires de la section des Quinze-Vingts, Deschamps, l'auteur de la pièce, leur chantait-il :

<blockquote>
Jeunes et braves sans-culottes,
A qui notre espoir est remis,
Vous allez, en bons patriotes,
Combattre les anciens marquis.
Chez nous, jadis, ils avaient carte blanche ;
Ils se plaisaient à nous vexer ;
En les faisant un peu danser,
Allez sur eux prendre notre revanche.
</blockquote>

CHAPITRE VIII

*Les goujats de la littérature dramatique. — « Buzot, roi du Calvados ».
— La « Fête civique » : apologie de la loi des suspects. — La « Plaque
retournée », hommage à l'esprit de délation. — Le « Café des Patriotes » :
l'épuration des cafés. — Les féeries révolutionnaires : « Tout pour la
liberté ». — « Le Paysan révolutionnaire : utilité de l'armée révolutionnaire ». — Eclipse de l'esprit français : le trait de basson du
« Congrès des rois ».*

A côté de ces maîtres du genre, qu'effarait la peur des dénonciations et qui, en conséquence, s'époumonnaient à crier plus fort que les Terroristes eux-mêmes : « Vive la sainte guillotine ! », de jeunes débutants, des amateurs novices, des auteurs à peine connus et pour qui cette obscurité était un bienfait, inondait de productions idiotes, mais passées au creuset du plus bouillant civisme, des théâtres chaque jour plus nombreux, et dignes, à tous égards, de cette belle littérature.

D'ailleurs, certains de ces auteurs, soit qu'ils eussent conscience de leur nullité, soit que leur intérêt personnel les obligeât à rester ignorés, gardaient prudemment, avec leur ardeur révolutionnaire, le plus stricte anonymat. Tel, le grossier farceur, qui, pour dramatiser les ignobles élucubrations du *Père Duchesne*, donnait le coup de pied de l'âne à la malheureuse Gironde, en faisant représenter, le 9 août 1793, sur la scène du Théâtre Comique et Lyrique [1], le vaudeville de *Buzot, roi du Calvados*.

L'auteur groupait, en effet, dans une même intrigue,

---

1. *Le Théâtre français comique et lyrique,* dont le titre seul dit le répertoire, était rue de Bondy.

synthétisant les dernières convulsions du parti en son fief de prédilection, Buzot, roi du Calvados, Guadet son premier ministre, Gorsas, son chancelier et Wimpfen, généralissime de son armée.

Le monarque exposait, en ces termes, à Guadet, lequel, à vrai dire, ne paraissait pas autrement convaincu, un système de gouvernement qui, depuis, a fait ses preuves :

« Ne sommes-nous pas maîtres de l'opinion ? Intéressons les meneurs à notre projet ; distribuons entre eux les grâces, les honneurs, les places ; créons des dignités, des décorations ; attachons-les par l'amour-propre et par l'intérêt personnel, ces deux grands mobiles de tout ce qui se fait dans l'Univers en bien et en mal. Je commence par vous, mon ami, mon cher soutien, et je vous fais duc... »

Buzot tient sa cour à l'auberge Rideveau (était-ce une allusion à l'Hôtel de l'Intendance ?) et, là, négocie son mariage avec la nièce du cabaretier, Falaisinette, l'héritière unique, de par ses vieux parchemins, du dernier roi d'Yvetot. Elle deviendra « la reine Buzot » — l'égale, sans doute, de Madame Roland que le *Père Duchesne* avait sacrée « reine Coco ». Mais le promis de Falaisinette, le cuisinier Gargotin, est là qui veille ; l'amour surexcite le zèle républicain de ce gâte-sauce, qui distribue, à profusion, des exemplaires de la nouvelle Constitution (celle de 1793) à l'armée et au peuple ; et bientôt, Buzot, Guadet, Gorsas, conspués, honnis, houspillés, sont précipités dans le trou du souffleur, aux cris mille fois répétés de *Vive la Constitution ! A bas le fédéralisme !*

La *Fête civique* ou *l'Offrande à la Liberté*, un acte joué à l'Opéra-Comique national, dont le *Journal des Spectacles* rend compte le 11 octobre 1793, se présente dans les mêmes conditions que la pièce précédente. Elle n'est pas signée et semble s'inspirer des sentiments de haine si odieusement exprimés dans la presse démagogique. D'ordinaire, pour ce genre d'actualités, c'est le vaudeville final qui fait appel aux plus mauvaises passions. Ici « la chanson patriotique » d'un des principaux personnages, Lucas, débute assez honnêtement. Elle vante les bienfaits d'une Révolution qui a rendu la liberté aux paysans par la suppression légale des deux ordres privilégiés, la noblesse et le clergé. Mais, avec Colinette, la réplique, sur l'air célèbre « G'nia pas de mal à ça », ne tarde pas à dévier :

>Jadis, en France, il exista
>Des grands par-ci, des grands par-là,
>   Traladéridéra.
>Mais on était avec cela
>Vexé par-ci, pillé par-là,
>   Traladéridéra.
>L'émigré croit qu'il reviendra,
>Que bientôt il triomphera,
>   Mais gare à sa tête
>Traladéridéra, la la déridéra.

Et Lucas de commenter le couplet :

« Quand l'émigré reviendra, on le verra, on le battra, on le prendra, on l'emprisonnera, on le jugera et chacun dira *G'nia pas de mal à ça Colinette.*

Aussitôt Colinette surenchérit :

>On dit qu'en France l'on verra
>Des trahisons par-ci par-là,
>   Traladéridéra.
>Chacun de nous surveillera
>Tous ceux que l'on suspectera,
>   Traladéridéra.
>Le plus fin alors tâchera
>De bien cacher ce qu'il sera,
>   Mais gare à sa tête
>Traladéridéra, la la déridéra.

Ainsi, on commence, et à juste titre, par flétrir et menacer les prétentions de l'émigré — et on finit par faire l'apologie de la loi des suspects.

A la première représentation, après qu'on eût prêté le serment civique, Saint-Aubin vint dire que l'auteur était un officier de hussards en garnison à Metz. Et le rédacteur du *Journal des Spectacles* promet d'en donner bientôt le nom : nous l'avons vainement cherché.

Par contre, nous avons découvert, dans les *Spectacles de Paris pour* 1794, celui des galfâtres de lettres — Thierry et Lambert — qui firent jouer, au Vaudeville, le 19 nivôse an II, la « comédie patriotique » en un acte, intitulée la *Plaque retournée*.

On sait que, pendant la Révolution, bien des gens avaient, par prudence, ou par économie, retourné leurs plaques de foyer qui portaient, presque toutes, sous l'ancien régime, des fleurs de lys ou la couronne royale. Or, un maçon, occupé à réparer une cheminée de l'appartement de l'aristocrate Mondor, découvre, derrière une de ces plaques, dans une cachette, des sacs d'or et d'argent : « A coup sûr, dit cet ouvrier qui, toujours comme le marchand de fourneaux d'Hébert, s'occupe beaucoup plus de politique que de sa besogne, je ne suis pas chez un patriote... On ne cache pas son argent, quand on croit à la République... que faire ? La loi parle, il faut obéir. » Et ce travailleur, si bien renseigné sur les décrets de la Convention, lâche avec empressement sa truelle, ramasse les sacs de numéraire et court les porter chez un commissaire voisin à qui, bien entendu, il dénonce en même temps Mondor. Cette belle action lui vaudra les bonnes grâces de l'illustre patriote La Montagne, qui a déjà commencé l'éducation civique du maçon et lui accordera la main de sa fille Victoire, une fois qu'il aura achevé de le « mettre au pas ». Bientôt apparaît le commissaire, heureux d'avoir à remplir une double mission ; et tout d'abord d'embrasser La Montagne, non moins habile stratège que parfait politicien : le plan de campagne qu'il a élaboré pour le ministre de la guerre a su organiser la victoire : on est maître de Lyon, Toulon est reconquis, l'insurrection vendéenne étouffée. Puis le délégué administratif félicite chaleureusement l'ouvrier maçon d'une délation encouragée et rémunérée par la loi. Mais le dénonciateur a l'âme généreuse : il abandonne sa récompense aux indigents.

Un autre fléau de l'époque, c'était l'épurateur des cafés, autrement dit l'irréductible sans-culottes, qui, tout seul, ou plutôt, en nombre, à l'exemple de l'ivrogne Hanriot, commandant en chef de la garde nationale, procédait, chez les limonadiers suspects, à l'expulsion et à l'incarcération des consommateurs, traités d'aristocrates, de « muscadins et d'habits-carrés ». Gabiot (de Salins), qui met en scène cette opération civique dans son *Café des Patriotes*, représenté par le Lycée des Arts, au commencement d'octobre 1793, exalte, bien entendu, des exécutions sommaires, la plupart du temps illégales. La vie misérable de l'auteur, successivement maître d'études dans une petite institution et souffleur à l'Ambigu, explique une animosité qu'aggravaient encore les fréquents insuccès d'une imagination en délire surexcitée par un incommensurable orgueil. Ce qui ne l'empêchait pas, par parenthèse, de plagier impudemment ses confrères.

Ici, les héros de Gabiot de Salins sont l'ex-abbé Fronsec et son ami Brusquet, deux bons sans-culottes qui entreprennent de débarrasser le *Café des Patriotes* des aristocrates et même des indifférents dont il est encombré. La belle limonadière, la citoyenne Dumont, est secrètement adorée de Fronsec, et, comme bien on pense, « couronnera », au dénouement, « sa flamme ».

En attendant, les deux amis épurent la propriété de la veuve Dumont. C'est d'abord le journaliste Griffonnet qui subit leur assaut. Ce « misérable folliculaire » (le mot était déjà de langue courante) souffle le froid et le chaud dans sa gazette famélique : il y dissimule les avantages des armées républicaines, mais y exagère en revanche leurs insuccès. Il fuit sous le persiflage dont l'accablent Fronsec et Brusquet. Ceux-ci prennent ensuite à partie un clerc de notaire et un commis marchand, désignés par la première réquisition et peu soucieux de répondre à cet appel ; le *Père Duchesne*, l'*Ami du peuple*, le *Rougyff*, le *Journal des Hommes libres* et autres organes de la démagogie, n'avaient jamais assez d'injures contre ces deux classes de la société, assurément réfractaires au service militaire, mais donnant pour raison d'une insoumission aussi coupable, que les sans-culottes de leur section faisaient retomber sur elles seules tout le poids de la réquisition. Mais, dans la pièce de Gabiot, l'éloquence de Brusquet et de Fronsec est si persuasive (est-il rien de plus glorieux que la mort au champ d'honneur ?) que le commis et le clerc de notaire courent rejoindre leur régiment. Pourquoi Brusquet et Fronsec ne les accompagnent-ils pas ? Non, ils préfèrent continuer l'« épuration », cette pratique jacobine qui se poursuivait alors dans toutes les sociétés populaires et dans toutes les administrations. Ils voient entrer l'épicier Muscadin et un laboureur. Oh ! celui-ci est le parfait honnête homme, et tel on le rencontre toujours dans le théâtre révolutionnaire. Aussi, comme il fait un cours de morale et que sa vertu prêche d'exemple, est-il accablé de caresses par les deux épurateurs. Tout au contraire, l'épicier est un monstre d'égoïsme (le *Père Duchesne* ne présente-t-il pas le petit boutiquier comme plus vil que l'aristocrate ?). Muscadin prétend gagner le plus possible sur ses denrées, et s'il sort aussi vite qu'il est entré, c'est que, « dans les cafés, dit-il, on est entouré d'espions, de délateurs et qu'il craint les dénonciations. »

Il était impossible de mieux flétrir un régime, tout en lui rendant hommage ; et les maîtres du jour, alors qu'ils élevaient la délation à la hauteur d'un devoir civique, ne pouvaient savoir mauvais gré à l'écrivain qui la trouvait de bonne guerre dans des lieux publics, considérés comme un danger permanent pour les institutions révolutionnaires. Ils auraient donné ce mot d'ordre aux auteurs dramatiques que nous n'en serions pas autrement surpris.

Ce qu'ils en exigeaient avant tout, c'était de « faire preuve », dans leurs pièces, de « patriotisme » ; et ils entendaient par « patriotisme » une adhésion sans réserve aux doctrines du terrorisme, lors même que le sujet n'eût pas comporté cette manifestation. Le vaudeville final, comme nous l'avons déjà démontré, arrivait à point nommé pour leur donner satisfaction.

Le 15 août, La Vallée avait fait représenter au Théâtre National la *Constitution à Constantinople*. C'était pour l'inauguration de cette salle de spectacle, fort belle et heureusement aménagée, que la Montansier avait édifiée rue de Richelieu en face la Bibliothèque Nationale. Pièce à grand spectacle avec défilés et ballets, *la Constitution à Constantinople* était une sorte de réplique de la fête parisienne, célébrée à Stamboul par la colonie française. Seulement, comme la République vivait en bons termes avec le Grand Turc, il était difficile d'y palabrer avec complaisance sur l'extermination des tyrans. La Vallée n'en dut pas moins être accusé de tiédeur, car nous voyons, par cette note du *Journal des spectacles* (31 octobre 1793), qu'il saisit l'occasion qui s'offrait à lui d'affirmer son civisme, à la fin d'une œuvre, désignée cependant, le jour de la première, comme une « pièce patriotique ».

« Théatre National. — Quatridi dernier, on donna, *pour et par le peuple*, en réjouissance de la destruction des brigands de la Vendée, *la Constitution à Constantinople* et le *Départ des villageois*... » Les acteurs y chantèrent des strophes de La Vallée sur l'air des *Marseillais*; voici la première :

> Le prêtre, impur et fanatique
> Dans la Vendée ivre de fiel,
> Parmi la horde catholique
> Prêchait le sang au nom du ciel,
> Nos soldats ont purgé le monde
> D'un tigre longtemps renaissant ;
> Le monstre qui prêchait le sang,
> S'est noyé dans son sang immonde.
> Ne vous reposez pas, destructeurs des tyrans,
> Marchez *(bis)* jusqu'au dernier écrasez ces brigands.

Mais, parmi toutes ces pièces de circonstance, actualités ou à-propos écrits par des aspirants au certificat de civisme, il en est une d'un caractère particulier : c'est la féerie symbolique de Ch.-L. Tissot, *Tout pour la liberté*, jouée pour la première fois à la Cité-Variétés, le 20 octobre 1792, et imprimée en 1794. On constate que, dans l'intervalle, elle a subi des remaniements, et plutôt des additions que des suppressions, comme il arrive pour nos féeries, vieilles de cinquante et cent ans, que les bons faiseurs arrangent au goût du jour, d'après la méthode primitive du couteau de *Janot*.

Le Génie de la France voyage incognito, en compagnie d'un de ses collègues ... Tous deux se transportent aux frontières de notre pays. Ils veulent y étudier de près les habitants, tous fanatiques de l'idéal républicain, la plupart combattant dans les rangs de l'armée qui lutte contre l'invasion autrichienne. Le Génie de la France s'enthousiasme, a bon droit, pour ces nobles cœurs et chante, mais uniquement à l'adresse de la race plébéienne :

> Le peuple, bon et généreux,
> A seul mérité de me plaire.

Ici, Phanès, qui joue un peu le rôle de raisonneur, risque cette observation : « Cependant, bon... jusqu'à un certain point. »

Et le Génie de la France réplique : « *Il est juste même dans ses vengeances.* »

Cette allusion, très évidente, aux massacres, encore tout récents, de Septembre, en est presque l'apologie. Et cette courte, mais abominable phrase, n'est, hélas ! que le reflet de l'opinion courante, au lendemain d'une tuerie sans excuse. Car les sociétés et les feuilles démagogiques et, faut-il le dire, la plupart des Girondins représentèrent, sur l'heure même, les septembriseurs comme des justiciers dans l'exercice de leurs fonctions.

Il est vrai que, deux mois après, tous les partis se rejetaient à l'envi la responsabilité de ces égorgements.

Mais revenons à nos Génies, non sans signaler l'idylle [1] obligatoire qui est au fond de toute féerie.

Le villageois Lucas, qui revient de l'exercice, chiffonne vivement son amoureuse Lucette (encore la tradition

---

1. Elle est d'ailleurs l'essence même du théâtre révolutionnaire. Dans les pièces aux déclamations les plus furibondes, perce une note émue, attendrie, sentimentale, trahissant l'influence de Jean-Jacques, exaltant l'honnête citadin ou le bon villageois, à l'âme bienfaisante, aux mœurs toujours pures. C'est encore une naïve berquinade ou une langoureuse pastorale. On se croirait revenu à l'âge d'or, ou dans le pays de l'Astrée, si le ruisseau du Lignon n'y roulait des flots de sang.

du soldat entreprenant !) Apparaît soudain la mère Thomas, qui commence par gronder, mais elle pardonne, parce qu'elle sait que « c'est pour le bon motif » ; seulement « il faut d'abord ben servir son pays ». Et un autre villageois, Mathurin, de célébrer les hauts faits de nos armées.

— « Eh bien ! dit alors le Génie de la France à Phanès, voilà ces *Français que l'on traite de barbares !* »

Autre allusion, mais celle-ci au discours de Robespierre protestant, à la fin de l'année 1793, contre les accusations de Pitt, qui signalaient à l'Europe coalisée les Français comme un peuple d'anthropophages.

Cependant le Génie revendiquait pour eux la gloire d'une initiative qui n'était pas précisément de nature à leur concilier les sympathies de l'Europe monarchique :

> Au monde ils donnent l'exemple
> D'écraser tous les tyrans.

Et la pièce se terminait sur une apothéose. Le Génie « descendait de sa gloire » avec « d'autres intelligences célestes » pour déclarer aux Français qu'il veillait au salut de la République.

Encore une preuve de l'absence de sens moral qu'engendrait cette basse adoration du pouvoir dominant.

Le 9 pluviôse an II, le *Théâtre de la Montagne* donnait la première du *Paysan révolutionnaire*, un acte d'un certain Valmont, lequel mettait en relief les indignes manœuvres de deux accapareurs aristocrates, s'assurant le concours d'un juge de paix modéré, pour perdre un honnête laboureur sans-culotte. Naturellement, les infâmes réactionnaires se trouvaient confondus ; et, dans le cours de l'action, cette réflexion échappait à l'un des personnages, interprète de la pensée de l'auteur.

— « L'utilité de l'armée révolutionnaire se fait sentir. »

Or, on ne flétrira jamais assez le rôle néfaste joué, pendant la Terreur, par cette création de l'autorité conventionnelle. Pour n'en citer qu'une des plus fameuses prouesses, les massacres de Lyon furent son ouvrage. L'armée révolutionnaire avait à sa tête le féroce Ronsin, un des plus notoires Hébertistes, qui, lui aussi, devait essayer, avec le *Père Duchesne*, « la cravate à Sanson ». Sa légion composée de cinq mille hommes, était une bande de malandrins, qui semait l'épouvante sur son passage, volant, violant, incendiant, égorgeant. Pour expédier plus vite encore la besogne, elle avait demandé à la Commune de Paris, une « guillotine ambulatoire », qui, malgré un avis favorable, ne semble pas lui avoir été jamais envoyée. Sa mission, dans l'esprit de ses premiers organisateurs, était la surveillance de la banlieue parisienne, l'arrestation des aristocrates qui pouvaient s'y rencontrer, des suspects signalés par les comités révolutionnaires, et des accapareurs plus ou moins convaincus de spéculer sur les subsistances.

Et c'était de ces dragonnades de la démagogie que le citoyen Valmont entreprenait de démontrer « l'utilité ! »

Il est vrai que, deux mois plus tard, il en eût, peut-être, non moins prudemment, dénoncé les sanglants excès. Car, dans le procès des Hébertistes, d'indiscutables témoignages avaient établi [1] que cette armée révolutionnaire, toute dans la main de son général, avait tenté de « filtrer » par petits groupes jusqu'au cœur de Paris, pour réaliser le coup de main comploté par les complices de Ronsin contre la Convention Nationale.

Une particularité qu'il n'est pas indifférent de noter

---

1. ARCHIVES NATIONALES, W 76-78, dossier Hébert et consorts.

dans l'ensemble de ce répertoire vaudevillesque, aux tonalités trop souvent dures et sombres, c'est que la gaîté dont ses créateurs croient devoir les adoucir, n'est pas d'un coloris moins violent, lourd, grossier, criard. La grâce, la finesse, la délicatesse, le bon ton sont exclus de ce genre comique ; le vaudeville, abstraction faite de cette fausse sensibilité que nous avons déjà signalée, est devenu de la littérature de pître et relève du théâtre forain. Veut-on un exemple tiré de ce *Congrès des rois* où nous voyons tous les souverains de l'Europe, sauf le Grand Turc, délibérer gravement accroupis dans des cruches ? Arnault, le poète tragique, qui avait assisté à la représentation, signale un épisode qui mettait toute la salle en joie. Georges III, fantoche idiot et détraqué, dont Pitt faisait mouvoir les ficelles, chantait, en pêchant des grenouilles :

> Je suis roi d'Angleterre,
> Je m'en...

Et, tout aussitôt, un trait de basson remplaçait le mot qu'on devine [1] par une note incongrue non moins facile à déterminer — le style du *Père Duchesne* avec l'accompagnement familier au Jésus-Christ de *La Terre*.

1. ARNAULT. *Souvenirs*, 1833, t. IV, p. 412.

CHAPITRE IX

Le drame pendant la Révolution. — Comment on exploite la mort de Marat et celle de Barra. — Le Marat philanthrope de Mathelin et le Marat bénisseur de Gassier Saint-Amand. — Le Barra politicien de Briois. — Les dramaturges de la guerre civile. — La belle Villeneuve, auteur du « Républicain à l'épreuve » et son mari grand premier rôle. — Cizos-Duplessis, le teinturier de la citoyenne Villeneuve. — Dramaturgie philosophique.

Le drame n'est pas d'origine révolutionnaire. Il date toutefois du XVIIIe siècle. Il porta d'abord le nom de *tragédie en prose*. C'était lui donner une désignation flatteuse : car, de tous les genres, la *tragédie* était alors considérée comme le plus élevé et le plus noble ; il est vrai qu'elle n'était jamais écrite qu'en vers et ne mettait en scène que les maîtres du monde, ou tout au moins les princes les plus illustres, des grands seigneurs et les premiers personnages de l'Etat. La Chaussée avait des vues moins hautes : il lui semblait que si la tragédie ne « courait pas alors les rues [1] », comme devait le dire soixante ans plus tard Népomucène Lemercier, elle pouvait se rencontrer néanmoins dans toutes les classes de la société ; mais La Chaussée avait le culte de l'alexandrin et n'entendit pas s'en départir, quand il prit l'initiative de ces œuvres scéniques, que les contemporains dénommèrent « comédies larmoyantes » et plus simplement « drames », par opposition au répertoire classique qui ne vivait que de héros.

Il était réservé à Diderot d'achever la métamorphose

---

1. On attribue également le mot à Ducis.

avec ses pièces tendancieuses, d'ailleurs mal faites et peu intéressantes, qui devinrent le type de ces « drames bourgeois », qu'exagéra encore Sébastien Mercier, sans les rendre plus vivants, ni plus animés. Ce théâtre était en prose ; mais le théâtre en vers, la tragédie proprement dite, tournait, elle aussi, au drame. On ne saurait croire combien de pièces, qui en portaient le titre, dans la seconde moitié du xviiie siècle, avaient même les allures et la coupe du pur mélodrame : quelques trémolos d'orchestre à certains passages de ces tragédies, presque toutes sociales, et c'eût été une de ces formations définitives qui trouvent encore aujourd'hui un public enthousiaste à l'Ambigu ou à la Porte-Saint-Martin.

Or, avant la Révolution, les petits théâtres des boulevards avaient réalisé le mot et la chose ; ils jouaient de véritables drames accompagnés de musique de scène ; et nous avons remarqué, sur certains programmes ou affiches du temps, le nom de *mélodrames* donné à des pièces, où le rire et les larmes, les types plaisants et graves, les héros et les monstres, les changements à vue et les décors, les défilés et même les ballets, se mêlaient et se confondaient dans une action qui se terminait quelquefois par une apothéose.

Le Théâtre de la Révolution, à caractère pathétique, procède de cette esthétique. Beaucoup de mise en scène, de personnages, d'évolutions ; ainsi que dans les vaudevilles, il y faut glisser les clichés traditionnels contre l'aristocratie et le clergé, les tyrans et leurs vils esclaves, alors même que le sujet de la pièce n'a rien à y voir. Mais les auteurs qui veulent protester bruyamment de leur attachement au « nouvel ordre de choses », ou qui ont à se faire pardonner de fâcheux précédents, préfèrent l'actualité ; et, là, le champ d'exploitation est immense.

En effet, les événements contemporains, qui se succédaient avec une si vertigineuse rapidité, et sous un ciel si chargé de tempêtes, ne pouvaient que favoriser les tempéraments de dramaturge.

Sans parler de l'affaire de Varennes, ni de la journée du 10 août — faits et dates appartenant à l'Histoire — l'exécution de Louis XVI, le meurtre de Le Peletier Saint-Fargeau, l'assassinat de Marat prêtaient singulièrement à la composition d'un terrifiant spectacle... surtout le contraste entre Charlotte Corday et sa victime, puis la genèse du crime, son accomplissement et son expiation. Des auteurs du XIXe siècle ont eu cette conception et l'ont magistralement traitée.

Ceux de 1793 en eurent une toute autre ; il y allait, à vrai dire, de leur tête, soit qu'ils eussent donné un portrait exact et fidèle de Marat, soit qu'ils eussent tracé, dans le même esprit d'équité, le crayon de Charlotte Corday. Les uns trouvèrent plus simple de représenter le journaliste un an avant sa mort ; les autres ne reculèrent pas devant la date du 13 juillet 1793, mais sans mettre en scène le « monstre à visage de femme » (c'était le terme adopté) qui « déshonorait » la Normandie [1]. En tout état de cause, le grand homme, dans ces divers drames, était le digne pendant de son compatriote Jean-Jacques, par ses attitudes de philanthrope, par ses gestes de bénisseur et par l'onction de ses discours.

---

[1]. Cependant un certain Barrau (ne serait-ce pas Desbarreaux tour à tour acteur, auteur et maire ?) fit jouer à Toulouse, le 3 février 1794, une *Mort de Marat*, où figurait peu avantageusement, comme bien on pense, l'Ange de l'Assassinat. Le grotesque l'y dispute à l'odieux. Quand on arrive pour saisir Charlotte Corday « on voit dans son sein la guêne *(sic)* du poignard dont elle s'est servie ». Puis « Madame (pourquoi pas citoyenne ?) Marat, sortant peu à peu de son évanouissement », débite une tirade de vingt vers et se reévanouit pour faire place à « l'Apothéose » et au « Convoi » de son divin époux.

C'est ainsi qu'il se présente, sous la plume de Mathelin, auteur de *Marat dans le souterrain des Cordeliers* ou *la journée du 10 août* [1]. L'Ami du peuple a horreur du sang ; il prêche le respect des lois et l'amour de l'humanité. Lorsque, dans la retraite ténébreuse qui lui est familière, un sans-culotte vient lui apprendre la prise des Tuileries par les « frères qui achèvent de faire danser la Carmagnole aux scélérats restés dans le château », Marat ne peut retenir cette exclamation :

— Grand Dieu ! quel malheur ! le sang des patriotes a coulé !

Il était cependant tombé à genoux, pendant le combat, pour demander à la Liberté, protectrice de l'enfance, que l'abîme, entr'ouvert sous les pas de ses fils, engloutît uniquement le scélérat, altéré de sang, qui leur disputait leurs droits.

Et, modeste, il se défend d'être porté par eux en triomphe ; néanmoins, il se laisse faire cette douce violence.

C'est un Marat de même pâte que celui dont Gassier Saint-Amand a dramatisé la mort.

Ce dernier drame, l'*Ami du Peuple* [2], nous offre une scène de haute saveur, la scène d'amour, très puritaine, entre Marat et la citoyenne Evrard, l'amie du conventionnel, la « Madame Marat » de Barrau. La pompe funèbre qui sert d'apothéose à la pièce, n'est pas moins curieuse : elle est sortie tout entière du cerveau fumeux de l'auteur : la citoyenne Evrard y paraît, « couverte d'un voile noir », pendant que des chants, dignes de figurer dans les recueils de vers de mirliton, célébrent

---

1. MATHELIN. *Marat dans le souterrain des Cordeliers* (Opéra-Comique National, 7 décembre 1793).

2. L'*Ami du Peuple* fut joué aux *Variétés Amusantes* du boulevard du Temple (théâtre Lazzari) dont Gassier était régisseur.

les vertus et la gloire du défunt. L'un d'eux ne manque pas d'à-propos : les couplets sont sur l'air de « la Romance de... *Charlotte*. » Quel impair, Gassier !

La mort d'un personnage autrement sympathique que Marat, le jeune Barra, tombé martyr de sa foi républicaine, suscita peut-être plus de drames que l'assassinat de l'Ami du peuple. C'est bien à tort qu'elle a été discutée : il est des légendes qu'il faut savoir respecter ; que cet adolescent, à peine âgé de quatorze ans, ait répondu, ou non, par : « Vive la République ! » aux sauvages qui voulaient l'obliger à crier : « Vive le Roi ! », il n'en est pas moins certain qu'il expira sous leurs coups. Le Comité, chargé de publier dans un *Bulletin* spécial les actes d'héroïsme patriotique, s'empressa d'y insérer, en l'exaltant, la fin glorieuse de Barra. Les auteurs dramatiques devaient suivre. On en cite au moins quatre qui transportèrent au théâtre cette actualité, Villiers, Levrier, Léger, Briois [1]. De préférence, nous analyserons la pièce de ce dernier, *la Mort du jeune Barra*, parce qu'elle fut pour son auteur l'occasion d'une sorte de *Credo* révolutionnaire, en même temps que d'une réclame personnelle, fortement nourrie.

Briois était assurément un amateur. Il le dit, sans ambages, à « ses camarades de la section du Temple », dans l'*Avertissement* qui se lit en tête de sa pièce :

« J'ai dédié mon premier ouvrage sur le Théâtre Républicain aux sans-culottes de ma Nation ou plutôt aux sans-culottes de l'Univers ; car tout ce qui est patriote est adressé à la nature entière. A ce titre, celui-ci lui appartient encore ; et je le lui offre.

« Votre frère : Briois. »

---

1. Les *Chants*, les *Hymnes*, les *Élégies*, les *Romances* sur la mort de Barra sont également fort nombreux. Consulter, à cet égard, le livre de M. C. Pierre.

Cet à-propos ne contient qu'un acte, mais abonde en précieux renseignements sur la mentalité que le nouveau régime exigeait de ses néophytes : à cet égard, Briois était un propagandiste de premier ordre.

Il fait figurer, parmi ses personnages, un certain Gilbert, ancien soldat, qui dut jadis à sa bravoure une distinction honorifique, s'il faut en croire le dialogue engagé entre le vétéran et sa fille Aimée :

Aimée

« Ce médaillon sur ta poitrine atteste à tout le monde que tu as constamment défendu...

Gilbert

« Quoi ?... Les volontés d'un tyran... Je lui aidais à asservir les peuples. Son caprice voulait envahir telle ou telle contrée ; et nous nous sacrifiions, pour la ravir à l'homme qui eût dû y vivre libre, pour la réduire sous un joug nouveau, quelquefois plus tyrannique que celui qu'il quittait ! Je rougis de ces honteuses distinctions !... »

Un simpliste demandera pourquoi Gilbert continuait à s'en décorer. Certes... mais il fallait justifier le couplet par lequel Briois vouait au mépris public les croix, les rubans, les cordons, les ordres que la première République eut toujours en horreur — tradition aujourd'hui désuète.

Cependant, malgré cette déclaration de principes, Gilbert garde son « médaillon » ; et, pour expliquer une détermination, en contradiction si manifeste avec sa profession de foi, il s'autorise d'un prétexte aussi spécieux que subtil, mais fort admissible en ces temps d'épuration à outrance. Gilbert est en pleine fournaise vendéenne :

« Des lâches que nous avions faits libres demandent un maître ; c'en est fait, demain je prends encore mon fusil ; encore une campagne pour la liberté ; *voilà ce qui épurera ce trophée des faveurs du despotisme.* »

Le conjugalisme, en Révolution, ayant, comme la valeur, le privilège de ne pas connaître le nombre des années, Gilbert promet sa fille Aimée au volontaire Barra qui a tout au plus quatorze ans ; et lorsque, au repas des fiançailles, la dame du logis constate que le menu se compose uniquement de légumes, le père de famille profite de l'occasion pour lancer un nouvel anathème, mais cette fois contre des manœuvres qui n'étaient pas imaginaires : « Notre guerre de la Vendée est bien cruelle. Mais il existe une autre Vendée secrète : on enfouit, on détruit, on cache les subsistances : on croit réussir à nous donner un maître. Nous, manger encore le pain de la servitude, quand nous en sommes affranchis ! Non, non, le projet est inutile ; nous affamerons les affameurs ; la hache se lèvera sur leur tête coupable ; et nous serons libres ! »

Cette prédiction ne pouvait que prévenir en faveur de Briois, d'autant qu'il la renforçait d'un hommage à la Montagne, mis dans la bouche de Barra, déjà un maître politicien :

« Elle (la Montagne) les détruira tous (les conspirateurs). Aussi la République entière a les yeux fixés sur elle : tout retentit d'actions de grâces ; le *Bulletin* nous retrace, tous les jours, quelqu'un de ses bienfaits ; on nous transmet des vers, des chansons à sa gloire. »

> C'est la qu'un atmosphère pur
> Laisse au loin s'étendre la vue,
> Et qu'un coup d'œil, et juste, et sûr,
> Voit dans la Plaine et dans la Nue.

> Le Python de son puant *marais*
> Infestait et perdait les campagnes ;
> La foudre arrêta ses progrès
> Et partit du haut des montagnes.

Cependant, au cours de la campagne, alors que les hommes sont partis, un capucin, suivi de brigands, menace d'envahir la maison, où, seules, les femmes sont restées. La bataille s'engage ; nos amazones tuent un certain nombre d'assaillants. Mais leur vaillance ne les sauverait pas d'un désastre, si Gilbert et les troupes républicaines n'arrivaient à temps pour mettre en déroute les Vendéens.

Du côté des bleus, Barra sera peut-être l'unique victime ; car, entouré d'un groupe de rebelles, « ces monstres-là lui ont proposé la vie, s'il veut crier *Vive le...* (ce mot infâme, — Briois s'arrête à temps — doit disparaître de la langue) et sur son refus, le jeune héros tombe percé de coups. Laissé pour mort, il parvient toutefois à se traîner jusqu'à la maison de Gilbert, mais dans quel état ! Briois, en homme qui savait sans doute les appétits des masses populaires, décrit l'entrée sensationnelle du martyr :

« On voit sa chemise teinte de sang en abondance : des serviettes qui lui ceignent le corps en sont aussi tout imbibées ; il en coule de sa tête ! »

C'était une mignonne actrice, délurée en diable, la citoyenne Lacroix (mais pourquoi avait-elle conservé un nom si cher au fanatisme ?) qui tenait le rôle. Son agonie, sous le travesti masculin, fut saluée d'une ovation indescriptible.

Cette guerre atroce de Vendée, si féconde en épisodes de toute nature, où fut versé, de part et d'autre, tant de sang généreux, inspira nombre de pièces qui ont été signalées et judicieusement analysées par M. Henri Clouzot.

Quelques-unes rappellent, en dehors de la mort de Barra, des faits d'armes bien connus : tels l'attaque de Granville, la prise de Quiberon ; mais, en général, le sujet reste indéterminé. Dans une localité quelconque de Vendée ou de Bretagne, infestée d'aristocrates et de leurs valets, de moines perfides et de paysans abrutis par l'esprit de superstition, opèrent des soldats républicains, toujours vaillants, toujours disciplinés, toujours honnêtes. Un instant trahis par la fortune, ou surpris par des menées contre-révolutionnaires, ils ne tardent pas à se ressaisir et à triompher de leurs ennemis.

C'est sur ce canevas uniforme que la citoyenne Villeneuve brodait, pour le Théâtre Molière, le *Véritable Ami des Lois* ou le *Républicain à l'épreuve*, drame en quatre actes, joué le 21 septembre 1793.

Dolmon, soldat républicain, d'un loyalisme à toute épreuve, reçoit chez lui, dans le village vendéen où il vit avec sa famille, son ancien lieutenant Dorlis, sans se douter que cet homme est un agent secret des chefs de l'armée catholique. Dolmon a quelque peu le tempérament du bonhomme Orgon, d'autant plus entêté à défendre ce Tartufe nouveau jeu, que sa famille en pressent les noirceurs. Dorlis, d'ailleurs, a peine à se contraindre. L'aristocrate laisse passer le bout de l'oreille. Il traite avec hauteur son valet Fabrice qui, au surplus, ne vaut guère mieux. Il dissimule mal son aversion pour les institutions républicaines et son indulgence pour les rebelles. Aussi Dolmon renonce-t-il à le garder plus longtemps sous son toit. Par vengeance, Dorlis et son valet fabriquent des lettres portant la signature de leur hôte qui le compromettent au point de le faire arrêter. Heureusement pour Dolmon, son futur gendre Belfort parvient à convaincre les deux faussaires de leur infamie et les livre à la justice.

Dorlis sera puni ; Fabrice, moins corrompu, est grâcié.

Mais cette éclatante justification ne suffit pas au civisme du patriote calomnié. Dolmon, à la tête de la Garde nationale, vole combattre et exterminer l'armée vendéenne, avec ses capucins, son cardinal (l'évêque d'Agra ?) et ses gentilshommes, dont l'unique but est de reconquérir leurs parchemins et leurs vassaux.

Le quatrième acte est presque entièrement consacré au défilé triomphal des vainqueurs que précèdent les « commissaires de la République française », et que suit la famille Dolmon, dont un domestique, « un commissionnaire » traîne dans la boue un drapeau blanc fleurdelysé, tout constellé d'images de la Vierge et des saints [1].

Le *Journal des spectacles* du 24 septembre félicite chaleureusement la citoyenne Villeneuve de son drame, devancée d'ailleurs, dans cette manifestation courtoise, par le public qui, le jour de la première, avait accueilli, avec les transports du plus vif enthousiasme, l'auteur que lui présentait son mari, acteur au Théâtre Molière. Villeneuve, qui n'était pas ennemi d'une bonne réclame, avait amené, sur la scène, en même temps que sa femme, son enfant âgé de six ans, lequel avait « joué admirablement » le rôle de Dolmon le petit-fils.

On ne saurait s'étonner si cette intéressante famille jouissait d'un tel crédit dans le monde des amateurs de théâtre. La citoyenne Villeneuve, de son nom Virginie Gautherot, était une fort jolie femme, très gracieuse et passait pour avoir infiniment d'esprit. Quant à son mari, c'était un comédien de carrière. Il avait accompagné le tragédien Larive dans toutes ses tournées,

---

1. Ce dernier trait, rapporté par le *Journal des Spectacles*, a disparu de la pièce imprimée dans le cours de l'an III : il fallait compter avec la réaction thermidorienne.

puis s'était engagé successivement au Théâtre Molière et au Théâtre de la Cité pour y jouer dans les pièces de sa femme. Son physique le destinait aux grands premiers rôles de drame. Sa tournure était imposante. Très bel homme, à la chevelure longue et bouclée comme celle d'Achille, le col découvert, étroitement moulé dans sa redingote à la polonaise et dans son pantalon de peau de daim que recouvraient jusqu'à mi-jambe de superbes bottes, Villeneuve daignait s'offrir à l'admiration des foules. C'étaient des trépignements et des acclamations sans fin, quand il apparaissait en *Robert chef de brigands*, avec le long sabre qu'il portait en bandoulière. Hélas ! ce héros de coulisses devait finir comme « bon pauvre », à Bicêtre, âgé de quatre-vingt-deux ans [1].

La vie de Virginie Gautherot est moins connue ; et sa carrière d'auteur dramatique fut beaucoup plus courte : car on apprit, un jour, qu'elle était tout simplement le prête-nom du citoyen Cizos-Duplessis, ainsi qu'autrefois, la fameuse Claudine, chantée par La Fontaine lui-même, passait pour composer les poésies que lui attribuait son époux, le vieux Colletet.

François Cizos était un enfant de Bordeaux. Voué par son père aux études médicales, il avait, un beau jour, jeté son scalpel dans la Garonne, pour prendre la plume d'écrivain. Le succès de sa comédie, le *Mariage interrompu*, au Grand Théâtre de Bordeaux, l'avait décidé à venir à Paris, où la munificence d'un grand seigneur, qui l'avait nommé son bibliothécaire, lui permit de faire figure. La Révolution le priva, comme tant d'autres

---

1. PACCARD. *Souvenirs d'un vieux Comédien*, 1839, p. 207. — D'après l'*Almanach des Spectacles* pour 1793, Villeneuve avait repris, le 2 septembre 1792, pour le compte des acteurs en société le théâtre Molière qu'avait dû abandonner le directeur Boursault.

gens de lettres, d'une sinécure grassement payée et l'obligea à reprendre le métier de journaliste par lequel il avait débuté, « en Avignon ». Les troubles de la ville le ramenèrent à Paris, où les exigences du pain quotidien, non moins que ses goûts, le déterminèrent à s'occuper exclusivement de théâtre. Ce fut alors que sous le nom de Cizos-Duplessis, ou sous le nom de la citoyenne Villeneuve (à quel titre, nous l'ignorons) il fit jouer, après *le Républicain à l'épreuve*, les *Crimes de la Noblesse ou le Régime féodal*, *Plus de bâtards en France*, les *Peuples et les Rois ou le Tribunal de la Raison*, et autres drames à grand spectacle, qui devaient attester la conversion éclatante de cet ancien suppôt de l'aristocratie.

De fait, Cizos brûla bruyamment les idoles qu'il avait adorées. La préface de son « allégorie dramatique en cinq actes et en prose », les *Peuples et les Rois*, représentée pour la première fois sur le Théâtre de la Cité, le 12 avril 1794, cette préface, assurément plus intéressante que la pièce, en ce qu'elle reflète l'ambiance du jour, est tout à la fois un hommage du patriote à la Révolution et un plaidoyer *pro domo* du dramaturge. Cizos y défend son œuvre, qu'on a critiquée comme « manquant de plan et de liaison », et démontre en même temps qu'il s'est efforcé toute sa vie à régénérer la France par le théâtre.

« Le théâtre, sous un roi, corromprait toujours les cœurs, car un roi fut toujours un monstre en morale et en politique,... il ne peut s'alimenter et conserver sa force épouvantable que par la dépravation des mœurs, le développement des passions, l'abrutissement des âmes... » Mais « la Convention Nationale, du sommet de la Montagne, répand, à grands flots, les feux régénérateurs ; et, comme le flambeau du Ciel, elle voit s'évanouir devant elle les nuages amoncelés par le crime et l'ignorance... Les théâtres doivent s'empresser d'offrir cette idée consolante... trop longtemps ils furent les tribunes de la dissolution et de la politique des rois... »

Pendant qu'il distribue des coups d'encensoir à tout le monde, sauf, bien entendu, au pouvoir déchu, Cizos n'oublie, ni l'administration, ni la troupe du Théâtre de la Cité : « Tout ce qu'il a fallu faire pour l'exécution des *Peuples et des Rois* a été fait avec le dévouement le plus civique : dépenses, soins et fatigues ont précédé les représentations ; les talents des acteurs les ont complètement embellies. »

Enfin, si on lui objecte « le défaut de plan » dans sa pièce, il répond, le plus modestement du monde, « qu'il n'a voulu établir et suivre que celui d'offrir en deux heures de temps tous les événements de la Révolution et les motifs qui la rendirent légitime et indispensable. »

Il n'est peut-être pas inutile de voir comment l'auteur s'acquitta d'une tâche, que simplifierait singulièrement aujourd'hui le cinématographe, car la prose de ce vulgarisateur, si sûr d'atteindre son but, ne devait le laisser entrevoir qu'à travers une brume assez intense : l'allégorie, à vrai dire, se complaît à ces symboliques obscurités.

Dans celle-ci, la guerre se déchaîne entre la France et l'Angleterre, parce que le carrosse de l'ambassadrice de la Grande-Bretagne a été accroché par celui de la favorite du roi de France. La cour de Versailles ne songeant qu'à satisfaire sa cupidité et sa soif de plaisirs, l'ennemi envahit et ravage le sol de la patrie ; vainement, Jacques, le plébéien, veut défendre la cause de l'humanité et faire valoir les droits du Peuple. Le duc de Saint-Elie, qui représente la noblesse, ordonne qu'on l'arrête. C'est alors qu'apparaît un être étrange, sous les traits d'une femme, la Raison, qui entraîne après elle, le flambeau en main, le peuple des villes et des campagnes. Sur l'autel de l'Humanité, elle met le feu aux attributs du Despotisme ; et la terre s'entr'ouvre pour engloutir cette trinité fatale et féodale qui fut le fléau de la France : *le Roi, le Duc, l'Archevêque.*

Ce fastidieux pathos, où se succèdent, comme autant de cauchemars, les plus terrifiants tableaux, incendies, massacres, tempêtes, pavillons sinistres, dont « des ossements, entassés, forment les exécrables murailles », ce pathos se retrouve, non moins énervant, mais sous le nom de la citoyenne Villeneuve, dans les *Crimes de la Noblesse* ou le *Régime féodal*, cinq actes joués, le 30 avril 1794, sur la scène de la Cité.

La distribution des rôles est suffisamment caractéristique. En voici quelques passages :

« *Duc de Forsac*, tyran ;

Henri père, fermier — premier père (autrefois dit *père noble*) ;

Gertrude, gouvernante de *Sophie* — mère (autrefois dite *mère noble*).

. . . .

Nota. — La force du caractère et les nuances de Henri le fils exigent que ce soit le premier rôle qui le joue, à moins que son physique ne soit trop âgé : alors ce doit être le jeune premier. »

Tant de sacrifices consentis, pour sa tranquillité, aux maîtres de l'heure ne sauvèrent pas Cizos de leurs griffes. On se souvint qu'il avait été un des journalistes les plus militants de la presse réactionnaire d'Avignon. Il fut jeté en prison [1] ; et il ne fallut rien de moins pour l'en tirer que la chute de Robespierre. Il ne paraît pas qu'il ait écrit depuis pour le théâtre.

---

1. *Biographie portative des Contemporains*, 1834.

CHAPITRE X

Le drame d'un futur ambassadeur : « Les Prêtres et les Rois ». — Un « ouvrage pitoyable » est une « conspiration payée par Pitt et Cobourg ». — Les « Émigrés aux Terres australes ». — L'opportuniste Lebrun-Tossa : « la folie de Georges ». — Les variations de Bertin d'Antilly.

Dans le même ordre d'idées, mais avec plus de précision, un homme qui devait représenter, quelques années plus tard, la France à la cour de La Haye, Lombard de Langres, imaginait un drame effroyable pour flatter la manie populaire qu'il devait, par la suite, honnir si énergiquement. *Les Prêtres et les Rois* (c'était le titre de la pièce) mettaient en scène un acte de sadisme, que depuis, et surtout de nos jours, d'audacieux novateurs tentèrent d'implanter dans nos théâtres. Un prêtre assassinait un prisonnier et tout aussitôt en violait la femme.

Quand l'orage fut passé, Lombard ne désavoua pas la paternité de cette « tragédie », qu'il baptisait *le Français dans l'Inde* : « C'était, disait-il, avec une rare désinvolture, le grand inquisiteur de Goa, qui violait une femme, qui rôtissait un homme et qu'on brûlait à son tour. Depuis l'invention des rhapsodies théâtrales, il n'y en eut jamais de mieux conditionnée. »

Quoiqu'il en soit, cet éternel système de surenchère qui semblait être pour les auteurs dramatiques une garantie de leur irréductible loyalisme, révélait, par contre, au *Moniteur*, « dans cette irruption d'ouvrages pitoyables dont nos théâtres sont inondés depuis plusieurs mois, une conspiration payée par Pitt et Cobourg pour faire tomber dans l'avilissement le Théâtre Français [1] ».

Evidemment le *Moniteur* plaisantait. Mais cette ironie pouvait provoquer la mort de ceux qu'elle visait. Le tribunal révolutionnaire était simpliste de nature : il n'avait pas le sens du persiflage ; et, après avoir condamné les auteurs qui s'abstenaient de travailler pour la République, il eût été capable de sévir contre ceux qui travaillaient... trop, et sans le moindre talent. Ainsi procédait Caligula, quand il faisait jeter dans le Rhône, à Lyon, les mauvais poètes.

Mais il ne suffisait pas de livrer à la risée publique ou à l'exécration des masses les nobles et les prêtres, il fallait les mettre dans l'impossibilité de nuire, soit en les cantonnant dans une sorte de relégation à l'intérieur, soit en purgeant le sol français de leur présence, par la guillotine, ou par la déportation dans les colonies, une fois l'ère des exécutions fermée. C'était le but que se proposait Robespierre, prétendaient plusieurs de ses biographes : soit, mais la priorité de l'idée ne lui appartenait pas.

Le 16 juillet 1792, Gamas [2] donnait, au *Théâtre des Amis de la Patrie* [3], les *Emigrés aux terres australes* ou *Le dernier chapitre d'une grande Révolution*, sorte de drame qui était comme la seule solution rationnelle du problème jacobin. La question était d'ailleurs d'actualité. L'émigration battait son plein ; et la déchéance de Louis XVI était imminente. Si la Terreur n'était encore à l'ordre du jour, ni sur la voie publique, ni dans les théâtres, le désordre y régnait, entretenu par des

---

1. *Moniteur* du 7 janvier 1794.
2. *Spectacles de Paris et de la France pour l'année* 1793 : « Morale pure et vrais principes de patriotisme », dit cet almanach de la pièce de Gamas.
3. Ancien théâtre de la rue de Louvois.

bordées d'injures ou par des scènes de pugilat. Mais Gamas était assuré d'avoir pour lui la majorité des spectateurs, quand il faisait sonner bien haut la note d'indignation contre de mauvais Français, escomptant, pour rentrer dans leurs foyers, les victoires de la coalition.

Le décor était déjà impressionnant. Dans un site sauvage, hérissé de rochers, s'espaçaient çà et là de misérables tentes ; la mer bleuissait aux derniers plans et près du rivage apparaissait un navire immobile sur ses ancres.

C'est là que Francœur, capitaine de la Garde nationale, a débarqué des « monstres qui ont voulu déchirer le sein de la patrie ». Pour eux, la mort serait « une faveur » ; mais lui, Francœur, les condamne à vivre « consumés de regrets et de remords ». Un obélisque, dressé par les indigènes et par des volontaires de la Garde nationale, porte une inscription attestant que, l'an III (de la Révolution) « la France, libre et triomphante, de concert avec toute l'Europe, a fait déporter en ces lieux des rebelles qu'elle a terrassés ».

Ces rebelles sont représentés par un baron, une marquise, un abbé, un président et un financier, revêtus des costumes les plus bizarres. Imbus de préjugés séculaires, ils discutent avec acharnement sur la valeur et l'étendue de leurs privilèges, mais ils se voient bientôt dans l'obligation de travailler pour vivre. La comparaison de leur mentalité avec celle de l'équipage est tout à l'honneur des matelots. Mathurin, un de ces derniers, est un brave, alors que le baron est un lâche : il préfère à la plus belle couronne le bonnet rouge ; l'abbé n'est qu'un fourbe et le président un oisif.

Francœur n'est pas seulement le justicier qui punit ; c'est encore le colonisateur qui sème le bien-être et le bonheur sur son passage : il a offert au chef de la tribu sauvage de lui donner d'utiles leçons de culture ; et les indigènes le portent en triomphe.

Lebrun-Tossa crut viser mieux et toucher plus juste, en frappant les despotes ennemis de la France au siège même de leur toute-puissance et en les faisant supprimer par leurs propres sujets. Son drame, *La folie de Georges*, ou *l'Ouverture du Parlement d'Angleterre*, représenté, le 23 janvier 1794, sur le Théâtre de la Cité, répondait à ce postulat. Lebrun-Tossa ne pouvait cependant revendiquer l'initiative de cette conception. Depuis longtemps, le *Père Duchesne* prophétisait la révolution à Londres, la proclamation de la République, la mise en jugement du roi, de Pitt, de Burke, et leur condamnation par le peuple qui « jouerait à la boule » avec la tête de ces brigands. Mais Lebrun-Tossa avait à se faire pardonner un passé suspect de fédéralisme.

Venu de Pierrelatte à Paris, peu de temps avant 1789, il s'était jeté, à corps perdu, dans la politique ; et la Gironde n'avait pas trouvé de plus ardent zélateur. *La folie de Georges* devait être la rançon de cette amitié compromettante.

C'était une charge à fond de train contre ce gouvernement anglais, dont Robespierre se complaisait à rappeler, au Club des Jacobins, les vices et les crimes. Pendant que Pitt expose à Cazalès son plan de campagne contre la Révolution, Georges, complètement fou, enveloppé dans sa robe de chambre et, fouet en main, parcourt le château, hurlant de toutes ses forces *Tayaut, tayaut, forcez la bête !* En vain, l'émigré Calonne, Burke, Pitt, le prince de Galles veulent-ils le ramener à leurs vues politiques, Georges déraisonne comme de plus belle et finalement accuse son fils de vouloir, nouvel Ankarström, l'assassiner. Ces scènes de folie se reproduisent à l'ouverture du Parlement. Il faut bientôt emmener le roi, et les débats les plus orageux se poursuivent entre les Wighs et les Torys. Mais le peuple anglais s'est soulevé. Il envahit la Chambre des Communes, armé de piques ; et les royalistes fuient à toutes jambes. Bientôt, pour faire amende honorable, entre, dans la salle des séances, Calonne tenant, par le licol, un âne couvert du manteau royal et la couronne entre les deux oreilles. Suit le roi Georges dans une cage tirée par Burke. Grey, Sheridan, Fox, coiffés du bonnet rouge, ordonnent que le monarque soit conduit à Bedlam, et Fox proclame la République.

Avant de faire jouer sa pièce, Lebrun-Tossa l'avait soumise au Comité d'Instruction publique. Et le grammairien Domergue, qui était son ami, l'avait plus spécialement recommandé à Romme, un des membres de la Commission. Or, celui qu'on appelait, à juste titre, le *Mulet du Cantal*, se laissait, comme tous les gens têtus, facilement gouverner par une intelligence inférieure à la sienne. Il avait une servante-maîtresse qui se donnait, en n'importe quelle matière, de faux airs de la fameuse Laforêt, de Molière. Et Lebrun-Tossa dut subir, sans impatience, les observations plus ou moins saugrenues de ce critique en jupons. Romme n'en dit pas moins, de sa voix bourrue, à l'auteur :

— Eh ! mais, citoyen, ton dénouement n'est pas dans les principes. Il fallait pendre Georges au lieu de l'envoyer à Bedlam.

Payan, l'agent national auprès de la Commune et la créature de Robespierre, fut moins sévère et la pièce put être jouée. On remarquera toutefois que le dramaturge tint compte, dans une certaine mesure, des *desiderata* de Romme. Car Fox, tout en internant Georges à Bedlam, déclare qu'il l'en fera sortir aussitôt guéri pour le livrer au bourreau.

— Qu'il meure alors avec le sentiment de sa scélératesse.

Lebrun-Tossa, comme tant d'autres de ses confrères, était un précurseur de l'opportunisme. Après la chute de Robespierre, il donna, au Théâtre Favart, *Arabelle et Vascos* ou les *Jacobins de Goa*, exécution en règle des terroristes.

Mais quand Lebrun-Tossa vit pâlir l'étoile de la réaction thermidorienne, il s'annonça un des plus fermes soutiens de la Convention, le 13 vendémiaire, à côté du « niveleur Antonelle et du futur royaliste Martainville, alors démocrate exalté », dit le biographe de Lebrun-Tossa.

Le Directoire fit de notre auteur un rédacteur de première classe à la police générale, puis un employé aux « Droits réunis ». Admirateur passionné de l'Empire, Lebrun-Tossa, qu'illustra, à cette époque, sa querelle avec Etienne, à propos de *Conaxa*, s'éprit de tendresse pour les Bourbons ; mais son revirement, à peine dissimulé, pendant les Cent jours, en faveur du héros de l'île d'Elbe, lui valut d'être rendu par la seconde Restauration à ses chères études [1].

Dans un cercle plus restreint d'années, Bertin d'Antilly accomplit la même évolution que Lebrun-Tossa.

Fils de Mademoiselle Huss, de la Comédie Française et de Bertin de Blagny, le trésorier aux parties casuelles de l'ancien régime, qui s'en était rapporté de la certitude de sa paternité à son inconstante maîtresse, Dantilly (car il ne signa jamais autrement pendant la Terreur) voulut faire oublier ses origines financières par des pièces

---

1. Un livre, fort peu connu, de Lebrun Tossa, *Consciences littéraires d'à présent* (Paris, 1818), contient de curieuses appréciations de l'auteur sur le théâtre révolutionnaire et certains de ses contemporains, Dumaniant entr'autres.

respirant le plus pur républicanisme. C'étaient surtout des drames lyriques, des pages de l'histoire de France moderne, dont successivement Kreutzer et Blasius avaient écrit la musique : *le Siège de Lille* et *Le Peletier Saint-Fargeau* ou *le Premier martyr de la République*. Cette dernière pièce, avec sa pompe funèbre et ses défilés, eût été le comble de l'ennui, sans une partie épisodique, dont le talent et le charme d'Elleviou avaient fait tous les frais pour le salut de la pièce. L'exquis chanteur, costumé en jeune fat, snob effréné de la musique italienne, faisait entrer tout un orchestre ambulant chez un traiteur, et là, soupirait un délicieux nocturne en compagnie d'une virtuose ultramontaine.

D'Antilly, rivalisant de pudeur avec les Jacobins les plus austères, voulait que le répertoire de Regnard fût à jamais banni de la scène française [1].

Aussitôt le 9 thermidor, Dantilly, redevenu Bertin d'Antilly, se posa en réactionnaire exaspéré et fonda *Le Thé*, un périodique d'opposition si féroce qu'il dut prendre la poudre d'escampette pour éviter les foudres du Directoire.

1. Henri Welschinger. *Théâtre de la Révolution*, p. 22.

CHAPITRE XI

Musique et musiciens contre-révolutionnaires. — Comment Grétry se fait pardonner Richard Cœur de Lion. — Une partition « par ordre » : la gaffe (?) de l'ouverture. — Méhul mal en cour. — Pourquoi il refuse un livret. — Indépendance du cœur de Kreutzer et de Jadin. — Opéras allégoriques.

Il était réservé aux sans-culottes, et en particulier à ceux qui estimaient que la République ne pouvait se passer de beaux-arts, de savoir distinguer une musique contre-révolutionnaire d'une musique bien pensante. Sans doute, l'emploi nouveau et judicieux des cuivres et des masses chorales convenait aux fêtes républicaines ; et l'on aurait mauvaise grâce à ne pas reconnaître qu'au plein air ces puissantes harmonies étaient fécondes en mâles et nobles émotions. Mais l'intransigeance démagogique n'eût pas toléré qu'elles devinssent les interprètes d'un poème ou d'un scénario purement artistique. Elles eussent partagé, sans rémission, le châtiment des pires réactionnaires. C'étaient donc les paroles qui décidaient du sort de la musique ; et, naturellement, plus celles-là exaltaient les « formes acerbes » du régime, plus celle-ci était assurée de la bienveillance des sans-culottes.

Dans cet espoir, les acteurs de l'Opéra, subventionnés et protégés par le Conseil général de la Commune de Paris, n'avaient-ils pas pris l'engagement solennel de « purger » la scène lyrique de tous les ouvrages qui blesseraient les principes de la liberté et de l'égalité que la Constitution avait consacrés et de leur substituer des ouvrages patriotiques [1] ?

De tous les opéras ou opéras-comiques qui avaient passé par cette « purgation » énergique, *Richard Cœur-de-Lion* était celui que les Terroristes réprouvaient avec le plus d'ensemble. Et Grétry, l'auteur d'une partition que son délicieux archaïsme n'a pas fort heureusement condamné à un complet oubli, se trouvait, comme de juste, atteint par cette proscription. Sous les règnes de Louis XV et de Louis XVI, le gracieux et naïf compositeur avait été comblé des faveurs de la Cour, et à lire ses *Mémoires* [2] publiés plusieurs années après la tourmente, il semble qu'il ait conservé un souvenir attendri de l'époque qui avait marqué l'apogée de sa gloire. Mais Grétry n'était pas l'homme qui ne change jamais. Il se dit qu'avec les nouveaux maîtres que lui donnait la rigueur des temps, il devait oublier les anciens et surtout faire oublier l'empressement qu'il avait apporté à les divertir. Par conséquent, le meilleur moyen de convaincre de son repentir et de sa conversion le Paris révolutionnaire, c'était de le charmer et de l'amuser, comme il avait amusé et charmé le tyran et ses vils satellites, mais sur le mode spécial qu'imposait aux catéchumènes le nouvel Evangile.

Or, pour bien établir qu'il avait enfin trouvé son chemin de Damas, Grétry composa la partition d'un livret de S. Maréchal, *la Fête de la Raison*, qui fut « joué par l'Opéra National le sextidi 1er décadi de nivôse de l'an II ».

---

1. *Les Spectacles de Paris pour l'année* 1794. — *Gazette nationale du 10 septembre* 1793. Ces mêmes artistes avaient fondé, le 13, un prix de 1.200 livres pour encourager les talents et « propager les principes de liberté et d'égalité ».

2. *Mémoires*, 3 vol., pluviôse an VII.

La pièce imprimée [1] est précédée d'un « fragment de poème philosophique », sorti de la plume du librettiste.

La liste des personnages est copieuse. A côté du *Maire* (Chéron) et du *Curé* (Lays) se pressent de « vieilles mères de famille », des « villageois » et des « villageoises » ; puis tout un personnel d'église pour procession : vicaire, bedeau, deux religieuses, « huit enfants de chœur » et des jeunes filles. La « citoyenne Aimée » remplit le rôle de la *Raison*. Notons enfin une troupe de « sans-culottes » — des danseurs parmi lesquels figurent Nivelon, Vestris, Beaupré.

L'affabulation est d'une simplicité enfantine. Le maire et un officier municipal préparent la manifestation anti-catholique que l'on devine. Cependant surviennent les « vieilles mères de famille » qui attendent leur curé devant le porche de l'église et qui, pour tromper leur impatience, chantent en sourdine le *Pater*, l'*Ave*, le *Credo*, dont le bourdonnement doit imiter le marmonnement de dévotes murmurant leurs prières.

C'est alors qu'apparaît le curé ; et le porche de l'église s'effondre pour faire place à un autel surmonté du frontispice : A LA RAISON. Eclate aussitôt l'Hymne à la Déesse. Et le curé déclare solennellement à ses paroissiens qu'il abjure le culte du fanatisme pour celui de la Raison. Il déchire son bréviaire, et, sous sa lévite entr'ouverte, il montre au village son costume de sans-culotte. De tous côtés, sur un brasier qui s'enflamme aux pieds de l'autel, viennent s'abattre, au milieu de refrains patriotiques, missels, lutrins, croix, ornements d'église et vêtements sacerdotaux.

Grétry écrivit, en outre, la musique de divers opéras, entr'autres celles de *Denys le Tyran* et du *Congrès des*

---

1. BIBLIOTH. NATION. Imprimés Yth 6937.

Rois, où, comme bien on pense, les monarques passaient un assez mauvais quart d'heure.

Un compositeur aussi... prudent devait se réserver, pour un avenir que, sans doute, il pressentait prochain, la justification d'une palinodie faisant plus d'honneur à la souplesse qu'à la fermeté de ses convictions. Il expliquait, en effet, ainsi, le concours qu'il avait apporté aux librettistes ultra-révolutionnaires :

« ... Les autres ouvrages, tels que *Barra* [1], qui fut représenté aux Italiens, la *Rosière républicaine* et *Denys le Tyran* à l'Opéra, me furent ordonnés par les terribles autorités du temps. Un autre drame révolutionnaire, dont j'ai oublié le titre, fut mis en musique en deux jours par tous les compositeurs. Le redoutable Comité de Salut Public en donna l'ordre aux comédiens. On numérota tous les morceaux destinés au chant : ils furent mis dans un bonnet rouge et les noms des compositeurs dans un autre bonnet. Alors le sort décida du morceau que chacun devait faire dans la journée. Cette pièce, dont la musique ressemblait assez à l'habit d'Arlequin, ne réussit pas.

« Une chose fut, en effet, extraordinaire à la première représentation de cette pièce. L'ouverture était échue à Blasius, premier violon du théâtre et bon compositeur. On sait que l'air de « O Richard, ô mon roi ! » a été proscrit pendant la Révolution : c'était un chant de mort pour qui osait l'entonner. On arracha la tête à un innocent perroquet qui le chantait tristement sur sa boutique de la rue Saint-Honoré. J'ai entendu cette phrase à une séance de l'Assemblée Nationale :

---

1. L'auteur du livret, Levrier Champion, était employé à la Bibliothèque Nationale. Il écrivait, le 10 juin 1794, à Palloy, pour qu'il offrît, de sa part, à la mère du jeune martyr, la citoyenne Barra, une loge pour la matinée (de 10 heures à 2 heures), consacrée à la répétition générale.

— Tu dis, collègue, que cet homme n'est pas aristocrate. On lui a entendu chanter l'air infâme : O Richard !

« Eh bien ! c'est par cet air que commençait l'ouverture de Blasius. L'assemblée frémit et se lève à ces accents réprouvés. L'orchestre s'arrête à ses débuts : le silence est effrayant : l'orchestre continue par le refrain de la *Marseillaise*. Et alors la salle hurle ses applaudissements ! »

Cet opéra, qui avait si mal débuté (sans nul doute un *truc* de musicien) était ce fameux *Congrès des Rois* dont nous avons déjà parlé [1] ; et les douze compositeurs qui avaient travaillé, par ordre, à la partition, s'appelaient Grétry, Méhul, Chérubini, Dalayrac, Berton, Kreutzer, Devienne, Solié, Jadin, Blasius, Deshayes, Trial fils.

Mais une œuvre que Grétry passe lestement sous silence, c'est la *Fête de la Raison*, que nous verrons bientôt se transformer en *Rosière républicaine*.

Méhul, qui ne figurait que pour... un douzième dans l'*olla podrida*, si justement baptisée par Grétry d'arlequin musical, avait peut-être obéi aux mêmes sentiments de circonspection qui avaient dicté sa conduite au compositeur de *Richard*. Lui, Méhul, avait à se reprocher, aux yeux de ces Minos qu'étaient les Jacobins, la partition d'*Adrien*.

C'était ce poème d'Hoffman pour lequel l'Académie royale de musique avait dépensé des sommes folles, et dont la représentation fut indéfiniment ajournée, parce qu'on l'avait dénoncé à la tribune de l'Assemblée Législative, comme fourmillant des plus coupables allusions.

En vain, Méhul composa-t-il, en 1793, pour l'Opéra

1. Voir page 28.

la partition du drame lyrique, foncièrement républicain, d'*Horatius Coclès* ; sa collaboration avec l'auteur aristocrate qu'était le poète Hoffmann avait laissé dans l'esprit des terroristes une indéracinable méfiance contre le musicien.

Aussi Méhul, très épris cependant de libéralisme, et fermement acquis aux principes d'émancipation et d'égalité qui resteront la gloire la plus pure de la Révolution française, ne voulut-il accepter désormais que des poèmes où ne pouvait mordre la critique haineuse des politiciens. Une historiette empruntée à des *Mémoires*, presque ignorés aujourd'hui [1], donnera une idée de la prudence du compositeur.

Les frères Lezay-Marnésia, retirés, pendant la Terreur, à Forges-les-Eaux, pour s'y faire oublier, y témoignaient, toutefois, sur le conseil d'un commissaire de la Convention, de leur attachement aux institutions républicaines. Ils fréquentaient le Club des Jacobins, et même écrivaient une pièce patriotique, le *Siège de Maubeuge*, qui fut jouée, non sans succès, à Gournay. Le dénouement ne laissait pas que d'être émouvant. Des prisonniers français étaient conduits au supplice, quand l'irruption des troupes républicaines les sauvait de la mort. Les spectateurs furent tellement satisfaits de la pièce, qu'ils estimèrent, d'un commun accord, qu'elle devait être jouée à Paris.

En conséquence, les frères Lezay-Marnésia partirent pour la capitale ; et comme le *Siège de Maubeuge* comportait une partie musicale d'une certaine étendue, ils allèrent, tout d'une traite, déposer leur manuscrit chez Méhul. Quelques jours après, le compo-

---

1. Mémoires de Lezay-Marnezia *(Bibliothèque de la ville de Paris* 20809, in-f°).

siteur le leur rendait, en leur disant d'un ton goguenard :

— Je me garderai bien de traiter un tel sujet. Vous installez un échafaud sur la scène ; et, quoique au temps où nous vivons, le public ne soit que trop porté à rechercher ce spectacle dans la réalité, il ne l'accepterait point dans la fiction, c'est-à-dire sur le théâtre.

Méhul faisait preuve ainsi d'une psychologie très subtile, mais très vraie, que justifiaient les événements. Les rois du jour ordonnaient bien des exécutions quotidiennes, et par fournées, mais il ne leur convenait pas qu'on les rappelât sur la scène ou par l'image. Une feuille, d'ailleurs ignoble, avait groupé, en un dessin outrageant, les principales victimes de la Révolution, descendant aux Enfers, leur tête dans les mains. La Commune de Paris, qui avait si fort applaudi au décret de prairial et à son inflexible application, signala le publiciste à la vindicte conventionnelle ; et ce fut tout juste s'il put échapper à l'opération dont il rendait grâce aux députés de la France.

Un autre compositeur du *Congrès des Rois*, Kreutzer, avait dû ses premiers succès et le point de départ de sa fortune musicale à la bienveillance de Marie-Antoinette. S'il lui en fut jamais reconnaissant, sa gratitude resta, en tout cas, profondément discrète, car le souci de ses intérêts, et, nous voulons bien le croire, de sa conservation personnelle, lui fit commettre une assez vilaine action.

Deux poètes sans-culottes, Saulnier et Darrieux avaient écrit, au commencement de l'an II, *la Journée du 10 août, ou la Chute des tyrans*, un livret d'opéra, qui était une nouvelle exécution de Louis XVI, présenté comme un fourbe et comme un être féroce. Les deux auteurs le faisaient parler ainsi (Acte IV, scène 1re).

> Oui, j'ai soif de ton sang, peuple ingrat et rebelle ;
> Il faut que, sous mes yeux, on le verse à longs flots.
> Je veux que, dans Paris, en ce jour, il ruisselle,
> Que les maisons ne soient que d'horribles tombeaux.

Certes, Louis XVI était un pauvre roi, mais ce n'était pas un méchant homme ; et Kreutzer ne l'ignorait pas, quand on lui fit la proposition, qu'il accepta, d'illustrer de sa musique cette belle littérature. Le dilettantisme parisien fut-il appelé à en apprécier toute la saveur ? Un arrêté du Comité de Salut Public du 13 germinal avait décidé que ce chef-d'œuvre serait mis à la scène immédiatement après la *Réunion du 10 août* [1], autre merveille qui fut jouée d'abord sur le Théâtre Molière, le 13 mars 1794, puis à l'Opéra, avec un luxe extraordinaire, « qui dénotait le zèle ou... la peur des directeurs et des coryphées [2] ».

Mais le Comité de Salut Public rapporta son arrêté, le 15 messidor an II (3 juillet 1794).

Louis Jadin, lui aussi, l'un des Douze, oublia, comme Kreutzer, qu'il avait vécu des bienfaits du tyran. Il était page de musique de Louis XVI : ce qui ne l'empêcha pas de rechercher les livrets les plus fortement empreints de passion révolutionnaire : tel le drame d'*Alisbelle* ou les *Crimes de la féodalité* [3]. Etait-ce encore pour faire oublier ses anciennes attaches royalistes ?

Des musiciens de moindre importance n'en dépensaient que plus de zèle et d'énergie dans la création de rythmes susceptibles de préciser, tout en l'acceptant, le symbolisme nuageux où s'embourbaient trop

---

1. ARCHIVES NATIONALES AF II 48, p. 29.
2. DESNOIRESTERRES. *La Comédie satirique.*
3. Représenté, le 27 février 1794, sur le *Théâtre National*, ce mélodrame était de Desforges, secrétaire général des poudres et salpêtres au Comité de Salut Public, musicien également à ses moment perdus : l'*Autel de la Patrie* est une de ses meilleures compositions.

volontiers les paroliers du temps. A cet égard, la *Liberté et l'Egalité rendues à la terre*, opéra en 3 actes, des citoyens Sicard et Desforges, « composé pour la République », était le type achevé de l'allégorie-pathos.

Un changement à vue conduisait au palais du Despotisme, dont les spectateurs ne pouvaient distinguer que l'extérieur. C'était une construction toute en fer et flanquée de fortifications ; « il serait bon qu'il imitât un peu la Bastille », dit une note complémentaire.

Parmi les personnages, on comptait « le Char des Démons, Vénus, l'Amour éploré, le Destin, le Gouvernement des Despotes ».

Jupiter brise son sceptre et en jette les morceaux contre le socle de la statue de la Liberté.

Celle-ci porte une couronne civique ; et les quatre parties du monde viennent déposer leur offrande aux pieds de la statue.

Puis apparaît un des plus fameux virtuoses de l'antiquité, Amphion, qu'annonce une « ritournelle aussi suave que faire se pourra ».

Auteurs-Fonctionnaires

CHAPITRE I

Fonctionnaires auteurs dramatiques. — Leur zèle et leur ineptie. — Plancher-Valcour, employé du Comité de Salut Public. — Ses débuts sous l'ancien régime. — Ses « réflexions » sur ses camarades de la Comédie Française. — Deux scènes de « la Discipline républicaine ». — Protestation de Plancher-Valcour contre le rétablissement de la censure. — La fin d'un révolutionnaire intransigeant.

S'il est vrai, comme l'affirment d'impérissables clichés, que notre administration est enviée par l'Europe, il est non moins exact qu'elle l'est également par les Français eux-mêmes. Où trouver, en effet, d'asile plus reposant et plus sûr contre les vicissitudes de la Fortune ? C'est, pour toute la vie, le pain quotidien, gagné, non plus à la sueur de son front, mais au courant de la plume, et d'une plume qui sait prendre son temps. C'est encore la retraite préférée des Muses. Car, des traditions, non moins respectables que les clichés dont nous parlions tout à l'heure, veulent que notre administration soit une pépinière, incessamment renouvelée, de littérateurs et surtout d'auteurs dramatiques en route pour l'Académie. Rien de plus naturel : est-il un milieu plus favorable à l'éclosion de chefs-d'œuvre que ces calmes et silencieux bureaux, bien chauffés, meublés confortablement, protégés contre les fâcheux par d'ombrageux cerbères, délicieuses oasis, où l'employé peut attendre l'inspiration devant un travail qui ne presse jamais ?

Assurément, pendant la Révolution, les commis d'administration devaient se contenter d'installations plus sommaires et de rétributions moins copieuses ou plus lentes à venir ; mais ils jouissaient encore d'une situation privilégiée, car ils affluaient dans les bureaux et certains même, au ministère de la guerre, purent se vanter, un jour, de tenir tête à la Convention. Par contre, ils devaient témoigner, à l'occasion, de leur loyalisme ; et comme plusieurs se piquaient d'écrire, il leur fallait, toujours sous peine d'être traités de suspects, employer « leurs talents » à magnifier le régime révolutionnaire et à vouer aux dieux infernaux les nobles et les prêtres, les ennemis jurés de la République.

Quand nous parlons des « talents » de ces fonctionnaires, nous nous servons d'un terme alors fort usité, mais qui n'engageait à rien. Car on se tromperait grandement, si l'on croyait qu'il répondît à un mérite littéraire, si mince fût-il.

Ces « talentueux » écrivains étaient d'aussi piètres auteurs dramatiques que ceux de leurs confrères qui ne détenaient pas la moindre parcelle de l'autorité publique. Ils n'en apportaient qu'avec plus de persévérance un fort appoint à la confection du théâtre révolutionnaire.

Or, c'est à peine si, parmi les employés et chefs de bureau, encombrant alors de leur prose ou de leurs vers les coulisses et salles de spectacle, on peut découvrir deux ou trois lettrés à peu près supportables.

L'un d'eux, Plancher-Valcour, avait déjà une certaine réputation, avant que la Révolution n'éclatât. C'était un comédien-auteur qui avait débuté dans les lettres sous le vocable de *petit-neveu de Boccace* (excusez du peu !) et qui, à ce titre, avait publié des contes particulièrement décolletés.

Mais il savait, à l'occasion, cultiver l'actualité et l'à-propos. En 1787, dans un poème, les *Travaux de Cherbourg*, qui commémorait la visite de Louis XVI, si féconde en résultats pour notre port de guerre, Plancher-Valcour chantait les vertus d'un prince qu'il devait abominer un jour, comme le plus vil des despotes.

Entre temps, il avait fondé un théâtre, les *Délassements Comiques* et n'avait pu l'exploiter qu'autant qu'un rideau de gaze séparait la salle de la scène. Les acteurs, en nombre limité, ne devaient jouer que derrière cette transparente et fragile barrière. La Révolution eût tôt fait de la briser.

Aussi, dans sa reconnaissance pour un nouvel « état de choses », qui, en proclamant, à juste raison, le droit de tous à la liberté et à l'égalité, consacrait du même coup l'indépendance du comédien et du théâtre, Plancher-Valcour devint-il un des plus chauds partisans du régime révolutionnaire. A l'exemple de tant d'autres néophytes, qui n'avaient trouvé rien de mieux pour affirmer leur foi républicaine, Plancher-Valcour avait changé de prénoms. Il avait pris celui d'Aristide, mais il ne remplit guère l'engagement moral que lui imposait ce baptême laïque. Collaborateur du *Journal de la Montagne*, organe officiel de la Société des Jacobins, que dirigeait le publiciste Laveaux, Aristide profita de l'influence que lui donnait une situation fort enviée pour écrire un réquisitoire, injuste autant que haineux, contre les Comédiens français déjà sous les verrous [1].

Il n'est pas inutile de connaître ce curieux document que son auteur intitule *Réflexions sur les spectacles* et

---

1. Il avait également la prétention de régenter tous les théâtres. Il écrivait dans un Premier-Paris du *Journal de la Montagne* (28 brumaire an II) : « Nous voyons avec plaisir que tous les spectacles de Paris se mettent enfin au pas. »

qui trahit tout à la fois un sentiment de basse jalousie contre des camarades d'une supériorité réelle, et l'ardent désir de supprimer leur concurrence en imposant son répertoire aux directeurs de théâtre.

... « Trop longtemps la vengeance nationale est restée suspendue sur la tête des coupables, des comédiens. Ces messieurs, à force d'endosser le costume de Vendôme, de Bayard, ou l'habit brillant du *Glorieux* et de chausser l'escarpin à talons rouges de nos petits marquis, se sont bêtement identifiés avec leurs rôles, se sont cru des personnages, et comme ils avaient fort bien saisi les ridicules de cour, les *honnêtes gens* couraient en foule voir singer les airs pitoyables des bas-valets d'un roi, s'extasiaient à la vue d'un plumet et se disaient, en pleurant de tendresse : Voilà le bon vieux temps ! Que n'existe-t-il encore ? Oh ! il reviendra et mes imbéciles de crier bravo ! bravo !

« Les seuls Comédiens jouissaient du privilège étonnant d'être monarchiens parfaits au sein de la République, de rappeler tous les abus pour en faire l'éloge, à l'instant où la loi venait de les anéantir... Enfin ces messieurs sont morts de mort subite. Tant mieux ! *Requiescant* et Vive la République !

« Mais il est également nécessaire qu'on ne joue plus aucune pièce qui rappelle l'ancien régime, si ce n'est pour le faire détester, pour en rappeler les vices, les ridicules, les abus monstrueux, pour le frapper d'anathème. Ce n'est point assez d'avoir décrété qu'on ne représenterait plus de pièces contre la Révolution ; il faut, comme je l'ai déjà dit, savoir se passer de beaucoup de nos chefs-d'œuvre pendant dix ans au moins. Quand la simplicité, la bonhomie républicaines auront succédé au luxe, aux ridicules de l'ancien régime, nos enfants riront des sottises de nos aïeux. Ensevelissons dans les bibliothèques les pièces monarchiques et faisons remonter au grenier l'oripeau de nos princes de coulisses, s'il n'est pas de bon aloi et ne peut faire un saut jusqu'à la Monnaie. Il faut non seulement jouer des ouvrages républicains connus, mais comme notre république n'est, ni celle de Sparte, ni celle de Rome, qu'il est un autre langage à faire tenir à nos aristocrates de tous les genres ; que ce fonds est inépuisable si l'on sait en tirer parti ; comme la Révolution offre des traits sublimes à mettre en scène, il faut engager les gens de lettres patriotes à travailler pour le théâtre, à éclairer, soutenir, perpétuer l'esprit public, encourager les auteurs, les récompenser, décréter que l'auteur d'un bon ouvrage révolutionnaire aura bien mérité de la patrie. C'est la plus belle des récompenses ! Il faut *forcer les directeurs* à jouer ces ouvrages ; je dis *forcer*, car le républicanisme est souvent un motif d'exclusion. Quant aux auteurs à gages, bas flatteurs des valets de cour, et partisans secrets de l'ancien régime, qu'ils reposent : leur temps est passé ; ils ne méritent pas même le titre de gens de lettres : car il faut être un homme avant que d'être un auteur [1]. »

Plancher-Valcour se trompait du tout au tout dans sa venimeuse diatribe ; ce n'étaient pas les « pièces monarchiques », mais « les bons ouvrages révolutionnaires », que devait ensevelir la poussière des bibliothèques, où le chercheur a grand'peine à les retrouver.

Quand Plancher-Valcour eût obtenu un emploi dans les bureaux du Comité de Salut Public [2], sa ferveur révolutionnaire sembla redoubler. Il en prodigua les manifestations principalement dans les assemblées, où l'exagération des professions de foi était obligatoire et

---

1. *Journal de la Montagne*, n° du 7 septembre 1793.
2. PIERRE (C.). *Hymnes et Chansons de la Révolution*, p. 78.

lui constituait la plus profitable des réclames. Il vint chanter, le 7 juillet 1793, au Club des Jacobins, une « chanson patriotique », dont nous nous bornons à transcrire quelques couplets :

> Amis, assez et trop longtemps,
> Sous le règne affreux des tyrans,
>   On chanta les despotes *(bis)*.
> Sous celui de la liberté,
> Des lois et de l'égalité,
>   Chantons les sans-culottes *(bis)*.
>
> . . . .
>
> Si l'on ne voit plus à Paris
> Des insolents petits marquis,
>   Ni tyrans à calottes *(bis)*,
> En brisant ce joug infernal,
> Si le pauvre au riche est égal,
>   C'est grâce aux sans-culottes *(bis)*.
>
> . . . .
>
> Malgré le quatorze juillet,
> Nous étions trompés en effet
>   Par de faux patriotes *(bis)*.
> Il nous fallait la Saint-Laurent ;   (le 10 août)
> Et de ce jour l'événement
>   N'est dû qu'aux sans-culottes *(bis)*.
>
> Des traîtres siégeaient au Sénat ;
> On les nommait hommes d'Etat ;   (les Girondins)
>   Ils servaient les despotes *(bis)*.
> Paris en masse se leva ;
> Tout disparut ; il ne resta
>   Que les vrais sans-culottes *(bis)*.

Les « frères et amis » ne fréquentaient pas d'ordinaire au Parnasse ; aussi, dans leur enthousiasme pour des couplets dont le sans-culottisme était plus brillant que la poésie, décidèrent-ils, à l'unanimité, que cette chanson figurerait sur la couverture de tous les exemplaires de la Constitution imprimés par les soins de la Société des Jacobins et délivrés gratuitement par elle à chaque citoyen français.

Le théâtre n'offrait pas un champ moins vaste aux déclamations politiques et sociales de Plancher-Valcour [1] contre les ennemis de la République. A ce titre, *Charles et Victoire*, ou *les Amours de Plailly*, vaudeville, joué le 18 octobre 1793, sur la scène du Palais-Variétés (Théâtre de la Cité) démontrait avec quelle ardeur l'auteur-fonctionnaire s'associait à la campagne des deux Comités de Salut Public et de Sûreté générale contre les accapareurs de numéraire, de subsistances ou de marchandises, qu'ils regardaient comme les plus redoutables alliés de « Pitt et de Cobourg ».

C'est, en effet, le vieil accapareur Durfort, une manière de Tartufe qui est le traître de la pièce. La belle et innocente Victoire en a repoussé les hommages, parce qu'elle s'est fiancée au jeune et intéressant Charles. Durfort, irrité, trame un noir complot contre les deux amants. Il calomnie Victoire auprès de Souchard, le grand-père de la jeune fille. Celui-ci, après une résistance opiniâtre, finit par se rendre aux raisons du juge de paix de Plailly, honnête républicain qui a pris en mains la cause des persécutés. Il était temps. Charles et Victoire, désespérés, s'étaient suicidés. Heureusement, leur blessure était légère. Souchard donne son consentement à leur union ; et Durfort est livré, comme accapareur, à la justice... celle du tribunal révolutionnaire, s'entend : prétexte trop souvent invoqué par la délation pour envoyer des innocents à la guillotine. Il suffit de parcourir les livres de Campardon et de Wallon, documentés aux sources mêmes de l'Histoire, pour constater avec quelle facilité les dénonciateurs faisaient passer pour un acte d'accaparement un simple approvisionnement de ménage.

---

1. Comme si ce nom de Plancher était trop vulgaire pour un écrivain aussi éminent, il ne signera plus désormais ses pièces et ses articles qu'ARISTIDE VALCOUR.

La guerre de Vendée devait donner occasion à Plancher-Valcour de reprendre sur de nouveaux frais la glorification de la Montagne, dont il était le porte-parole et de confondre dans le même anathème la coalition étrangère, le fanatisme clérical et la cupidité... d'accapareurs, d'ailleurs assez vaguement désignés.

Des scènes et des couplets de la *Discipline républicaine*, jouée, le 20 avril 1794, à « l'Opéra-Comique National », avec accompagnement de la musique du compositeur Foignet, ne pouvaient laisser le moindre doute sur le civisme brûlant du citoyen Aristide.

Oui, s'écriait le fonctionnaire du Comité de Salut Public,

> Oui, la Montagne a terrassé
> Le monstre impur du fanatisme.
> A ses pieds elle a renversé
> L'hydre affreux du fédéralisme.
> Braves Français, de tous côtés,
> Si la gloire vous accompagne,
> C'est que l'Auguste Liberté
> Siège au sommet de la Montagne.

Notre devoir d'historien et de critique nous oblige toutefois à signaler, dans ce fatras de platitudes écrites en un style prétentieux et boursouflé, deux scènes vigoureuses qui témoignent chez leur auteur d'un sens dramatique très prononcé.

On amène, pendant la lutte, un espion devant le représentant du peuple délégué par la Convention. Un dialogue s'engage :

LE REPRÉSENTANT

— As-tu ton père ?

L'ESPION

— Oui.

LE REPRÉSENTANT

— Est-il patriote ?

L'Espion

— Non, car je le tuerais.

Le Représentant

— Prêtres cruels, voilà donc votre ouvrage ! Tu détestes donc les bleus ?

L'Espion

— Oui, car M. l'Evêque d'Agra m'a dit qu'ils étaient les ennemis de Jésus.

Le Représentant

— En as-tu tué quelques-uns ?

L'Espion

— Je n'en ai tué que trois ; mais j'ai eu le bonheur d'en blesser trois autres.

Ici l'auteur fait observer que l'espion, et par suite, ses compagnons d'armes, simulaient le rôle de mendiants, pour s'attirer la commisération des bleus et leur cassaient ensuite la tête à coups de pistolet. Aussi le Représentant de crier à l'Espion :

— Mais, malheureux, c'était les assassiner.

L'Espion

— Nos bons prêtres nous ont dit que c'était la bonne manière de se venger des ennemis de notre bon roi et de servir M. le duc de la Trémoïlle et le marquis de Laval.

Le Représentant

— Eh ! ne crains-tu pas d'être guillotiné ?

L'Espion

— Le bon Dieu en a souffert davantage ; mais il est ressuscité au bout de trois jours ; et M. l'Evêque d'Agra nous a dit : Vous ressusciterez comme lui.

Le Représentant met fin à cet interrogatoire en livrant l'Espion à un commissaire militaire.

Plancher-Valcour prête intentionnellement cette bourde de la résurrection à l'évêque d'Agra qui fut, de l'aveu de tous, un imposteur. D'autre part, nous l'avons vu, des rapports militaires attribuèrent cette calembredaine aux prélats et aux prêtres qui suivaient les Vendéens et les Chouans [1], mais des mémorialistes autorisés l'ont démentie.

Une scène de la *Discipline Républicaine*, très curieuse et qui justifie le titre de la pièce, dramatise une idée, reprise depuis, et non sans succès, par notre théâtre moderne.

Victor, un des héros de ce drame lyrique, et plusieurs de ses camarades, sont mis en jugement pour avoir « volé le pain des malades ». On sait que les Jacobins, et Robespierre en tête, étaient les défenseurs irréductibles de la propriété. — Passibles de condamnation capitale, les coupables rachètent leur vie en marchant droit à l'armée catholique et en la repoussant victorieusement.

Fidèle à l'esthétique jacobine, Plancher-Valcour se targuait, en matière de théâtre, d'une rigidité de principes, qui contrastait plaisamment avec la docilité dont il avait fait preuve, sous un régime détesté, comme directeur des *Délassements Comiques*.

Un certain Châteauneuf avait déposé chez un impresario parisien le manuscrit des *Mœurs contadines*, une pièce où, « dans un motif très pur », dit un journal du temps, l'auteur flagellait des « ridicules devenus depuis longtemps l'objet de la haine et du mépris des Français ». Le directeur, instruit sans doute par l'expérience,

---

1. Voir page 184.

craignit que cette critique ne prêtât à de fausses et désobligeantes allusions. Il rendit en conséquence à Châteauneuf sa pièce, se défendant de la recevoir et de la représenter, tant qu'elle ne serait pas revêtue du visa de la Commune de Paris. L'auteur, « inspiré par le patriotisme et la droiture de son cœur » et sans doute aussi par le désir très légitime d'être joué, porta les *Mœurs contadines* au Comité de police, en le priant de vouloir bien les examiner.

A la nouvelle de cette démarche, Plancher-Valcour protesta ; et son indignation s'exhala dans une épître enflammée qu'il adressait au *Journal des Spectacles*[1], en qualité d' « homme de lettres abonné » : Châteauneuf, disait-il, veut-il donc revenir au régime de la censure ? Assurément, la Commune de Paris a le droit d'interrompre le cours d'un ouvrage reconnu dangereux, mais ne saurait interdire une pièce non représentée. Son devoir le plus strict est de rendre le manuscrit sans l'avoir lu.

Et l'austère Aristide concluait :

« Il est du devoir d'un républicain de ramener aux principes un de ses frères au moment qu'il paraît s'en écarter. »

Nous croyons plutôt que le professionnel aurait vu, d'un très mauvais œil, munie d'une estampille officielle, et, de ce fait, signalée à la curiosité publique, la pièce d'un concurrent, peut-être plus heureux que lui.

Comme tant d'autres de ses confrères, Plancher-Valcour, après la chute de Robespierre, contribua à la démolition de la Montagne, avec autant d'ardeur qu'il avait apporté à l'édifier. Le Directoire l'en récompensa par une place de juge de paix à Paris. Mais ce magistrat de fraîche date, qui avait la nostalgie des planches,

---

1. *Le Journal des Spectacles*, 6 octobre 1793.

retourna à ses chères coulisses. Il refit jouer des pièces et redirigea des théâtres ; mais, pendant l'Empire et la Restauration, la meilleure de ses œuvres fut encore la publication, qu'il entreprit, de concert avec l'avocat Roussel, d'un recueil de causes célèbres sous ce titre : *Les Annales du crime et de l'innocence :* il devait être compétent, mieux que personne, pour traiter la question.

CHAPITRE II

Sylvain Maréchal, l'athée de l'ancien et du nouveau régime. — Bibliothécaire à la Mazarine. — Sa tendresse pour la Révolution jusque dans ses excès. — Le « Jugement dernier des Rois » : sa préface, son affabulation. — « Denys le Tyran » avec la partition de Grétry. — Métamorphose de « la fête de la Raison » en « Rosière républicaine ». — « Almanach révolutionnaire pour l'an III » de Sylvain Maréchal.

Pierre-Sylvain Maréchal, de qui le répertoire dramatique, essentiellement original et paradoxal, comme sa philosophie et sa littérature, eut un si profond retentissement pendant les jours les plus sombres de l'époque révolutionnaire, était un républicain convaincu, par principe, par goût et par... rancune. Son athéisme qu'affirmaient d'audacieuses publications, entr'autres *Le Livre échappé au déluge*, lui avait fait perdre, en 1784, la modeste place de sous-bibliothécaire qu'il occupait au collège Mazarin. La Révolution de 1789 le rendit à ses fonctions. Il n'en fut que plus empressé à la payer de reconnaissance, dans la langue et avec les idées qui lui étaient chères : ce qui explique la campagne anti-monarchique et anti-catholique, si caractérisée, de son théâtre.

Sylvain Maréchal n'en restait pas moins un excellent homme, bon, serviable, ennemi de toutes les violences, excès qu'il n'osait condamner ouvertement [1], car, lui aussi n'ignorait pas le mot de Vergniaud sur la Révolution et ses appétits saturniens. Mais il se persuadait

---

1. *Biographie portative des Contemporains,* année 1832 et suiv.

qu'il devait à son emploi autant qu'à ses idées — conception encore très moderne — de soutenir, jusque dans ses fautes et même dans ses crimes, le gouvernement auquel il appartenait comme fonctionnaire.

A cet égard, sa pièce la plus célèbre, le *Jugement dernier des rois*, jouée sur le *Théâtre de la République*, le 18 octobre 1793, est une profession de foi que vient renforcer encore son avis « Aux Spectateurs de la première représentation [1].

« Citoyens, rappelez-vous donc comme, au temps passé, sur tous les théâtres, on avilissait, on dégradait, on ridiculisait indignement les classes les plus respectables du peuple souverain, pour faire rire les rois et leurs valets de cour. J'ai pensé qu'il était bien temps de leur rendre la pareille et de nous en amuser à notre tour. Assez de fois, ces Messieurs ont eu les rieurs de leur côté ; j'ai pensé que c'était le moment de les livrer à la risée publique et de parodier ainsi un vers heureux de la comédie du *Méchant :*

Les rois sont ici-bas pour nos menus plaisirs.
GRESSET.

« Voilà le motif des endroits *un peu chargés*, du *Jugement dernier des rois.* »

Un peu chargés ! Quel euphémisme ! *Ecœurants* serait le terme le plus juste.

Cette « prophétie en un acte » — pour reprendre l'expression de S. Maréchal — n'est, en effet, qu'une misérable farce, dont le public de 1913, si blindé qu'il soit contre la littérature de music-hall, ne supporterait pas la représentation, alors que celui de 1793 l'acclamait avec enthousiasme. Il est vrai, s'il faut en croire un opuscule de Collin de Plancy sur S. Maréchal, que

---

1. *Les Révolutions de Paris*, t. XVII, p. 109.

le peuple sifflait les juges en sabots et applaudissait la mise élégante des rois [1].

Voici la fable scénique imaginée par l'auteur :

Un vieillard français (le rôle était tenu par Monvel) déporté, en vertu d'une lettre de cachet, dans une « île volcanique », inculque aux sauvages qui l'habitent cette vérité fondamentale, « qu'il vaut mieux avoir pour voisin un volcan qu'un roi ». Or, une troupe de sans-culottes débarque dans l'île, amenant chacun, de l'Europe républicanisée, son ex-tyran chargé de chaînes. Seul, le représentant de la France se présente... les mains vides, par cette bonne raison que son despote a été guillotiné.

— Mais, fait observer le vieux déporté qui dialogue avec les sans-culottes et que cette cargaison de monarques laisse rêveur, pourquoi ne les avez-vous pas tous pendus sous le portique de leurs palais ?

— Ce supplice eût été trop doux : mieux vaut offrir à l'Europe le spectacle de ses tyrans qui vont s'entre-dévorer.

Et les sans-culottes mettent en liberté les captifs qui défilent, caractérisés chacun par leur attribut spécial : sire d'Espagne avec son grand nez (rôle de Baptiste Cadet) ; l'impératrice de Russie Catherine, Madame de l'Enjambée (rôle de Michot). Le Saint-Père, c'était Dugazon. Il ne leur reste pour toute subsistance qu'une barrique de biscuits ; et ils se jettent les uns sur les autres, pour se disputer cette maigre pitance. Les plus acharnés sont encore Catherine et le Pape dont le combat à coups de sceptre et de croix menacerait de s'éterniser, si le volcan ne faisait éruption pour engloutir toute la bande.

---

1. COLLIN DE PLANCY. *S. Maréchal* (Bibl. N. Invent. Z 42788).

Le *Moniteur* dit qu'à l'issue de la première, l'auteur « philosophe avant la Révolution avantageusement connu par ses écrits, fut réclamé à grands cris » par le public. Mais Arnault[1] qui nota, lui aussi, les incidents de la soirée, ajoute que le Comité de Salut Public interdit la pièce par la suite, afin de ménager la susceptibilité de certains gouvernements qui paraissaient disposés à traiter avec la République. Déjà, S. Maréchal avait excepté de sa mascarade le Grand Turc resté en bonnes relations avec la France.

Denys le Tyran procède de la même mentalité, mais avec quelle atténuation de formes ! Il est vrai que la pièce fut jouée sur le Théâtre des Arts, le 23 août 1794, c'est-à-dire quelques jours après la mort d'un autre tyran. C'était un opéra en un acte, sur lequel Grétry, depuis peu collaborateur de Maréchal, avait écrit une musique aussi alerte et aussi gaie que le livret était amusant et dépourvu de tout fiel.

Denys, chassé de Syracuse, est maître d'école à Corinthe ; passablement brutal, il frappe les enfants confiés à ses soins ; et son cœur ulcéré regrette toujours le pouvoir royal : il en a même conservé le principal attribut, le diadème qu'il a dérobé à tous les regards.

Il a pour voisin le savetier Chrysostôme, joyeux compère, grand ami du bon vin et de la liberté, qui, à l'occasion, cause volontiers politique avec le maître d'école. Celui-ci, quoique fort prudent, et pour cause, ne peut toujours se contenir :

> La liberté, sans doute, est admirable,
> . . . .
> Mais, comme d'un vin pétillant,
> Il faut en user sobrement.

---

1. ARNAULT. *Souvenirs*, t. IV, p. 412.

Chrysostôme s'indigne :

> Ouais... mais d'un modéré c'est le langage.

Quand il assiste aux leçons de Denys, il croit devoir en donner une à cet éducateur, beaucoup trop tiède à son gré :

> Dans toutes les leçons il faut que l'on se pique
> D'inculquer aux enfants de notre République
> La sainte Egalité, l'obéissance aux lois,
> La majesté du peuple et la haine des rois.

Denys, impatienté, renvoie ce gêneur à ses savates ; mais les deux discoureurs se retrouvent à la taverne. Et bientôt le magister rentre chez lui faire la sieste. Pendant qu'il dort, ses écoliers s'émancipent, comme bien on pense. Et Chrysostôme les chapitre à son tour. Mais sa femme vient de découvrir la couronne que Denys avait cachée sous un de ses manteaux. Indignation de Corinthe, quand la ville apprend qu'un roi, même détrôné, réside dans ses murs. Arrive un magistrat qui fait enchaîner l'ex-tyran à la statue de la Liberté.

Denys, banni par sentence du tribunal, est emmené entre quatre soldats, escortés de ses écoliers, qui, armés de verges, prennent enfin leur revanche.

Comme nous voilà loin de l'île volcanique et de l'engloutissement général des despotes européens ! Et combien les Jacobins, qui avaient applaudi au *Jugement dernier des rois* durent trouver dérisoire la peine infligée à *Denys le Tyran* !

Un autre opéra en un acte de S. Maréchal, *La fête de la Raison*, mis en musique par Grétry, allait subir une modification encore plus profonde. Le librettiste, que nous présente Collin de Plancy comme un des « coryphées » de la cérémonie funèbre de Marat en brumaire an II, et qui était l'intime de Chaumette, ne pouvait souhaiter une glorification plus complète d'un culte qu'il prêchait depuis si longtemps.

La pièce dont nous avons donné l'analyse dans le chapitre consacré à Grétry, ne fit qu'apparaître à l'Opéra, au grand désespoir des Hébertistes qui se pâmaient, rien qu'à entendre Lays chanter, dans son rôle de curé apostat :

> Au diable la calotte !
> Au diable la marotte !
> Je me fais sans-culotte, moi,
> Je me fais sans-culotte.

Robespierre, que hantait une autre... marotte, celle de l'Etre suprême, s'indigna-t-il de cette nouvelle manifestation d'un athéisme incorrigible ? Toujours est-il que la *Fête de la Raison*, presque aussitôt suspendue que représentée, ne reparut sur la scène que le 8 septembre 1794, et encore, sous le titre de la *Rosière républicaine* ou la *Fête de la Vertu* [1]. L'*Hymne à la Raison* devint l'*Hymne à la Victoire* ; et le couplet primitif du curé sur le *Temple de la Raison* ne parla plus que du *Temple de la Vertu*. Par contre, un autre couplet de cette *Rosière républicaine*, laquelle se coiffait du bonnet rouge, célèbre ainsi cet ornement civique :

> ... L'Esclave, enfant de Mahomet,
> ... Bénit le nouveau turban
> Des Français sans-culottes.

Néanmoins, le canevas restait à peu près le même. Des vieillards, remplaçant le bailli traditionnnel, choisissaient la fille la plus sage du canton pour représenter « la Raison ». Et, quand le curé prenait part à la fête,

---

1. *Abréviateur* du 21 fructidor an II. — *Le Journal des Théâtres* de Duchosal, du 17 fructidor an II, dit que la pièce, suspendue le 6 nivôse « par les triumvirs », fut jouée le 16 fructidor.

« il renonçait à l'imposture, déchirait son bréviaire et
« sa lévite immonde ! »

Le même sentiment de circonspection dut influencer la publication des *Hymnes pour les fêtes décadaires* composés par S. Maréchal, publication qu'agrémentait une gravure en taille douce « Hommage à l'Éternel », en contradiction flagrante avec les doctrines si hautement professées par l'auteur.

On ne saurait donner, au surplus, d'autre explication de ce passage de l'*Almanach révolutionnaire pour l'an III*, qui attriste sous la plume d'un homme aussi pacifique ; encore convient-il d'ajouter que cet opuscule fut rédigé, en raison des exigences de l'impression, pendant la domination jacobine :

« La République française paraît déjà consommée dans son aurore. Ingénieuse et prodigue, quand il s'agit de décerner des honneurs aux bons patriotes et aux communes qui ont bien mérité d'elle, elle se montre sévère et inflexible, quand il faut poursuivre les grands coupables et qu'il importe de donner de frappants exemples. Toulon ne sera pas plus l'objet de sa clémence que Lyon ; et la hache des lois, infatigable dans ses exécutions fréquentes, mais nécessaires, purge chaque jour le sol de la liberté des restes impurs de l'aristocratie et du fédéralisme. »

Et S. Maréchal comprenait parmi ces « restes impurs » plusieurs habitants de la section des Arcis qui avaient voulu soustraire « Marie-Antoinette au supplice qu'elle méritait si bien ».

L'état de sa santé ne permit pas au fonctionnaire de la Bibliothèque Mazarine de conserver longtemps son emploi. Rentré dans une solitude qui s'imposait, S. Maréchal retrouva jusqu'à l'heure, prochaine, de sa mort, une quiétude où s'effaça le souvenir des heures mauvaises qu'il avait traversées.

CHAPITRE III

Fonctionnaires, auteurs dramatiques par prudence. — Fabien Pillet chef, au Comité de Sûreté générale, de La Bussière. — Son honnête drame de « Wenzel ». — Philipon de la Madeleine, « jésuite », et ses conseils républicains aux nouvelles mariées. — Propagande révolutionnaire des employés supérieurs. — Thiébault : son « Mariage républicain ». — Sa « Guerre de Vendée » à l'usage « des jeunes citoyens ». — Professeurs et prêtres, auteurs dramatiques. — Le régent du collège du Mans et le curé constitutionnel de Beaupréau.

Si Plancher-Valcour, si Maréchal, en exagérant leur idolâtrie de la Montagne et leur haine de la réaction, ne faisaient, somme toute, aucune violence à leurs opinions personnelles, il n'en allait pas de même d'un autre écrivain, Fabien Pillet, qui était contre-révolutionnaire dans l'âme et qui avait sollicité fort prudemment l'honneur de servir le gouvernement républicain.

Cet homme circonspect avait collaboré, à partir de 1789, aux publications et aux pamphlets qui soutenaient avec le plus de virulence la cause monarchiste. C'est ainsi qu'il avait travaillé au *Journal Général* de l'abbé de Fontenay, avec Boyer de Nîmes qui devait payer de sa tête ses caricatures féroces contre les démocrates. Il avait écrit pareillement aux *Actes des Apôtres* et au *Petit Gautier*. Il avait enfin signé cette pétition des *Vingt mille* qui souleva contre ses auteurs tant de colères et de dénonciations. Mais, depuis, il avait fait chanter un peu partout des hymnes républicains — « sacrifices obligés, dit un de ses biographes, aux idées du jour » —

et ces démonstrations lyriques lui avaient valu un poste de chef de bureau au Comité de Sûreté générale.

Or, pour n'être pas précisément un héros, Fabien Pillet était un homme d'esprit, et, ce qui vaut peut-être mieux, un honnête homme. Il profita de sa place pour arracher nombre de détenus aux griffes de Fouquier-Tinville. La Bussière, le prétendu sauveur de la Comédie Française, était un de ses employés ; et Fabien Pillet, toujours discret, lui laissa revendiquer l'honneur d'avoir envoyé au fond de la Seine les dossiers des acteurs détenus. Mais, d'autres captifs, mieux renseignés, n'hésitèrent pas un seul instant à proclamer la dette de reconnaissance qu'ils avaient contractée envers Pillet.

Ajoutons encore à la louange de ce fonctionnaire, d'ailleurs très estimé de ses entours, que, s'il fortifia sa situation officielle par de nouvelles manifestations patriotiques, destinées celles-ci au théâtre, ce ne fut pas en des élucubrations prêchant la haine et la mort. Son drame-opéra de *Wenzel*[1], ou le *Magistrat du Peuple*, fait appel, au contraire, aux sentiments les plus nobles et les plus généreux ; il exalte le sacrifice qu'un maire patriote veut faire de sa vie pour le salut de ses concitoyens.

Philipon de la Madeleine, poète ingénieux et littérateur distingué, était, lui aussi, un champion déterminé de la cause royaliste. On a de lui, alors qu'il n'avait pas trente ans, une lettre signée « Philipon, jésuite ». Puis, successivement avocat au parlement de Besançon et intendant des finances du comte d'Artois, il s'était montré, au commencement de la Révolution, l'adver-

---

1. *Les Spectacles de Paris et de la France pour l'année* 1794 inscrivent *Wenzel* sur le répertoire des pièces destinées au *Théâtre du Peuple* : c'était encore le meilleur certificat de civisme.

saire acharné d'un régime qui le ruinait. Le mandat d'arrêt dont il fut frappé au lendemain du 10 août 1792, le convertit subitement [1]. Philipon exalta la démagogie aussi résolument qu'il l'avait abaissée. A ce débordement de lyrisme, il gagna une place au ministère de l'intérieur. Mais l'impression d'effroi qu'il avait ressentie, à la chute de la royauté, survécut au règne de la Terreur. Cette période néfaste de notre histoire n'était plus qu'un rêve en octobre 1794, que Philipon appréhendait encore d'être taxé d'indifférence. Aussi, dans sa comédie *Au plus brave la plus belle*, représentée le 14 vendémiaire an III (5 octobre 1794) sur le *Théâtre des Amis de la Patrie*, fait-il dire au père de famille Victor qui donne presque les conseils d'usage à sa fille sur le point de se marier :

« Elève ton âme à la hauteur de la République. Songe plus aux obligations que le mariage impose, qu'aux agréments qu'il promet. C'est une association civique à laquelle la nature n'attache quelques attraits que pour nous lier davantage au devoir. On n'est épouse, ma fille, que pour devenir mère. »

Ah ! le bon billet qu'avait là cette jeune personne ! Et quelle pitié de voir un auteur aussi délicat que Philipon, faire débiter, avec tant de pompe, de telles niaiseries !

Piis avait dû passer par ces fourches caudines. Secrétaire-interprète du comte d'Artois, il s'était vu ruiner par le nouveau régime. Aussi avait-il suivi l'exemple des gens d'esprit qui, dans une situation identique à la sienne, avaient demandé à leur science de l'art dramatique le pain quotidien. Il avait été, avec Barré et son groupe, un des fondateurs du Vaudeville. Il alimentait le jeune théâtre d'actes plus ou moins

---

[1]. JAUFFRET. *Le Théâtre révolutionnaire*, p. 316.

réussis, quand, soudain, il prit peur et courut se cacher en province. Puis il revint et se montra... discrètement. Mais il avait été dénoncé ; et il eût couru les plus grands risques, lui et son cher théâtre, si, fort à propos, le Comité de l'Instruction publique ne lui eût intimé l'ordre de « composer des ouvrages patriotiques ». Nous connaissons la ritournelle. Il n'eut garde de désobéir et se mit à confectionner tout un répertoire de chansons civiques pour sa section des Tuileries, entr'autres des couplets pour les nègres, pendant qu'il remplissait des fonctions administratives dans le canton de Sucy et dans le premier arrondissement de Paris.

Nous citerons encore, parmi les fonctionnaires-auteurs qu'abritait l'administration et qui répondaient à cette protection bienveillante par des compositions vibrantes de patriotisme : Desforges, le Salpêtrier [1] ; Raffard, employé à l'extraordinaire des guerres *(Les Volontaires en route* ou *l'Enlèvement des Cloches)* ; Coupigny, commis à la marine, qui cultivait, avec un égal succès, la pêche à la ligne et la chasse au couplet ; Boullault [2] *(Les Patriotes de la Vendée,* décalque, très pâle, des *Royalistes de la Vendée,* mimodrame à grand spectacle de Cuvelier de Try, dont nous donnons l'analyse dans le chapitre suivant).

Les employés supérieurs, dramaturges professionnels ou occasionnels, devaient à leur haute situation de contribuer plus activement encore que leurs subordonnés à la propagande des doctrines révolutionnaires. Thiébault, « chef du bureau de l'administration du dépar-

---

[1]. L'auteur du *Sourd* ou *l'Auberge pleine,* grosse farce qui vaut tous ses mélodrames.
[2]. Voir une note très intéressante sur Boullault dans la *Vie parisienne sous le Consulat et l'Empire,* par H. d'Alméras (Paris, 1909), p. 206.

tement de la Meurthe », ne faillit pas à cette mission. Aussi son *Mariage républicain*, qu'il avait offert à la Convention, y fut-il récompensé, le 10 ventôse an II, d'une mention honorable. Cet acte « révolutionnaire », fut joué, sur le théâtre de Nancy, le 27 germinal [1], par de « jeunes citoyens et citoyennes ». Il prêtait à cette mise en scène du plein air, qui était dans le goût et dans les mœurs de l'époque. Le couple que le magistrat devait unir, montait, suivi de son cortège, vers « le Temple », qu'ombrageait l'arbre de la Liberté et s'arrêtait devant l'Autel de la Patrie. Maintenant que « le sol était purgé de la race impure des aristocrates », l'allégresse régnait sur les visages et dans les cœurs.

Le maire donnait en guise de dot (ô fortune inespérée !) un exemplaire de la Constitution à Jeannette, la future épouse : « cérémonie bien au-dessus de toutes celles que la superstition a inventées », affirme très sérieusement l'honnête Thiébault.

Dans le même temps, cet administrateur, à qui son service laissait vraisemblablement de nombreux loisirs, avait préparé une autre pièce à grand spectacle [2], *la Guerre de Vendée*, en l'honneur du martyr Barra. Et, le 2 février, le Conseil général de la Commune de Paris avait désigné un officier pour exercer les « jeunes citoyens » aux évolutions militaires que comportait l'action. Celle-ci était d'ailleurs très simple, comme l'est presque toujours l'affabulation des pièces révolutionnaires. Mais elle se recommandait de certains *clous* qui devaient charmer tout particulièrement les spectateurs. A un moment donné, une femme-soldat, Jeannette — un nom qu'affectionne Thiébault — se dépouil-

---

1. THIÉBAULT. *Le Mariage républicain*. Nancy, an II.
2. THIÉBAULT. *La Guerre de Vendée*. Nancy, 1794.

lait prestement de l'uniforme, pour apparaître sous le costume de son sexe. Enfin, à l'heure de l'apothéose, en raison de ce symbolisme qui fait le fond du théâtre révolutionnaire, la Liberté, sur un char étoilé, descendait de la Montagne, aux chants de l'hymne *Veillons au salut de l'empire ;* et le représentant du peuple, qui présidait à la cérémonie, annonçait aux patriotes que la Convention leur donnait en partage les terres des rebelles. Cette application du socialisme par dépossession, socialisme renouvelé des Romains, était bruyamment applaudie par l'auditoire.

D'autres fonctionnaires avaient abordé le même sujet, mais dans un ordre d'idées plus spécial, et comme pour se faire pardonner le caractère peu sympathique dont ils étaient encore revêtus.

Tel ce professeur du collège du Mans, Michel Boyer, qui, dans un temps où les anciens universitaires passaient pour des suppôts de la tyrannie, célébrait à sa façon, sur le mode idyllique, la déroute de l'armée royaliste au siège de Nantes. Ce virgilien avait imaginé, pour affirmer son loyalisme républicain, une pastorale en deux actes et en vers, dont il avait confié l'interprétation à de jeunes collégiens — *dilectissimis alumnis* — travestis en bergers.

C'est, au vrai, un singulier salmigondis que cette églogue révolutionnaire, où se confondent avec des noms empruntés aux Bucoliques, les termes essentiellement modernes de *Constitution*, de *maire*, de *Nantes* et de *Nantais*.

Damis, emprisonné pour avoir tué les chiens du seigneur qui dévastaient ses blés, est mis en liberté par la Révolution. Rentré au village, il trouve ses concitoyens désespérés : depuis les échecs réitérés des armées républicaines, les « brigands » tiennent le pays et se livrent aux pires excès. Damis sauvera la situation. Et bientôt Lycidas vient apprendre aux bergers que Damis a triomphé de l'ennemi aux cris répétés de « *Plutôt la mort que l'esclavage !* » L'allégresse est générale. Le pays acclame la Liberté, la Constitution, la délivrance de Nantes. Ici l'idylle tourne au tragique : il faut exterminer les rebelles jusqu'au dernier. Damis en fait le serment : il ne regagnera pas sa chaumière, avant d'avoir accompli cette œuvre salutaire.

Les administrateurs du département de la Sarthe se prirent d'un si bel élan d'admiration pour cette pastorale enragée qu'ils en ordonnèrent l'impression [1].

A peu près dans la même région, une année auparavant, alors que les passions politiques et religieuses, en pleine fermentation, allaient bientôt engendrer la guerre civile, un curé constitutionnel de Beaupréau (Maine-et-Loire), Coquille d'Allenx, semblait signaler une des causes les moins douteuses de la conflagration prochaine dans une comédie qu'il intitulait le *Prêtre réfractaire* ou le *Tartufe nouveau*. Il comptait bien, en flattant ainsi les antipathies des hommes du jour, s'assurer les bonnes grâces des vainqueurs du lendemain.

Le sous-titre de la pièce en laisse pressentir la contexture dramatique.

Cadière a réalisé sur la vente d'un domaine national un bénéfice de mille écus qui constituera la dot de sa fille Julie. Or, le curé réfractaire Caffard lorgne le magot, et, grâce au concours de la femme de Cadière, une dévote renforcée, il jouera une comédie à deux fins : empocher d'abord l'argent, à titre de restitution, puis

---

1. *Revue d'art dramatique*, année 1899. Article H. Clouzot sur les pièces révolutionnaires de la guerre de Vendée.

faire rompre l'union, projetée, de Julie avec Léveillé, vainqueur de la Bastille. Caffard fait le revenant. Mais le juge de paix Prudhomme découvre la friponnerie et met le coupable en état d'arrestation.

« Le plus fourbe des gens du monde est un homme vertueux en comparaison d'un prêtre réfractaire », conclut Coquille.

Monsieur Josse, vous êtes orfèvre !

Et, pour mieux appuyer cette réclame indirecte, le curé de Beaupréau dédiait sa pièce à la Société des Amis de la Constitution d'Angers et de Chalonnes, vraisemblablement affiliée à celle de Paris — le Club des Jacobins.

« Je me fais un devoir, disait-il, de donner au public un aperçu des sottises des prêtres réfractaires de nos cantons. Si cette comédie est digne de votre suffrage, votre approbation me dédommagera de tous les sacrifices que je fais pour soutenir la Constitution et dissiper l'ennui dont je suis nécessairement accablé au centre de l'idiotisme. »

CHAPITRE IV

Militaires, auteurs dramatiques. — Pompigny, « citoyen soldat » : son « Epoux républicain » ; éloges et critiques ; ses réponses et ses dédicaces. — Lesur, auteur de « la Veuve d'un républicain » : nouvel élément d'intérêt dramatique. — Cuvelier de Try : « les Royalistes de la Vendée ».

Pompigny, qui se qualifiait « citoyen soldat », poussait jusqu'à leurs conséquences extrêmes, dans son *Epoux républicain*, joué le 8 février 1794, au Théâtre de la Cité, les théories du professeur Boyer et du curé Coquille sur l'extermination nécessaire des aristocrates et sur l'influence, toujours néfaste, du clergé réfractaire dans la société. La pièce de Pompigny est, en effet, une apologie de la délation. Son héros, le serrurier Franklin, dénonce Mélisse, sa femme, comme contre-révolutionnaire. C'est, au vrai, la justification de ce propos tenu aux Jacobins et répété par le *Père Duchesne* : « Si je savais que mon frère ou que mon père conspirât contre la République, j'irais moi-même le dénoncer aux magistrats. » Et, de fait, des hommes furent guillotinés, victimes d'une délation familiale.

Quoique noble d'origine, Mélisse eut donc cette fortune, qui échut d'ailleurs, en réalité, pendant la Révolution, à d'autres femmes ou filles de sa caste, d'épouser un plébéien, — contrat d'assurance contre la loi inflexible des suspects.

— « Je consentis à devenir la chaste moitié d'un sans-culotte, dit Mélisse au conspirateur Brumaire (ô fatalité des noms !) qui l'associe à ses projets contre-révolutionnaires.

D'autre part, Franklin est entouré d'amis et de confidents, assurément les plus purs d'entre les purs et lecteurs convaincus des turpitudes d'Hébert. L'un d'eux, Romarin, fait cette profession de foi, éloge implicite de la délation : « Se taire est quelquefois un crime ; rien n'est indifférent dans une république. Un seul peut donner la clef d'une grande conspiration et sauver la Patrie. »

Germinal, dans son dialogue avec son ami Franklin, est plus catégorique encore sur le chapitre des répressions sanglantes. Il n'est certes pas pour ce *Comité de clémence* que préconisait alors le *Vieux Cordelier* de Camille Desmoulins ; à l'égal des Hébertistes, il est inflexible et même féroce : « Nos ennemis ont été les plus faibles parce qu'ils étaient des lâches ; mais s'ils eussent été les plus forts, crois-tu qu'ils auraient dit *tant de sang versé !* Ils auraient crié, répété sans cesse : *Du sang ! du sang ! encore du sang !* Nous avons eu du courage et nous avons triomphé. Que nous reste-t-il à faire ? Verser le leur jusqu'à la dernière goutte, toujours combattre pour nous venger ou mourir ! »

Et Franklin d'approuver :

— « Voilà parler en homme libre, en vrai républicain ! »

Une conversation d'un autre genre s'engage entre l'honnête serrurier et sa femme. Franklin veut connaître le contenu d'un coffre qui est entre les mains de Mélisse.

— « Cette cassette, dit la conspiratrice, renferme des effets précieux qui m'ont été confiés par des âmes pieuses pour les rendre à leurs vrais propriétaires... des sommes considérables données aux monastères pour en rétablir les bâtiments. »

Et Franklin, sévèrement :

— « Ces sommes appartiennent à la République. »

Bientôt le patriote ne peut plus douter de la culpabilité de Mélisse devenue une véritable furie ; et le mari, — l'excellent mari, — livre cette mégère « au glaive de la loi ».

A la première représentation, le parterre accueillit avec transport une œuvre qui donnait une si haute idée de l'intransigeance républicaine de son auteur et réclama avec frénésie la présence de ce moderne Brutus. Pompigny ne se fit pas prier. Il parut sur la scène, en carmagnole, le bonnet rouge sur la tête et tint ce discours au public :

— « Citoyens, je n'ai pas eu de mérite en traçant ce petit tableau patriotique ; quand le cœur conduit la plume, on fait toujours bien, et je suis sûr qu'il n'y a pas, dans la salle, un mari qui ne soit prêt à faire comme mon *Epoux républicain.* »

Une double salve d'applaudissements salua un compliment si flatteur.

Mais, si bon sans-culotte qu'il fût, Pompigny n'avait pas le privilège de rester intangible à la critique.

La *Feuille du Salut Public*, ce journal ultra-révolutionnaire, autoritaire et grincheux, dénonciateur coutumier des hommes et des institutions qui lui portaient ombrage, reprocha durement à Pompigny ses... réminiscences, pour ne pas dire ses plagiats.

Loin de s'exclamer, comme Oronte,

Et moi je vous soutiens que mes vers sont fort bons,

le pauvre auteur, qui avait sans doute conscience de la platitude de ses productions, plaida les circonstances atténuantes.

En effet, dit-il,

Nous naissons citoyens, avant que d'être pères,

se trouve dans l'*Orphelin de la Chine*, mais, « je l'ai donné comme citation sentencieuse ». Quant au reste, et sur les huit à dix mille vers dont se composait ma pièce (j'en ai bien brûlé les trois quarts) il a pu s'y glisser quelques erreurs, je n'y contredis pas. Mais je dois toutes mes félicitations aux interprètes dont je connaissais « le vrai républicanisme ».

Si la *Feuille du Salut Public* avait malmené l'*Epoux républicain*, le *Conservateur* (décadaire) *des principes républicains et de la morale politique* [1] l'avait par contre porté aux nues :

« L'art et le patriotisme doivent cet éloge au citoyen Pompigny, auteur de cet ouvrage, de dire qu'au mérite de présenter des leçons mâles et touchantes des vertus civiques, il joint encore celui d'avoir repoussé cette pusillanimité qui fait que tant d'auteurs révolutionnaires n'osent offrir sur la scène que des aristocrates ridicules, sans caractères, sans moyens et tout autres qu'ils ne sont dans leurs complots perfides, lorsque, d'une main s'armant de la balance de la justice, et de l'autre du poignard de la trahison, ils prétendent qu'on a bouleversé l'ordre social, parce qu'on a détruit l'inégalité, que l'on surveille leurs desseins et que l'on gêne leurs démarches. »

Enfin, Pompigny, se rappelant l'ovation que lui avait value la première représentation, et soucieux de n'être pas confondu avec Corneille, à qui, sans doute, il entendait faire allusion, dédiait, en ces termes, l'impression de son *Epoux républicain* à sa section, celle de l'*Indivisibilité* :

« Mes frères, quelques auteurs se sont jadis déshonorés, en mendiant, dans une dédicace rampante, une

---

1. *Le Conservateur des principes républicains et de la morale politique*. Paris, an II, tome I.

protection imaginaire qu'une vanité ridicule feignait de leur accorder. La liberté a fait disparaître pour toujours

> *Ces protégés si bas, ces protecteurs si bêtes.*

Ainsi, c'est en vrai patriote, que je vous fais hommage de mon *Epoux républicain* ; et je le dois, puisque c'est au milieu de vous, dans votre sein, que j'ai puisé les traits de patriotisme qui caractérisent ce héros de la liberté. »

Nous n'avons pas su au juste quel poste occupait dans les armées républicaines ce « soldat-citoyen » ; mais, s'il s'en trouvait fréquemment éloigné par les tracas que devaient lui donner les répétitions et les représentations de ses ouvrages dramatiques, il avait assurément conservé de nombreuses relations avec ses compagnons d'armes ; car nous voyons, précisément, dans cette *Feuille du Salut Public*[1] qui l'a si vertement étrillé, que le « citoyen Pompigny » vient de mettre au point le *Prélat d'autrefois*, une pièce « envoyée de l'armée » par son auteur « le citoyen Degouge ».

Avant la Révolution, Pompigny était un des fournisseurs attitrés des scènes de troisième ordre et des théâtricules de la Foire : il avait donné aux Variétés Amusantes le *Prince ramoneur* dont Bordier avait fait la fortune. Depuis, il avait appartenu, avec Dumaniant, en qualité de comédien, au Théâtre du Palais-Variétés, qui l'avait, ensuite, conservé comme membre de son « Comité » d'administration et « directeur de la pantomime[2] ». Longtemps après la chute du gouvernement jacobin, il alimentait encore de ses productions insipides le répertoire des petits théâtres parisiens.

---

1. *La Feuille de Salut Public*, 30 ventôse an II.
2. *Spectacles de Paris et de la France pour l'année* 1793.

Lesur, le littérateur, de qui l'*Annuaire historique* est toujours consulté, était, lui aussi, un simple soldat et très jeune encore — il avait à peine 22 ans — quand son « opéra-comique »... sans musique, la *Veuve d'un républicain ou le Calomniateur*, fut représenté, le 23 novembre 1793, au Théâtre Favart.

Un misérable intrigant prétend à la main de la belle Cécile, veuve d'un officier républicain mort à l'ennemi. Restée sans ressources, la jeune femme sollicite une pension. Mais son adorateur, qui l'obsède et qu'elle repousse, entreprend une campagne de calomnies pour empêcher ces démarches d'aboutir.

Et nous voyons poindre ici un nouvel élément d'intérêt dramatique — car il n'apparaît que rarement dans le théâtre de l'ancien régime — l'officier français, généreux autant que brave, défenseur, comme au temps de l'antique chevalerie, de la beauté et de la vertu opprimées, ce brillant militaire qui fera bientôt la fortune de tant de petits vaudevilles et de grandes comédies.

En effet, un camarade et ami du défunt, Beauval, officier français, à l'âme héroïque et au cœur désintéressé, sauvera l'honnête Cécile des griffes de l'intrigant. Et, d'autre part, l'émotion profonde, quoique discrète, avec laquelle la jeune femme accueillait le dévouement chaleureux de l'intrépide soldat, pouvait laisser espérer aux spectateurs sensibles, comme il s'en trouvait encore tant dans ces sombres journées, qu'un avenir prochain réserverait à l'ami généreux la plus douce des récompenses.

Entre temps, Beauval, ou quelque autre personnage, lance, à profusion, les aphorismes obligés, en l'honneur du peuple, ou à la honte des rois — car il reste entendu que les monarques, si bénins soient-ils, sont quand même le rebut de l'humanité.

> *La bonté des tyrans est toujours une injure*
> . . . .
> . . . . *Voyez les tyrans confondus,*
> *L'horizon coloré du soleil des vertus.*

Le peuple :

> *Tyrannicide auguste, il sert l'humanité.*

Citons encore un curieux récit de la bataille de Jemmapes, que Solié (l'acteur-auteur) « débitait avec un comique expressif », et enfin la tirade de Beauval terminant la pièce sur ce quatrain, non moins « expressif » sous son allure prophétique :

> *Non, non, nos descendants ne seront pas esclaves :*
> *Saxons et Castillans, Germains, Anglais, Bataves,*
> *Rassemblez-vous ; la France, au devant de vos coups,*
> *Marche et, comme un volcan, va vous dévorer tous.*

Ce que le *volcan* tient de place dans la littérature dramatique de la Révolution !

On ne peut disconvenir cependant que toute cette emphase n'ait du souffle, de la jeunesse, de la vie, ne s'inspire d'un patriotisme chaud et sincère, en présence de la coalition de l'Europe haineuse et jalouse, menaçant d'anéantir la France. Et, quoique en dise l'annotation d'un grincheux du temps sur l'exemplaire que nous avons sous les yeux [1], annotation visant la prédiction de Beauval : « C'est pas très sûr », nous nous garderons bien de traiter, comme cet incrédule, Lesur « d'imbécile ».

Au reste, la pièce avait obtenu un succès d'enthousiasme. On fit une ovation à ce jeune auteur qui partait rejoindre son corps. Des spectateurs voulaient envoyer des délégués à la Convention, pour l'inviter à décréter

---

1. *Collection du Théâtre révolutionnaire de la Bibliothèque de la ville de Paris.* Au titre de la pièce.

que Lesur avait bien mérité de la patrie. Le député Poultier d'Elmotte, qui, lui aussi, écrivait à ses moments perdus et qui assistait à la représentation, promit ses bons offices à cette foule en délire : il ferait en sorte que les acteurs, chargés de la pétition, fussent favorablement accueillis par l'assemblée : or, celle-ci se contenta de renvoyer la pièce au Comité d'Instruction publique.

L' « adjudant-major du 2e bataillon de Paris en Vendée », Cuvelier de Try, qui devait signer plus tard « chevalier de Trie », avait tenu à honneur de justifier la confiance dont l'avait investi le ministre de la guerre, en donnant, le 10 septembre 1793, au Théâtre de la Cité-Variétés, la « pantomime » les *Royalistes de la Vendée* ou les *Epoux républicains*.

« J'ai vu et j'écris, dit Cuvelier dans l'avant-propos qui précède sa pièce imprimée... Puissent les tableaux affreux que ma faible main a essayé de tracer, redoubler dans tous les cœurs la haine de la tyrannie et du fanatisme ! Puissent les nuages de sang qui s'agglomèrent encore sur nos têtes, se dissiper aux rayons bienfaisants du soleil de la Liberté ! »

Certes, cette pantomime est toujours du mauvais théâtre. Mais elle se distingue du fatras de l'époque, en ce que l'action est plus corsée et plus vivante. Il faut se souvenir que Cuvelier avait le sens réel du théâtre et qu'il fut, sous l'Empire, un des plus féconds fournisseurs de l'Ambigu et de la Gaîté. Or, ses *Royalistes de la Vendée*, c'est, en quelque sorte, un mimodrame à grand spectacle et à coups de fusil.

Un colonel républicain, marié en Vendée, avec Rose Prévost, se trouve, dans un village, surpris par « les brigands ». Il est capturé par Rudemont, chef des royalistes, et Rose par un capucin. Les deux époux sont enchaînés dans le même cachot, mais par un raffinement de « cruauté monacale », leurs entraves sont trop courtes pour qu'ils puissent se joindre. L'officier, qui a foulé aux pieds la cocarde blanche, plutôt que d'accepter du service dans l'armée royaliste, sera conduit au supplice. Déjà, sa femme, restée seule avec le capucin, avait résisté aux violences du frocard qui espérait obtenir par la force ce qu'il avait attendu de la faiblesse.

Elle finit cependant par s'échapper de sa prison et court sonner une cloche, croyant donner ainsi l'alarme aux troupes républicaines. Mais à cet appel survient une religieuse, c'est-à-dire une alliée des bandes catholiques. En effet, surgit de nouveau le capucin qui remet Rose entre les mains de la nonne, en ordonnant à celle-ci, sous peine de la vie, de lui garder sa prisonnière, que surveille d'ailleurs une sentinelle royaliste.

Or, ce prétendu « brigand » n'est autre qu'un « bleu », déguisé, qui passe un pistolet à Rose ; et la jeune femme, braquant l'arme sur la nonne, l'oblige à lui remettre les clefs de la prison. Elle s'évade, va rejoindre l'armée républicaine, lui sert de guide et parvient à délivrer son mari. La bataille s'engage. Le colonel extermine les royalistes ; et le capucin reçoit la juste punition de ses crimes. « Le traître est frappé du plomb mortel et s'engloutit dans le torrent aux cris répétés de « Périssent les tyrans ! Vive la liberté [1] ! »

1. « Machinistes, dit le *Tribunal d'Apollon* (t. I, p. 280), décorateurs, menuisiers, brodeurs, marchands d'huile de baleine, peintres, marchands de couleurs, prosternez-vous devant votre père nourricier », c'est-à-dire Cuvelier, dont les pantomimes et les mimodrames, et même les mélodrames, étaient aussi terrifiants qu'innombrables.

CHAPITRE V

Les Conventionnels eux-mêmes daignent donner l'exemple. — Bouquier et son inséparable Moline. — La « Réunion du 10 août » ou « l'Inauguration de la République française » : œuvre officielle. — Trois théâtres doivent la représenter. — Un four noir. — Comédien-auteur-directeur et maire.

Les premiers fonctionnaires de la République, les représentants de la Nation, tenus de donner l'exemple, s'ils prétendaient au titre d'auteur dramatique, n'apportèrent pas cependant beaucoup d'empressement à remplir leur devoir. Il est vrai qu'ils pouvaient invoquer ce prétexte que leurs travaux de la Convention ne leur en laissaient guère le loisir. En des temps moins troublés, C. Desmoulins avait bien lu à ses amis son *Emilie* ou *l'Innocence vengée*, Saint-Just écrit la parade d'*Arlequin-Diogène*, Vergniaud collaboré à la *Belle fermière* de sa chère Candeille. Billaud-Varenne avait composé des comédies et des opéras, mais qui, hélas ! n'étaient pas sortis de son portefeuille pour affronter le feu de la rampe. Collot d'Herbois avait fait nombre de mauvaises pièces ; et Fabre d'Eglantine en avait produit quelques-unes de passables. Mais, tous, depuis qu'ils étaient entrés dans la fournaise, autrement dit en pleine Terreur, tous n'avaient plus travaillé qu'au seul et même drame, celui de la Révolution.

Ce fut, à leur défaut, le conventionnel Bouquier, membre du Comité de l'Instruction publique, qui, assisté du citoyen Moline[1], « secrétaire-greffier attaché

---

1. Moline avait écrit des livrets d'opéra pour Glück et nombre de pièces de tout genre.

à la Convention », fit, comme on dit aujourd'hui, du théâtre pour la plus grande gloire de la Révolution.

Les deux collaborateurs ressuscitèrent, en quelque sorte, la cantate, qui, sous l'ancien régime, avait eu une existence plutôt intermittente et qui, depuis, n'a cessé de fleurir.

Bouquier et Moline intitulèrent le premier essai de leur élaboration commune « *la Réunion du 10 août ou l'Inauguration de la République française*, sans-culottide dramatique » et la dédièrent « au peuple français ».

C'est un résumé symbolique de l'histoire de la Révolution depuis le 14 juillet 1789 jusqu'au 14 juillet 1793, découpé en cinq actes et en vers, avec déclamation, chants, danses, évolutions militaires et décors variés, une sorte d'opéra politique, qui devait être fort ennuyeux, malgré tout le déploiement d'une mise en scène, où figuraient majestueusement le président de la Convention, l'ordonnateur de la cérémonie, les députés, les envoyés des assemblées primaires, les autorités constituées, les citoyens, les citoyennes et au milieu d'elles les « Héroïnes des 5 et 6 octobre ». Nous y verrons défiler une suite de scènes et de personnages bien connus.

ACTE PREMIER. — « Le théâtre représente l'emplacement de la Bastille. Parmi les décombres, on voit la fontaine de la Régénération, représentée par la Nation, qui, pressant de ses deux mains ses fécondes mamelles, en fait jaillir deux sources d'une eau pure qui s'épanche dans un vaste bassin. Plusieurs arbrisseaux entourent la fontaine. Des citoyens de tout âge et de tout sexe sont occupés, avant le point du jour, à orner de fleurs l'enceinte du lieu où la cérémonie de la fête doit commencer. »

Un citoyen s'approche et lit « les inscriptions de la Bastille ». Aussitôt, il chante « avec fureur » :

> Vengeons-nous ; et que les sans-culottes
> Ecrasent ces monstres pervers ;
> Marchons, et de ces vils despotes
> Délivrons l'univers.

L'ordonnateur de la cérémonie remplit son office. Il prend des mains de plusieurs cultivateurs des bouquets d'épis de blé, qu'il distribue aux membres de la Convention.

Ceux-ci se rangent autour de la statue de la Nation. Et les envoyés des assemblées primaires forment une chaîne autour d'eux. Huit d'entre eux portent sur un brancard une arche ouverte qui renferme les tables sur lesquelles seront gravés les Droits de l'Homme et l'Acte constitutionnel.

« L'aurore commence à paraître. »

Le président de la Convention prend une coupe d'eau pure. Et, après avoir, « par une sorte de libation, arrosé le sol de la Liberté, il boit le premier et fait successivement passer la coupe aux envoyés des assemblées primaires. A chaque fois qu'ils boivent, une salve d'artillerie annonce la consommation de l'acte de fraternité ».

Puis les citoyens sortent, en masse et sans ordre, de l'enceinte des ruines de la Bastille, « avec cette égalité sacrée, première loi de la Nature et première loi de la République ».

Acte II. — Ballet des Héroïnes des 5 et 6 octobre. Elles déclarent qu'il est temps de « purger la terre des Phalaris, des Géryon » (quelles savantasses !) et vont s'asseoir sur l'affût des canons.

Le président s'empresse de leur donner l'accolade fraternelle. Puis, distribution de couronnes de laurier et défilé de plusieurs députations, entr'autres celle des Jeunes Aveugles sur leur « plateau roulant » et de nourrissons dans leurs barcelonnettes. Enfin, laboureurs et villageois.

Acte III. — Place de la Révolution et sa statue de la Liberté, entourée d'arbres et de rubans tricolores. A côté, flambe un bûcher qui doit consumer les attributs de la royauté. Au fond, dans la brume matinale, la promenade des Champs-Elysées.

Le président de la Convention chante à son tour cette petite leçon d'histoire :

> Pour le punir de ses forfaits,
> Du peuple ici la justice sévère
> Du dernier tyran des Français
> A fait tomber la *tête altière* (! ! !)

Et quand le trône, la couronne, le sceptre, les fleurs de lys et les écussons dorés sont précipités dans les flammes, le président poursuit :

> Que ces cendres, jouets des vents,
> Aillent porter la Terreur dans les âmes
> Des satrapes et des tyrans.

A ce moment, une nuée d'oiseaux s'envole du bûcher. Et deux colombes vont se réfugier dans les draperies de la statue de la Liberté.

« Emotion » de l'ordonnateur *(le peintre David)*.

Acte IV. — Place des Invalides. Sur la cîme d'une montagne se dresse un colosse, symbole du Peuple français. D'une main, il rassemble le faisceau départemental, de l'autre il écrase le monstre du Fédéralisme :

> Ce serpent qui conçut le projet criminel
> De briser les liens formés par la nature,
> Ce monstre, féroce et cruel...
> C'est le fédéralisme...

Sans préjudice de cette apostrophe aux tyrans :

> L'horloge de l'égalité
> A sonné votre heure dernière.

Acte V. — Champ-de-Mars. A côté de l'autel de la Patrie, des piédestaux et des urnes antiques réservées aux cendres des guerriers morts dans les combats.

Le président, sur les marches de l'autel, dépose l'acte de recensement et proclame la Constitution. Il reçoit les piques que lui présentent les envoyés des assemblées primaires et les rassemble en un faisceau.

Pour donner à cette manifestation l'éclat qui lui convînt — et Bouquier, bien qu'il fût riche, ne tenait nullement à en faire les frais — la Convention décréta, sur la motion d'un de ses membres, Thuriot, que le Comité de Salut Public pourvoirait aux dépenses de la mise en scène.

Le Comité décida que trois théâtres joueraient la pièce : l'Opéra, l'Opéra-Comique, le théâtre Molière récemment nommé *Théâtre des sans-culottes*.

Celui-ci ouvrit la marche. Le 13 mars 1794, il donnait la *Réunion du 10 août* qu'avait musiquée son chef d'orchestre Duboulay, et qui fut représentée, suivant la formule consacrée, *De par et pour le peuple*.

Le 5 avril, ce fut le tour de l'Opéra, qui avait confié au compositeur Porta le soin d'écrire la partition. L'œuvre de Bouquier et Moline fut jouée vingt-quatre fois et s'arrêta net au 8 thermidor (26 juillet).

Douze jours après, elle était reprise à la nouvelle salle de la rue Richelieu qu'avait fait construire la Montansier et qui prit le nom de Théâtre des Arts. A cette occasion Moline avait invoqué la Muse, et la Muse lui avait inspiré, par manière de prologue, l'*Inauguration du Théâtre des Arts*.

Efforts superflus ! Malgré que, au dire des contemporains, la pièce eût été acclamée avec frénésie, dans le principe, elle se soutint péniblement pendant quinze représentations et disparut définitivement de l'affiche, le 21 janvier 1795.

Bouquier disparut, lui aussi, de la scène politique. Il se retira dans ses terres, où, paraît-il, il fit de la peinture. Et ses tableaux valaient beaucoup mieux, assurait-on, que ses vers. Nous ne saurions nous prononcer, les productions artistiques de Bouquier, si jamais elles passèrent par la salle Drouot, n'ayant eu encore le privilège d'arrêter l'attention, ni de fixer le choix des connaisseurs.

A un degré inférieur dans l'échelle hiérarchique, nous trouvons, comme auteur dramatique, un personnage assez notoire toutefois, le maire d'une grande ville de France, Desbarreaux, cet ancien comédien qui avait doté Toulouse d'un nouveau théâtre, où il faisait, en qualité de directeur et d'officier municipal, la pluie et le beau temps [1].

Il y donna, le 28 décembre 1793, les *Potentats foudroyés par la Montagne et la Raison* ou la *Déportation des rois de l'Europe*, sorte d'arlequin dramatique, où l'œil le moins exercé pouvait reconnaître des lambeaux des *Emigrés aux Terres australes* et surtout du *Jugement dernier des rois*, le prototype de cette littérature, dans laquelle les volcans jouaient le rôle de tyrannicide, tenu aujourd'hui par les bombes à renversement.

---

1. A l'article Théâtre de Toulouse, les *Spectacles de Paris et de la France pour* 1794 gratifient d'une superbe réclame ce Desbarreaux, qui n'en reste pas moins un des ancêtres du *tripatouillage* :

« On ne peut que lui savoir gré d'avoir *sans-culottisé* (délicieux euphémisme !) un grand nombre d'ouvrages utiles, qui, avec *de légères additions*, ont fourni à cet entrepreneur le moyen de varier son répertoire et de prêcher à nos concitoyens les vrais principes de l'Egalité et l'amour brûlant de la Liberté. »

Mais Desbarreaux est un homme à la conscience très large : il a constaté, dans le *Journal des Spectacles* — et il en convient sans la moindre vergogne, — que le sujet des *Potentats* avait été déjà traité par Sylvain Maréchal qui l'avait dénommé le *Jugement dernier des rois*. Et il a trouvé le titre si piquant qu'il s'est empressé de l'adopter pour sa pièce « prophétique et révolutionnaire ». Au cas où le procédé ne serait pas du goût de S. Maréchal, lui, Desbarreaux, priait les acteurs des départements de supprimer le titre. Quant au sujet, il déclare l'avoir pris dans le *Rêve du républicain*, une brochure imprimée à Genève avant la Révolution. Il ignorait d'ailleurs l'adaptation scénique qu'en avait faite S. Maréchal ; et, pour prouver son désintéressement, il autorise « tous les acteurs de la République » à jouer sa pièce sans rétribution, « trop heureux s'il parvient au double but que tout républicain doit se proposer : couvrir les prêtres du ridicule qu'ils méritent, et imprimer dans l'esprit des peuples l'horreur que les rois doivent nous inspirer ».

Un roman sentimental se greffe sur ce drame politique. Julie, la vertueuse Julie, a repoussé la flamme impudique d'un « monstre qu'on nomme roi ». Son mari est aussitôt embastillé ; et elle, elle est déportée avec sa fille, qui s'appelle *Emile*, dans une île volcanique, habitée seulement par des sauvages. Cette femme forte entreprend l'éducation morale des indigènes, concurremment avec celle de sa fille. Emile ne connaît ni les rois, ni les prêtres, mais, d'après l'idée que lui en inculque sa mère, elle se les figure aussi féroces que le tigre tué par son ami, le jeune sauvage Zora.

Entre temps, l'officier de marine La Montagne débarque dans l'île, accompagné de Francœur et autres soldats français :

— Eh ! mais, dit-il, voici le séjour qui convient aux brigands couronnés que nous sommes chargés de reléguer dans quelque coin du monde.

— Cargaison empestée, ajoute Francœur, que nous avions jetée à fond de cale, de crainte que leur haleine ne fût contagieuse.

A la vue d'inscriptions gravées sur les rochers, inscriptions où Julie avait exposé sa lamentable histoire :

— La Cour, s'écrie La Montagne, avait donc des Bastilles au bout de l'univers !

Survient Julie. Reconnaissance. Un interminable palabre s'engage entre la déportée et l'officier qui la met au courant des faits et gestes de la Révolution française.

— Etre intéressant, vertueuse mère, dit La Montagne, tu es bien vengée !

Et Julie conclut :

— La Raison a vaincu l'Hydre des préjugés !

Il est entendu que les deux femmes seront rapatriées et même qu'on emmènera Zora ; car Emile n'entend pas se séparer de son cher sauvage à qui La Montagne donne « l'accolade et le bonnet des sans-culottes ».

Un bonheur n'arrive jamais seul. Julie retrouve son époux dans la personne de Réman, le capitaine du vaisseau qui a transporté les *potentats*.

Après un ballet exécuté par les sauvages, les rois, couronnés et enchaînés, sont amenés sur le devant de la scène par les soldats : le grand maître de Malte, les rois de Prusse, d'Angleterre, d'Espagne, de Naples, l'impératrice de Russie et le Pape : tous se jettent à la tête leurs turpitudes et en viennent aux mains. Mais le tonnerre gronde : les Européens montent sur un rocher pour se mettre à l'abri du volcan (! ! !). La déesse de la Raison (il fallait s'y attendre !) apparaît sur un nuage, la main armée d'un flambeau. Elle débite un certain nombre de strophes vengeresses, à l'adresse des tyrans, et remonte au ciel, pendant que le volcan explose pour engloutir les scélérats. Et les Européens de clamer en chœur :

Rendons grâces aux Dieux (! !), il n'est plus de tyrans :
Vive la Liberté !

Acteurs

Acteurs. — Acteurs-Auteurs

QUATRIÈME PARTIE

Acteurs

Acteurs

CHAPITRE PREMIER

La Révolution donne un état civil aux comédiens. — Enthousiasme et désillusions. — Obéissance passive et obligatoire : au Théâtre de l'Estrapade. — Comédiens indociles à Sainte-Pélagie et aux Madelonnettes.

A l'exception de la surprise du 24 février 1848, il n'est peut-être pas d'époque dans notre histoire qui ait vu éclore plus de brochures, de journaux et de pièces de théâtre que la Révolution, très attendue, de 1789. Le souffle ardent de la Liberté avait comme fécondé les cerveaux, où bouillonnaient de si nobles et généreuses idées, mais aussi tant de conceptions mal ordonnées et d'irréalisables utopies.

Si déjà des brèches nombreuses avaient entamé l'absolutisme de la plupart des institutions monarchiques, l'ancien théâtre résistait encore à la pression de l'opinion publique, défendu par des traditions et des privilèges séculaires, par la censure, qui, pour s'être en quelque sorte émiettée entre diverses mains, n'en restait que plus tracassière et plus destructive de toute liberté.

Il fallut que la Bastille s'écroulât, pour que le voile de gaze, qui séparait, aux *Délassements Comiques*, les spectateurs de la scène, se déchirât : symbole imprévu de la frêle, mais infranchissable barrière, qui avait arrêté jusqu'alors le libre essor de l'art dramatique, et qui, au lendemain du 14 juillet 1789, devait, seul débris d'un régime disparu, se relever encore pendant près d'un siècle.

En tout état de cause, le premier âge de la Révolution fut l'*Age d'or* pour les comédiens. Ils gagnaient au « nouvel ordre de choses », d'abord un état civil qui leur avait toujours été refusé, puis cette liberté du théâtre qui leur permettait d'adopter n'importe quel genre et que sanctionnait l'abolition presque complète de la censure.

On ne saurait donc s'étonner, si ces acteurs, sauf ceux du Théâtre Français, de l'Opéra, de la Comédie-Italienne (Opéra-Comique), qui se trouvaient ainsi dépossédés de leur privilèges, acceptèrent avec enthousiasme le nouveau régime. Ils l'accueillirent parfois même trop chaleureusement : car, dans leur ferveur de néophytes, certains abandonnèrent les autels de Melpomène ou de Thalie pour les tréteaux, beaucoup moins sûrs, de la politique.

Cependant la plupart, tout en se mêlant aux tumultes de la rue, restèrent au théâtre. Ils y apportaient leur admiration passionnée pour la Révolution ; et si cette ivresse démocratique n'était pas partagée, soit par leurs camarades, soit par les spectateurs — car la royauté avait encore ses partisans plus ou moins honteux — la soirée devenait orageuse et se terminait par des horions, quand la police n'intervenait pas pour expulser ou incarcérer les perturbateurs.

Ces batailles dans la salle se livraient, on le sait, avec des fortunes diverses, suivant que les aristocrates étaient en force, ou les sans-culottes en majorité. C'était la démonstration, fréquemment renouvelée, de cette absurdité qui s'appelle la loi du nombre, loi brutale, violente, inexorable, surtout quand elle s'applique aux choses de l'intelligence. Mais enfin les chances étaient à peu près égales pour les deux partis.

Par contre, le jour où le système de la Terreur fut instauré, la situation du comédien devint singulièrement délicate [1]. Sans doute, si les acteurs n'exploitaient pas eux-mêmes l'entreprise théâtrale, le péril était moindre : la responsabilité du directeur les couvrait ; mais ils n'en étaient pas moins exposés à recevoir les premiers coups. Le public — car, même, aux jours les plus sombres, il se trouvait, de loin en loin, des spectateurs pour protester — le public s'en prenait aux acteurs de telle scène ou de tel mot qui l'offusquait. Et la police, ou les comités révolutionnaires, ou la Commune, ou même la Convention, incriminaient la tiédeur, voire l'incivisme des comédiens, si quelque dénonciation mettait ceux-ci en cause, soit pour un jeu de scène malheureux, soit pour une situation, ou pour une phrase en contradiction avec « les principes ».

La méfiance jacobine répétait assez sur tous les tons, chaque fois que l'occasion s'en présentait, quelle influence le théâtre pouvait exercer sur l'éducation du peuple et comment l'acteur était le prêtre désigné pour le culte

---

1. M. Arthur Pougin (*l'Opéra-Comique pendant la Révolution*, pp. 100-102) a dressé le long martyrologe des acteurs, auteurs, directeurs et, en général, de tous les gens de théâtre qui, pendant la Terreur, furent inquiétés, tancés, arrêtés, emprisonnés et guillotinés.

civique. Il ne devait donc sortir de ses lèvres qu'une glose en parfaite concordance avec l'Evangile révolutionnaire. Aussi, quelle n'était pas son appréhension quand il étudiait un rôle ou qu'il l'interprétait !

Et cependant quelques-uns de ces comédiens furent de bonne foi, beaucoup plus sincères, beaucoup mieux pénétrés de leur mission, quand ils brûlaient les planches, que leurs directeurs, ou leurs auteurs, lorsque ceux-ci montaient ou écrivaient la pièce.

Mais ce fut plutôt encore la peur qui fit marcher les troupes comiques de la Révolution, le jour où il leur fallut se résigner à jouer, de préférence à toute autre, l'œuvre qui flagornait le mieux les rêveries démagogiques, dût-elle condamner le public au plus mortel ennui.

Les collectivités d'artistes, exploitant, à leurs risques et périls, un théâtre, étaient donc tenues à une extrême prudence, puisque, au regard des autorités, elles étaient responsables d'une contravention qu'elles n'auraient même pas soupçonnée. Aussi témoignaient-elles, vis-à-vis de l'administration, de la déférence la plus humble, de l'obéissance la plus aveugle et des plus respectueuses attentions. Nous en trouvons un exemple bien frappant dans un journal de l'époque [1] :

« Vendredi dernier, lorsque l'ordre arriva aux comédiens de fermer leurs spectacles, l'un des acteurs du Théâtre de l'Estrapade, s'avança, couvert d'un crêpe, sur l'avant-scène et, la douleur peinte sur le visage, il déploya, sans dire un seul mot, une large bande de drap noir, sur laquelle ces mots terribles étaient écrits en gros caractères blancs :

Citoyens, la patrie est en danger.

---

1. *Annales de la République française*, n° du 15 mars 1793.

On lut ; et chacun, partageant la crainte et la terreur, se retira en silence. Ce genre d'éloquence, neuf dans une circonstance où la sécurité générale disposait au plaisir, vaut mieux, ce me semble, que tous les discours de l'expirante Académie. »

C'était, en effet, assez réussi comme jeu de scène ; mais c'était surtout cette démonstration, très nette, qu'il fallait obéir, sans réplique, aux injonctions de l'autorité. Toutes les associations d'artistes ne s'exécutaient pas aussi promptement, ni aussi servilement, ne fût-ce que celle des Comédiens Français, qui étaient en délicatesse avec le Comité de Salut Public et qui, un jour, expièrent sous les verrous leur attachement peu dissimulé aux errements de l'ancien régime.

A vrai dire, ils en prenaient assez gaîment leur parti, raconte Madame Roland dans ses *Mémoires*, sur le ton philosophique qui lui est familier.

« Le 4 septembre, à 11 heures du soir, au moment où j'écris, des rires se font entendre dans la pièce voisine. Les actrices du Théâtre-Français, arrêtées hier et menées à Sainte-Pélagie, ont été conduites aujourd'hui chez elles pour le lever des scellés et réintégrées dans la prison, où l'officier de paix soupe et se divertit avec elles. Le repas est joyeux et bruyant : on entend voltiger les gais propos et les vins étrangers pétillent. Le lieu, les objets, les personnes, mon occupation forment un contraste qui me paraît piquant [1]. »

Une gaîté qui serait devenue de l'épouvante, si elles avaient jamais connu ce billet qu'on prétend avoir été écrit par Collot-d'Herbois à Fouquier-Tinville !

« Le Comité t'envoie, Citoyen, les pièces concernant les ci-devant Comédiens français. Tu sais, ainsi que tous

---

1. *Mémoires de Mme Roland*, tome III, p. 120 (notes).

les patriotes, combien tous ces gens-là sont contre-révolutionnaires : tu les mettras en jugement le 13 messidor.

« A l'égard des autres, il y en a quelques-uns parmi eux qui ne méritent que la déportation ; au surplus, nous verrons ce qu'il faudra faire après que ceux-ci auront été jugés [1]. »

Certains de ces futurs déportés, tels Dupont et La Rochelle, Duval et Van Hove, étaient cependant sortis des Madelonnettes, mais à la condition d'aller jouer sur le Théâtre de la République. Mesdames Joly et Petit quittèrent Sainte-Pélagie, le 5 janvier 1794, avec la même destination [2].

Mais tous, depuis longtemps déjà, ne riaient plus [3] ; et même, dans leur anxiété, ils avaient écrit à la Convention pour lui demander leur mise en liberté. Or, le 4 nivôse, l'Assemblée avait purement et simplement renvoyé leur pétition au Comité de Sûreté générale.

---

1. Porel et Monval. *Théâtre de l'Odéon*, t. I, pp. 122-124.
2. *Ibid.*
3. Mlle Thénard écrit dans *Choses vues, choses vécues* (*Revue* du 19 novembre 1908), que sa bisaïeule, la comédienne Madeleine Thénard, arrêtée avec ses camarades, fut mise en cellule à Sainte-Pélagie, vu son état de grossesse. Elle avait un surveillant qu'elle payait dix francs par jour et qui montait la garde autour de sa baignoire, quand elle prenait un bain.

CHAPITRE II

Servilité des artistes de l'Opéra. — Une Montagne sur le boulevard. — La fête de la Raison à Saint-Roch. — Expurgation des répertoires de l'Opéra et du Théâtre de la République. — Les « Scrupules d'une maîtresse ». — Jusqu'à Payan qui les désavoue.

Les artistes de l'Opéra, qui, depuis l'incarcération de Francœur, accusé de modérantisme, avaient obtenu de reprendre, pour leur compte, la suite des affaires de leur infortuné directeur, ne laissaient échapper aucune occasion de donner des preuves éclatantes de leur civisme. Nous les voyons jeter au bûcher, devant leur théâtre, les parchemins qui étaient, en quelque sorte, leurs titres de noblesse, documents peut-être uniques, ou d'une inappréciable valeur, mais condamnés à disparaître, du moment qu'ils étaient souillés d'une empreinte « féodale ». Un jour, ces trembleurs apprirent que des abonnés avaient encore en leur possession d'anciens coupons de loge « portant les emblêmes de la royauté ». Aussitôt, ils firent inviter les intéressés à échanger ces mêmes coupons contre d'autres plus conformes « aux principes », attendu qu'à partir d'une date déterminée, les anciens seraient refusés à la porte par le contrôleur.

L'inauguration des bustes de Marat et de Le Peletier Saint-Fargeau, à la section de Bondy, fut l'occasion, pour les artistes de l'Opéra, d'affirmer de nouveau leur foi révolutionnaire. Ils avaient édifié, à l'entrée de leur théâtre — aujourd'hui la salle de la Porte-Saint-Martin — une immense Montagne en planches et en toiles peintes qui s'avançait jusqu'au milieu du boulevard et dont le sommet était *couronné* (verbe exclu du programme) par *le Temple des Arts et de la Liberté*. Les inévitables déesses, l'Egalité et la Liberté, faisant partie du cortège officiel, descendirent de leur char devant le théâtre et montèrent, d'un pas solennel, vers le Temple, pendant qu'un orchestre nombreux, jouait la marche des « prêtresses d'*Alceste* ». Aussitôt, sortirent du sanctuaire, de longues théories de jeunes filles, vêtues de tuniques blanches, que ceinturaient des écharpes tricolores ; et bientôt, d'un geste gracieux, elles décoraient de guirlandes les bustes des nouveaux Saints et les arbres factices de la Montagne symbolique, alors que les chœurs des *Enfants des Arts* chantaient une poésie mirlitonesque débutant ainsi :

> *Marat n'est plus ainsi que Saint-Fargeau* [1].

Certes, les artistes associés de l'Opéra n'eussent rien osé refuser aux puissants du jour ; mais nous ne croyons pas que ceux-ci leur aient jamais demandé les services énumérés si complaisamment par les Goncourt dans une page restée célèbre, bien que dépourvue de toute documentation, de leur *Société Française pendant la Révolution* :

« C'est, à l'Opéra, que se jouent, la toile baissée, les Bacchanales catilinaires. C'est à l'Opéra, dont les coulisses sont le lupanar des Hébert et des Chaumette, qui, quatre fois par semaine, soupent avec les rois, popularisent les Déesses, sans-culottisent les Nymphes et font souffler les fourneaux du *Père Duchesne* par les Jeux et les Plaisirs, pendant que les Amours de Psyché lui allument sa pipe. C'est à l'Opéra, dont Léonard Bourdon courtise l'Olympe féminin, menaçant les Junon, les

---

1. GONCOURT. *La Société française pendant la Révolution*.

Minerve, si l'on ne s'empresse de jouer son chef-d'œuvre révolutionnaire, de faire dresser une guillotine sur l'avant-scène [1]. »

Rien dans la vie d'Hébert, ni dans celle de Chaumette n'est venu prouver jusqu'à présent que ces personnages, répugnants d'ailleurs, aient fréquenté aussi assidûment le foyer de l'Opéra. Et nous n'avons vu nulle part que Léonard (dit Léopard) Bourdon ait jamais fait appel à la virtuosité de Sanson sur la scène de l'Opéra [2], pour la mise au point de ses drames lyriques.

Ce qui ne veut pas dire toutefois, que, par courtisanerie, les artistes n'aient pas brûlé sur les mêmes autels l'encens grossier que prodiguait à ses idoles la démagogie communale. En effet, le 10 frimaire an II (jour de la décade), le personnel de l'Opéra, d'un commun accord avec celui du Théâtre de la République, célébrait, au nom de la Montagne, la fête de la Raison, dans l'église Saint-Roch, érigée en *Temple de la Philosophie* : « les symboles du catholicisme, dit un témoin oculaire [3], en avaient été chassés par ceux de la Philosophie et de la Raison ».

Gardel, le chorégraphe, était maître des cérémonies. On chanta des « cantiques civiques », et l'*Hymne à la*

---

1. GONCOURT. *La Société française pendant la Révolution*, p. 304. — M. Poizot dit encore *(Histoire de la musique en France*, p. 126) qu'Hébert avait dressé une liste de 22 noms qui tenait le personnel de l'Opéra en respect par crainte de l'échafaud.
Castil-Blaze, dans son *Histoire de l'Académie Impériale de Musique* (1855, tome II), cite les mêmes faits et bien d'autres encore à l'appui de notre thèse sur cette maladie de la peur, passée alors à l'état endémique. Mais, comme les Goncourt, il indique à peine les sources de sa documentation, si bien qu'on hésite aujourd'hui à faire appel à son témoignage.
2. Les Goncourt font évidemment allusion à son *Tombeau des Imposteurs* : ce fut le Comité de Salut Public qui l'interdit.
3. BIBL. NAT., Inventaire Z 20776-20778, *Journal des Spectacles* du 13 frimaire an II.

Raison, composition de Méhul, qui avait eu le courage de mettre en musique six couplets dans le genre de celui-ci :

> *Auguste compagne du sage,*
> *Détruis des rêves imposteurs ;*
> *D'un peuple libre obtiens l'hommage ;*
> *Viens le gouverner par les mœurs.*

Puis, Monvel, « ministre du Culte de la religion nouvelle, » était monté en chaire, vêtu d'une dalmatique tricolore, où flamboyaient ces deux mots : *Raison, Vérité*, pour « écraser une fois de plus l'infâme » en une longue homélie que recommandait cette virulente apostrophe :

« S'il existe un Dieu, je le défie en ce moment de me foudroyer pour montrer sa puissance. »

Néanmoins, ce malheureux théâtre de l'Opéra National, bien qu'il veillât de très près à l'épuration de son répertoire, ne parvenait point à fermer toutes les issues qui permettaient à « l'hydre de l'aristocratie » d'y faire passer ses « mille têtes ». De vertueux républicains ne pouvaient comprendre qu'un théâtre, aussi éminemment national, célébrât les exploits des Atrides, fît acclamer les noms de tyrans tels qu'Achille et Agamemnon et surtout remît à la scène *Iphigénie en Aulide*. Les sans-culottes avaient encore sur le cœur l'ovation que le chef-d'œuvre de Glück avait valu à la veuve Capet, en ce temps-là reine de France. Le théâtre du compositeur allemand fut soigneusement expurgé. Dans le drame lyrique d'*Alceste*, le royaume de Thessalie devint une république et le roi Admète un général au service de ladite république : tel, vingt-cinq ans plus tard M. de Buonaparte devait passer dans les histoires bien pensantes — mais lesquelles ? — pour le généralissime des armées de Sa Majesté Louis XVIII.

Le répertoire du Théâtre de la République, si bien

notés qu'en fussent les acteurs, fut livré aux mêmes ciseaux. *Marquis* fut remplacé par Damis et *Baron* par Cléon.

Dans le *Menteur*, de Corneille, *la place Royale* devint *la Place des Vosges*. Mais la plus laborieuse de toutes ces métamorphoses fut encore celle que subit le célèbre distique :

> *Détestables flatteurs, présent le plus funeste*
> *Que puisse faire aux rois la colère céleste.*

Les censeurs, nouveau modèle, préposés à ce... rhabillage, mirent d'abord, pour remplacer *aux rois* « à l'homme », puis « au peuple » ; et comme le vers s'obstinait à garder treize pieds, ils le ramenèrent à sa juste mesure avec le mot *hélas !*

Un autre terme fut également banni de la langue française. On lit dans la *Métromanie :*

> *Et, je vous soutiens, moi, qu'un ouvrage d'Etat*
> ANOBLIT *tout autant que le Capitoulat.*

Le réviseur officiel barra ce dernier vers et lui substitua celui-ci :

> *Vaut cent mille fois mieux que le Capitoulat*

On supprima dans *Mahomet :*

> *Exterminez, grands Dieux, de la terre où nous sommes*
> *Quiconque avec plaisir répand le sang des hommes.*

Le *Père Duchesne* et sa séquelle n'avaient-ils pas crié à l'abomination de la désolation, quand Camille Desmoulins avait voulu règlementer la guillotine ?

Gohier, ministre de la justice, remania le dénouement de la *Mort de César* que gâtait, prétendait-il, le discours contre-révolutionnaire d'Antoine.

Mais qu'étaient ces modifications à côté des exigences, dont nous parle... un peu en pince-sans-rire, François de Neufchâteau, à propos de cette *Paméla* qui devait lui attirer de si notables disgrâces :

« ... La liberté est ombrageuse ; un amant doit avoir égard aux scrupules de sa maîtresse ; et j'ai d'ailleurs fait aux principes de notre Révolution tant d'autres sacrifices d'un genre plus sérieux, que celui de deux mille vers n'est pas digne d'être compté [1]... »

Or, les « scrupules de cette maîtresse » qu'était la Liberté étaient montés à un tel diapason, que « ses amants » en détonaient, et sur le mode grotesque. On n'était pas un bon *patriote*, si l'on n'était appelé *citoyen*, ou si l'on n'arborait la cocarde tricolore. « *Phèdre* ne déclarait sa flamme à Hippolyte qu'avec cet insigne très apparent sur la poitrine. » Il faut dire, pour la défense de *Phèdre*, qu'un décret de la Convention punissait d'une détention de cinq années toute femme qui s'avisait de sortir sans être encocardée... et très visiblement ; car la police avait constaté que certaines aristocrates ne portaient qu'une cocarde microscopique ; et encore disparaissait-elle dans un pli de leur coiffure.

Cependant le Jacobin Payan trouva excessive, sur la scène du moins, l'obligation d'une exhibition, dont Chaumette, son prédécesseur, raffolait. Et, comme Payan, qui se piquait de bel esprit, n'était pas tout à fait dénué de bon sens, il informa le Comité de Salut Public, vraisemblablement d'accord avec lui, qu'il avait enjoint à la police de n'avoir plus à molester directeurs, entrepreneurs, ni acteurs se rebiffant contre des prescriptions « ridicules ».

---

1. Ce qui est assez plaisant, c'est que l'auteur avait adressé cette protestation, fort habilement dissimulée, à tous les journaux, sous forme de circulaire.

« Commune de Paris, 14 floréal an II (3 mai 1794).

« L'Agent national au Comité de Salut Public,

« Je me suis empressé, citoyens représentants, de me rendre à l'Administration de Police, pour engager les administrateurs Lelièvre et Faro, à rapporter, ou du moins à modifier la lettre qu'ils avaient écrite aux directeurs de spectacles relativement aux expressions de *Monsieur* et de *Citoyen*.

« Je n'ai pas eu de peine à leur faire sentir qu'il fallait, en conservant les pièces anciennes, laisser subsister le costume et la dénomination convenables au temps où elles ont été faites, ou aux pays où la scène est censée se passer. Sans doute, on doit trouver aussi ridicule de dire le citoyen Catilina que de voir Jupiter ou Armide décorés d'une cocarde tricolore.

« En conséquence, les administrateurs de police écrivent aujourd'hui à tous les directeurs et leur observent qu'ils peuvent laisser subsister les tragédies faites avant la Révolution, ou sur des événements qui y sont étrangers, sans changer les mots de *Monsieur* ou *Seigneur* et autres.

« Quant aux comédies anciennes, ils laissent à la sagacité et au patriotisme des directeurs à décider quelles sont les occasions où il faut changer les dénominations.

« En un mot, ils soumettent seulement les pièces nouvelles à se servir des mots *Citoyen* et *Citoyenne*, à moins que ceux de *Monsieur* ou de *Madame* ne soient employés que comme injure ou pour désigner un ennemi de la Révolution. »

« Payan ».

CHAPITRE III

A la Convention et dans les sections, les artistes célèbrent à l'envi la Constitution. — Glorification, sur la scène, par la voix et par le geste, de la guillotine. — « Flatteurs », un mot de Robespierre. — Le lendemain du 9 thermidor.

Les Assemblées sectionnaires mettaient volontiers à contribution, dans les circonstances solennelles, ceux de leurs membres que recommandaient leur situation et leurs talents artistiques, et qui, à l'exemple de leurs camarades de l'Opéra, se gardaient bien de se faire prier.

Quand la Constitution de 1793 eût été promulguée, ce fut comme une ruée, à la Convention, des pouvoirs publics, des administrations, des sociétés, de tous les groupements officiels privés, pour y formuler *coram populo* leur adhésion au pacte constitutionnel. Le goût du jour voulait que la cérémonie se rehaussât d'une mise en scène appropriée à ce débordement de patriotisme. Aussi la section de 1792 ne trouva-t-elle rien de mieux, pour « notifier » d'une façon grandiose « son acceptation », le 5 juillet, jour où elle vint défiler devant la Convention, que de faire chanter la *Marseillaise* par ses « frères et amis », Chenard[1] de l'Opéra-Comique national, Châteaufort et Vallière du Théâtre Feydeau. Toute l'assemblée accompagnait en chœur les artistes. Après le couplet *Amour sacré de la patrie*, qu'elle écouta debout

---

1. BIBL. NAT., L⁴¹ b 5437 (imprim.), p. 289. — Boilly a représenté Chenard en « porte-drapeau de la fête civique ». Il est en sabots et fume la pipe.

et tête découverte, Chenard ajouta, à l'adresse de la Montagne :

> Citoyens chers à la patrie,
> Nous venons vous offrir nos cœurs,
> Montagne, Montagne chérie,
> Du Peuple les vrais défenseurs,
> Par vos travaux la République
> Reçoit la Constitution.
> Notre libre acceptation
> Vous sert de couronne civique.
> Victoire, Citoyens, gloire aux législateurs,
> Chantons, chantons,
> Leurs noms chéris sont les noms des vainqueurs.

A son tour, et comme pour faire assaut de poésie avec ce chef-d'œuvre, Vallière chanta des couplets sur la *Liberté*, dont le dernier avait certainement plus d'allure que la plate versification de Chenard :

> Sortez d'une nuit profonde,
> Peuples esclaves des rois :
> La France aux deux bouts du monde
> Vient de proclamer vos droits.
> Brisez vos vieilles idoles
> Et leur culte détesté,
> Et, plantant sur les deux Pôles
> L'arbre de la Liberté [1].

Les chansons, on le voit, jouaient un rôle capital dans ces solennités publiques. Il en allait de même au théâtre. Ce n'était pas que toutes fissent partie intégrante de la pièce en représentation : bien souvent, au contraire, elles étaient chantées, en manière d'entr'acte ou d'à-propos, composées plus ou moins volontairement par les fournisseurs de la maison. Le beau livre, si merveilleusement documenté, de M. Constant Pierre, *Hymnes et Chansons de la Révolution*, en cite des quantités de ce genre, dues à des chansonniers de profession, à des auteurs dramatiques, à des acteurs, voire à des

---

1. *Journal des spectacles*, 7 juillet 1793.

amateurs qui croyaient rendre ainsi un éminent service à la patrie.

Certains donnaient même à leur composition une couleur d'un réalisme très accentué, s'il faut en croire cette anecdote d'un contemporain :

« Dans les entr'actes, un acteur s'avançait sur le bord de la scène, pour annoncer au public le nombre de victimes qui venaient, ce jour même, de perdre la vie sur la place de la Révolution ; et cette annonce était accompagnée d'une chanson à la façon des bagnes, dans laquelle on célébrait, en y ajoutant de sanguinaires contorsions, le bruit sourd de la hache et l'éloge des services qu'elle rendait à la Liberté [1]. »

L'appréhension de paraître indifférent ou tiède, dans des circonstances que les exaltés considéraient comme plus particulièrement calamiteuses pour la République, fut telle qu'elle en écœura les hommes les mieux disposés à favoriser les manifestations les plus exubérantes. A propos du prétendu attentat contre la vie de Robespierre, qui provoqua de si folles démonstrations de sympathie en l'honneur du conventionnel, celui-ci ne put s'empêcher de jeter, par forme de mépris, le mot de « Flatteurs ! » au bas de cette adresse que lui envoyait une troupe de comédiens :

« *Liberté, égalité, fraternité ou la Mort !*

Les artistes du *Théâtre de l'Egalité* au représentant du peuple Robespierre.

Sextidi, 1re décade de prairial an II de la République.

Permets que des artistes, toujours reconnaissants des importants services que tu rends à notre Mère commune

---

[1]. GRÉGOIRE (Lombard de Langres), *Mémoires de l'exécuteur*, 1830, p. 107.

la Patrie, te fassent part de l'affreuse tristesse qu'ils ont éprouvée à la première nouvelle de ton assassinat. Tu seras facilement convaincu de la joie vive et profondément sentie qui a succédé à ce moment d'alarme, quand nous sûmes que la Providence, protectrice de tes heureux destins, si nécessaires au salut de la République, t'avait préservé de leurs mains parricides. Accepte ce faible tribut de notre reconnaissance et sois assuré qu'il n'en est pas un de nous qui ne voulût te servir d'égide, si le moindre danger semblait te menacer encore.

Vive la République et ses défenseurs ! *(Nous n'avons pas cru devoir changer de style, ayant à te prouver les mêmes sentiments qu'à ton collègue Collot.)*

Les commissaires nommés par les artistes,

Signé : Armand VERTEUIL, JULIEN, BONNET-GONNEVILLE, AMIEL, DIDELOT, GALLET, WAZILLES, LAMOTTE, DUBLIN, COURDE [1]. »

Le ton changea, comme bien on pense, au lendemain du 9 thermidor. Et ce fut le Théâtre Feydeau (il fallait s'y attendre) qui en prit l'initiative. Il avait surtout une façon originale d'interpréter la fameuse circulaire de ce Payan qui venait de payer, sur la place de la Révolution, la dette d'amitié qu'il avait contractée envers Robespierre. Le 8 septembre 1794, l'observateur Perrière informe Paré, ministre de l'intérieur, de cette application imprévue d'arrêtés municipaux, qui exigeaient la dénomination de *Citoyen*, fût-ce même pour un Turc et qui exaspéraient l'agent national Payan :

---

[1]. *Papiers trouvés chez Robespierre*, t. I, p. 334. — Evidemment, Collot d'Herbois avait reçu le même poulet — une circulaire — après l'arrestation de son agresseur, le déséquilibré Lamiral. — Les signataires appartenaient à la troupe du Théâtre National transférée au *Théâtre de l'Egalité* (Salle de la Nation).

« Le ton léger et railleur des acteurs, toutes les fois qu'ils *rasaient* quelque idée révolutionnaire, ne donnait pas meilleure opinion d'eux que des spectateurs : le titre glorieux et sacré de *Citoyen* ne leur servait qu'à renforcer le comique d'une position ; et cet abus d'un nom si respectable est d'autant moins pardonnable, qu'ils le commettaient dans une pièce dont le sujet et les détails sont de beaucoup antérieurs à l'époque où la nation française s'en est revêtue. C'était donc un pur jeu de ces *messieurs*, qui, au lieu d'employer cette dénomination à élever l'âme des spectateurs, ne cherchaient qu'à la rendre vile à leurs yeux pour les dégrader eux-mêmes... Je propose donc, citoyen ministre, que toute pièce qui doit être présentée au peuple, les anciennes encore plus que les nouvelles, soit soumise à la censure d'un certain nombre de patriotes purs, éclairés aussi, mais *fermes surtout* [1]... »

Perrière croyait sans doute que la chute de Robespierre et celle de sa complice la Commune, dont la police s'était substituée aux censeurs de l'ancien régime, avaient mis fin à la résurrection d'un organisme odieux. L'avenir devait se charger de le détromper : car jamais l'administration ne tracassa plus les théâtres que pendant le Directoire : seulement ceux-ci n'avaient plus peur ; et le public libéré, lui aussi, de toute crainte, ne se laissait plus imposer, sans protester, et souvent avec succès, le répertoire qui lui déplaisait.

1. SCHMIDT. *Tableaux de la Révolution française*, t. II.

CHAPITRE IV

Quelques portraits d'acteurs démagogues ou réactionnaires. — Bordier le pendu. — Grammont-Nourry le guillotiné. — Dufresse, septembriseur méconnu : les notes de Choudieu et la lettre de Mme de La Rochejacquelein. — Naudet, mauvais comédien, mais honnête homme. — La crânerie de Louise Contat. — Dazincourt-Figaro et Saint-Prix « soldat-citoyen ». — « Où es-tu, Larive ? »

De ces troupes d'artistes se dégagent quelques individualités qu'il importe de connaître, d'autant que, même dans les sociétés de comédiens, de parti-pris contre-révolutionnaires, certains se posèrent, dès l'aube de l'ère nouvelle, en démagogues, sinon de bonne foi, du moins forcenés.

Deux exemples nous suffiront pour démontrer avec quelle passion farouche, exaspérée encore par la chaude atmosphère des coulisses, des acteurs pouvaient se flatter d'appliquer à la régénération de la société contemporaine des programmes de bouleversement et d'anarchie, implicitement compris dans un répertoire débarrassé des entraves de la censure.

On sait la fin tragique de Bordier, l'acteur des *Variétés Amusantes* que Mayeur de Saint-Paul appelle dans son *Espion des Théâtres du Boulevard*, « un libertin, un rouleur de nuit, un ribotteur qui doit à Dieu et au Diable », mais qui n'en était pas moins un comédien amusant, fort goûté du public. Envoyé à Rouen pour remplir une mission qui n'a jamais été bien définie, il fut arrêté, jugé et condamné comme convaincu d'avoir poussé le peuple au pillage. Il fut pendu dans les vingt-quatre heures ; il est vrai que, quatre ans après, il était réhabilité par la Convention et solennellement inscrit au martyrologe révolutionnaire. Mais Carmouche, dans son Histoire manuscrite du Théâtre du même nom [1], affirme que Bordier, en raison du rôle actif qu'il avait joué dans les scènes les plus atroces du début de la Révolution, obtint la confiance du « Conciliabule de Passy (?) » qui « avait conçu la pensée d'affamer Paris et les Parisiens ». L'émeute de Rouen répondait donc aux secrets désirs de cette société d'esprit subversif et à la vocation que s'était trouvée son agent d'en élever le système à la hauteur d'une institution.

La Bastille était à peine prise, qu'un sociétaire de la Comédie-Française, Grammont-Nourry, acteur très inégal, mais promu à la dignité de capitaine de la Garde nationale, s'avisait de vouloir donner l'assaut à la forteresse, occupée, en vertu d'une consigne régulière, par un détachement de la milice citoyenne, qui s'opposait énergiquement à la main-mise de l'intrus sur un poste où il n'avait pas le droit de pénétrer [2]. Peut-être, pour tenter ce coup de force, Grammont invoquait-il, comme prétexte, ses prédications furibondes du 14 juillet aux passants, alors que, monté sur une borne, il leur criait : « Il y a des carrières au-dessous de Paris, prenez-garde à la poudre, visitez les souterrains. »

Ce fut ce même Grammont qui se vanta plus tard d'avoir bu dans le crâne d'un des prisonniers qu'il avait massacrés à Versailles en septembre 1792 ; ce fut lui encore qui accompagnait, avec une joie d'un cynisme si révoltant, la charrette conduisant Marie-Antoinette à l'échafaud et qui, enfin, paya de sa tête, dans la

---

1. BIBLIOTH. DE L'ARSENAL. *Manuscrit* 5999, pp. 23 et suiv.
2. TUETEY. *Répertoire des sources manuscrites de l'Histoire de France et de la Révolution*, t. I, n° 279, 17 juillet 1789.

seconde fournée des Hébertistes, l'ignominie de sa conduite en Vendée [1].

Un comédien qui fit une fin moins malheureuse, et qui ne valait guère mieux que Bordier et que Grammont, s'il faut en croire les *Notes* du Conventionnel Choudieu [2], ce fut Dufresse, pensionnaire du Théâtre Montansier [3], où son interprétation du rôle du cardinal de Lorraine, dans la tragédie de *Charles IX*, fut remarquée.

Par une coïncidence vraiment étrange, cet homme, qui avait béni, au théâtre, les poignards de la Saint-Barthélemy, dirigeait les piques et les sabres des sans-culottes à l'Abbaye, pendant les massacres de Septembre.

Au milieu de ces scènes de désolation, se présente, à l'improviste, Choudieu : il veut parler « au citoyen qui préside à ces sanglantes exécutions ».

C'est, dit-il, *Dufr.* (Dufresse) qui ne le laisse pas parler.

— Que viens-tu faire ici ? demande-t-il à Choudieu. Si c'est pour arrêter la justice du peuple, je dois te dire que tes efforts sont superflus et que tu courrais même des risques, si tu cherchais à t'y opposer. Le seul conseil que j'aie à te donner, c'est de décamper au plus vite.

Choudieu ne se le fait pas répéter deux fois ; il l'avoue d'un ton navré ; il se retire, « le cœur serré » et « rentre tristement », avec son collègue Audrein, au sein de l'Assemblée — l'Assemblée Législative, qui ne se distingua, dans le cours de ces funèbres journées, que par son insigne faiblesse.

---

1. CAMPARDON. *Histoire du Tribunal révolutionnaire* (Paris 1866), t. I, p. 149.
2. *Notes* de CHOUDIEU (édition Barrucand), 1897, p. 187.
3. *Spectacles de Paris et de la France pour l'année* 1793. — Dufresse était alors capitaine de la garde nationale.

Choudieu en avait gardé une âpre rancune contre Dufresse. Et ses *Notes* sont loin de la dissimuler. Le septembriseur, qui avait définitivement quitté le théâtre, devint par la suite adjudant général. Il avait pris un tel goût pour la justice expéditive, quelle qu'elle fût, qu'il « avait fait graver une guillotine sur le cachet de l'état-major... »

« Il fut destitué pour ce seul fait », ajoute Choudieu, mais « réintégré en l'an VII ». Oh ! ce fut alors un changement de front. Il venait de trouver son chemin de Damas ; et il n'était de jour qu'il ne déclamât contre la Terreur. Un jour qu'il se livrait à cet exercice en présence de Choudieu, celui-ci, qui se sentait sans doute plus rassuré qu'en Septembre 1792, ne put retenir sa colère.

— Vous devriez au moins vous taire, lui cria-t-il. Et c'est vous qui osez parler de la Terreur !

A l'exemple de tant d'autres révolutionnaires qui avaient renié leurs dieux, Dufresse devint un pieux adorateur des idoles nouvelles. Sous la Restauration, il était général de brigade ; et nous avons découvert, à la Bibliothèque Nationale, une lettre de Madame de La Rochejacquelein à l'égorgeur de l'Abbaye, lettre [1] dans laquelle cette dame lui octroie un brevet de loyalisme pour son dévouement à la cause royale.

A ces exaltés par calcul il convient d'opposer des modérés par raison, chez qui toutefois le bon sens ou la reconnaissance parlait plus haut que la peur. La plupart appartenaient au Théâtre de la Nation (l'ancienne Comédie-Française), si mal coté dans l'opinion démagogique, depuis les incidents de *Charles IX*, qu'avaient continués ceux de l'*Ami des Lois* et de *Paméla*, jusqu'à l'heure

---

1. BIBLIOTH. NATIONALE. *Manuscrits*, nouvelles acquis. franç., n° 1305.

fatale où, la maison fermée, les propriétaires en avaient été répartis entre les diverses prisons parisiennes.

Naudet était un assez pauvre comédien, mais un ferme caractère. Son physique, sa voix l'avaient prédestiné aux ingrates besognes. Il ne jouait passablement que les rôles de tyrans et de traîtres, lui l'ennemi-né des politiciens, des agitateurs et des fourbes. Cependant il n'était pas l'adversaire systématique d'un sage libéralisme ; et même il avait accueilli avec empressement le programme réformiste qu'avait adopté, dans la plénitude de son indépendance, l'Assemblée Nationale. Il était, comme son camarade, cet énergumène de Grammont, capitaine de la Garde nationale. Seulement, le jour où les amis de son collègue lui avaient demandé si la Révolution pouvait compter sur sa compagnie, il avait répondu, à la façon d'un héros de l'antiquité :

— Pour faire le bien, oui.

La tempête qui s'abattit sur la Comédie-Française ne le prit pas au dépourvu. Il l'avait pressentie. Il ne fut pas enveloppé dans la proscription qui faillit décimer ses camarades. Il avait quitté Paris en 1793, muni d'un passeport pour la Suisse, mais il resta en province où personne ne songea à l'inquiéter.

Louise Contat, elle, était une fervente royaliste. Elle adorait Marie-Antoinette ; et rien ne lui coûtait pour témoigner de son idolâtrie. En 1789, la reine, avec cette étourderie et cette impatience qui la caractérisaient, manifesta le désir de voir et d'entendre la comédienne dans un rôle de *la Gouvernante*, qui n'était, ni de son âge, ni de son emploi. Contat, dès qu'elle fut informée de ce singulier caprice, s'empressa d'y souscrire sans la moindre observation. Et, en quelques jours, elle savait les cinq cents vers du rôle.

— J'ignorais, écrivait-elle à ce propos, où était le siège de la mémoire ; je vois qu'il est dans le cœur.

Cet aveu, surpris au plus fort de la Terreur, faillit lui coûter cher.

Au reste, elle fut, comme ses camarades de la Comédie Française, emprisonnée, sur l'insistance de Robespierre, qui s'en fit, aux Jacobins, un titre de gloire. Et elle comptait si peu se tirer d'affaire, qu'enfermée à Sainte-Pélagie, elle composa ce couplet qu'elle chanterait, affirmait-elle, en marchant au supplice :

> Je vais monter sur l'échafaud ;
> Ce n'est que changer de théâtre.
> Vous pouvez, citoyen bourreau,
> M'assassiner, mais non m'abattre.
> Ainsi finit la Royauté,
> La valeur, la grâce enfantine...
> Le niveau de l'égalité,
> C'est le fer de la guillotine.

Animé du même esprit, Dazincourt — le créateur du rôle de Figaro dans le *Mariage* — chantait, le 16 septembre 1791, un « couplet sur notre bon roi » (l'avait-il composé ?) intercalé dans la *Partie de Chasse de Henri IV*. C'était un contre-révolutionnaire déterminé ; et quand Talma, Dugazon et autres quittèrent la salle du faubourg Saint-Germain pour celle du Palais-Royal, Dazincourt déclara à ses camarades et sut les persuader qu'ils ne devaient composer en rien avec ces transfuges, devenus les pensionnaires du Théâtre de la République. Aussi fut-il un des premiers comédiens désignés à la fureur populaire ; et ce fut miracle — grâce à La Bussière et plus encore à Fabien Pillet — s'il était encore sous les verrous le 9 thermidor.

Saint-Prix, qui avait encouru la même animadversion, eut la même chance. Mieux encore que Dazincourt, il avait bien mérité de la famille royale. Au retour de

Varennes, les appartements respectifs de Louis XVI et de Marie-Antoinette avaient été isolés l'un de l'autre par un long couloir, où devait se promener, sans arrêt, un garde national, dont la consigne était des plus sévères : « Or, en sa qualité de soldat-citoyen, Saint-Prix se faisait assigner ce poste aussi souvent qu'il le pouvait, sans courir le risque d'éveiller les soupçons ; et non seulement, il facilitait l'entrevue des augustes prisonniers, mais encore, pendant toute la durée, il faisait le guet, afin d'éviter les surprises. »

Charles Maurice tenait l'anecdote de Saint-Prix lui-même, qui était un de ses meilleurs amis ; et il ajoutait que l'honnête comédien n'était sorti de prison qu'après treize mois de captivité, et qu'avant de rentrer au théâtre, il s'était « mis marchand de bois [1] ».

Larive ne fut pas plus épargné, malgré qu'il eût donné son adhésion sincère au nouveau régime, mais non pas aux excès de la démagogie. Celle-ci ne pouvait lui pardonner d'avoir ouvert les portes de sa maison du Gros-Caillou à Bailly et à Lafayette, pendant la sanglante émeute du Champ-de-Mars, le 17 juillet 1791.

Aussi fut-il incarcéré avec la plupart de ses camarades du Théâtre Français, bien qu'un de ses plus fanatiques admirateurs lui eût adressé cette adjuration sur le mode pathétique :

Paris, 6 août an II de la République une et indivisible.

« Où es-tu Larive ? Quel climat te retient donc endormi dans ta gloire ? Quoi ! le favori de Melpomène dédaignerait de nouveaux lauriers ! Il serait sourd à la voix qui le rappelle sur la scène du monde ! Il se refuserait à couvrir en ce moment *Mahomet* du poids de ses

---

1. Charles Maurice. *Le Théâtre-Français*, 1859-1860 ; et De Manne, *Troupe de Talma*. Lyon, 1866, p. 53.

forfaits ! Non, Larive, tu viendras avec nous, vouer à l'exécration l'infernale mémoire des tyrans ! C'est à toi qu'il appartiendra d'électriser les âmes républicaines.

Nouveau Cincinnatus, sors donc de ton tombeau ;
Viens, Brutus te prépare encore une couronne.

HAMBOURG,
Sans-culotte de la Section de la République [1]. »

---

1. *Moniteur* du 14 août 1793.

CHAPITRE V

Le « Citoyen Molé » ; « Echec au tyran » ; son passage au Théâtre de la Montagne ; comment on estropiait le « Misanthrope » ; Molé joue le rôle de Marat. — Lays défendu par Sainte-Luce-Oudaille ; sa mission politique à Bordeaux ; il est hué à l'Opéra ; sa justification. — Michot, lui aussi, missionnaire politique, tient victorieusement tête à la cabale. — Injustes attaques contre Talma.

En dépit de son emphase ridicule, cette apostrophe mérite de retenir l'attention : « Tu viendras avec nous, crie-t-elle à Larive, vouer à l'exécration l'infernale mémoire des tyrans. » L'invitation s'enveloppe de formules laudatives ; mais, au fond, elle est formelle, et sous une autre plume, dans une autre bouche, elle tournerait facilement à la menace.

De fait, il n'est pas plus licite à un comédien de rester chez lui qu'à un auteur de se croiser les bras. Tous deux doivent leur talent à la République : tant pis s'ils écrivent des inepties ou s'ils jouent en dépit du sens commun ; du moment qu'ils prennent à tâche d'exalter la Révolution, ils font leur devoir.

Molé, l'élégant comédien, le modèle des petits-maîtres, qui était tout à la fois l'idole du public, la coqueluche des grandes dames et l'enfant gâté de la Cour, fut littéralement amoindri et déprimé par la peur. Cet homme, qui, sous l'ancien régime, n'eût jamais voulu jouer que les rôles de marquis, exigea qu'on l'appelât désormais « le Citoyen Molé ».

Ce fut lui, le premier, qui, dans le *Bourru bienfaisant*, prononça d'une voix retentissante, au milieu d'une partie d'échecs, la phrase sacramentelle : « Echec au... tyran », au lieu d'*Echec au roi*.

Il quitta le théâtre de la Nation pour celui que la Montansier venait de faire construire en face de la Bibliothèque Nationale. Et, remarquait, non sans malice, la *Quotidienne* du 19 septembre 1793, « la citoyenne Montansier lui accordant tout ce qu'il demande, le public jouira des restes précieux de ce rare talent. Horace, l'a dit : le vin de Falerne se buvait exquis jusqu'à la lie [1] ».

Molé débuta, le 9 novembre, au Théâtre National, mais ce fut avec les administrateurs Gonneville et Verteuil, qu'à défaut de la directrice incarcérée, il traita définitivement. Le lettre qu'il leur adressait, le 11 frimaire an II, est reproduite par le *Journal des Spectacles* : « J'ai songé, écrivait le comédien, que je ne devais pas me donner pour rien et que, par délicatesse pour moi, je ne devais pas me faire payer de vous ». Et voici l'expédient qu'il avait imaginé pour résoudre ce difficile problème : Vous me donnerez, proposait-il, trois cents livres par représentation « que nous partagerons comme frères : soit cent cinquante à votre section, soit cent cinquante à ma section de l'Unité, pour les défenseurs de la patrie ou leurs parents. »

Molé payait ainsi la rançon d'un passé suspect à la sans-culotterie. Il dut en payer une autre aux principes d'égalité... sur le dos de Molière. Dans la représentation qu'il donna, au Théâtre National, du *Misanthrope* et

---

1. Engagé comme « premier acteur », la peur lui fait écrire ce billet au *Journal de Paris* : « Molé prie les citoyens journalistes qui veulent bien annoncer son entrée au *Théâtre National*, de supprimer la qualité de premier acteur de ce théâtre. » Un coup bien cruel pour une vanité de comédien !
Voir POREL et MONVAL. *Histoire de l'Odéon*, t. I, p. 120.

que le *Journal des Spectacles* qualifie d' « admirable », il lui fallut changer le vers

Et mon valet de chambre est mis dans la Gazette

contre celui-ci :

Et l'homme le plus sot est mis dans la Gazette.

« En ôtant de là *valet de chambre*, dit le *Journal des Spectacles*, fera-t-on qu'il n'en a jamais existé ? »

Molé n'était pas au bout des concessions ; et par sa poltronnerie, il lui fallut épuiser le calice jusqu'à la dernière goutte. Cet arbitre des élégances ne put se refuser à tenir le rôle du sordide Marat dans les *Catilinas modernes*, une misérable pièce de Féru fils, qui visait, bien entendu, sous ce titre, les Girondins.

Mais, à un moment donné, l'écœurement du comédien devint plus fort que la peur. Molé se prétendit malade pour passer la main à un camarade d'un estomac moins sensible ; et l'auteur, qui devait, plus tard, mourir de misère dans une échoppe d'écrivain public, adressait à son interprète une élégie se terminant sur ce vers :

Ressuscite Marat, tu me rends à la vie.

Molé s'en garda bien ; et quand le 9 thermidor eût cassé les reins à la Terreur, il alla rejoindre ses anciens camarades du Théâtre de la Nation, réfugiés à Feydeau.

Il ne semble pas que la réaction thermidorienne ait tenu rigueur au comédien désemparé de sa lamentable couardise : elle se montra autrement hargneuse pour Lays, le parfait baryton de l'Opéra, qui avait peut-être affiché trop bruyamment son zèle révolutionnaire et qui avait accepté, paraît-il, du Comité de Salut Public une mission pour Bordeaux. Nombre de ses contemporains l'ont affirmé. Mais Sainte-Luce Oudaille [1] s'efforce de disculper Lays et de ruiner une stupide légende qui accusait l'artiste d'avoir assassiné un de ses écoliers.

Lays n'était allé à Bordeaux, assure son défenseur, que pour remplir ses devoirs professionnels. On lui avait offert, pour un certain nombre de représentations, vingt-quatre mille francs qu'il voulait placer sur la tête de ses enfants. Par malheur, dès son arrivée, il avait eu la faiblesse d'écouter des « imposteurs qui l'avaient accaparé »; et il avait dû revenir à Paris, sans avoir touché un rouge liard de la somme convenue. La calomnie qui lui reprochait d'avoir rendu compte de sa prétendue mission aux Jacobins ne reposait sur aucun fondement. Déjà, lors de son départ de Paris pour Bordeaux, il y avait bien six mois qu'il n'avait mis les pieds dans le trop célèbre Club; et il n'y avait point paru davantage depuis son retour [2].

Cependant, malgré toutes les protestations de Lays, de qui Sainte-Luce s'était ainsi constitué le porte-parole, il fallait que l'acteur n'eût pas la conscience absolument tranquille, car son avocat concluait sur ces circonstances atténuantes : « Lays est chargé dans la pièce de *Sylvius* d'un rôle superbe fait pour honorer son cœur et ses talents ; c'est, en le jouant d'après nature, qu'il réparera tous ses torts. »

Plaidoyer en pure perte ! car sa réapparition au Théâtre des Arts (l'Opéra), après la chute de Robespierre, fut saluée d'une copieuse bordée de sifflets

---

1. SAINTE-LUCE-OUDAILLE. *Histoire de Bordeaux pendant dix-huit mois, ou depuis l'arrivée de Tallien, Ysabeau, Baudot et Chaudron-Rousseau jusqu'à la fin de leur mission.*
2. En effet, il n'est nullement parlé, à cet égard, de Lays, dans le *Journal de la Montagne*, organe des Jacobins.

et de huées. Il l'avait pressentie ; car, tout d'abord, il avait prétexté une maladie, comme le signalait la *Gazette française*, pour « esquiver la responsabilité de ses actes antérieurs ». Mais le jour (20 mars 1795) où Lays reprit le rôle de Thésée dans *Œdipe*, sa présence souleva un tel orage au parterre qu'il dût se retirer. Vainement ses camarades, vainement les officiers de police vinrent-ils, sur la scène, intercéder en sa faveur : les spectateurs furent inflexibles et le *Réveil du Peuple* — une manifestation qui renforçait celle des huées et des sifflets — alla poursuivre Lays jusque dans les coulisses de ses notes vengeresses.

Le *Journal des Théâtres* du 23 mars fut moins sévère que la *Gazette française* : « Au café de Chartres, disait-il, les avis sont partagés » ; et, en tout cas, il est regrettable, que l' « on confonde l'acteur avec le citoyen ».

Les Thermidoriens, acharnés à la perte de l'artiste, obtinrent qu'il fût incarcéré. Mais sa détention fut de courte durée. Le Comité de Sûreté générale estimant que les dénonciateurs étaient « trop vengés », fit mettre en liberté Lays ; et celui-ci, qui plaidait toujours sa non-culpabilité, reproduisit le texte de l'arrêté dans la brochure qu'il publia pour sa justification : *Lays, artiste du Théâtre des Arts, à ses concitoyens*.

Il dut convaincre ses lecteurs ; car, lorsqu'il reparut sur la scène, le 19 vendémiaire, « il fut accueilli par les plus vifs applaudissements. On a demandé que, pour son début, il chantât l'hymne des Marseillais ; mais on a rappelé qu'un arrêté du Comité de Sûreté générale défendait de chanter des airs étrangers à la pièce. L'Opéra n'a pas été sitôt fini, que Chéron est venu donner lecture d'un arrêté du Comité de Sûreté générale qui rapporte le premier en ce qui concerne seulement l'*Hymne des Marseillais* et le *Chant du Départ*. Aussitôt l'un et l'autre ont été successivement chantés au milieu des plus bruyants applaudissements [1]. »

Moins encore que Lays, Michot, qui avait fait apprécier à la Comédie-Française son jeu naturel et plein de bonhomie, pouvait nier sa participation aux actes du gouvernement jacobin. Dès le 10 août 1792, il avait accepté des missions officielles. Envoyé à Chambéry en qualité de « commissaire extraordinaire » de la République, il avait présidé aux séances de la Société populaire de la ville et affirmé sa parfaite communion d'idées avec le Club des Jacobins en prononçant l'éloge de Marat.

Quand il remonta sur le théâtre en germinal an III, il fut houspillé plus vigoureusement encore que Lays. Les Thermidoriens l'accusèrent formellement d'avoir favorisé et même provoqué les excès de la Terreur. Michot s'en défendit avec la dernière énergie [2]. Depuis trop longtemps poursuivi par des calomnies infâmes, il lui tardait, disait-il, de « dissiper les nuages dont on voulait couvrir sa conduite politique ». Il prit à cœur de spécifier la mission qu'il avait acceptée et remplie, de concert avec « quatorze artistes du Jury des Arts ». Cette délégation avait qualité pour visiter les « monuments nationaux », y rechercher les chefs-d'œuvre de peinture, de sculpture et d'architecture, établir, en un mot, le bilan de la France artistique. Ce plaidoyer ne manquait pas d'habileté, à une époque où l'on accusait de vandalisme les hommes de la Révolution. Michot ajoutait qu'il avait profité de l'occasion pour inviter les directeurs de théâtre à ne jouer que des pièces patriotiques. Il se félicitait d'avoir pu arracher à la « férocité » des tribunaux révolutionnaires quarante-trois

---

1. *Journal des Français*, 20 vendémiaire (n° du 13 octobre 1795).
2. *Journal des Théâtres*, germinal an III.

prisonniers, Dumas, entr'autres, machiniste au Théâtre de la République. Car s'il proclamait bien haut son amour et son dévouement passionné pour le gouvernement républicain, ce n'était pas celui que « la férocité (le mot était décidément passé dans la langue courante) voulait élever sur des cadavres entassés, mais bien celui qui doit amener le bonheur commun ».

A ce moment, se lève un Toulousain qui rend justice à l'humanité et au patriotisme de Michot. D'autre part, le conventionnel Ysabeau, qui a vu le comédien-délégué en fonctions à Bordeaux, appuie de son témoignage celui du Toulousain. Mais un protestataire — un seul — vient déclarer... par ouï-dire, que Michot « entend à regret le *Réveil du Peuple* ». A son tour, il est sifflé copieusement. Michot qui sent le public pour lui, a la victoire généreuse. Il embrasse son calomniateur. Mais celui-ci, appréhendé par Ysabeau et Chénier, est conduit au Comité de Sûreté générale qui le renverra, comme perturbateur, devant la police correctionnelle. Et Michot, au milieu de la salle, encore houleuse, entonne le *Réveil du Peuple*.

Talma — personne ne l'ignore — eut à souffrir, très injustement, mais très passagèrement [1], des mêmes imputations. Et ce qui prouve la vérité du mot célèbre : « Calomniez, calomniez, il en reste toujours quelque chose », c'est l'argument qu'apporte à l'appui de cette thèse, immorale, une anecdote tirée des *Souvenirs* de l'académicien Brifaut [2].

Celui-ci accompagne son « vieux parrain » à Brunoy,

---

1. Etienne qui n'était pourtant pas suspect de tendresse pour la Révolution, disait : « Cette manie de persécuter les comédiens pour les opinions politiques, a survécu à la Révolution. » (*Mémoires de Molé.*)
2. CH. BRIFAUT. *Œuvres*. Paris, 1858, 6 vol. Tome I, pp. 256-257.

où Talma venait se reposer, dans le calme de la vie champêtre des émotions fiévreuses de la vie de théâtre. Le grand tragédien célèbre, sur tous les tons, la tranquillité de sa retraite suburbaine — c'était au commencement de la Restauration.

— Ah ! dit-il, si vous aviez vu, il y a vingt-cinq ans, ces diables de cantons-là, quelle différence ! La Révolution avait mis sur pied tout ce peuple : on ne pouvait faire un pas sans être arrêté comme suspect, mené à la mairie, fouillé, emprisonné, pour peu qu'on n'eût pas ses papiers en règle. Terrible époque ! Dieu nous préserve d'un nouveau 93 !

Brifaut, qui avait des convictions royalistes très prononcées, regarde l'artiste avec stupeur ; et Talma, chez qui le sens de l'observation exacte n'était jamais en défaut, devinant la pensée de son visiteur, reprend, non sans vivacité :

— Eh quoi ! seriez-vous de ceux qui ont osé me croire Jacobin ? je n'ai jamais frayé avec de tels monstres.

Il est certain que l'opinion publique garda longtemps l'impression des accusations portées contre Talma par la réaction thermidorienne. Et cependant, quelques mois après la chute du gouvernement terroriste, le sage et pondéré Rœderer protestait, avec indignation, dans le *Journal de Paris* (25 mars 1795) contre l'attitude de royalistes assez impudents pour venir, au Théâtre de la République, à propos du rôle confié à Talma dans la nouvelle pièce de Ducis, menacer le grand tragédien d'exécutions qui avaient frappé, à plus juste titre, des comédiens ultra-révolutionnaires. Rœderer rappelait, dans son article, les relations amicales de Talma et de sa femme avec les chefs de la Gironde, relations continuées depuis avec leurs veuves. Des calomniateurs avaient osé prétendre que Talma « avait attiré les proscriptions décemvirales sur les comédiens français », alors que, peu de temps après leur incarcération, il avait renoué avec eux des liens d'amitié rompus par la scission de la première heure. Et ce qui justifia mieux encore les assertions de Rœderer, ce furent les témoignages rendus en faveur de leur ancien camarade par Larive et Mademoiselle Contat, et publiés successivement dans le *Journal de Paris* et dans le *Moniteur*.

D'ailleurs les applaudissements du public avaient déjà vengé Talma des insultes de la réaction.

Tout au plus, ses ennemis les plus acharnés pouvaient-ils lui reprocher d'avoir interprété le répertoire, odieux ou ridicule, du Théâtre de la Terreur ; mais les comédiens n'ont pas toujours la fermeté stoïque des personnages surhumains qu'ils représentent. Se retirer, comme Larive, sous sa tente, c'était encourir la méfiance des puissants du jour ; et Talma incarnait si bien l'artiste au cœur républicain qu'un geste de répugnance, de sa part, eût semblé suspect. Et la peur passait alors pour une sage conseillère.

CHAPITRE VI

« La Chaste Suzanne » et la pétition du comédien Delpech au Conseil général de la Commune. — Entrées de faveur à l'Opéra-Comique : les habitués du café Chrétien, Mazuyer, Jourdan, Maillard et Cie ; réponse d'Elleviou aux aménités du général Mazuyer. — Cabales des « réacteurs » dans les petits théâtres. — Vallières, comme Lays, est défendu par le Cousin Jacques. — Les derniers jours de Trial. — Humiliation de Fusil : son amende honorable.

Sur des scènes moindres, dont le répertoire eut dû sembler peu susceptible d'influencer les masses, des acteurs eurent à subir les assauts de la démagogie ou de la réaction. La plupart, intimidés ou épouvantés, courbèrent la tête : bien peu résistèrent. L'un deux, cependant, Delpech, qui jouait au Vaudeville, pendant les représentations, si agitées, de la *Chaste Suzanne*, eut le courage d'adresser cette pétition au Conseil général de la Commune de Paris [1] :

« Dimanche dernier, une douzaine de particuliers qui s'étaient trouvés, le matin, à la plantation de l'arbre de la Fraternité, vinrent, dans leur sagesse, juger la *Chaste Suzanne* qu'on jouait, ce jour-là, et que, d'avance, ils avaient proscrite. Ils commencèrent par forcer le passage et entrer sans payer. Au second couplet que je chantai, je fus applaudi du public qui le redemanda. Alors ces particuliers s'y opposèrent avec une fureur menaçante. Ils descendirent avec impétuosité des premières loges à l'orchestre, le sabre à la main, tinrent les propos les plus injurieux sur le public, les auteurs, les acteurs et la pièce... »

[1]. *Annales de la République française*, 1er février 1793.

La *Feuille du Matin* remarque, à ce sujet, que les spectateurs, effrayés, quittèrent la place.

Et vainement, continue le pétitionnaire, « le commissaire de la section des Tuileries représenta à ces hommes armés qu'ils devaient respecter les propriétés, etc. Ces hommes montèrent sur le théâtre et sortirent, en promettant de faire un hôpital de ce théâtre. Juste ciel ! Verrons-nous se renouveler les scènes sanglantes des 2 et 3 septembre ? Et les spectacles seraient-ils sur la liste de proscription ? »

Or, quel était le couplet incriminé ? Il paraîtra bien anodin, à côté des chants sauvages hurlés contre cet « Ancien Testament », dans lequel les sans-culottes voulaient absolument reconnaître le régime exécré de la monarchie :

> Affectant candeur et tendresse,
> Du plus offrant que l'amour presse
> Recevoir argent et présent,
> C'est ce que l'on fait à présent.
> Refuser plaisir et richesse,
> Pour conserver gloire et sagesse,
> De la mort braver le tourment,
> Ah ! c'est de l'Ancien Testament

Dans cette malheureuse pièce, où l'on torturait chaque phrase pour en extraire une allusion maligne, on s'avisa de trouver une ressemblance entre l'héroïne de la Bible et la femme dont la guillotine venait de faire une veuve. Mais, à cette même séance où Delpech avait pétitionné contre les perturbateurs du Vaudeville, un membre de la Commune, qui était en même temps un pince-sans-rire, déclara qu'il ne pouvait exister aucune analogie entre la Chaste Suzanne et Marie-Antoinette. Cette boutade ne désarma pas les inquisiteurs d'une municipalité, qui, depuis longtemps, avait décrété, pour son usage, le régime de la Terreur, avant qu'il ne fût mis à l'ordre du jour de la Convention. Le Conseil général décida que la police surveillerait les représentations ultérieures de la pièce, pour empêcher le tumulte et « la perversion de l'opinion publique ». Mais toute l'Assemblée fut d'accord pour « passer à l'ordre du jour » sur la pétition impertinente de ce Delpech, qui se permettait de vouloir faire payer leurs places aux honnêtes sans-culottes, « attendu qu'elle ne pouvait inspirer que le mépris ».

Un an après, nous voyons se produire les mêmes gentillesses au Théâtre Favart, du fait de ces bons b... de patriotes, comme disait le *Père Duchesne*, qui reprochaient aux pensionnaires de la maison la froideur de leur civisme. Il résulte, en effet, d'une déposition de l'acteur Solié au Comité de Sûreté générale, le 12 frimaire an II [1] :

« Que le citoyen Mazuyer, commandant de la cavalerie de l'armée révolutionnaire, a fait par deux reprises, beaucoup de tapage dans le petit foyer de la Comédie Italienne, les assurant qu'il ferait murer les portes et vouloir faire arrêter le citoyen Elleviou, acteur du théâtre. »

Solié déclarait que le café Chrétien, attenant au théâtre, était le rendez-vous de malandrins, qui, à l'exemple de Mazuyer, menaient grand bruit et que les habitants paisibles du quartier demandaient à cor et à cri la fermeture du café. Et Solié ajoutait, *de sa main* : « Ces citoyens-là veulent faire la loi partout où ils vont. »

Il était encore plus explicite dans sa déposition du 17 frimaire.

« Il avait ouï dire qu'au café Chrétien il se rassemblait des hommes dangereux qui opprimaient les

---

1. ARCHIVES NATIONALES (A. N.), W 78. Déclaration au Comité de Sûreté générale. — Café Chrétien.

citoyens, que ces rassemblements existaient depuis longtemps avant le 31 mai ; que les personnes qu'on lui dit faire du train, sont Jourdan, Maillard et autres dont il ne se rappelle pas les noms.

« Jourdan est entré une fois au parquet du théâtre de la rue Favart, a tiré son sabre et troublé le spectacle en menaçant, ce qui a obligé plusieurs citoyennes et citoyens à fuir. Le citoyen Chrétien est venu un jour à l'Assemblée des acteurs ; et là, il leur a dit qu'il fallait être toujours bien unis, que, quant au train qui se passait aux spectacles, il fallait patienter, qu'un jour viendrait où l'on ferait rendre compte à tous ces gens-là. Alors, un membre de la Société proposa d'envoyer des billets chez ledit Chrétien, afin qu'ils puissent être distribués à ces citoyens ; mais on lui dit que c'était inutile, parce qu'ils entraient cinq à six, en disant : *Montagne* à la porte. »

Ces pauvres diables de comédiens croyaient encore faire la part du feu en répandant avec largesse la manne des billets de faveur ; mais « les citoyens » n'avaient pas attendu la munificence de la « Société » pour entrer gratuitement à la salle Favart. — Les portes ne devaient-elles pas s'ouvrir toutes grandes devant les Maillard, les Jourdan, et autres « septembriseurs » ou « coupe-têtes » qui battaient le pavé de Paris ?

Une anecdote que Jal a consignée dans son *Dictionnaire*, et qu'il tenait d'Hoffmann et de Chenard, confirme la première déposition de Solié sur les rapports, plutôt tendus, d'Elleviou avec Mazuyer.

Ce traîneur de sabre criait, de toutes les forces de ses poumons, au foyer des acteurs :

— Nous sommes vos maîtres, nous prendrons vos maisons, nous boirons votre vin, nous caresserons vos femmes et nous ferons tomber *vos têtes*.

Elleviou, qui était un paquet de nerfs, saute à la gorge de Mazuyer, le jette sur le parquet et le traîne par sa tête à lui, commandant général, etc..., jusque dans la cheminée, où il l'eût fait rôtir, sans l'intervention d'Hoffman et de Chenard, témoins de la scène.

Voilà pourquoi évidemment Mazuyer réclamait, sans relâche, l'incarcération d'Elleviou. Mais le chanteur, aimé des dames, n'était pas une femmelette. Il était brave et n'entendait pas se cacher, malgré toutes les exhortations de ses amis. Bien mieux, il envoya dire à Mazuyer qu'il tenait son sabre à la disposition du sien. Mais le chef de la cavalerie révolutionnaire n'abusait pas de son arme : il préférait se conserver à l'amour de ses soldats ; et les choses en restèrent là.

Néanmoins, Elleviou, qui s'était affilié à une société de muscadins, complotant le renversement de la République, et qui, de ce fait, était recherché par la police, eut enfin la sagesse de se soustraire à des perquisitions dont le succès lui eût peut-être coûté cher.

Granger, qui appartenait à la Comédie Italienne (Opéra-Comique), après avoir passé par le Théâtre Français et couru la province, Granger fut accusé, pendant le cours d'une représentation, en pleine réaction thermidorienne, d'avoir siégé à Bordeaux comme membre du tribunal révolutionnaire (Commission militaire). Le coup était cruel pour cet artiste qui était alors fort goûté du public. Il quitta précipitamment la scène pour n'y remonter qu'au bout de quelques jours. Mais, dans l'intervalle, il avait pris la précaution de faire constater que, non seulement, il n'avait pas été terroriste, mais qu'il s'était toujours « comporté comme un ami de l'humanité souffrante [1] ».

---

1. ARTHUR POUGIN. *L'Opéra-Comique pendant la Révolution*, p. 163.
— DE MANNE. *Troupe de Voltaire*, notice Granger, p. 239.

En réalité, ce n'était pas seulement à la Comédie-Française et à l'Opéra que les « réacteurs » — le mot du jour — organisaient leur système de représailles, c'était encore dans les théâtres de second ordre, chez les forains et les paradistes, qu'ils composaient, à leur tour, des listes de suspects.

Parmi eux figurait Vallières, l'acteur de Feydeau, fort aimé du public, mais qui s'était vu vigoureusement reconduire les 6 et 7 pluviôse an III. Aussi s'en plaignait-il avec la plus vive amertume, les jours suivants, au *Journal des Théâtres*. Si votre rédacteur, lui écrivait-il, s'est trouvé à Feydeau, le 6 ou 7 pluviôse, il a pu entendre ma réponse à mes accusateurs. Je leur certifiais que je n'avais jamais été jacobin et que je pleurais encore les victimes de Robespierre, à telle enseigne que je faillis en être une. J'en atteste les citoyens de la section Le Peletier avec lesquels je vis depuis six ans. Chrétien et consorts ne m'avaient-ils pas dénoncé pour avoir dit que les journées de Septembre étaient un deuil pour la France, pour avoir réprouvé l'athéisme et pour avoir manifesté ma répugnance à mitrailler mes concitoyens ? Aussi le Comité révolutionnaire m'a-t-il jugé indigne de servir la République. Je n'ai exercé aucun pouvoir, je ne suis jamais allé en mission, je n'ai jamais appartenu à aucun comité. Je fus plutôt utile à ceux qu'on appelle muscadins. Je suis peut-être un buveur de vin ; je ne fus jamais un buveur de sang. J'ai consacré ma vie uniquement au bonheur de ma femme, de ma mère qui est septuagénaire, et de quatre enfants dont deux sont orphelins.

Vallières fit afficher par tout Paris un placard dans le même sens ; ce mode de protestation était alors fort usité, comme il l'est encore aujourd'hui.

D'autre part, Vallières avait trouvé un défenseur

convaincu dans le Cousin Jacques (Beffroi de Reigny) qui avait enrichi, à l'intention du comédien, son impression du *Club des bonnes gens* de cette note additionnelle [1] :

« Le citoyen Vallières, qui jouait autrefois le rôle de curé, a été réarmé dans sa section ; et l'arrêté qui le réintègre dans son honneur, prouve, par des faits bien précisés, que, bien loin d'être un terroriste, il était l'objet de la haine des buveurs de sang, qui l'ont dénoncé comme un fanatique, comme un modéré... »

En même temps, pour rendre hommage à la vérité, autant que pour sauvegarder ses intérêts d'auteur dramatique, Beffroi ajoutait : « Je voudrais aussi qu'on laissât reparaître Lays ou qu'on prouvât au moins ce qu'on lui reproche : il a répété 23 fois ma pièce de *Sylvius* et la manière dont il jouait son rôle qui est plein d'humanité, arrachait des larmes à tous les assistants. Est-ce qu'on est vraiment terroriste, quand on fait si bien valoir la sensibilité d'un rôle, quand on est d'ailleurs, bon, compatissant, ami chaud, bon époux et bon père ? »

Beffroi de Reigny se rencontrait ainsi avec Sainte-Luce Oudaille pour réhabiliter Lays.

Trial n'eut pas la même fortune, puisque certains de ses contemporains, Beugnot entr'autres, affirmèrent qu'il commit des excès de pouvoir, en qualité de commissaire municipal dans la visite des prisons et que des *Souvenirs* de la Révolution prétendent qu'il se suicida de honte et de désespoir, sans que personne ait jamais songé à défendre sa mémoire.

Toutefois, M. Arthur Pougin, dans son *Histoire de l'Opéra-Comique* et plus récemment (année 1909), l'*Intermédiaire des Chercheurs et des Curieux*, ont entrepris, non sans succès, cette tâche. Ils ont en effet, démontré

---

1. BEFFROI DE REIGNY. *Courtes réflexions de l'auteur précédant le « Club des bonnes gens ».*

que Trial ne fut pas « un buveur de sang », bien qu'il fût d'opinions très avancées. Fortement houspillé par les Thermidoriens, il dut lire, sur la scène, des vers « contre les buveurs de sang humain ». Mais il mourut, fort tranquillement, et sans le moindre remords, dans son lit.

Fusil n'avait pas la conscience aussi calme, quand, après avoir essuyé, en plein théâtre, les plus cruels outrages, il dut éclairer Talma, récitant, pour lui, le *Réveil du Peuple;* ses mains tremblantes pouvaient à peine tenir le flambeau.

Il ne craignait pas cependant d'adresser, le 8 pluviôse an III, aux rédacteurs du *Journal des Théâtres*, une lettre de protestation contre l'humiliation qui lui avait été infligée le 5 [1].

Il s'y disculpait de sa « prétendue conduite à Lyon ». Il n'était point de la « Commission des Sept » qui prononçait les jugements de mort, mais il était, au contraire, du Comité chargé des mises en liberté et de la surveillance des autorités constituées. La moitié des membres de ce comité restait en permanence : l'autre parcourait les départements pour le service des subsistances. Lui, Fusil, en avait fait partie pendant trois mois ; et, précisément, il avait été dénoncé au Comité de Salut public et aux Jacobins, comme « favorable aux rebelles ».

Il ne paraît pas que ce plaidoyer *pro domo* ait opéré le moindre revirement dans les esprits ; car Fusil fut toujours considéré comme un des juges les plus actifs et les plus impitoyables de ce tribunal de sang, qui, fidèle aux instructions des Fouché et des Collot-d'Herbois, livra tant de victimes à « la foudre » de l'armée révolutionnaire.

---

1. *Décade philosophique* du 10 pluviôse an III (29 janvier 1795). T. IV, p. 235.

CHAPITRE VII

En province. — Les billets de faveur n'apaisent pas les cerbères municipaux : les comédiens de Saumur. — Procession de Corsse à Bordeaux. — A Bourges et Agen, les vêtements sacerdotaux deviennent des costumes de théâtre. — Misère des troupes de Bordeaux et de Toulouse. — Comédiens-amateurs à Dijon et au Mans.

Les troupes de province, pendant l'épanouissement de la Terreur, durent s'observer avec plus de prudence encore que celles de Paris. Le contrôle en était incessant, exercé qu'il était par les autorités les plus diverses. Et ce n'était pas seulement la Commune, le District, le Département qui s'immisçait aussi bien dans les affaires financières et morales des comédiens que dans leur répertoire ; c'était encore les représentants que la Convention envoyait en mission par toute la France ; c'était enfin les Clubs, les Comités révolutionnaires et surtout les filiales de cette terrible Mère Gigogne qu'était la Société des Jacobins, qui avait emprisonné le pays tout entier dans les mailles de son inflexible tyrannie.

Les artistes du Théâtre de Saumur en firent l'expérience en 1794. Pour éviter de fâcheuses surprises, et sachant, d'autre part, qu'il n'est pas de meilleurs gâteaux pour apaiser les cerbères administratifs que les billets de faveur, ils en avaient offert un certain nombre, le 20 germinal an II, aux membres de la *Société des Amis de la Constitution*. C'était, disaient-ils humblement, « à l'effet de surveiller les pièces qu'ils jouaient et les remettre dans leur chemin, si les pièces jouées ne respiraient pas la vraie doctrine républicaine ». Il est probable que les Comédiens se distinguèrent par leur « conduite rectiligne », comme écrivait volontiers Collot-d'Herbois, ou que les Jacobins de Saumur, gorgés de billets de faveur, fermèrent les yeux sur les fautes vénielles de leurs justiciables ; car nous ne voyons pas qu'ils aient jamais usé, pendant la Terreur, du droit, si platement sollicité par les intéressés, de les « remettre dans le droit chemin ».

Mais, après la chute de Robespierre, les choses changèrent de face ; et vraisemblablement, les comédiens, se croyant à l'abri du joug qui les avait fait trembler, s'émancipèrent jusqu'à tarir la source trop abondante des spectacles gratis : car, « la Société » qui existait toujours, comme celle de Paris, survivant à la déconfiture de ses grands chefs, se crut encore assez forte pour morigéner les imprudents comédiens coupables de la plus honteuse faiblesse. N'avaient-ils pas osé dire aux spectateurs *Messieurs*, « mot qui, dans un gouvernement républicain, ne devrait jamais se prononcer et surtout publiquement ? » A cette révélation, la Société frémit d'horreur et décida qu'on enverrait deux commissaires aux comédiens pour « les rappeler aux principes ».

Ceux du Théâtre Molière à Bordeaux, que Grégoire [1] appelle des « saltimbanques et autres misérables », voulurent témoigner, avec plus d'éclat encore, de leurs sentiments révolutionnaires, le 20 brumaire an II. Ils organisèrent une procession, en costumes de cardinaux, d'évêques et de moines flanqués de religieuses ! « Le nommé Corze, représentant le Pape, distribuait des bénédictions aux assistants qui éclataient de rire. Il était précédé d'une bannière avec cette inscription : *Notre règne est fini*. Le cortège ayant fait une station

---

1. L'abbé GRÉGOIRE. *Histoire des sectes religieuses*, t. I, pp. 42-43.

au temple de la Raison, on ferma la grille, quand Corze se présenta. Il joua l'indignation, la fureur ; puis, paraissant s'apaiser d'après les exhortations d'un autre histrion, qui faisait le docteur de Sorbonne, il se dépouilla de son costume ecclésiastique, ainsi que tous ceux qui le portaient, et le tout fut livré aux flammes avec divers objets du culte dont on avait rempli un tombereau. Cependant une partie du mobilier des églises avait été conservée et donnée aux comédiens. »

Ce *Corze* doit être le Corsse qui dirigeait alors, tant bien que mal, et plutôt mal que bien, un théâtricule sur les allées de Tourny. De fait, l'entreprise périclita ; et il fut obligé de regagner Paris, où l'attendait une création qui le mit hors pair, en tant que comédien, celle de *Madame Angot* dans la pièce d'Aude (1803).

La pantalonnade de Bordeaux ne peut guère s'expliquer que par l'esprit de surenchère anticléricale. Car le biographe autorisé de Corsse, M. de Manne [1], ne donne pas le comédien comme un coryphée de la démagogie. Corsse dut, à l'exemple de tant d'autres de ses camarades, afficher, par prudence, des convictions ultra-révolutionnaires, surtout dans une ville où les acteurs passaient par de si rudes épreuves.

Au reste, l'assertion de Grégoire, établissant qu'une partie du « mobilier des églises » fut donnée à des comédiens, est exacte et confirmée par des documents officiels.

A Bourges, le 5 germinal an II, le Comité des Arts, qui avait obtenu du conventionnel Legendre, envoyé en mission dans le Cher, une somme de 8.000 livres pour la fondation d'un théâtre, s'empara des ornements

---

1. DE MANNE et MÉNÉTRIER. *La troupe de Nicolet* (Lyon 1869). T. I, p. 168.

d'église et en affecta une partie aux costumes des comédiens [1].

La *Revue de l'Agenais* [2] cite un arrêté du représentant en mission, Ysabeau, prêtre défroqué, qui ordonnait la transformation des chasubles, surplis, étoles, aumusses et autres ornements sacerdotaux en costumes de théâtre.

Evidemment de telles métamorphoses s'inspiraient de cet esprit philosophique, particulier à la Révolution, qui ne voulait voir dans les cérémonies du culte que des parades analogues à celles des tréteaux comiques. Et il semblait piquant aux libres-penseurs du nouveau régime que le décor religieux de l'ancien servît d'oripeau à ces comédiens si longtemps et si vainement excommuniés par l'Eglise.

Et nous ne serions pas autrement surpris, si jamais il était prouvé que, par fanatisme, — la libre-pensée a le sien non moins exclusif que celui de l'Eglise — les théâtres étaient tenus d'arborer ces dépouilles opimes. En tout cas, Ysabeau venait, inconsciemment sans doute, de refaire, par cette symbolique adaptation, l'alliance moyen-âgeuse du masque et du goupillon.

D'ailleurs, nous avions déjà rencontré, à Bordeaux, un de ces Mécènes de magasins d'habillement.

C'était quelques jours après la mascarade de Corsse, alors que les proconsuls de la Gironde, Tallien et ce même Ysabeau, qui taillait dans des dalmatiques de curé des culottes à Mascarille, annonçaient à la Convention l'incarcération de tout le personnel du *Grand Théâtre*, qu'allait suivre l'emprisonnement de la troupe du *Théâtre de la Montagne* [3].

---

1. *Revue du Berry*, 1906. *Inventaire des Eglises à Bourges pendant la Révolution.*
2. *Revue de l'Agenais*, année 1879, p. 240.
3. Voir page 53.

Si les comédiens, fort heureusement pour eux, n'avaient pas toujours à défendre leur tête, ils n'en restaient pas moins exposés à des tracasseries imprévues, qui venaient diminuer par d'intolérables exigences des ressources déjà bien amoindries.

Quand la municipalité de Toulouse offrait à la troupe du directeur Le Comte, détenu, une subvention dérisoire [1] pour une série de représentations gratuites, elle ne lui permettait pas de relever les cloisons des loges, de ces loges dont les artistes auraient pu tirer un prix rémunérateur et qui avaient été supprimées, comme « contraires au principe de l'égalité ».

A Dijon, même au lendemain du 9 thermidor, ces séparations, abattues, n'avaient pas été rétablies; et Madame de Chastenoy [2], à qui nous devons cette indication, ajoute que les professionnels brillaient également par leur absence. Aussi se forma-t-il une troupe de comédiens bourgeois, qui, piqués, comme toutes les classes de la société du XVIIIe siècle, de la tarentule théâtrale, s'avisèrent de jouer dans la salle de spectacle de Dijon, pour leur plaisir et au bénéfice des pauvres de la ville. Cette troupe comptait « les plus honnêtes gens et les femmes les plus estimables ». Tous apportèrent du zèle et de l'entrain à la composition de leurs rôles respectifs; et « avec l'indulgence du public, on vit renaître le bon ton et le sens moral ».

Ce n'était pas que le répertoire de ces acteurs improvisés fût le dessus du panier comique. On jouait une pièce de Lesur qui était des plus médiocres [3]; mais, l'influence révolutionnaire persistant, il fallait encore que « le patriote fût l'homme le plus sympathique de la

---

1. Voir page 110.
2. Mme DE CHASTENOY. *Mémoires* (Paris 1895). T. I, p. 275.
3. Peut-être la *Veuve d'un Républicain*.

pièce et l'aristocrate, un avare, un fourbe ou un tuteur malhonnête »... Sinon le théâtre eût été de nouveau *fermé*, et qui sait ? la troupe peut-être *enfermée* aussi.

Des bourgeois du Mans avaient précédé ceux de Dijon dans cette voie du salut ; et leur prudence se justifiait d'autant mieux, que le chef-lieu du département de la Sarthe se trouvait alors plus menacé par les excès de la démagogie. « Le Culte de la Raison, dit-on dans les *Affiches* du 25 février 1794, a pris la place de la superstition. » Aussi, des amateurs jugèrent-ils opportun de diriger le mouvement plutôt que d'être entraînés par lui. Et ces mêmes *Affiches* s'empressent de célébrer le civisme de la troupe bénévole et l'esprit révolutionnaire de son répertoire.

« Des spectacles républicains dans lesquels on retrace au peuple les saintes insurrections du 10 août, 31 mai, 2 juin, qui lui montrent tout l'odieux de l'esclavage, toute la barbarie des tyrans, qui lui peignent avec énergie l'honneur et le bonheur d'être libres et de se gouverner par ses propres lois, voilà *l'ordre du jour*.

« Des citoyens pénétrés de cette vérité et depuis longtemps entièrement consacrés à propager l'esprit public, se sont réunis en *Société fraternelle et dramatique*. Tous les décadis, ils représenteront des pièces dignes d'être jouées devant un peuple régénéré et jaloux de ses droits reconquis au prix de son sang.

« Cette société composée de plus de 60 citoyens et citoyennes a débuté décadi 30 pluviôse (18 février 1794) par la tragédie de *Guillaume Tell*, généralement connue. Cette tragédie a été suivie d'une comédie nouvelle, intitulée le *Décadi*, composée par un citoyen du Mans.

« Tous les rôles ont été rendus avec intérêt et nous regrettons de ne pouvoir assez nous étendre pour détailler les talents que chaque acteur a développés [1] ».

Ajoutons que, afin de récompenser tant de zèle, la municipalité avait gratifié ces artistes à la façon d'Ysabeau : elle leur avait donné des ornements d'église, en guise d'habits de théâtre, pour représenter dignement le *Pape aux enfers*, *Arlequin Jésus-Christ*, le *Curé patriote*, les *Prêtres et les Rois* et le *Tombeau des Imposteurs*.

1. ROBERT DESCHAMPS LA RIVIÈRE. *Le Théâtre au Mans au XVIIIe siècle*.

Acteurs-Auteurs

CHAPITRE PREMIER

Rôle particulièrement difficile des acteurs-auteurs. — Dugazon, modèle du genre : ses qualités et ses défauts. — Ses deux pièces : « l'Emigrante ou le Père Jacobin » ; « le Modéré ». — Un mystificateur mystifié : visite domiciliaire et arrestation. — Les Jacobins le renient. — Il est brave et il a peur ! — Sa déclaration au Comité de Sûreté générale : Balzac et Doumer. — Les Thermidoriens le conspuent. — Une fin lamentable.

Pendant la « Grande Peur » — comme on disait déjà, en 1789, mais à propos de brigands... imaginaires — les comédiens-auteurs eurent un rôle autrement difficile à soutenir que les auteurs ou acteurs proprement dits. Ils étaient doublement responsables aux yeux des chefs d'un gouvernement qui prétendait obliger le Théâtre à devenir et à rester son principal auxiliaire.

Qu'ils fussent les interprètes de leurs pièces sur une scène leur appartenant ou non, qu'ils en dirigeassent seulement les répétitions, les comédiens-auteurs devaient avoir conscience, et de leur œuvre, et des effets qu'elle pouvait comporter. Ils n'en étaient donc que plus coupables, si elle servait, entre des mains hostiles, de levier à la contre-révolution.

Cette variété du genre comique fut assez nombreuse à partir de 1789. Rien d'abord n'est plus flatteur pour des amours-propres, déjà excessifs, que d'être l'astre, après n'en avoir été longtemps que le reflet. Puis, pour des calculateurs, être à la fois l'auteur et l'acteur de la pièce, c'est double bénéfice... en cas de succès, s'entend.

Mais nous verrons, par divers exemples, combien l'événement déjoua toutes ces prévisions et quelles ne furent pas les angoisses de ceux qui croyaient avoir bien mérité, par l'exagération même de leur zèle, de la Révolution. Ils n'en avaient pas dit, ni écrit assez. Ils n'avaient pas surtout influencé suffisamment l'opinion publique : but suprême du jacobinisme.

Au point de vue professionnel, ils n'avaient été ni pires, ni meilleurs que leurs autres confrères ou camarades. La grandiloquence emphatique et boursouflée du style répondait à leurs habitudes de rois de théâtre. Mais trop souvent, malgré des efforts surhumains, ils ne parvenaient qu'à exaspérer leur clientèle de spectacle sans satisfaire celle d'administration.

Dugazon est, dans cet ordre d'idées, le type achevé du comédien révolutionnaire, infatué de son mérite personnel, et pénétré de sa mission éducatrice, à qui ses succès de théâtre et l'engouement du public ont laissé croire qu'il a toutes les aptitudes et qu'il est appelé à tous les triomphes. Il n'en reste que plus meurtri de la chute à laquelle il était prédestiné ; il n'en est que plus effrayé du sort qui l'attend.

Ce fut l'histoire de cette vie vaniteuse, bruyante, désordonnée, cynique et finissant, après quelles fanfaronnades, par quelles palinodies !

Les débuts de Dugazon dans la carrière, et bien avant que la politique ne lui eût tourné la tête, n'avaient que trop encouragé son penchant à l'outrecuidance et à l'effronterie. Comédien très amusant, très gai et très alerte, quoique son jeu de physionomie dégénérât facilement en grimaces, et ses gestes en singeries, Dugazon était la joie des salons mondains, dont il piquait la curiosité par l'imprévu de ses mystifications.

L'avènement de la Révolution lui fit perdre le chemin des hôtels princiers. A l'exemple de plusieurs de ses camarades, il acclama, d'enthousiasme, un régime qui le sacrait citoyen et ne crut pas mieux en reconnaître les bienfaits qu'en l'imposant sur le mode tyrannique.

Nommé aide-de-camp de Santerre, il devint insupportable à tous : au théâtre où il incriminait volontiers la tiédeur politique de ses camarades ; aux spectateurs qu'il menaçait des ses pistolets [1], s'ils se permettaient d'avoir une opinion différente de la sienne ; à la ville où le mauvais goût de ses bouffonneries commençait à déplaire.

La politique avait, en effet, provoqué une scission définitive entre les Comédiens Français. Monvel et Dugazon, les plus exaltés de la troupe, étaient passés au Théâtre de la rue de Richelieu, devenu successivement *Théâtre de la Liberté et de l'Egalité* et *Théâtre de la République*. L'ancien directeur, Gaillard, administrait de compte à demi avec les acteurs.

Ce fut alors que Dugazon s'avisa qu'il avait l'étoffe d'un auteur dramatique et fit jouer, à son théâtre, le 25 octobre 1792, une pièce de son crû, *l'Emigrante* ou *le Père Jacobin*.

C'était, bien entendu, une charge à fond de train contre l'émigration : celle-ci était personnifiée par la femme d'un honnête patriote, assez criminelle pour voler cent mille livres à son mari et pour vouloir marier sa fille avec un marquis réfugié à Coblentz. Mais le père de famille a choisi pour gendre un citoyen aussi patriote que lui, qui met à néant toutes ces manœuvres, pendant que son futur beau-père fait arrêter un abbé, complice

---

1. *Annales de la République Française*, 9 février 1793.

de sa femme. Et il semble, au dénouement, que le bourreau soit derrière la toile de fond, qui attende ces deux contre-révolutionnaires.

Dugazon, qui s'était adjugé le rôle du père, le jouait avec sa carte de jacobin à la boutonnière [1].

Le Modéré, autre comédie de l'acteur-auteur, représentée un an après, le 28 octobre 1793, accentuait encore l'intransigeance politique de Dugazon.

L'aristocrate Modérantin, qui

... n'a du citoyen, en un mot, que la carte,

a fait de sa maison le rendez-vous des républicains de sa trempe. Son fils en est le chef ; on le voit toujours en culottes serrées, en « capote carrée », tel que le *Père Duchesne* dépeint les muscadins ennemis de « l'ordre de choses ». Son caractère est d'une « fatuité ridicule ». De plus, ce petit-maître est un anti-patriote. Pour esquiver toutes réquisitions et pouvoir épouser tranquillement sa cousine Julie, il est entré dans « les charrois de l'armée ». — C'était le corps choisi par les... *embusqués* d'alors. Cette question de réquisition divisait depuis quelque temps les sections de Paris. Dans certaines, les jeunes gens de famille se révoltaient contre les agissements des sans-culottes, qui les envoyaient à l'armée, soit en Vendée, soit aux frontières, de préférence aux bons b... de patriotes, champions éprouvés des Clubs et des Sociétés populaires.

Au moment où les Modérantin et leurs amis vont passer à table, ils sont mis en état d'arrestation, sur la

---

1. Le critique du *Moniteur*, qui rend compte de la pièce dans le n° du 5 novembre 1792, dit, non sans finesse, qu'il eût été plaisant d'opposer à tous ces aristocrates et à tous ces prêtres, représentant les Jacobins comme des monstres altérés de sang, un Jacobin bonhomme, alors que le héros de Dugazon a le plus exécrable des caractères.

dénonciation de Dufour... un vieux serviteur, par le juge de paix chargé d'apposer les scellés sur les papiers des suspects.

Sans la sévérité, l'on perd la République,

dit un des personnages de la pièce.

Mais comme « la vertu » doit toujours être récompensée, surtout dans un temps où Robespierre en prêchait si hautement le culte, le brave Duval fils, qui ne paraît jamais qu'en « uniforme national » et « coiffé en jacobin », et qui a « toute la fierté d'un brave républicain », épouse la fille de Modérantin, Julie, dont il est tendrement aimé.

Le Modéré ne valait pas mieux que *l'Emigrante*. Ces deux pièces distillaient un ennui mortel. Mais Dugazon pouvait espérer que, le civisme tenant alors lieu de talent, il avait fait preuve, lui aussi, de « franc républicanisme », en donnant son approbation aux mesures de « sévérité ». Malheureusement, il avait compté sans la délation qui s'attaquait aux « plus purs patriotes »; et il dut, un jour, subir, à Saint-Mandé, cette visite domiciliaire qu'il trouvait si utile, quand elle s'appliquait aux Modérantins du jour.

Bien mieux, il fut arrêté et emprisonné, comme ses tristes héros, par le Comité révolutionnaire de la Section de l'Unité. Voici la plaisante explication que la *Feuille du Salut Public* donne de la mésaventure de Dugazon [1] :

« La Section célébrait une fête en l'honneur de Marat. Le Comité révolutionnaire, composé de vrais Maratistes, croyant que les singeries, faites par Dugazon, au *Souper en question*, contre l'Ami du Peuple, exigeaient réparation et amende honorable, choisirent le jour de la fête du Martyr de la Liberté pour lui offrir cette expiation.

1. *Feuille du Salut public,* n° 127.

En conséquence, Dugazon fut séquestré et mis à part de la joie maratiste. Devenu Maratiste lui-même, le soir de son arrestation, Dugazon reconnut, devant ses camarades, qu'il avait été dans l'erreur audit souper, qu'il y avait même un peu de punch dans son affaire. En conséquence, le Comité, content de cette correction fraternelle et méritée, a rendu Dugazon à la liberté dont il continuera sans doute à se servir, pour défendre la République et se moquer des ridicules modérés. »

On sait à quelle « singerie » faisait allusion le Comité, à la fois si rigide et si farceur.

Le jour où Talma avait donné une grande fête en l'honneur de Dumouriez, vainqueur à Valmy, Marat s'était présenté chez le comédien, dans le costume débraillé et sordide, dont il faisait volontiers étalage, et, en plein bal, avait apostrophé le général dans les termes les plus outrageants. Dumouriez s'était contenté de lui tourner le dos ; et Marat était parti, furieux, en disant :

— Cette maison est un foyer de contre-révolution.

Alors, ajoute Louise Fusil, qui prétend avoir assisté à la scène, Dugazon, pour faire diversion, alla chercher un réchaud allumé sur lequel il brûla du sucre, « afin, dit-il, de purifier l'air [1] ».

En somme, ce bouffon, qui se plaisait à mystifier autrui, avait été singulièrement mystifié, à son tour, par ses frères et amis de la Section de l'Unité.

Et ce ne fut pas la seule fois qu'on se joua de lui. Nous avons découvert, aux Archives Nationales, dans un dossier relatif à l'affaire des Hébertistes [2], une déposition de Dugazon, démontrant avec quelle crédulité ce comédien, qui n'était pas un sot, acceptait toutes les

---

1. Louise Fusil. *Mémoires d'une actrice*, 1841, t. I, pp. 278 et suiv.
2. Arch. Nat., W 76. Papiers du Comité de Sûreté générale. Décl. de témoin.

balivernes, et par quelles transes dut passer cet homme qui n'était cependant pas un poltron :

« J.-B. Henry Gourgaud, dit Dugazon, 48 ans, né à Marseille, demeurant à Paris, quai Malaquais, maison Bouillon, 219, artiste du Théâtre de la République.

« Il croit, à cause des vexations contre les patriotes et lui en partie, il a lieu de croire qu'il existe des complots contre la liberté et la souveraineté du peuple,

« Se plaignant à Chaumette de ce qu'il n'était plus reçu aux Jacobins, celui-ci lui répondit :

— Tu as tort de te plaindre ; tu jouis de ta liberté. Attends quelque temps. Le moment où l'on te rendra justice n'est pas encore venu...

« Ayant toujours à cœur l'injustice qu'on lui avait faite en lui retirant sa carte de Jacobin (celle qu'il portait dans l'*Emigrante)* il pria, un jour, son confrère Michot, de lui faire rendre sa carte. Il lui répondit : « Tu ne sais ce que tu demandes ; tu es trop heureux, dans ce moment, de n'être pas de la Société des Jacobins et de ta Société populaire ; et hier, 29 ventôse (an II), lui ayant demandé une explication à ce sujet, il lui dit qu'ayant remarqué beaucoup de grabuge aux Jacobins, il avait voulu dire que, dans de pareilles circonstances, on ne devait pas désirer d'être d'aucune société. »

Plus loin Dugazon rappelle des faits qui lui furent personnels quelques jours avant le 31 mai (1793).

« S'étant trouvé, un jour, à dîner chez Joinville, ancien caissier des Messageries, rue Saint-Dominique, ancien hôtel Méquignon, un nommé Balzac [1], employé dans les vivres, lui dit : « Dugazon, ne vous mêlez plus de rien, on vous en veut ; j'ai été d'un Comité secret de la Commune ; il était question de frapper un grand coup : on

---

1. Le père du grand Balzac.

avait la liste de tous les patriotes sur lesquels on pouvait compter ; ton nom y était. A la lecture de ton nom, il y eut un haut-le-corps général : point de ce f... Dugazon, c'est un bavard, il ne sait pas donner un coup de poignard sans regarder ; il veut savoir qui il tue ; et au 2 septembre [1], il est cause qu'il nous en est échappé. Je pris ton parti et je dis : comment Dugazon, qui n'avait point d'autorité, a-t-il pu vous soustraire quelqu'un ? Pardi, me dit-on, il venait nous dire devant tout le monde : si un tel est coupable, punissez-le ; s'il est innocent, sa femme, ses amis demandent la levée des scellés. Nous savions bien qu'il y en avait, mais il fallait qu'ils la dansassent comme les autres. D'après cela, reprit Balzac, je te conseille de quitter la place, de jouer la comédie, de rire et de boire avec tes amis et ne plus te mêler de rien. »

« ... Se rappelle de plus le déclarant que, dans sa déclaration, il indique que Balzac avait été à Bordeaux, avec Doumer, administrateur des vivres, qu'il croyait qu'il serait essentiel de faire venir Doumer et surtout Balzac, pour leur demander quel était le grand coup qui devait être porté alors et par qui.

« Le déclarant demanda à Joinville comment il était possible que Balzac fût dans cette confidence. A quoi il lui répondit que Balzac se méfiait de quelque chose, leur avait payé une matelote de 10 louis (?) à la Râpée, qu'il leur avait fait boire du bon vin en grande quantité et qu'il avait été admis à leurs conciliabules secrets, mais que, par la suite, il s'en était retiré et que le conseil

---

1. Ceci justifierait les assertions de Duveyrier (*Anecdotes* publiées par M. Maurice Tourneux, p. 176) déclarant qu'avant le 2 septembre 1792, Dugazon avait par ses « scapinades », sauvé nombre de prisonniers, réservés aux massacres populaires, et lui, Duveyrier, tout le premier.

que Balzac lui avait donné était très prudent, ajoutant que la déclaration, dont est question, doit se trouver au *Comité ci-devant des Douze* : si on a besoin de Balzac, on le trouvera à Soissons. »

On sent, à travers les lignes, l'effarement de l'homme de théâtre qui voit, sous l'angle professionnel, le monde comme une scène immense, où se déroulent continuellement les tragédies et les comédies les plus extraordinaires. Et Dugazon (l'avenir, comme le passé, le prouva de reste), était intrépide devant un danger tangible. Quand, pendant la réaction thermidorienne, ces mêmes muscadins, qu'il avait si rudement traités dans son *Modéré*, voulurent l'obliger à demander pardon, sur la scène, de toutes les violences et de tous les crimes dont il avait été le conseiller ou l'applaudisseur, il sut tenir tête, et bravement, à la meute hurlante de ses agresseurs. Il les nargua même d'une de ces grimaces qui lui étaient familières. Et lorsqu'ils sautèrent sur « le plateau », il les reçut, l'épée à la main. Mais comme il pouvait être massacré en plein théâtre, on le fit disparaître dans les coulisses, par une trappe, ainsi qu'un diable de féerie (28 messidor an III).

La vie fiévreuse, qu'il menait depuis trois ans, dut réagir à la longue sur ce cerveau fumeux, sur cet esprit si nerveux et si impressionnable. On remarqua, au théâtre, ses distractions, ses absences, ses fuites de mémoire. Il avait écrit, en l'honneur de Préville, dont il était l'obligé, une fable qu'il s'avisa un jour de mettre en action, dans une volière, au milieu d'oiseaux. Bientôt, il dut quitter la Comédie-Française, et le 11 octobre 1809, il mourait, dans sa terre de Sandillon, près d'Orléans, absolument fou [1].

1. LEMAZURIER. *Galerie historique du Théâtre Français*, 1811, t. II, p. 496.

CHAPITRE II

Camaille-Saint-Aubin : éloges et critiques de l'écrivain. — Ses opinions politiques : « l'Ami du Peuple » et la correspondance qui l'accompagne ; célèbre à Rouen, il est interdit à Marseille. — Les variations de C. Saint-Aubin : il finit dans la peau d'un juge de paix. — Le forain Ribié fonde à Rouen le Théâtre de la République : sa surenchère démagogique et son oraison funèbre de Bordier et de Jourdan. — Mayeur de Saint-Paul, esprit original ; ses mésaventures comme directeur de théâtre à Bordeaux : comment il se venge ; la vie d'un bohême.

« Demi-auteur, demi-acteur, de l'orgueil, de l'entortillage et du fiel le distinguent parmi les grands hommes du jour. »

C'est ainsi qu'un journaliste plein d'esprit et de cœur, à qui nous avons déjà consacré quelques lignes, Fabien Pillet, jugeait Camaille-Saint-Aubin qui fut, à la fois ou successivement, auteur, acteur et directeur de théâtre pendant la Révolution.

Plus indulgente, la *Biographie portative des Contemporains* lui reconnaît un certain mérite : il a, dit-elle, du feu, de l'aisance et de l'à-plomb, bien qu'il soit boiteux : malheureusement, son penchant pour le mélodrame le rend trop emphatique. Son théâtre ne manque pas de valeur ; mais, conclut la *Biographie*, on ne pourra le connaître qu'imparfaitement, car ses manuscrits, détournés après sa mort, ont fait la réputation de plagiaires.

Cependant ce qui nous reste de son bagage dramatique doit nous consoler de la perte de ces chefs-d'œuvres.

« Canaille-Aubin », comme l'appelaient parfois de mauvais plaisants, fut un des plus chauds partisans de la Terreur. Lui aussi tonna contre le modérantisme :

Un modéré, quel monstre infâme !
Ce seul mot me met en courroux,

s'écriait-il à tout propos et hors de propos.

Et ces impressions, il les renouvellera dans une circonstance qu'il estimera la plus avantageuse pour donner un saisissant relief à ses vertus de citoyen et à son génie d'auteur dramatique.

Marat vient d'être assassiné. On sait quelle explosion ce fut à Paris, de douleur, de larmes et de sanglots, de colère furieuse contre Charlotte Corday, d'admiration extravagante pour l'Ami du peuple qui fut, dans sa pompe funèbre, encensé et adoré comme un Dieu. Poètes tragiques et vaudevillistes, fabricants d'à-propos et fourbisseurs d'actualités, tous se mettent à l'œuvre pour donner une preuve de leur patriotisme, en apportant, qui un drame, qui une pièce de circonstance, à la pyramide de panégyriques érigée pour la plus grande gloire du martyr.

Mais c'est Camaille-Saint-Aubin qui arrive bon premier. Le lendemain même de la mort de Marat, le 14 juillet, il envoie « aux auteurs du *Journal des Spectacles* » la lettre suivante, où il se dit « acteur du Théâtre de l'Ambigu-Comique » et qui est un réquisitoire... intéressé contre le modérantisme des « Amis des Lois ».

« ... Je les poursuivrai jusqu'à la mort ; qu'ils m'assassinent ou qu'ils périssent ; car ne n'est qu'en marchant sur mon corps ensanglanté qu'ils pourront recueillir les débris de la France déchirée par leurs manœuvres infernales. Mon âme toute de feu dirigera contre eux l'opinion publique et mon corps se présente aux coups des assassins.

« J'ai fait un drame, l'*Ami du Peuple* ou les *Intrigants démasqués*. Ma pièce, finie il y a deux mois, est depuis deux jours entre les mains du citoyen Monvel, que j'ai prié de la présenter à l'administration du *Théâtre de la République*. On y verra que je n'ai pas attendu la situation déchirante qui nous afflige, pour dévoiler et livrer à l'infamie les intrigues odieuses des prétendus amis des lois qui vous prêchent la paix et vous égorgent ; et si ma pièce eût été donnée plus tôt, peut-être n'aurions-nous pas à regretter un des plus courageux défenseurs de l'égalité politique...

« P.-S. Je ne suis d'aucun club et je n'ai jamais parlé à Marat. »

Mais à qui la faute, honnête Camaille, si votre pièce n'a pas été « donnée plus tôt » et si, par conséquent, le sympathique Marat fut ravi à l'amour des sans-culottes ? Est-ce parce que vous avez tardé à présenter votre *Ami du Peuple* ? Est-ce parce que les artistes du Théâtre de la République ne l'ont pas joué dans les huit jours ?

En tout cas, ce fut à la scène de la Cité-Variétés qu'échut l'insigne honneur de représenter l'*Ami du Peuple* ou les *Intrigants démasqués*, le 6 septembre 1793.

Le 8, le *Journal des Spectacles*, qui avait publié la lettre où Camaille se posait presque en prophète, analyse la pièce. Il rend hommage au défunt (toujours la prudence ! Marat était *tabou*, comme nous disons aujourd'hui), mais il malmène singulièrement l'auteur. Et il est dans le vrai. Le drame est de piètre invention et le style en est plus pauvre encore. C'était fatal. Dans ce Théâtre de la Révolution, il n'est si mince saynète, tout à fait en dehors du mouvement politique, une intrigue à Paphos par exemple, où l'auteur ne se croie et ne soit réellement obligé d'exalter, ne fût-ce que par un mot, le nouveau régime.

Dans le drame de Camaille — évidemment le contre-poison de l'*Ami des Lois* — c'est toute une volée d'encensoirs qui vient casser le nez de Marat.

De vils accapareurs, Forcerame (le ministre Roland ?) et Césaret (Dumouriez ?) veulent faire assassiner Démophile (Marat) qui a pénétré leurs complots contre-révolutionnaires et qui arrache Forcerame à la fureur des citoyens pour le livrer à la sévérité des lois.

Nous citerons un passage assez curieux de l'*Ami de Peuple*, passage qui démontre surabondamment combien les théories du communisme et du socialisme d'Etat hantaient déjà certains esprits ; et il faut n'avoir pas lu les feuilles de Marat, divers passages du *Père Duchesne*, les divagations oratoires de Chaumette et les folles élucubrations d'Anacharsis Clootz, pour nier des tendances que devait si nettement affirmer le babouvisme.

Le dialogue suivant s'établit entre le négociant Doucemont et Démophile :

DOUCEMONT

On voudrait me punir d'être propriétaire ;
Toujours impôts nouveaux, nouveau système agraire,
On n'échappe pas même en se faisant rentier.

DÉMOPHILE

Cet impôt à l'Etat, s'il rentre tout entier...

DOUCEMONT

S'il était vrai, ta loi n'aurait rien de terrible,
Mais, pour payer l'intrigue !...

DÉMOPHILE

. . . .

Le fardeau de l'Etat doit être partagé,
Ne point accabler l'un quand l'autre est soulagé.
Le riche offre ses biens, le pauvre l'industrie.
De cet accord commun l'Etat se vivifie.

. . . .

Et le bien superflu retourne à l'indigent.
. . . .
Paix aux propriétés, guerre aux accapareurs !

Mais il n'est métal si pur et si infrangible, que ne cherche à mordre la dent des reptiles. Nous parlons à dessein la langue pompeuse de l'époque révolutionnaire, pour bien caractériser les assauts qu'eut à subir, du fait de la jalousie, l'intégrité civique de Camaille. On mit peut-être en doute son attachement aux institutions nouvelles, on trouva qu'il exagérait trop son zèle démocratique : l'ombrageux Robespierre, qui parlait sans cesse d'écraser le modérantisme, ne menait pas une campagne moins serrée contre le surenchère démagogique. Toujours est-il que Camaille, qui faisait, comme « soldat de la première réquisition », une période d'instruction militaire à Bar-sur-Ornain (Bar-le-Duc) en adressait, le 9 nivôse an II, au *Journal des Spectacles*[1], une lettre qu'il venait de recevoir de Rouen. Cette missive prouvait, disait-il, « qu'il avait contribué à ranimer l'énergie publique dans les communes où l'erreur l'avait comprimée », et répondait aussi aux objections hasardées de ses ennemis :

« De Rouen, le 2 nivôse.

« Nous nous sommes fait, citoyen, un vrai plaisir de monter ta pièce, intitulée l'*Ami du Peuple*, avec le plus de soin et le mieux qu'il nous a été possible : tous nos premiers acteurs en emploi ont joué dedans.

« La *morale* de ta pièce a été parfaitement sentie et je te dis avec plaisir celui qu'il a fait. L'espoir que tu nous donnes d'avoir de tes ouvrages nous plaît.

« Nos *journalistes*, qui sont plutôt des *journaliers*, n'ont point parlé de ta pièce, parce qu'en général, je

---

1. *Journal des Spectacles*, n° du 15 nivôse an II.

crois que c'est la première fois qu'ils se sont rendu justice. Lorsqu'ils ne trouvent point de mal à dire, ils se taisent, et c'est faire l'éloge des nouveautés que nous donnons. Leur silence nous honore.

« Je suis, avec fraternité,

« VERTICAL, régisseur-directeur du *Théâtre de la Montagne.* »

En effet, l'*Ami du Peuple* avait reçu bon accueil sur le *Théâtre de la Montagne*, l'ancien *Grand-Théâtre de Rouen*, qu'avait débaptisé son directeur Cabousse, pour « se mettre à la hauteur ». Le régisseur avait sans doute voulu suivre ce bon exemple, puisqu'il avait changé son nom de *Verteuil* contre celui de *Vertical*, à moins que le malicieux *Journal des Spectacles* n'ait perpétré lui-même cette plaisante coquille. En tout cas, *Verteuil* ou *Vertical* reçut un démenti formel de Noël, le rédacteur du *Journal de Rouen*, qui avait rendu compte de la pièce de Camaille [1].

Mais, ce qui est bon à Rouen est, paraît-il, mauvais à Marseille ; car nous avons vu, précédemment [2], que, dans cette ville, l'administration avait interdit la représentation de l'*Ami du Peuple*, plus dangereux, à son sens, que l'*Ami des Lois*. Toutefois, Camaille-Saint-Aubin se croit si peu le fédéraliste et le feuillantin, flétri comme tel à Marseille, que, pendant la réaction thermidorienne, il hésite, dans ses *Jacobins au Panthéon*, à se déclarer trop ouvertement contre ses anciens co-religionnaires en disgrâce, qui pourraient bien lui reprocher ses palinodies. Il s'efforce, avec tous les ménagements, de leur démontrer 1° que leur société, comme « corporation

---

1. BOUTEILLER. *Histoire des Théâtres de Rouen*, 1880, 4 vol. in-8, tome I, p. 314.
2. Voir page 42.

populaire » est « incompatible avec le gouvernement révolutionnaire » ; 2° que leur « conduite particulière est inconséquente avec leurs principes actuels » ; et qu'enfin « leurs débats sont avilissants ». Aussi, devançant l'inventeur du *Guillotiné par persuasion*, les engage-t-il à mourir, comme nous disons, aujourd'hui, *en beauté*, c'est-à-dire de finir, puisqu'il le faut, en héros philosophes qui jettent les yeux sur la République heureuse et assurent leurs places triomphales dans la postérité ».

L'évolution de Camaille se poursuit en 1796 ; et cette fois, quand il chante la fraternité, il jette résolument par-dessus bord les « frères et amis ».

> Des anarchistes intrigants
> Plongeons dans le mépris la race,
> Des royalistes insolents
> D'un coup d'œil abattons l'audace.
> D'une main frappons l'assassin,
> De l'autre l'aristocratie.
> Plus de roi, plus de jacobin,
> Voilà le cri de la Patrie !

En 1797, il donne à l'Ambigu un *Impromptu sur la Paix*, et il publie la première adaptation connue en France du *Moine* de Lewis. Et, après le coup d'Etat du 18 fructidor, il reçoit la digne récompense de ses variations politiques : il obtient un emploi au ministère de la police.

Pendant que Cabousse présidait aux destinées du Théâtre de la Montagne, à Rouen, une autre salle de spectacles s'élevait dans cette ville, sur l'emplacement du jeu de paume de la Poissonnerie, supprimé en 1792. Elle était inaugurée, le 2 février 1793, sous le nom de *Théâtre Français*, auquel son directeur devait substituer, le 18 novembre, celui de *Théâtre de la République*.

Cet impresario n'était autre que Ribié, ce forain si curieux, également acteur et auteur, à l'occasion, de vaudevilles révolutionnaires, en collaboration avec divers professionnels, et surtout Destival.

Ribié, presque célèbre sous l'ancien régime par son naturel et sa force comiques, et plus encore peut-être par ses excentricités et sa turbulence, était un partisan déterminé des idées nouvelles. Vainqueur de la Bastille, il semblait toujours, même dans les affaires les moins passionnantes, qu'il montât une fois de plus à l'assaut. C'était l'activité faite homme, à ce point que, dans une période de deux années à peine, il donna cent cinquante-deux nouveautés, dont vingt-neuf restèrent au répertoire. Il multipliait les bénéfices pour les œuvres patriotiques : équipement de gardes nationales, entretien des hôpitaux, assistance des vieillards et des *Enfants de la Patrie* (enfants trouvés), rien ne lui coûtait pour affirmer aux yeux de tous l'ardeur de son civisme. Il ne regardait pas aux représentations « par et pour le peuple » ; et, certain jour, il offrait au « Conseil général de la Commune révolutionnaire » dix places gratuites, tous les décadis, pour dix élèves des écoles primaires, accompagnant cet acte de munificence de la déclaration suivante :

« La comédie étant le tableau vivant des actions humaines, il importe donc d'en bannir ces empoisonneurs de l'esprit public qui n'ont pas craint, par leurs productions libres, de changer la scène française en un foyer de corruption [1] ».

Mais le vrai triomphe de Ribié, ce fut la fête de réhabilitation [2] donnée en l'honneur du comédien Bor-

---

1. BOUTEILLER. *Histoire des Théâtres de Rouen*, 1880, t. IV. *Histoire du Théâtre français*, p. 19.
2. NOURRY. *Histoire du Théâtre de Rouen en 1793*, 1893, p. 55-56.

dier et de son ami Jourdan, pendus tous les deux pour avoir provoqué, à Rouen, une émeute suivie de pillage [1]. Laumonier, chirurgien de l'Hospice de l'Humanité (la Madeleine) avait reçu, après l'exécution, les deux têtes des condamnés pour les disséquer.

Il les rendit pour la cérémonie d'expiation ; et les deux crânes, en pleine décomposition, furent placés sur une manière d'autel et coiffés du bonnet rouge, pendant que des cassolettes, chargées de parfums, enveloppaient de vapeurs mieux odorantes ces reliques macabres de la religion nouvelle.

— Ne croyez pas, tonitrua Ribié, qui avait revendiqué l'honneur de prononcer l'oraison funèbre, que ce faible encens suffise à leurs mânes irritées... »

Et de malheureux détenus, qui, d'une prison voisine, entendaient les éclats de voix du cabotin, purent craindre, un instant, que cette éloquence furibonde ne leur présageât quelque massacre semblable aux Septembrisades parisiennes [2].

Le soir, Ribié faisait jouer sur son théâtre *le Jugement dernier des Rois*. Et, quelques jours après, sa femme, en déesse de la Raison, paradait dans les rues de Rouen, sur un char de triomphe, pendant que des chœurs chantaient une hymne à cette Divinité, composée par le journaliste Noël et mise en musique par Boïeldieu fils.

Eh bien ! croirait-on qu'après des démonstrations

---

[1]. Voir p. 297.
[2]. Ribié avait, au reste, la manie de discourir ; et son éloquence risquait les plus audacieuses métaphores. Le 15 germinal an II, après une représentation de la *Mort de César*, il adressait aux spectateurs une allocution qui débutait ainsi : « Les despotes faisaient bâtir des théâtres ; ils rassemblaient des artistes, faisaient dorer les décorations, BRODER LES HABITS DES ARTISTES AVEC LE SANG DU PEUPLE, et s'endormaient pendant les meilleures pièces ; tant la morale avait peu d'empire sur leurs cœurs corrompus ! » (*Abréviateur* du 10 avril 1794).

aussi éclatantes de sans-culottisme renforcé, Ribié ait été mandé, comme suspect, devant le Comité de Salut Public à Paris. Aussi, pour parer à des dénonciations, qui, d'ailleurs, furent sans effet, le directeur du Théâtre de la République, dut-il se munir auprès de la Commune de Rouen, d'un certificat [1] proclamant les vertus civiques de ce grand patriote méconnu.

Ainsi que Ribié, mais avec un tout autre talent comme auteur dramatique, Mayeur de Saint-Paul jouait dans les pièces qu'il écrivait ; et s'il eut quelque temps l'honneur de diriger un théâtre, il n'apprit que trop, à ses dépens, combien une telle gloire cache souvent d'amertume et de déceptions.

Dès l'âge de douze ans, il avait débuté, non sans éclat, à l'Ambigu ; la vogue le suivit chez Nicolet. Entre temps, il publiait, sur le monde des petits théâtres qu'il connaissait bien, le *Chroniqueur désœuvré*, un pamphlet resté célèbre. Puis, comme il avait l'humeur vagabonde, il partit jouer la comédie à Saint-Domingue. L'insurrection des nègres l'en chassa. A peine débarqué à Bordeaux, il y fondait, sur le fossé des Carmes, le théâtre du Vaudeville-Variétés, auquel il devait donner, en 1793, le nom de *Théâtre de la Montagne*.

Ce n'était pas qu'il fût fanatique du gouvernement terroriste représenté à Bordeaux par les Conventionnels en mission, Ysabeau et Tallien ; mais il fallait alors hurler avec les loups ; et ces loups étaient en majorité dans une commission militaire instituée par les proconsuls, avec les attributions d'un tribunal révolutionnaire et présidée par un confrère, méchant cabotin du nom de Lacombe.

Cet homme, qui devait laisser une mémoire à jamais

---

[1]. CLÉREMBRAY. *La Terreur à Rouen*, 1901, p. 405.

exécrée, s'avisa, le premier, qu'une pièce du répertoire de Mayeur, la *Tentation de saint Antoine*, était d'une monstrueuse immoralité ; et, ainsi que nous l'avons vu dans la première partie de ce travail, directeur et troupe, incarcérés pour ce motif, comme contre-révolutionnaires, durent comparaître devant la commission militaire. Mayeur se défendit de son mieux ; il est vraisemblable que cette *Tentation* était de son estoc, ou qu'il l'avait tout au moins accommodée [1], suivant l'usage du temps, « aux circonstances » ; car il affirmait « n'avoir voulu peindre que l'hypocrisie des dévots et verser le ridicule sur les préjugés religieux ; son erreur provenait de son esprit et non de son cœur ». Mayeur s'humiliait profondément devant ses juges. Mais, Lacombe, tout en le renvoyant absous, lui lava bien la tête. Il lui recommanda expressément d'épurer son répertoire et de ne prendre désormais pour son théâtre que cette devise : *Liberté et Mœurs*.

Notre impresario en garda une profonde rancune contre une administration dont il ne cessait de rester justiciable. Aussi, lorsque, après la chute de Robespierre, Lacombe dut aller payer sa dette sur la place même où il avait fait périr tant de victimes, Mayeur s'empressa-t-il de composer, de chanter et d'imprimer — sur l'air de *Mourir pour la patrie* — les couplets les plus virulents contre son persécuteur [2].

D'autres comédiens, de la bande de Lacombe, démagogues forcenés, dénonciateurs féroces, juges iniques, subirent également la peine du talion, alors même qu'il semblaient la braver. Un extrait du *Journal de Bordeaux*, publié dans le *Journal des Français*, du 3 no-

1. Plancher-Valcour était l'auteur d'une *Tentation de Saint-Antoine* : peut-être est-ce celle-là.
2. A Vivie. *Histoire de la Terreur à Bordeaux*, t. II, pp. 455 et suiv.

vembre 1795, dit quelles furent ces représailles, non moins atroces que les crimes qui les avaient provoquées :

« Deux individus, trop connus dans cette commune par la part active qu'ils ont prise aux horreurs qui s'y sont commises après l'établissement de la tyrannie : Marcel, comédien et tout à coup membre essentiel du premier comité de surveillance et Parmentier, aussi comédien, juge de la première commission militaire, incarcérés comme terroristes, et, d'après la loi du 22 vendémiaire, mis en liberté, sont venus braver l'opinion au spectacle, avant-hier, à la suite d'un dîner, où l'on prétend qu'ils s'étaient réunis une quarantaine.

« Leur présence occasionna d'abord une grande rumeur dont ils ne tinrent pas compte et s'opiniâtrèrent à rester, malgré les représentations de l'officier municipal. Bientôt, ils sont environnés, pressés, poussés hors de la salle. Parmentier succombe enfin sous les coups multipliés de canne et de lance qui lui sont portés. On dit qu'il était armé d'un pistolet, dont quelqu'un se servit pour l'achever. Son camarade, plus heureux, se sauve dans le corps-de-garde et ensuite il est conduit, pour sa sûreté, au Château-Trompette, au milieu de la garnison.[1] »

Quant à Mayeur, repris de ses goûts nomades, mais gardant toujours un levain de haine contre la commission militaire de Bordeaux et son président, il avait quitté la ville en 1796 et faisait jouer, sur des scènes de province, *le Terroriste* ou *les Conspirations jacobines*. Puis notre bohème continuait sa course errante à Nantes, revenait dans la Capitale, repartait pour les Iles, ren-

---

1. Le *Journal des Théâtres* de Duchosal (29 germinal an III) signale encore le massacre, à Bordeaux, par une foule furieuse, de l'acteur Compain, dit Monselet, en plein théâtre.

trait à Paris, comme directeur de la Gaîté ou comédien au *Théâtre Olympique*, retournait encore à Bordeaux, puis à Lyon, Versailles, Dunkerque, Bastia, pour s'échouer enfin à Paris, où la mort le surprit dans un état voisin de la misère. Il avait à peine soixante ans.

CHAPITRE III

L'auteur-acteur est moins tyrannisé à Paris. — Joigny, le comédien sans nez : auteur malheureux de la « Cause et les Effets » et très applaudi du « Siège de Lille ». — Bellemont donne « la suite de l'Heureuse Décade ». — Nicolaïc, dit Clairville, et les beautés de sa « Fausse dénonciation ». — Léger et l'erreur des « Rapsodies du jour ».

Les comédiens-auteurs préféraient encore les chances d'un séjour à Paris aux hasards d'une campagne en province.

S'ils avaient hardiment professé, dans leur section ou dans les clubs de la capitale, les opinions les plus exaltées, ils pouvaient compter, en cas d'impair ou d'accident imprévu, sur l'indulgence du public, de la police ou du gouvernement.

Mais, dans les départements, le plus irréprochable des sans-culottes, le tyrannicide le plus résolu, le patriote le mieux « sorti du creuset de l'épuration », ne pouvait jamais se dire à l'abri d'une disgrâce. Il ne lui suffisait pas de se présenter avec l'estampille d'un civisme à toute épreuve ; il lui fallait encore passer par le contrôle des autorités et des sociétés locales, avoir l'agrément des représentants de la Convention et se faire accepter du public.

Nous allons donc trouver à Paris, un plus grand nombre d'acteurs-auteurs vivant, ou pour parler plus exactement, végétant de leur double industrie ; car, en ces temps héroïques, ni l'une, ni l'autre, ne nourrissaient guère leur homme.

Voici, par exemple, un comédien, Joigny, un fils de famille, qui fut misérable toute sa vie, bien qu'il ne manquât pas de talent et que son théâtre fut absolument dans le sens révolutionnaire. Par malheur, il avait contre lui une tare physiologique qu'il lui était impossible de dissimuler. Il avait ou plutôt il n'avait pas de nez : car il était difficile de donner ce nom à l'excroissance, en forme de bouton, incrustée au milieu de son visage. Cependant sa physionomie ne laissait pas que d'être expressive et même « sinistre », assure un de ses contemporains.

Le 17 août 1793, il avait écrit, pour l'Opéra-Comique national, en collaboration avec le compositeur Trial fils, cinq actes intitulés la *Cause et les Effets* ou le *Réveil du peuple en* 1789. C'était comme un tableau symbolique de la Révolution, où s'estompaient de vagues réminiscences du *Tartufe*.

Le riche bourgeois Boniface se refuse, sur les conseils du philosophe Ariste, à donner la main de sa fille à un ministre tout-puissant. Aussi est-il enfermé à la Bastille. Mais Ariste se met à la tête du peuple pour tenter la délivrance du prisonnier. Or, un abominable prélat, un cardinal, arme la main du fanatique Innocent, pour qu'il le débarrasse du philosophe. Mais, l'assassin manque son coup ; et la Bastille, assiégée, se rend à discrétion.

La pièce de Joigny ne reçut pas un accueil des plus chauds. L'auteur avait forcé la note pour forcer les applaudissements : le cardinal et sa perfide astuce avaient excité les murmures des spectateurs. Joigny avait appelé la chaire « une égrugeoire » et désigné sous le nom de « culotte de peau » un officier de fortune : ces hardiesses qui, de nos jours, passeraient inaperçues, firent murmurer la salle.

Joigny fut mieux inspiré, partant plus applaudi, lorsqu'il fournit au même théâtre, toujours avec le même compositeur Trial fils, *le Siège de Lille* ou *Cécile et Justin*. L'intrigue était moins nébuleuse, le sujet très populaire, et la multiplicité d'épisodes que comportait la mise en scène, donnait à la pièce autant d'intérêt que de variété. Mais, entre temps, reparaissait, bien entendu, pour flatter la démocratie, et surtout pour se rendre les Dieux propices, l'éternel débat entre l'ancien et le nouveau régime, qui se terminait, comme de juste, à l'avantage de ce dernier.

Ici, la polémique s'engage entre le riche brasseur de Lille, Broneau, membre de la municipalité et Bertolin, vieux procureur rétrograde, très monté contre le « nouvel ordre de choses ».

— Peuh! fait-il, la belle révolution! Partout des troubles, nulle part le respect de la Divinité. Et, au milieu de ce désordre, que deviendra Paris, que deviendront les arts?

Broneau est, au contraire, un optimiste et, de plus, un patriote qui a réponse à tout : son argumentation sera victorieuse.

— Paris, dit-il, deviendra plus florissant que jamais, si les Parisiens savent discerner les vrais patriotes des intrigants... On y rencontrera, j'en conviens, moins de ces carrosses à double étage, et l'on y verra moins aussi de ces cabriolets conduits par des étourdis, qui, dans leur route, écrasent volontiers un de leurs frères, pour arriver deux minutes plus tôt chez une courtisane. »

Et Madame Broneau d'appuyer sur la chanterelle :

— « J'ai été deux fois dans cette ville de Paris ; et j'y ai vu, avec chagrin, que les femmes des riches ne s'y occupaient nullement du soin de leur ménage et qu'elles étaient les esclaves de mille chiffons. »

Note piquante d'observation provinciale! — Enfin, autre détail qui caractérise plus spécialement l'époque :

on voit, derrière la maison de Broneau un clocher coiffé du bonnet de la Liberté [1].

Mais ce qui dut classer Joigny au premier rang des sans-culottes, ce fut, quand, à la fête du deuxième décadi de brumaire an II, sur la place des Piques, lors de la translation du buste de Marat à la Chapelle du Carrousel, il chanta ce couplet, répété en chœur :

> *Formons des chants funèbres,*
> *Donnons cours à nos pleurs ;*
> *Dans la nuit des ténèbres*
> *Marat gît !... ô douleurs !*

C'était encore, quoique indirectement, sous les auspices de ce grand saint du martyrologe révolutionnaire, flanqué de son inévitable compère, Le Peletier Saint-Fargeau, que Bellemont, acteur au *Théâtre Patriotique* (Boulevard du Temple) avait placé son « opéra en deux actes et en vaudevilles », *la Seconde décade* ou le *Double mariage*, représenté le 24 décembre 1793 [2], sur ce même *Théâtre Patriotique*.

Notre comédien avouait ingénûment que sa pièce était « la suite de l'*Heureuse décade* », dont nous avons signalé plus haut la misérable affabulation et le succès... immérité. Bellemont avait trouvé là un cadre tout préparé pour recevoir le passeport de civisme qu'il attendait de la béatification des deux martyrs.

Et, en effet, nous revoyons là ce vieux gâteux de père Socle, ouvrant son gros livre-journal et lisant :

— Le premier jour de la Décade fut consacré parmi nous au travail le plus glorieux : nous débarrassâmes ensemble notre temple de la Raison du reste de ses orne-

---

[1]. La première représentation datait du 21 novembre 1792 ; et le *Moniteur*, tout en annonçant le succès, critiquait « l'inexpérience » de l'auteur, « ancien commissaire de section ».
[2]. JAUFFRET. *Le Théâtre révolutionnaire*, p. 243.

ments fanatiques. Ses statues, élevées par l'adresse des prêtres, pour maintenir les peuples dans l'erreur, y furent brisées sous le marteau républicain. Cette scène civique se passa avec toute la décence et la dignité convenables ; et Lejuste, mon gendre, qui dirigea ces travaux, donna publiquement des nouvelles preuves de son patriotisme, en remplaçant deux saints, soi-disant *victimes de la Foi*, par les bustes de Marat et Le Peletier, martyrs de la Révolution. »

Et, pour justifier sans doute le titre d'« opéra patriotique » dont il avait décoré sa *Seconde décade*, Bellemont faisait chanter au bonhomme ce couplet, qui consacre le souvenir du vandalisme démagogique anéantissant — un fanatisme chasse l'autre ! — des « images gothiques », œuvres d'art souvent d'un prix inestimable :

> Si, sous le fer des assassins,
> Ils ont tous deux perdu la vie,
> Ils sont morts en républicains,
> Pour le salut de la patrie.
> Des attributs de sainteté,
> Loin de nous l'image gothique !
> Les martyrs de la liberté
> Sont les saints de la République.

Puis, contemplant le buste de Marat, le père Socle, pris d'un pieux délire, peu rassurant pour les propriétaires, s'écrie :

« Les hommes vicieux dorment dans de beaux appartements, tandis que la vertu est là... Mais, patience, la journée de demain fera changer le cercle... »

Un autre acteur-auteur, Nicolaïe fils, dit Clairville, qui officiait aux Variétés-Amusantes, voulant, sans doute se concilier les bonnes grâces du gouvernement de la Terreur, si bien incarné dans les deux Comités de Salut public et de Sûreté générale, glorifie la délation, leur instrument de règne, en son vaudeville, *la Fausse dénonciation* [1] ou le *Vrai coupable reconnu* (14 juin 1794. Théâtre des Variétés Amusantes).

Une femme Durmont, dénoncée par un affreux gredin, est arrêtée et conduite devant le Président de sa section qui l'interroge :

— Citoyenne, conviens-tu d'avoir dit quelque chose qui insulte à la majesté du Peuple ?

C'était la formule solennelle alors en usage.

La citoyenne répond simplement « non »; mais quoique fière de n'avoir « insulté à la majesté de qui ou de quoi que ce soit », elle n'en reste pas moins fort inquiète d'avoir été mandée aussi brutalement devant ce magistrat d'occasion qui est un président de section : aussi tremble-t-elle de tous ses membres.

Et son juge, qui s'aperçoit du trouble de la malheureuse, s'efforce de justifier la rudesse arbitraire d'une telle intervention :

— Ne t'effraie pas, citoyenne, c'est pour la sûreté générale que nous prenons ces mesures rigoureuses ; mais l'innocent est bientôt reconnu et nous sommes avides de lui rendre la justice qu'il mérite.

De même s'explique par un délicieux euphémisme la nécessité de la « visite domiciliaire ».

— « Cela n'a rien de désagréable ; ces visites sont celles de frères aînés qui viennent surveiller la conduite de plus jeunes familles. »

Dorval, le raisonneur de la pièce, qui raconte tous les épisodes de cet interrogatoire et les commente dans le sens que nous venons d'indiquer, donne la définition du vrai républicain, en refusant ce titre à l'ex-procureur Griffon.

---

1. JAUFFRET. *Le Théâtre révolutionnaire*, p. 286.

« Retiré depuis la Révolution, il n'exerce plus son état, parce qu'il a senti que, chez des hommes libres, il conviendrait mal de mettre les malheureux à contribution, mais, enrageant de tout ce qui se fait de bien, faisant monter ses gardes sous prétexte d'infirmités dont il ne s'était jamais plaint, affectant en public un patriotisme qu'il a acheté en payant ses impositions, sont-ce là des titres suffisants pour mériter le nom de républicain ? »

Nous ignorons si ce Nicolaïe le fut toujours... républicain, à la façon dont il le comprenait en 1794; mais son fils, Clairville, que nous avons connu et qui fut acteur, comme son père, avant d'être un vaudevilliste fort en renom, était un réactionnaire de la plus belle eau : lisez plutôt l'amusante série de ses pièces satiriques, anti-communistes et anti-socialistes de 1848 et 1849.

Peut-être en ce qui concerne plus spécialement le comédien révolutionnaire, serait-il prudent de ne pas se prononcer trop catégoriquement ; car ce panégyriste de la dénonciation civique a pu, comme tant d'autres de ses confrères ou camarades, ne prôner si haut les pires bassesses, que pour échapper aux soupçons de modérantisme. Nous voyons bien un journal royaliste du temps, les *Rapsodies du jour*, accuser formellement l'acteur-auteur Léger, qui fut même un peu directeur du Vaudeville, « d'avoir partagé et propagé le système de la Terreur ».

Pas de son plein gré, aurait dû ajouter, pour rester dans le vrai, la feuille réactionnaire ; car Léger, de qui nous avons analysé diverses pièces « conformes aux principes », ne les avait certes pas adoptés, dans les premières années de la Révolution, ainsi qu'on le verra au chapitre du *Public* à propos de son vaudeville, l'*Auteur du Moment*, qui faillit le conduire à la lanterne.

Oui, depuis, il endossa la carmagnole et se coiffa du bonnet rouge : sa *Papesse Jeanne* (26 janvier 1793) et son *Apothéose du jeune Barra* (1794) démontrèrent péremptoirement qu'il était même sans-culotte ; mais sa *Pêche aux Jacobins ou la Journée de Saint-Cloud*, en 1799, laisse planer bien des doutes sur la sincérité de sa conversion pendant le règne de la Terreur.

CHAPITRE IV

Comment les faits de guerre civile et religieuse sont appréciés et dramatisés par les comédiens-auteurs. — Bonchamps et la guillotine dans « le Déménagement de l'armée catholique, apostolique et romaine », par Fonpré. — Don d'ubiquité de Westermann, d'après « le Siège et la prise de Cholet ». — « L'Héroïne de Mithier ». — Les diverses « Reprises de Toulon ». — Collaboration de Picard et d'Alex. Duval. — « Andros et Almona ».

Les acteurs-auteurs exploitèrent largement la mine inépuisable qu'avait ouverte à l'art dramatique la guerre civile et religieuse, qui ravageait la France de l'ouest au midi. Il semble même qu'ils aient surenchéri sur les formules d'abomination dont abusaient leurs confrères, pour vouer aux dieux infernaux des rebelles qui ne prêtaient que trop à la mise en œuvre de ces exercices de rhétorique.

Bien mieux encore : comme si le récit exact des faits ne suffisait pas à l'indignation de ces fournisseurs de Melpomène ou de Thalie, ils imaginaient les fables les plus étranges pour rendre plus odieux ou plus ridicules les chefs et les soldats de l'insurrection.

Le *Déménagement de l'armée catholique, apostolique et romaine*, est un modèle du genre.

L'auteur en était un certain Fonpré, issu vraisemblablement de cette souche de Fonprés, qui, pendant tout le XVIIIe siècle, essaima dans les principales troupes de France et d'Europe.

Nous avons retrouvé, à la Bibliothèque de la Ville de Paris, une copie de ce *Déménagement*, intitulée « pièce patriotique en vers et en deux actes, à grand spectacle, avec l'*Offrande à la Liberté*, par le citoyen Fonpré, repré-présentée sur le Théâtre Patriotique, le *(sic)* 1794 ».

Cette copie est accompagnée de la mention suivante :

« Je soussigne avoir reçu du citoyen Sallé, directeur du Théâtre Patriotique, le montant de ma pièce, sans réclamation quelconque [1].

Fonpré. »

A Paris, le 1er brumaire 1794.

Ce libellé, incorrect, dit assez le peu de prétention qu'apportait le comédien-auteur à la confection de ses essais dramatiques.

Celui-ci estropiant outrageusement l'histoire et jusqu'au nom des personnages qui en occupent les premiers plans, met en scène Bonchamp — qu'il appelle Beauchamps — pour illustrer le héros de Saint-Florent de cette facétie :

. . . . *Voulant passer la Loire,*
[*Il*] *Est mort, à ce qu'on dit, à force de trop boire.*

D'autre part, Fonpré le représente à Mortagne, avec un marquis émigré, un cardinal et un major de l'armée vendéenne, joyeusement attablé, et, tacticien, dans quelle langue ! à la manière d'un général d'opérette.

. . . . *Notre infanterie,*
Une fois à Paris, va prendre, avec vigueur,
De Montmartre surtout les plans et la hauteur,
Pour placer des canons jusques à la Courtille.

La Rose, le valet de Beauchamps a la plaisanterie encore plus facile. En présence de deux républicaines,

---

1. La Bibliothèque Nationale possède également dans sa collection des manuscrits Soleinne, une copie de la pièce de Fonpré, qui dut être jouée, autant que le reçu conservé à la Bibliothèque de la Ville de Paris (15709, t. XI) permet de le supposer, au *Théâtre Patriotique.*

Hortense et Ninon sa fille, il se gausse de la guillotine dans des termes qui font penser au mot malheureux de son... inventeur, à la Constituante :

> . . . . . *Le grand rasoir national...*
> *Il passe. . . . avec tant de vitesse*
> *Que l'on n'a pas le temps de s'en apercevoir.*

Il va sans dire que les « brigands » sont battus à plate couture et... déménagent, pour justifier le titre de la pièce. Le dénouement nous montre l'apothéose de la Raison. La Liberté et l'Egalité descendent sur le théâtre, portée par des républicains ; et Fonpré, qui ne veut rien laisser au hasard pour la mise au point de son chef-d'œuvre, donne cette dernière indication :

« On termine par le ballet, s'il y en a un, ou bien un bruit de guerre finira la pièce avec un roulement. »

L'auteur du *Siège et Prise de Cholet*, Le Sénéchal, dit Clairfon, acteur du Théâtre d'Angers, ne se préoccupe pas davantage de la vérité historique, alors qu'après le triomphe du drapeau tricolore flottant sur les murs de la ville, il montre Westermann haranguant les vainqueurs. Mais, objecte M. Clouzot, Westermann n'était pas à Cholet pendant cette journée [1].

Bien mieux, deux artistes eurent l'idée géniale, pour donner libre cours à leur imagination, de créer de toutes pièces, non seulement un de ces faits d'armes qui avaient leur bulletin officiel, mais encore le village vendéen où s'était accomplie cette action d'éclat. De là cette *Héroïne de Mithier*, laquelle n'existait pas plus que Mithier lui-même. Un dessinateur, convaincu, prétendait toutefois en immortaliser les traits. Et ce fut l'interprète de cet à-propos, la citoyenne Vée, femme d'un

---

[1]. H. Clouzot. *Le théâtre révolutionnaire en Vendée (Revue d'art dramatique*, 1899).

des auteurs, qui posa pour l'*Héroïne* : de même son mari figura, dans une autre estampe, connue sous le titre du *Maréchal-ferrant de la Vendée*, le forgeron patriote Sans-Quartier.

Pour donner une idée de la littérature des citoyens-acteurs Vée et Barral, les auteurs de l'*Héroïne de Mithier*, citons le couplet que chantait Catherine (Madame Vée) et qui synthétise à souhait les tendances du théâtre révolutionnaire consacré à la guerre de Vendée :

> *Périssent les traîtres !*
> *Périssent leurs prêtres !*
> *Pour venger nos lois,*
> *Périssent les Rois !*

La reprise de Toulon stimula pareillement la verve des comédiens-auteurs et redoubla en même temps la ferveur, sinon la constance, de leur adoration pour la religion jacobine. Suivant une coutume qui s'était enracinée, depuis quelques années, dans le sol des salles de spectacle, des acteurs y venaient chanter, pendant ou à la fin des représentations, des couplets qui leur étaient lancés du parterre ou que leur communiquaient les auteurs de la maison.

C'est ainsi qu'un acteur, en même temps administrateur, par intérim, du Théâtre National de la rue de la Loi, Armand Verteuil (encore un rejeton de dynastie comique !) débita, dans un entr'acte, ces deux couplets, échos des fougueuses discussions qui avaient agité le Conseil général de la Commune de Paris et le Club des Jacobins, depuis que Toulon avait été reconquis sur les Anglais et les flottes ennemies :

> *Le fédéralisme, expirant,*
> *Ne rugit plus dans la campagne.*
> *De Toulon le vil habitant*
> *Cherche une patrie en Espagne.*

> Qu'il soit l'horreur des bons Français,
> Que le désespoir l'accompagne,
> Et qu'il ne respire jamais
> L'air pur de la Montagne.
>
> N'épargnons point ces assassins
> Sapons une cité rebelle,
> Vengeons les bons républicains
> Dont le sang a coulé pour elle.
> Que Toulon, frappé de décrets,
> Domine une aride campagne,
> Mais que son port soit à jamais
> Celui de la Montagne.

Le citoyen Mittié fils, qui avait échangé son prénom, trop vulgaire ou trop catholique, contre celui de *Coriandre* (*Punaise* en grec), avait fait hommage de sa *Prise de Toulon* à tous les théâtres de la République. La pièce se terminait sur un feu de file foudroyant tous les conspirateurs... « le fédéralisme expirant, etc... » Fut-elle jamais jouée ?

Un jeune comédien, du nom d'Alexandre Duval, traita le même sujet, dans une note plus discrète, comme l'avait fait un de ses amis, Picard, qui était déjà son collaborateur et qui devait être plus tard son collègue à l'Académie française. Tous deux menèrent prudemment leur barque pendant la période jacobine et produisirent, soit séparément, soit en commun, des pièces, peut-être moins poussées en couleur que celles de la majorité de leurs confrères, mais d'opinion assez libérale pour n'être pas taxées de modérantisme [1]. Ils préludaient ainsi à

---

1. A. Duval reconnaissait volontiers le malaise qu'éprouvaient, Picard et lui, en présence des grands pontifes du jacobinisme. Dans le plan d'un livre ou d'une série d'articles qu'il devait consacrer à ses *Souvenirs politiques*, nous lisons cet alinéa : « Picard et moi allant lire une comédie chez Couthon. Notre peur ! » (*Revue d'Histoire littéraire de la France* (juillet-septembre 1912). PAUL BONNEFON, *Alexandre Duval*).

l'élaboration de ces comédies de mœurs qui devaient leur assurer, quelques dix ans plus tard, une place honorable parmi les littérateurs contemporains. Dans la *Vraie bravoure* (Théâtre de la République, 3 décembre 1793) — et pour eux c'en était une d'affronter la rampe avec une pièce aussi médiocre — Picard et Duval partaient en guerre contre le préjugé du duel. La fin surtout en fut applaudie : on y chantait quatre couplets dont le dernier visait « les soldats des tyrans ».

En novembre 1793, Picard avait fourni à Dugazon l'occasion d'un succès retentissant avec *La Moitié du Chemin*, satire, lestement troussée, du droit d'aînesse : le public avait fait bisser une tirade du maître comédien.

Puis, avec Duval, en février 1794, il s'était affirmé l'apôtre de la tolérance religieuse et le zélateur de Jean-Jacques Rousseau, dans *Andros et Almona* ou *Le Français à Bassora*, joué au Théâtre de l'Opéra-Comique National. Cette double profession de foi ne manquait pas d'opportunité, au lendemain de la séance où Robespierre avait condamné officiellement l'athéisme des Hébertistes au bénéfice du dogme, qu'il devait bientôt proclamer, de l'Etre Suprême.

Dans cette pièce à couplets, Almona, une veuve indienne, est détournée par le Français Andros du bûcher auquel l'ont vouée les rites brahmaniques. A son tour, elle sauve le jeune étranger qui l'aime et qu'elle paie de la même tendresse, de la mort dont il est menacé, en exerçant l'empire de ses séductions sur des prêtres catholiques, juifs, mahométans et hindous. Au dénouement, elle épousera devant la nature (ainsi Marat avait procédé avec la citoyenne Evrard) l'homme juste et sensible qu'est Andros, qui a su reconnaître l'existence et les bienfaits de l'Etre suprême

*Ne suivons que la Nature,
Voilà le Dieu des amants.*

Et de même que, plus tard, Robespierre devait tenir semblable langage aux Français, Andros adressera cette allocution aux Indiens :

« O peuple de Bassora, pourquoi voulez-vous une religion dominante ?... Tolérons tous les cultes... Ce qui nous intéresse tous, c'est d'être d'accord sur la morale. Mortel, de quelque religion que tu sois, tu trouveras cette morale gravée dans ton cœur. Sois donc bon citoyen, bon père, bon époux, bon ami, sers les hommes et ta patrie ; et tu auras rempli tous les devoirs que te prescrit l'Etre suprême, le Dieu de toutes les religions. »

Le compositeur qui avait écrit la partition de cette comédie dramatique, était un certain Lemière de Corvey, figure des plus originales. Engagé volontaire, il avait donné l'assaut, le 10 août, au château des Tuileries et, depuis, s'était distingué par l'exaltation de ses opinions révolutionnaires. Assez ignorant de la technique musicale, bien qu'élève de Berton, il avait pris à partie Gossec, qui n'avait pas voulu faire exécuter l'hymne de cet apprenti en l'honneur des victimes du 10 août. L'œuvre de Lemière se compliquait de chants patriotiques mêlés à la fusillade et aux bruits de guerre. Cet officier avait la spécialité de ces compositions bizarres. C'était lui qui avait mis en musique l'article du *Journal du Soir* sur la sommation adressée à Custine pour la reddition de Mayence. Il avait écrit également, en 1794, la composition du *Chant de Guerre* de Trouvé : « Mort à tout Anglais. »

Aussi se plaignait-il amèrement que Gossec et Chénier

eussent seuls le privilège de traiter les hymnes officiels de la Révolution [1].

Sa partition d'*Andros et Almona* présentait une particularité piquante, répondant d'ailleurs à l'idée des auteurs du poème. Lemière avait, en effet, combiné, dans l'harmonie des chœurs, les chants religieux des prêtres catholiques, juifs, hindous et mahométans qui prenaient part à l'action.

Il est bon d'ajouter que cet austère républicain prit sa retraite, comme lieutenant-colonel, avec la croix de la Légion d'honneur.

---

1. C. PIERRE. *Hymnes et chansons de la Révolution.* Il faut reconnaître aussi que Chénier et Gossec étaient passés maîtres dans l'art d'écrire et de musiquer ces chants patriotiques et guerriers. Et, d'une façon générale, les compositions lyriques de la Révolution sont de beaucoup supérieures aux œuvres dramatiques du temps.

Le Public

Le Public

CHAPITRE PREMIER

La part du public dans le Théâtre de la Révolution. — Sa première effervescence en 1789. — Tumultes et batailles dans les salles de spectacle. — Chances partagées entre aristocrates et démocrates. — Minorité jacobine et tyrannique en 1791. — Tournée de Larive à Caen : incidents de « Raoul de Créqui ». — Théâtre déserté. — Le désordre est à son comble en 1792 : journaux brûlés sur la scène ; pièces condamnées : bévues d'un public ignorant.

A voir nos modernes amateurs de spectacles, si calmes, si patients, et même si veules, alors qu'on leur sert les plus insipides productions, on ne soupçonnerait guère combien, sous l'ancien régime, leurs ancêtres étaient difficiles et ombrageux en pareille matière.

Ce fut bien pis encore pendant la Révolution. Jamais public ne fut plus nerveux, plus turbulent, plus tyrannique. Aux approches de la tourmente démagogique, il était la terreur des exploitations théâtrales. Toutefois son action ne rayonnait guère au-delà de la salle. Celle de l'administration, qui avait la police des spectacles, était autrement continue, efficace et redoutable. Elle le fut à tel point, qu'à l'époque de la domination jacobine, l'effervescence même du parterre ne fut bientôt plus qu'une manifestation perpétuelle d'admiration en l'honneur de la dramaturgie révolutionnaire. A peine quelques dissonances soulignaient-elles, de loin en loin, la faible opposition de spectateurs sagement espacés et dissimulés dans la salle. Encore de furieuses protestations — dictées par la plus élémentaire prudence — venaient-elles étouffer la timide révolte d'une liberté trop téméraire.

Quel chemin parcouru en si peu d'années !

Au lendemain de 89, le parterre, fidèle à des traditions séculaires, et les réchauffant en quelque sorte au feu des passions nouvelles, profitait de la moindre circonstance ou de l'allusion même la plus voilée, pour témoigner de ses préférences personnelles. Souvent la salle était partagée en deux camps ennemis. C'étaient des apostrophes se croisant de toutes parts, des dialogues avec les acteurs, des injures et des défis, échangés du parterre aux loges, des projectiles volant à l'aventure et même des voies de fait, qui, elles, ne se trompaient pas de destination. Rarement l'issue du combat restait incertaine : les aristocrates étaient vainqueurs un jour, les démocrates l'emportaient le lendemain. Quelquefois, la police les mettait d'accord, en interdisant la pièce ou en fermant la salle. Mais, après cette courte trêve, la bataille recommençait avec des chances diverses.

Certains de ces conflits sont restés classiques et sont trop connus pour que nous en reprenions le récit. *Charles IX* [1], qui mit Talma aux prises avec ses camarades et ceux-ci avec la plupart des spectateurs parisiens, ouvrit une ère de tumultes, qui n'étaient, en somme, que des bouillonnements de liberté [2]. Un des

---

1. Théodore Muret a consacré à *Charles IX* plusieurs pages de son *Histoire par le Théâtre*.
2. La province ne se montra pas moins ardente que Paris à réclamer *Charles IX*. A Besançon, la pièce de Chénier fut jouée, sans grande opposition de la municipalité, en septembre 1789. Et, avant le lever du rideau, un spectateur proposa de livrer à la justice quiconque

partis n'opprimait pas définitivement l'autre. La revanche ne se faisait pas attendre ; et si Madame Dugazon était sifflée, un jour, comme royaliste, elle était portée aux nues, vingt-quatre heures après, pour avoir parlé de « sa chère maîtresse », en tournant les yeux vers la loge de Marie-Antoinette.

Ce ne fut guère qu'en 1790 que se manifesta cette tendance abusive à évincer, par la violence, la pièce mal notée ; et cette manie d'expulsion — forme inattendue de la censure populaire — était beaucoup plus le fait de citoyens, amants passionnés de la liberté, que de leurs adversaires.

Une feuille, fort peu connue [1], le *Journal du Théâtre français*, fait remonter à cette date de 1790 la poussée d'intolérance qui déjà inquiétait les bons esprits et les éloignait insensiblement de leurs plaisirs. Peut-être le publiciste a-t-il exagéré, et dans la langue grandiloquente du jour, les progrès du mal ; mais il n'en est pas moins certain que la carrière théâtrale devenait difficile pour les auteurs qui avaient le mauvais goût de vouloir rester indépendants :

« C'est, en 1790, que commença à se manifester ce grand et terrible volcan politique qui ébranla toute l'Europe et dont la France fut la déplorable victime. C'est aussi, à cette époque, que les secousses s'en firent sentir dans le parterre et dans les coulisses de la Comédie. Il fallait échauffer les têtes du peuple, les tourner au désordre et à l'anarchie.

« Les moteurs conçurent adroitement que le seul moyen

---

oserait troubler le spectacle. Palissot, ajoute Meister dans la *Correspondance de Grimm*, fut de cet avis (DESNOIRESTERRES, *La Comédie Satirique au XVIIIᵉ siècle*).

[1]. Si peu connue que l'excellent bibliographe Hatin ne l'a pas notée dans son recueil. Elle fut publiée, en 1803, par « De Penne, propriétaire et rédacteur ».

de hâter le mal, était d'alimenter l'esprit du peuple par des idées anarchiques et que le théâtre était la seule arène qu'ils pussent choisir pour exciter toutes les passions populaires dont ils voulaient s'étayer. Une entière réussite prouva qu'ils avaient vu juste ; et le temple du goût et des plaisirs fut subitement transformé en une caverne de brigands. »

Bien mieux, en province, dans les villes notoirement hostiles à la propagande révolutionnaire, c'était une minorité, et encore étrangère au pays, qui lui imposait sa volonté, ses airs favoris et ses pièces de prédilection. Un contemporain le dit assez nettement dans ses mémoires écrits au jour le jour (1791) [1] :

« Le premier lundi de la foire, il y eut du tumulte à la Comédie. La ville de Caen passait pour ne pas être dans le sens de la Révolution. Des étrangers demandaient à l'orchestre l'air *Ça ira*, qui n'avait pas encore été joué au spectacle à Caen, quoiqu'il l'eût été dans d'autres villes. Les premières loges, soutenues d'une partie du parterre, voulurent s'y opposer. Le commandant, pour arrêter l'effervescence des esprits qui commençaient à s'échauffer, ordonna qu'on le jouât. Le lendemain, nouveau tapage pour le même air. Les musiciens, menacés d'être battus, jouèrent malgré eux l'air demandé. Ces troubles, renouvelés presque tous les jours, dégoûtèrent du spectacle ; le nombre des spectateurs diminua sensiblement, des abonnés renvoyèrent leur abonnement. »

La désaffection du théâtre n'était pas moindre en juin, quand Larive, le célèbre comédien français, vint donner des représentations à Caen. Les musiciens, bien qu'à contre-cœur, jouaient chaque soir, et deux fois

---

[1]. Extrait du manuscrit Esnault d'après PAUL DE LONGUEMARE *Le Théâtre à Caen* (Paris, 1895), pp. 92 et suiv.

plutôt qu'une, le *Ça ira* ; et la clientèle riche, que cet air agaçait au superlatif, s'abstenant de paraître au théâtre, la tournée de Larive en souffrit sensiblement.

Cependant, aux représentations de *Raoul de Créqui*, les gens paisibles, qui aimaient le théâtre, avaient tenté une manifestation, réactionnaire pour l'époque, afin de se débarrasser de leurs terribles gêneurs. Quand l'acteur avait dit ce vers :

. . . . . *Je meurs, mais j'ai sauvé mon roi !*

la majorité des spectateurs, y voyant une allusion à la surveillance ombrageuse qui faisait des Tuileries une véritable prison pour Louis XVI, avait applaudi à outrance ; et même un billet était tombé sur la scène, billet que la municipalité, alors présente, avait permis de lire. C'était une poésie qui se terminait par ce compliment à l'acteur :

Que ne puis-je, ô Raoul, m'écrier avec toi :
Je meurs, mais j'ai sauvé mon roi !

Les clubistes de la ville, qui n'avaient pas prévu le coup, jugèrent prudent de ne pas riposter sur l'heure ; mais ils intervinrent, le lendemain, auprès de la municipalité, pour demander la suppression ou la modification de vers qui étaient ou semblaient une amère critique de la Révolution. Le substitut du procureur de la Commune, Diéterville, s'arrogeant les fonctions de censeur, fit de *Mais j'ai sauvé mon roi*, *mais j'ai suivi la loi*. L'acteur dut débiter cette insanité qu'allait bientôt imiter *le Déserteur* ; mais le public se fâcha ; et les comédiens, pour contenter tout le monde, mirent sur le rôle :

J'ai suivi la loi et sauvé mon roi.

En 1792, les scènes de violence se multiplièrent tellement dans la salle et à la sortie du spectacle, que le théâtre fut déserté de nouveau. A bout de ressources, le directeur imagina une loterie, dont les numéros gagnants donnaient droit à des places de première loge ou de balcon ; mais il ne paraît pas que les bourgeois de Caen se soient laissés autrement tenter par cette galanterie directoriale [1].

Paris-Théâtre n'est pas moins tumultueux.

A l'Opéra-Comique, la gracieuse Saint-Aubin déchire, sur l'ordre du parterre, le numéro des *Petites Affiches*, où le « polisson de Ducray-Duminil » (et cependant avait-il assez célébré *la Prise de la Bastille !*) s'est permis de critiquer un peu vivement *Lodoïska*. Un homme de loi veut qu'on brûle sur le théâtre même l'exemplaire incriminé. Mais, un de ses confrères, mieux inspiré, fait décider que cet auto-da-fé sera réservé à la place Favart [2].

Et, déjà, comme auteurs et acteurs doivent s'appliquer à ménager l'humeur méfiante et irritable des foules ! Dans *Rienzi*, le pape Clément VI n'est pas suffisamment libéral, il faut que le drame disparaisse [3].

Un Cardinal, parlant du peuple dans la *Nuit de Charles V*, dit : « Des manants, ces animaux ! » Et aussitôt l'acteur, chargé d'interpréter le rôle, affirme au public la solidité de ses sentiments patriotiques [4].

Baptiste, qui joue *le Glorieux* sur le Théâtre du Marais,

---

1. PAUL DE LONGUEMARE. *Le Théâtre à Caen*. Paris, 1895.
2. GONCOURT. *La société française pendant la Révolution*, p. 194.
M. Arthur Pougin dit que le numéro des *Petites Affiches* fut brûlé à la deuxième représentation de *Paul et Virginie*, de Favières et Kreutzer, le public ayant estimé que le compte rendu n'en était pas assez favorable *(Histoire de l'Opéra-Comique*, p. 41). Hallays-Dabot voit plutôt dans cette manifestation une question politique.
3. HALLAYS-DABOT. *Histoire de la censure*, p. 163. — *Rienzi* était une tragédie de Laignelot.
4. GONCOURT. *La société française*, etc., p. 194.

a l'imprudence de ramasser et de ceindre une couronne, qu'un admirateur, par trop enthousiaste, vient de lui lancer. Boissard, un homme de loi (quels rigoristes que ces hommes de loi !) se dresse, impose silence aux acteurs et crie d'une voix indignée :

— Je tiens pour le plus vil des esclaves celui qui a jeté cette couronne.

Et Baptiste, tout décontenancé, de fouler aux pieds cet emblème de la tyrannie [1].

Plus fort encore ! l'opinion publique prenait feu, au seul vu de l'affiche et avant même que la pièce ne fût représentée.

Le *Théâtre de la République* annonce *Jean-sans-Terre*, et le faubourg Saint-Antoine s'émeut, s'imaginant qu'on veut ridiculiser et même calomnier son fameux général qui

N'a de Mars que la bière [2].

Tout au contraire, les habitués des quatrièmes loges, aux *Théâtres Molière*, des *Variétés*, de *la Cité*, hurlent avec frénésie une « chanson civique », empruntée à une pièce non moins civique, qu'ont refusée ces mêmes théâtres.

— Elle sera jouée ! crient les citoyens des quatrièmes loges [3].

---

1. *Ibid.*
2. Hallays-Dabot. *Histoire de la censure*, p. 163.
3. Goncourt. *La société française* etc., p. 194.

CHAPITRE II

« Le Club des bonnes gens » et ses mésaventures à Lyon, d'après l'Allemand Reichardt. — « Le Club des bonnes gens » à Paris, aux prises avec des « mal peignés ». — « La Mort de César » à Marseille : « à genoux ! à genoux ! » — Le double orage de « l'Auteur d'un moment », d'après Fournier l'Américain et Mallet du Pan. — Desvernois et sa scène de pugilat au Théâtre Molière. — Les théâtres désertés à Paris. — Le patriote Gonchon fait la loi dans la salle et dans les coulisses.

En cette année 1792, préludant aux grandes batailles de 1793, des échauffourées se produisaient un peu partout.

L'Allemand Reichardt, qui voyageait alors en France, raconte assez plaisamment celles auxquelles il lui fut donné d'assister à Lyon, vers la fin de février [1].

On y jouait le *Club des bonnes gens*. A la quatrième représentation, les Jacobins, qui jusqu'alors avaient frénétiquement applaudi, s'avisèrent que l'auteur pouvait bien les avoir persiflés, puisque les aristocrates n'acclamaient pas moins vigoureusement la pièce. Le parterre, composé en grande partie de clubistes, décida aussitôt qu'il ne la laisserait pas achever. Et, en effet, dès que le Curé pacificateur eût chanté la première ariette, tout le parterre de crier *Amen*. Il fut impossible aux acteurs de continuer.

L'officier municipal, assis, en vertu des règlements, dans sa loge du premier rang, réclama vainement le silence : bien qu'il appartînt au parti populaire, il ne

---

1. REICHARDT. *Un Prussien en France en* 1792 (traduction Laquiante). Paris, 1892, p. 138.

réussit qu'à se faire huer par ses amis. Dans sa harangue, il ne cessait de répéter *on*... *on*. Et le public disait avec lui *on*... *on*. Cet accompagnement, bien rythmé, l'exaspéra.

— Je vois bien, clamait-il, que je n'ai à faire qu'à des bêtes féroces.

Les aristocrates protestaient de leur côté : ils voulaient qu'on jouât la pièce :

— Eh ! disaient-ils, en montrant des dragons dans la salle, est-il admissible qu'on vole à ces messieurs leur argent et leurs plaisirs ?

— A bas les casques ! disaient les démocrates.

Cependant le tumulte s'apaisait ; et l'on pouvait espérer voir finir la pièce, quand on s'aperçut que les musiciens avaient décampé. Du coup, la salle fut transformée en club.

— Je demande, dit quelqu'un, que le discours de M. Perrot (l'officier municipal) soit imprimé.

— J'en appelle, crie un autre, de la Commune au Département.

De guerre lasse on se sépara.

Mais, quelques jours après, sur la réclamation des aristocrates, les comédiens annonçaient une nouvelle représentation du *Club des bonnes gens*.

A l'heure dite, le public s'engouffre dans la salle ; mais quelle n'est pas sa déception et surtout sa colère, quand un acteur vient lui apprendre que la municipalité interdit la pièce ! C'était évidemment la revanche des jacobins. Les spectateurs ne se tiennent pas pour battus. Ils intiment l'ordre à l'acteur d'aller faire rapporter l'arrêté et invective l'officier municipal, impuissant à obtenir le silence.

— Eh ! bagasse, lui crie un enfant de la Canebière, si vous étiez à Marseille, on vous jetterait des pommes cuites.

Enfin, après une troisième sommation, la garde nationale pénètre dans le parterre, pour en chasser les spectateurs qui se tiennent tous par la main, pendant que les dames, restées sur leurs banquettes, les encouragent à la résistance.

La municipalité n'en avait pas fini avec le *Club des bonnes gens*. Le tapage recommença parce qu'elle s'obstinait à défendre la pièce. Un soir, au centre du parterre, quatre individus, portant d'une main une chandelle et de l'autre un exemplaire de la comédie de Beffroi, chantent des couplets du *Club*, avec cette variante : *Rien par justice, tout par caprice*, au lieu de *Tout par justice, rien par caprice*. Dans un entr'acte, l'agitation se dessine. Quelques gardes nationaux, déambulant par les couloirs, viennent se montrer à l'entrée de l'amphithéâtre.

— A bas les baïonnettes ! crient les spectateurs en montant sur les banquettes. Cependant, au parterre occupé cette fois par les contre-révolutionnaires, on malmène un solide gaillard qu'on dit être un clubiste.

— Mais, certainement, j'en suis un, réplique l'homme, les poings en avant.

— A la porte ! à la porte !

— Au nom de la loi, clame l'officier municipal, je vous somme de rester tranquille.

Et comme le clubiste récrimine :

— Pas d'explications ici !

Cette fois la salle applaudit le fonctionnaire.

L'orage éclate, plus violent, au commencement de la seconde pièce. C'est à qui demandera *le Club ! le Club !* La scène dure un quart d'heure. Et deux officiers municipaux viennent s'installer au premier rang de l'amphithéâtre, pour, de là, dominer le parterre qui finit par se calmer.

A Paris, « l'honnête fatras [1] » du Cousin Jacques, pour nous servir du terme des Goncourt, n'est pas moins cahoté. A vrai dire, la tempête ne se déchaîne, au *Théâtre de Monsieur*, où se joue le *Club*, qu'à la 44e représentation. Ce soir-là (et c'est Beffroi qui raconte l'aventure dans son journal le *Consolateur*, de 1792), « une vingtaine de mal peignés, groupés au fond du parquet, sous les premières galeries », réclament, à grands cris, le *Ça ira*, qu'ils font recommencer à cinq reprises. Ces pauvres aristocrates n'ont pu obtenir qu'une fois *Vive Henri IV* de l'orchestre. Les sans-culottes sont superbes, debout, au milieu du parquet, brandissant leur pique auréolée du bonnet rouge et foudroyant les loges d'un narquois et méprisant regard.

Mais la toile s'est levée ; et le Curé, cet homme pacifique, qui avait eu déjà son petit succès à Lyon, débite, au milieu de son jardin, où flotte le drapeau tricolore, cet aphorisme digne de M. de la Palisse : « Il faut que le peuple soit éclairé, mais non pas égaré. » Les loges applaudissent à tout rompre. Des huées et des sifflets couvrent les bravos.

— Vous êtes des factieux, vous êtes des gueux, hurlent les loges.

Mais les patriotes entendent avoir le dernier mot.

— Qu'on amène ici le directeur, exigent-ils ; et qu'il nous promette de ne plus jouer le *Club des bonnes gens*.

L'officier municipal Salior veut rétablir l'ordre ; il est bombardé de pommes de terre, au milieu d'exclamations entrecoupées, qui accompagnent le jet des projectiles.

— C'est un traître... Nous le dénonçons à M. le Maire... M. Manuel le saura... A la police !

A la même époque, les sans-culottes de Marseille

---

1. GONCOURT. *La société française pendant la Révolution*, 1854, p. 182.

étaient allés encore plus loin [1]. La *Mort de César* n'ayant pas eu le privilège de leur plaire, l'orchestre avait dû jouer la *Marseillaise*, que les spectateurs chantaient à pleins poumons. Or, au couplet de la Liberté, tout le monde était tenu, comme à Paris, de se mettre à genoux. Une vieille dame, qui n'obéissait pas assez vite à cette injonction démocratique, fut traînée devant la rampe et obligée de s'agenouiller, pendant que le public reprenait le couplet à son intention.

Il n'est pas indifférent de lire le récit d'une de ces saturnales démagogiques dans les *Mémoires* d'un contemporain qui se vante d'en avoir été l'initiateur : nous voulons parler de Fournier, dit l'Américain, qui fut également le provocateur du massacre des prisonniers d'Orléans, à Versailles, en septembre 1792 :

« ... L'aristocratie s'était promis d'inoculer l'incivisme par les canaux des théâtres. Cette maudite pièce de... *(sic)* fut celle qui fit le plus de fortune et avec laquelle les bas flatteurs du royalisme insultèrent le plus lâchement aux patriotes... Impatienté, je dis un jour à bon nombre de ces derniers :

— Rendons-nous en force au *Panthéon* ; et vous verrez que nous saurons nous venger de ces bravades trop longtemps souffertes.

Nous partons... *A bas la pièce et les aristocrates*, nous écrions-nous, dès que la scène s'ouvre.

On nous répond : A bas les Jacobins !

Un combat s'engage ; et plusieurs coups d'épée et de sabre sont donnés et reçus. Les patriotes, inférieurs en nombre à la faction royaliste, furent contraints de me laisser presque seul dans le parterre. J'y fus en butte à toutes les insultes des femmes entretenues par les *Che-*

---

[1]. LAURENT-LIEUTARD. *Marseille depuis* 1789 (1814, tome I, p. 165).

valiers du Poignard, qui en voulaient surtout à ma coiffure de Jacobin ou de sans-culotte, dont on connaît l'élégance et qui a eu pourtant depuis tant d'imitateurs.

Je montai sur un banc ; et, là, je bravai toutes ces furies. J'osai seul leur répondre que la pièce ne serait pas jouée. Alors vinrent se rallier autour de moi mes bons acolytes qui avaient déjà emporté contre nos adversaires la première partie du combat. Nous voulûmes gagner victoire complète. Nous ne désemparâmes pas que nous n'ayons mis tout le monde dehors et traîné Messieurs les pages dans la boue, ainsi que leurs belles donzelles, que l'on couvrait de neige et de fumier [1]. »

Fournier date de 1789 ces « troubles provoqués par la voie des spectacles ». C'est une erreur chronologique qui se complique de plusieurs autres, si, comme nous le supposons, d'après d'autres indices beaucoup plus probants, la pièce, que ne nomme pas le mémorialiste, est bien l'*Auteur d'un moment*, l'œuvre de l'auteur-acteur Léger, jouée au Vaudeville en février 1792.

Un témoin oculaire, le journaliste contre-révolutionnaire Mallet du Pan [2], raconte, lui aussi, la scène, mais avec des variantes qu'il importe de noter.

En effet, les Jacobins avaient été expulsés, mais ils étaient revenus en nombre ; seulement, ayant trouvé les portes closes et les abords de la salle occupés par la garde nationale, ils avaient attendu la sortie pour produire leur manifestation. Ils avaient inondé de boue et de neige les spectateurs, dès que ceux-ci avaient mis le pied dehors et les avaient obligés à crier *Vive la Nation !*

— Allons donc, fit un ancien gendarme aux Jacobins

---

1. *Mémoires de Fournier l'Américain*, publiés par M. Aulard (Société de l'histoire de la Révolution).
2. MALLET DU PAN. *Mémoires et Correspondance* (Paris, 1851), tome I, p. 425.

qui le pressaient d'obéir, à quoi bon crier *Vive la Nation!* puisqu'elle est immortelle ? Par exemple, je crie *Vive le Roi*, parce que nous avons besoin de le conserver. Mais si quelqu'un s'avise de me toucher, il aura affaire à moi.

Et personne ne s'y risqua.

Les femmes élégantes étaient obligées de « plonger dans la boue » pour aller à leur voiture. Un page du roi, d'origine anglaise, renversé et traîné dans la fange, fut assez grièvement blessé à la tête.

Le lendemain, les Jacobins forcèrent la grille du Vaudeville, et, malgré les efforts des Commissaires de la section, furent les maîtres de la salle pendant toute la durée de la représentation, ou plutôt pendant le peu de temps que fut ouvert le théâtre. Sur l'injonction et sur les menaces des perturbateurs, les acteurs durent brûler la pièce ; et l'auteur, qui rôdait par les coulisses, fila prestement pour n'être pas compris dans la même exécution.

Mais, ce qui est topique, c'est la leçon que dégageait le ministre de cette minuscule émeute. Les cris de *Vive le Roi*, disait-il, voilà l'unique cause de l'échauffourée : « Ce sont des conspirateurs qui osent exprimer des vœux impies, en souhaitant au roi un bonheur indépendant du bonheur national. »

Et, pour la fleur des sans-culottes, on était « conspirateur » renforcé, quand on avait le mauvais goût de ne point se pâmer devant le répertoire ou le personnel de tout théâtre considéré comme un Conservatoire de civisme. Desvernois[1] en fit l'expérience — expérience qui faillit mal tourner pour son auteur.

Au lendemain du 20 juin 1792, Desvernois, alors

---

1. Général baron DESVERNOIS. *Mémoires*, 1898, pp. 19-23.

simple soldat, s'était rendu au Théâtre Molière, pour voir une salle dont tout le monde lui parlait comme d'une pure merveille. Du parterre au paradis, les loges étaient séparées par des glaces. Et les décors étaient autant d'œuvres d'art.

En pénétrant dans le parterre, Desvernois ne put retenir un mouvement de surprise, suivi d'un sentiment de gêne : il avait aperçu, un peu partout, des spectateurs des deux sexes coiffés du bonnet rouge. Un de ses voisins, qui avait tout au plus trente ans, garçon très loquace et très expansif, constata que le spectacle était nouveau. Puis il avoua à Desvernois sa prédilection pour un théâtre dont les acteurs étaient jacobins.

— Ah bien ! répliqua son interlocuteur, si j'avais pu m'en douter, je n'y serais certes pas entré ; car je n'aime, ni à voir, ni à entendre les Jacobins.

Indignation du voisin qui se répand en injures contre Desvernois et le traite de *muscadin*.

Notre soldat, qui n'était pas la patience même, invite son agresseur à venir s'expliquer dans la rue ; mais celui-ci décline la proposition et dénonce aux loges Desvernois comme « un mauvais muscadin qui n'aime pas les Jacobins ».

— A la porte ! à la porte ! crie le public, qu'impatiente la dispute.

—Ah ! gronde Desvernois, c'est ainsi que tu ameutes les gens contre moi ; eh bien ! devant eux, je vais te récompenser suivant tes mérites. D'abord, voici un bon soufflet, puis, pour le reste, je t'attends à la sortie.

En France, on applaudit, même ses adversaires, quand ils montrent de la poigne. Et le gifleur fut chaudement... claqué. Cependant quelques clubistes demandent à Desvernois la nature de ses griefs contre les Jacobins.

— Certains peuvent être honnêtes, répond l'interpellé : mais, en général, ce sont tous des imbéciles qui se laissent conduire par leurs chefs.

— Les Jacobins n'ont pas de chefs : nomme-les.

— Pétion, Robespierre et autres démagogues que j'abhorre.

— A la lanterne ! à la lanterne !

En vain, la toile se lève sur une misérable rapsodie : les clameurs redoublent de toutes parts :

— A la lanterne, à la lanterne, l'aristocrate qui ose insulter les plus vertueux Jacobins !

Il faut qu'à leur tour les spectateurs des loges interviennent pour obtenir un peu de silence.

— Mais, dit l'un d'eux, j'ai vu la scène ; ce jeune homme était bien tranquille à sa place, quand son voisin l'a provoqué ; celui-ci a été châtié, à juste raison.

Ce fut, à cette époque, quand on joua des pièces de circonstance, la *Voyageuse extravagante corrigée*, la *Journée de Varennes* ou *le Maître de poste de Sainte-Ménéhould*, *la Journée de Varennes*, *le Pont de Varennes*, que, par mesure de précaution, un commissaire de police se tenait dans la salle, pour noter, partant supprimer, tout mot ou toute phrase qui avait pu choquer ou exciter le public [1]. Néanmoins, on ne craignait pas de surchauffer son enthousiasme — et c'était un peu l'affaire des impresarii — en faisant annoncer par les journaux, voire en l'imprimant sur l'affiche, que les héros du drame de Varennes, Drouet et Guillaume, assisteraient à la représentation de leur glorieuse épopée.

Le coup d'Etat démagogique du 10 août, la petite Terreur de Septembre, donnent occasion aux révolu-

---

1. DESNOIRESTERRES. *La Comédie Satirique au XVIIIe siècle*, p. 329.

tionnaires d'opprimer, dans les théâtres, les amateurs venus pour s'y distraire, en dehors de toute préoccupation politique. Kolly le dit assez nettement dans la lettre qu'il écrit à sa femme, sous le nom de Madame Renaud, poste restante, à Boulogne-sur-Mer [1] :

29 septembre 1792.

« ... Pas moyen d'aller au spectacle pour ceux qui ne veulent pas prendre le théâtre pour une église ; car, à la fin, il faut, dit-on, se mettre tous à genoux, au parterre comme aux loges, pour y entonner en chœur une hymne à la Liberté, que l'on chante en faux-bourdon. Adeline (de la Comédie Italienne) a été disgrâciée, ces jours derniers, pour avoir refusé de chanter la *Carmagnole*. Madame Dugazon ne veut plus revenir à Paris. Tous les acteurs italiens de la rue Feydeau sont partis ; et l'Opéra danse avec des béquilles... »

Comme d'habitude, il suffisait d'une minorité, parfois même d'un ou deux braillards, pour faire trembler toute une salle.

Gonchon et Forcade, deux orateurs très populaires du faubourg Saint-Antoine, se trouvaient à Chartres, un jour qu'une troupe de comédiens ambulants venaient y donner une représentation de *Gabrielle de Vergy*. Les deux clubistes assistaient à la séance et s'indignaient d'entendre applaudir « avec frénésie » certaines tirades contre-révolutionnaires, ou jugées telles, de la pièce. Bientôt, Gonchon ne peut plus se contenir ; il se lève et crie au public :

— Ah ça ! ignorez-vous que les sans-culottes du faubourg Saint-Antoine sont ici ?

---

[1]. BIBL. NAT. *Impr.* La^{32} 801. Lettres d'aristocrates. — E. SELIGMANN. *Madame de Kolly*, s. d., p. 86.

Le mot, aussi tranchant que le fer de la guillotine, coupa net l'enthousiasme de la salle.

A la petite pièce, autre manifestation. Les acteurs se présentent avec des chapeaux à plumets, des nœuds d'épée verts, et, ce qui est encore plus révoltant, sans cocarde.

Gonchon grimpe au foyer des artistes et leur dit textuellement :

— Nous avons renversé les rois et nous renverserons aisément les rois de théâtre. Otez les rubans verts.

Et pour remplir jusqu'au bout sa mission civique, le porte-parole du faubourg revient dans le parterre y chanter, de cette voix qui soulève les foules, des couplets patriotiques [1].

Il devait renouveler cette algarade à Paris, au Théâtre du Marais, pendant la troisième représentation du *Tribunal redoutable*. Dans la pièce, une tour, qui devenait, « par application », le donjon du Temple, servait de prison à une femme belle et noble. Et la conclusion, quelque peu hardie pour l'époque, était qu'il fallait respecter le sang des rois comme celui de Dieux bienfaisants.

Gonchon se lève pour apostropher le directeur. Des royalistes lui répondent d'un geste menaçant.

— Le premier qui me touche est mort, déclare posément Gonchon.

Le calme se rétablit comme par enchantement. Et dire, que plus tard, ce pauvre Gonchon devait être traité de réactionnaire ! ! !

A vrai dire, il était devenu policier.

---

1. A. CHALLAMEL. *Les Français de la Révolution*, p. 272.

CHAPITRE III

La cocarde au théâtre : dans la salle et sur la scène ; encore des bévues de spectateurs ignorants. — « Le Maire du Village ou le Pouvoir de la Loi ». — La lettre d'Artophile. — Un contempteur d' « Œdipe à Colone ». — Comment le public accueille les imprécations d'Albitte à « Caïus Gracchus ». — Multiples incidents de « la Première réquisition ». — Au foyer du Théâtre National.

Nous avons vu, dans la première partie de cette étude, que les représentants officiels du gouvernement n'avaient pas toujours, en leurs missions, la chance d'être obéis comme Gonchon. Collot d'Herbois et Laplanche, passant par Orléans, avaient été quelque peu hués et bousculés au théâtre ; et, dans la séance même du 27 mars 1793, où la lecture de leur rapport avait soulevé l'indignation de leurs collègues, Danton avait encore exaspéré celle-ci, en déclarant que, « dans les spectacles, on applaudissait à tout ce qui annonçait les malheurs de la patrie. »

Autant demander... avant la lettre, qu'on mît la Terreur à l'ordre du jour des théâtres.

Déjà la question de la cocarde avait le triste privilège d'y provoquer fréquemment des conflits. Des décrets de la Convention avaient formellement imposé cet ornement aux femmes qui, par esprit de contradiction, (il fallait bien s'y attendre) le dissimulaient, non sans malice, dans un pli de leur corsage ou de leur coiffure, et même n'en portaient pas du tout. Souvent, dans les promenades publiques, ou dans les théâtres, elles étaient vertement admonestées [1], si elles n'avaient pas de cocarde, quand elles n'étaient pas déférées aux tribunaux, qui pouvaient leur infliger jusqu'à cinq années de détention. Or, cette cocardomanie exposait souvent les fanatiques à de singuliers impairs. Dans le cours d'une représentation de *Ferdinand*, opéra-comique de Desaides, un groupe de jeunes citoyens [2], d'un patriotisme plus ardent que judicieux, s'avisa que l'acteur, chargé du rôle de Frédéric II, le roi de Prusse (c'était déjà bien osé de produire un monarque sur la scène) portait la *cocarde noire*.

Et ce groupe de purs de vociférer : « A bas la cocarde du Roi ! »

Sans s'émouvoir autrement de la manifestation, l'acteur s'approcha de la rampe et dit :

— Citoyens, je vous prie de considérer que j'étais mort avant la Révolution. — La réponse était concluante. Nos sans-culottes eurent l'esprit d'en rire.

Ils ne s'étaient pas montrés d'aussi bonne composition avec *Le Maire du village* ou le *Pouvoir de la Loi*, « comédie patriotique » de Laus de Boissy, représentée, le 22 février 1793, sur la scène de la Nation. Il est vrai que ce théâtre était déjà mis à l'index par les démagogues.

La comédie de Laus de Boissy aurait dû plutôt les séduire par les théories égalitaires qu'elle prêche et met en pratique. Il semble qu'elle soit, toutes proportions gardées, le prototype de *Mademoiselle de la Seiglière*.

Or, le *Journal de Paris*, qui avait ses heures de cou-

---

1. Le comédien Grammont, écrit Lombard de Langres *(Mémoires*, p. 145), souffleta, au *Théâtre National*, une femme qui avait oublié sa cocarde.
2. *Annales de la République française*, 14 mars 1793.

rage, disait que « *le Maire* » respirait un patriotisme ardent et épuré », mais que « certains anarchistes » s'étaient efforcés d'en amoindrir et même d'en juguler le succès par « de honteuses menées ».

Bien que l'affabulation de la pièce soit d'une simplicité qui frise l'indigence, il nous a paru intéressant d'en indiquer l'esprit dans une courte analyse.

« Le marquis de la Souche est éclipsé dans sa terre par un M. Gauthier, par un maire ! »

Ainsi s'exprime un noble à trente-six quartiers, qui n'en est pas moins un assez triste personnage ; car il veut, de complicité avec le tabellion du pays, déposséder ce maire trop influent des biens qu'en raison de ses services il a reçu du père du marquis. L'acte de donation est entaché d'irrégularités ; la spoliation n'en sera que plus facile.

Par bonheur, l'amour se met au travers de cette déloyale combinaison. Le fils du marquis aime la fille de Gauthier qui le paie de retour. Aussi un conflit ne tarde-t-il pas à s'élever entre le père et le fils.

— « Cette Révolution, que vous appelez ridicule, dit le jeune de la Souche, un libéral à grande allure, j'ose, moi, la nommer Révolution respectable et sacrée... L'épée du noble est bien moins respectable, à mes yeux, que le soc du laboureur. »

Le père lève les bras au ciel.

— « Ces malheureuses journées patriotiques, gémit-il, lui ont tourné la cervelle. »

Mais il tombe de Charybde en Scylla avec le notaire Lucas qui n'a pas voulu se prêter aux manœuvres dolosives de son client. Cet estimable officier ministériel, disciple de Jean-Jacques, comme le jeune de la Souche, dit son fait au marquis.

— « Ces hochets de croix, de rubans, etc... n'ont été

que la suite de la plus barbare oppression et de la plus ridicule vanité. »

Notre gentilhomme n'est pas cependant tout à fait perverti ; car, après un entretien assez vif avec Gauthier, il est tellement ému par la grandeur d'âme de son interlocuteur, qu'il abjure ses préjugés vétustes et supplie le maire de lui accorder son amitié. Il était temps : car les paysans du domaine de la Souche commençaient à organiser une jacquerie. Mais Gauthier les arrête de la voix et du geste. Il couvre de son corps le marquis ; et celui-ci, par esprit démocratique, non moins que par reconnaissance, dépose sa croix de Saint-Louis sur l'autel de la Patrie. Il va sans dire que le fils du marquis et que la fille du maire deviendront... la Souche d'une foule de petits républicains.

Evidemment, le libéralisme de cette pièce est fort anodin. Il ne prêche pas le massacre et n'encourage pas la délation. Il se recommande au contraire d'idées généreuses et de sentiments honorables. Mais l'auteur avait eu le tort impardonnable de faire du jeune de la Souche — un noble ! — un personnage vertueux et sympathique : monstrueuse antinomie aux yeux des vrais sans-culottes. Ce fut, sans nul doute, pour cette raison que les démagogues prirent à partie l'inoffensive comédie de Laus.

Aussi, quand ce public d'anarchistes fit la loi au théâtre, comprend-on aisément que, pour parer à de nouvelles attaques, l'auteur du *Maire* en soit arrivé à truquer des pièces comme celle de la *Vraie républicaine* ou *la Voix de la Patrie*, qu'il donna, en juillet 1794, au Lycée des Arts. Il avoue, en effet, que, suivant les circonstances, ses interprètes chantaient des couplets appropriés au fait du jour. Aujourd'hui ils glorifiaient les fournées de prairial, demain la boucherie des 10 et

11 thermidor. Laus avait imaginé le couplet passe-partout. Quelle plus juste critique de l'avilissiment où s'était enlisé le théâtre !

L'intolérance de certains spectateurs devenait chaque jour plus mesquine et plus tracassière, comme le démontre plaisamment une lettre signée *Artophile* (un pseudonyme), publiée dans le *Journal des Spectacles* du 23 juillet 1793 :

A l'Opéra-Comique National, un acteur voulant annoncer au public qu'une de ses camarades était dans l'impossibilité de jouer le soir même, débutait ainsi : « Messieurs...

— Il n'y a plus que des citoyens, crient quelques voix s'élevant du parterre.

— Citoyens, reprend l'acteur, Mademoiselle Jenny...

— La citoyenne Jenny, répètent les mêmes voix.

— Soit, la citoyenne Jenny étant indisposée, nous vous prions d'agréer à sa place Mademoiselle Chevalier.

Nouvelle protestation ; mais l'acteur s'excuse : une habitude invétérée, qu'il désavoue, lui fait fourcher la langue et dire *Messieurs* et *Mesdemoiselles* pour *Citoyens* et *Citoyennes*. Et comme il répète les termes condamnés, la salle entre bientôt en combustion.

Artophile (pourquoi pas *Arétophile ?*) accepte encore jusqu'à un certain point le vocable de *citoyen* ; mais celui de *citoyenne* ne définit pas suffisamment, à son avis, la différence... physiologique qui distingue *madame* de *mademoiselle*.

Que la lettre ait été inventée à plaisir, c'est fort possible, mais ce qui est indéniable, c'est que depuis le triomphe définitif de la Montagne sur la Gironde, les théâtres étaient infestés, régentés, tyrannisés, par une minorité de jacobins qui imposait son esthétique à la

« chambrée », avec l'appui, souvent déclaré, de l'administration. Parfois aussi — mais si rarement ! — le bon public se rebiffait, comme nous l'apprend encore ce même *Journal des Spectacles*, s'efforçant, avec la science d'un équilibriste consommé, à rester impartial, sous une étiquette républicaine qui devait paraître bien incolore aux parfaits sans-culottes.

A l'Opéra, dans les derniers jours de septembre 1793, après la représentation d'*Œdipe à Colone*, un spectateur, placé dans une loge, se dresse brusquement, et déclare, d'un voix menaçante, qu'il est honteux, pour des républicains, de tolérer encore sur la scène la présence de princes et de rois. D'ordinaire, on applaudissait, et presque toujours sans conviction, à ces professions de foi ; mais, ce jour-là, le parterre était vraisemblablement impatient et nerveux ; car il se leva, comme un seul homme, pour réclamer l'expulsion de ce contempteur des tyrans. Sans doute, remarque le journaliste, les spectateurs avaient estimé « qu'on avait élagué d'*Œdipe à Colone* tout ce qui pouvait blesser l'oreille des hommes libres ou alarmer les *Amis de l'Egalité* » et qu'en conséquence le protestataire était mal fondé dans ses revendications.

Heureusement pour lui, l'inévitable officier municipal, de service à l'Opéra, intervint, trop heureux de trouver ainsi l'occasion de placer une harangue :

— Vous n'aurez pas la cruauté, dit-il en substance, de « punir d'une faute d'attention » un citoyen qui est pur entre les purs.

Chacun d'applaudir : le calme se rétablit ; et le grincheux, si mal inspiré, put rester dans sa loge [1].

A huit jours de là, un incident du même genre, mais

---

1. *Journal des Spectacles*, 2 octobre 1793.

qui eut un tout autre retentissement et qui faillit avoir, pour un des intéressés, un dénouement tragique, se produisait sur le Théâtre de la République [1]. Les comédiens y jouaient *Caïus Gracchus*, de Marie-Joseph Chénier. L'acteur, chargé du rôle du tribun, venait de lancer le fameux hémistiche :

. . . . . . *Des lois et non du sang.*

La salle éclate en applaudissements ; mais le représentant Albitte, récemment revenu de mission, se lève furieux et demande la parole, malgré que le parterre et les loges s'empressent à la lui refuser... Enfin, il profite d'un instant d'accalmie pour manifester son indignation contre un tel enthousiasme.

— « Cette maxime, s'écrie-t-il, est le dernier retranchement du feuillantisme. »

Et il part de là pour s'offrir le bénéfice d'une petite réclame, en célébrant le succès de sa campagne contre les rebelles de Marseille.

— Et après ? lui jette une voix, tu n'as fait que ton devoir.

Albitte, déférré du coup, se retire sous les huées de l'auditoire. A son tour, Chénier, qui était dans la salle, veut défendre, lui et sa pièce, du reproche, injustifié, de feuillantisme. Il prêchait sans doute des convertis, car personne ne se montre disposé à l'entendre. Et la séance, qui s'était ouverte au milieu du tumulte, s'achève dans la tranquillité, puisque, après la représentation de *Caïus Gracchus*, on laisse de « jeunes canonniers marchant vers la frontière » réciter, sur le théâtre, le poème de la *Mort de Marat*, composée par Dorat-Cubière et qu'au

---

1. *Gazette française*, 8 oct. 1793.

moment du départ, tout le monde entonne en chœur l'*Hymne des Marseillais*.

Ce fut à l'une de ces représentations, que Robespierre, s'il faut en croire les *Mémoires* de Barras [1], sortit, la rage sur le front et la menace sur les lèvres, du Théâtre de la République, après avoir entendu le seul mot qui soit resté de la pièce :

. . . . . . *Des lois et non du sang.*

Joseph Chénier n'allait pas tarder à s'en apercevoir ; et nous verrons plus loin avec quelle âpreté la critique des feuilles ultra-révolutionnaires attaqua la tragédie de *Caïus Gracchus*.

A ce tableau un peu sombre nous opposerons un croquis très vivant, une sorte de pochade, lestement troussée, que nous trouvons encore dans le *Journal des Spectacles*, sous la forme d'un compte-rendu de la *Première réquisition*, un acte joué, le 1er octobre 1793, au Théâtre de la Cité-Variétés.

Deux jeunes soldats, le Parisien Francœur et le perruquier gascon Grafignac partent pour la frontière. A quelques lieues de la capitale, ils s'arrêtent dans une auberge dont la servante, Fanchette, est aussitôt lutinée par Grafignac.

Mais son compagnon est un homme austère qui a la continence de Scipion.

— Halte-là, dit-il sévèrement au Gascon : « Un soldat de la liberté doit savoir respecter l'innocence ; ce sont les mœurs qui font les républicains. »

— Mais, interrompt Fanchette, qui a vu partir aussi son

---

1. Nous avons vu ailleurs que ce mouvement de colère, d'ailleurs, aussitôt réprimé, avait été remarqué chez Robespierre à l'une des représentations d'*Epicharis et Néron*, de Legouvé. — Où est la vérité ?

fiancé, pris par la première réquisition, est-il vrai qu'il y ait des réfractaires ?

— Oui, quelques-uns, dit Francœur.

— Certes, appuie Grafignac... « Ceux qui rechignent ce sont des gens de tripot, d'Académie, dont ma façon élégante de coiffer faisait les trois quarts et demi du mérite. Rosettes bouffantes aux genoux, rosettes bouffantes aux souliers, chaussures dégagées tenant à peine le pied, deux livres de poudre dans les cheveux, collet rabattu sur les épaules, gilet écourté, longues culottes, triple cravate, large chapeau et cervelle étroite, les voilà trait pour trait. »

Le *Père Duchesne* ne silhouette pas mieux ses *muscadins*. Cependant se présentent à l'auberge trois personnages, dont deux éclopés et une fille de fringante tournure, qui demandent l'hospitalité. Or, la maison est presque pleine : il est entendu que la fille partagera le lit de Fanchette. Mais Grafignac flaire des suspects dans ce singulier trio : il veille. En effet, la nuit venue, il entend crier la servante et la voit accourir, serrée de près par la donzelle en coiffe et en caraco, n'ayant plus en guise de jupe qu'une culotte de nankin.

En l'an de grâce 1913, ce grotesque travesti ferait pâmer la clientèle de nos petits théâtres ; mais le public de 1793 n'avait pas l'humeur aussi folâtre ; et ce fut une bordée de sifflets, « à ce trait immoral », dit le *Journal des Spectacles*.

Néanmoins, un des assistants grimpe sur un banc pour crier aux siffleurs d'attendre la fin de l'acte. Un autre se lève à son tour et dit que, dans une République, on doit défendre de pareilles ordures.

Enfin, le commissaire de police de la section intervient à son tour, qui apaise l'orage ; et la pièce continue.

On est bientôt fixé sur l'identité des nouveaux venus : ce sont des réfractaires qui finissent par prendre leur parti de bonne grâce et demandent même à être incorporés.

Cette farce se termine sur le vaudeville d'usage, où nous cueillons ce quatrain qui sent son septembriseur :

> Tyrans qui menacez la France,
> Venez, nous ne vous craignons pas ;
> Nous avons terrassé d'avance
> Tous ceux qui vous tendent les bras.

Pour être de couleur réaliste, cet aspect d'une salle de spectacle, pendant la domination jacobine, nous paraît plus vrai et plus exact que le tableau, évidemment fait de *chic*, où Girault de Saint-Fargeau [1] nous dépeint le foyer du Théâtre Montansier, plusieurs mois avant la scène que nous venons de tracer.

« On y a vu rassemblés, dans une même soirée, Dugazon et Barras, le Père Duchesne et le duc de Lauzun, Robespierre et Mademoiselle Maillard, Saint-Georges et Danton, Martainville et le marquis de Chauvelin, Lays et Marat, Volange et le duc d'Orléans. Toutes les combinaisons de l'intrigue ont trouvé place dans ce salon, depuis les intrigues amoureuses jusqu'aux intrigues politiques. On y donnait la même importance à une nuit de plaisir qu'à une journée de parti. On s'y occupait aussi sérieusement des succès de la petite Mars que des événements du 10 mai. La belle Madame Lillier faisait la même impression que les discours de Vergniaud. Au bout du même canapé de damas bleu de ciel, usé, fané, déchiré, sur lequel le Montansier arrangeait son spectacle de la semaine avec Verteuil, son régisseur, le comédien

---

1. *Bulletin de la Société de l'Histoire du Théâtre* (février 1908). Communication de M. Arthur Pougin.

Grammont organisait, à l'autre bout, avec Hébert, l'émeute du lendemain aux Cordeliers.

« Dans un coin du salon, Desforges perdait contre Saint-Georges, à l'impériale, l'argent qu'il empruntait à la Montansier sur ses droits d'auteur de la pièce en répétition. Une bruyante table de *quinze* (jeu de hasard) rassemblait joyeusement après le spectacle les actrices du théâtre qui délassaient, par leurs saillies de coulisses, les coryphées de la Convention. »

Cette donnée, sur laquelle Victor Couailhac dut écrire la biographie fantaisiste de la Montansier, et qui pourrait servir de légende à un tableau d'histoire... approximative du théâtre, ne nous paraît guère plus sérieuse que celle de la plupart des anecdotes, tirées de certaines *Mémoires* ou *Souvenirs* du temps, sur les auteurs, acteurs ou pièces de l'époque révolutionnaire. Il en est peu de ces relations qui ne soient rédigées sous l'influence de l'esprit du parti. Et ce serait s'exposer à de graves erreurs que d'accepter, sans réserve ni contrôle, telle historiette empruntée, par exemple, aux *Souvenirs de la Terreur* de G. Duval et même à l'*Histoire*, moins discutée, du *Théâtre Français*, d'Etienne et de Martainville.

Pour donner une idée de ces *racontars* se perpétuant d'âge en âge, et qui ne sauraient résister un instant à l'examen des faits, nous rappellerons l'anecdote de Troaisel de Tréogate, tout récemment publiée dans divers journaux.

Ce Troaisel de Tréogate qu'on a bombardé, pour la circonstance, président de club révolutionnaire, aurait, comme auteur du mélodrame la *Forêt périlleuse*, adressé, de la scène, cette petite allocution au public de la *première* :

« Citoyens, je vous préviens que le premier scélérat, qui

sifflerait mon mélodrame, serait arrêté par mes ordres et que sa tête serait en grand danger de ne pas rester sur ses épaules. »

Et maintenant, concluait-il en se tournant vers les acteurs dans les coulisses :

— Vous pouvez commencer.

Si la *Forêt périlleuse* eût été jouée en 1793 ou 1794, un tel procédé d'intimidation eût été possible : les trembleurs étaient en majorité dans les salles de spectacle. Mais, comme la pièce de Troaisel ne fut pas représentée avant 1795, l'auteur qui se serait permis d'interpeller de la sorte son auditoire, aurait vécu moins longtemps encore que son œuvre.

Et puis Troaisel de Tréogate n'était pas homme à tenir un tel langage. C'était un ancien « gendarme du roi », qui avait débuté dans la carrière par la publication de romans ténébreux, dont Anne Radcliffe et son école durent s'inspirer dans l'élaboration de leur littérature, compliquée, mystérieuse et terrifiante. En sa qualité de *préromantique*, comme l'appelle la *Revue d'Histoire littéraire de la France* (octobre-décembre 1909), Troaisel était tout entraîné pour la confection des mélodrames, genre déjà si florissant pendant la période révolutionnaire. Mais, s'il était l'homme « des cavernes », il ne semble pas avoir été le panégyriste de la guillotine. Il crut payer suffisamment sa contribution aux doctrines républicaines, en faisant jouer, le 5 thermidor an II, son *Combat des Thermopyles*.

CHAPITRE IV

Public provincial : il n'entend pas se laisser mener. — Le « Club des bonnes gens » à Bordeaux. — Ysabeau et Tallien assistent à une représentation du Théâtre de la République à Bordeaux. — La « Marseillaise » désavouée par un capitaine de l'armée révolutionnaire. — La turbulence du public rouennais. — La municipalité de Douai contre la population et la garnison.

En 1793 et 1794, le public provincial subit le contrecoup des émotions multiples qui travaillaient et soulevaient le public parisien au théâtre ; mais il faut reconnaître que si, dans certaines circonstances, il pactisait avec les sans-culottes et les anarchistes du crû, il résistait plus souvent, avec la dernière énergie, aux injonctions d'une démagogie en délire.

En tout cas, quel désordre dans les esprits, quelle brutalité dans les mœurs !

Le *Club des bonnes gens*, que la direction Dorfeuille avait donné à Bordeaux sur le Grand Théâtre, vécut seulement une soirée, bien qu'au dire de Sainte-Luce Oudaille, « le patriote Dorfeuille l'eût revu et corrigé [1] ». On trouva encore que certains couplets « fleuraient le feuillantisme, voire l'aristocratie. » Et il fallut leur substituer quand même le *Ça ira*.

Comme l'expérience l'avait démontré dans plusieurs grandes villes, « le cantique du bon Nigaudinet avait ramené la paix ». Les acteurs purent achever la pièce : « mais on a fini par siffler et huer si jacobinement que la

---

1. SAINTE-LUCE-OUDAILLE. *Almanach des spectacles de Bordeaux.*

direction n'a point trouvé à propos d'interjeter appel en faveur du pauvre Jacques. »

Un an après, dans le même ville, mais au Théâtre de la République, ci-devant de Molière, c'est une scène de tonalité plus violente, mais qui paraît bien autrement arrangée et machinée que la précédente. Ysabeau et Tallien sont venus assister au spectacle du jour, la *Plantation de l'arbre de la Liberté*. Les deux représentants sont acclamés. Mais Tallien arrête modestement, de la voix et du geste, l'ovation populaire : il veut, qu'avant de manifester la moindre approbation, on le voie à l'œuvre.

La représentation se termine sur une audition de la *Marseillaise*[1]. Au couplet :

> *Français, en guerriers magnanimes,*
> *Portez ou retenez vos coups,*
> *Epargnez ces tristes victimes*
> *A regret s'armant contre vous.*

— Non pas, non pas, vocifère un capitaine de l'armée révolutionnaire, qu'avaient amenée les proconsuls, sous le commandement de Brune et de Janet.

Silence glacial.

— Nous ne voulons épargner personne, continue l'officier ; guerre à mort aux despotes, aux aristocrates, aux fédéralistes, guerre à mort ! Le couplet n'est plus à l'ordre du jour.

Et ce chef, bien digne de son armée, est applaudi à tour de bras. C'est à croire qu'il avait *fait sa salle*.

A Rouen, ces mouvements du public paraissent plus spontanés. La direction Cabousse a donné, le 10 décembre 1792, une représentation de l'*Orphelin anglais*, où des allusions qu'on prétend favorables à la royauté

---

1. Vivie. *Histoire de la Terreur à Bordeaux*, t. I, p. 413.

déchaînent un affreux tumulte. Un personnage de la pièce dit qu'il vient de parler au roi. Aussitôt sifflets et cris : « *Marseillaise,* Cabousse ! *Ça ira,* Cabousse ! » Et plusieurs spectateurs se mettent à danser, au chant de la *Marseillaise.* Impossible de continuer la pièce.

— Il faut la brûler ! crie une partie de la salle.

Et quand le rideau se relève sur les *Visitandines,* l'agitation est loin d'être calmée.

Un mois après, l'avant-veille de l'exécution de Louis XVI, à la première du *Siège de Rouen* par Vieillard — un poète normand — le vers

> *On n'est pas sur le trône à l'abri du tonnerre*

est accueilli par les manifestations les plus opposées et les plus violentes. C'est une suite ininterrompue de défis entre le parterre et les loges. On entend jusqu'à des cris d'animaux [1].

En février 1794, le théâtre de Douai avait vu l'armée et la population s'unir pour tenir tête à une municipalité combative, qui les bravait, en « prenant des mesures de police » contre une de leurs actrices favorites, « la citoyenne Gellée ». Nous ignorons quel était au juste le crime de cette pensionnaire du théâtre, mais la *Commission aux spectacles* signalait, le 4 février, la « rebellion des militaires » dans la salle. L'agent national s'y était transporté, puis était revenu dire qu'il « avait fait arrêter le dragon Bertrand, un insolent et un mutin, qui n'avait pas tardé d'ailleurs à s'évader ». En vain, le magistrat avait-il réquisitionné des militaires du 90e d'infanterie, « armés au théâtre pour y faire des évolutions », ils s'étaient refusé à lui prêter main-forte.

---

1. BOUTEILLER. *Histoire des Théâtres de Rouen* (1860-1880), t. I, p. 292.

En présence de ce « despect », la Commission décide, par un arrêté, la fermeture du théâtre jusqu'à nouvel ordre, l'inscription de la Gellée sur la liste des suspects et son transfert à la citadelle de Doullens.

L'officier, commandant le détachement requis, est appelé devant le Conseil de la Commune, pour se justifier d'avoir laissé échapper Bertrand : il donne le nom des six hommes qui étaient sous ses ordres et déclare qu'il a dû céder à la force majeure.

Le 7 février, la Société populaire sollicite la réouverture de la salle. Mais le maire répond que « la population et la garnison ont besoin de cette leçon, étant si peu parvenus à la hauteur des idées républicaines, qu'ils ne savent même pas respecter les magistrats qu'ils se sont donnés. »

De leur côté, les comédiens avaient pétitionné pour obtenir la permission de rouvrir leur salle : ils ne reçurent de réponse favorable que trois jours après [1].

A Valenciennes, même désordre et même tumulte au théâtre. En novembre 1792, la *Ligue des fanatiques et des tyrans*, tragédie nationale en 3 actes et en vers, avait été à peine tolérée, bien que chaleureusement applaudie par un journal du crû, l'*Argus*. Puis le Conventionnel Lacoste était là, qui était bien le plus ombrageux et le plus farouche des Montagnards. Aussitôt qu'il fut parti, et pendant la période thermidorienne, les spectateurs réclamèrent l'hymne de la réaction, le *Réveil du peuple*. Le maire l'interdit. Et le public de crier : « *A bas les Jacobins !* » Manifestation qui s'accentua encore, lorsqu'on joua le *Souper des Jacobins*, dont un couplet se terminait ainsi :

---

1. DECHRISTÉ. *Douai pendant la Révolution*, 1880, pp. 15 et suiv.

> ... Tyran, voleur, assassin,
> Par un seul mot cela s'explique
> Et ce mot là c'est *jacobin*.

Au milieu de l'effervescence générale, des spectateurs désignèrent le bonnet rouge qui recouvrait les fleurs de lis de la principale loge. Et ce fut une nouvelle poussée de vociférations contre le « signe de la Liberté ». Le théâtre resta fermé huit jours ; mais, à la réouverture, le bonnet rouge n'ayant pas disparu, le vacarme recommença comme de plus belle [1].

---

1. LORÉDAN. *La Terreur rouge à Valenciennes*, p. 391.

CHAPITRE V

Après la persécution jacobine, la persécution thermidorienne. — Le « Réveil du Peuple » à Castres. — Injonction du public à Cabousse, directeur du Théâtre de la Montagne à Rouen. — Nouveaux désordres. — Prétentions d'un agent du ministre de l'intérieur : son compte rendu de « Robert, chef de brigands ». — Petite guerre des théâtres contre le Directoire. — Au théâtre de la rue de Bondy. — A Feydeau. — Une lettre au général Buonaparte.

Au lendemain du 9 thermidor, la réaction devait fatalement se produire dans les salles de spectacles. Les persécutés s'apprêtaient à devenir les persécuteurs.

Tout d'abord, la majorité de l'auditoire subit la loi d'une minorité, qui, dans l'excès même des pires violences, s'attribuait encore le beau rôle, puisqu'elle flétrissait le règne du sang et de l'arbitraire, puisqu'elle réclamait le retour aux saines traditions, avec le rappel de la liberté et de l'ancien répertoire.

Il semble que ce soit la province qui ait donné dramatiquement, comme il convient toujours en matière de théâtre, le signal de ce réveil de la conscience publique.

Dès que la nouvelle de la chute de Robespierre fut parvenue à Castres, un habitant de la ville, nommé Aussenac, qui était recherché pour ses opinions politiques, sortit de sa retraite, à 7 heures du soir, et se rendit au théâtre, dès l'ouverture des bureaux. Se dissimulant dans les coulisses, il attendit que, suivant l'usage, le sifflet du régisseur annonçât le lever du rideau ; puis, entrant aussitôt en scène, et seul sur le théâtre :

— Jouez le *Réveil du Peuple*, dit-il au chef d'orchestre, la Terreur est finie ; les tyrans ont porté leur tête sur l'échafaud.

Ce fut comme un mouvement de stupeur : la nouvelle semblait inouïe, peut-être fausse, et, dans cette éventualité, la peur de trahir sa joie retenait une manifestation, qui éclata, unanime et bruyante, dès que la vérité fut officiellement connue [1].

Une explosion du même genre [2] accueillit une déclaration analogue, formulée, le 13 pluviôse an III, au Théâtre des Arts de Rouen, « ci-devant de la Montagne », par un spectateur, qui venait de siffler outrageusement, avec d'autres amateurs, *Les Portefeuilles*, de Collot d'Herbois. C'était un jeune homme, de haute stature, portant une longue redingote grise; et son allocution aux comédiens vaut la peine d'être citée, tant elle se recommande du bon sens et de l'esprit d'à-propos :

« Je vous parle au nom du public, leur disait-il ; nous ne voulons plus de pièces de l'infâme Collot d'Herbois, ni autres pièces provenant des sanguinaires. Variez votre spectacle. Nous ne voulons pas non plus d'acteurs ne sachant pas leurs rôles ; qu'ils ne soient pas insolents. Donnez-nous des pièces de Racine, Molière et autres bons auteurs. Voilà l'intention du public. Tâchez de vous y conformer. »

Cette revendication, à la fois très calme, très digne et très judicieuse, ne visait pas seulement les interprètes, mais aussi les auteurs d'un répertoire détestable à tous les points de vue.

Malheureusement, et parfois avec une criante injustice, comme nous l'avons dit ailleurs, les acteurs seuls en furent trop souvent rendus responsables par une

---

1. COMBES. *Histoire de la ville de Castres pendant la Révolution*, 1875, p. 152.
2. CLÉREMBRAY. *La Terreur à Rouen*, 1901, p. 473.

foule, qui n'avait pas oublié la contrainte dont elle avait tant souffert et que surexcitait encore un groupe de cabaleurs royalistes.

A certains de ces artistes on put reprocher avec raison d'avoir trop activement collaboré à de sanglantes tragédies sur le théâtre de la politique ; quelques-uns eurent même le tort — qui était également un ridicule — de transporter la politique au théâtre. Mais combien d'autres furent vexés, tracassés, molestés, qui étaient simplement les traducteurs de la pensée d'autrui et qui avaient été déjà vexés, tracassés et molestés pour avoir, tout d'abord, décliné une mission qu'ils sentaient périlleuse !

Ces rancunes, plus ou moins légitimes, finirent par tomber ; et l'attitude du public dans les salles de spectacles redevint ce qu'elle était de 1790 à 1792. Les passions s'y montraient toujours très vives ; mais leur combativité et leur despotisme n'étaient plus, comme sous la Terreur, le monopole d'un seul parti. Tous s'y livraient également bataille, quand ils ne se coalisaient pas contre l'ennemi commun, c'est-à-dire contre l'administration qui n'avait pas renoncé à imposer à l'art dramatique l'esthétique révolutionnaire, mais qui n'y réussissait qu'assez médiocrement.

Aussi bien ses agents manquaient de tact et du sens de l'observation. Ils ne comprenaient pas, à l'exemple des hommes de la Révolution, dont ce fut l'erreur capitale, qu'on ne transforme pas, du jour au lendemain, les mœurs, les habitudes, les goûts, la *mentalité* — pour tout dire en un mot, si barbare soit-il — depuis combien de siècles façonné *par et pour la monarchie*. C'est, en effet, une loi vieille comme le monde, que résume ce dicton, d'intention meilleure que la latinité : *Natura non facit saltus*. La nature ne procède pas par bonds, mais graduellement ; et le progrès, dans l'ordre moral comme dans l'ordre physique, n'est que la résultante de forces harmonieusement combinées et méthodiquement mises en œuvre. Aujourd'hui encore, cette vérité s'impose ; mais elle est partout méconnue et nullement pratiquée, bien que trop souvent proclamée avec fracas.

Le gouvernement thermidorien, né à peine, prétendit donc continuer au théâtre ce contre-sens que son prédécesseur avait aggravé chaque jour, sans tenir compte de la force de résistance que la nation tirait de son éducation antérieure. Lui aussi entretenait dans les salles de spectacle des observateurs chargés de lui rendre compte de l'état de l'opinion publique et au besoin de la réformer ou de la diriger sur place.

Ces hommes ne poursuivaient qu'un but : assujettir au culte de la Révolution toutes les âmes des spectateurs ramenés au même niveau égalitaire. Tel ce policier Perrière, qui adressait au ministre de l'intérieur Paré des rapports, où sa suffisance n'avait d'égale que son ignorance. Il se croyait un fin limier, un grand moraliste, un critique éclairé, un meneur de foules.

Aussi, le 8 septembre 1794 [1], c'est-à-dire un mois après l'écrasement des Jacobins, écrivait-il à son chef immédiat, à l'occasion d'une représentation de *Robert, chef de brigands*, adaptation du drame de Schiller, que ce pauvre La Martelière, son auteur, avait dû tant de fois remanier, pour ne déplaire à personne — et encore put-il jamais se flatter de ce résultat :

« On donnait hier à ce spectacle (Théâtre de la République qui mérite véritablement son nom... avec ses ardents patriotes... même parmi les riches, chez les-

---

1. SCHMIDT. *Tableaux de la Révolution française*, t. II, p. 109.

quels le patriotisme brille avec l'or et les diamants)... *Robert, chef de brigands*... Il n'en existe point dont l'esprit soit plus conforme à notre situation politique actuelle ; elle respire la vertu, mais une vertu vraiment révolutionnaire et digne des fondateurs de Rome. Elle renferme seulement deux passages, dont l'un peut être saisi par les aristocrates et l'a été en effet par un ou deux qui se mêlaient à cet auditoire patriote, et l'autre a paru exciter les scrupules et balancer l'opinion des patriotes.

« Le premier est celui où Robert, se disposant à combattre 3.000 hommes avec sa troupe de 300, compte assez sur l'effet du courage, pour s'exposer encore à en diminuer le nombre, en donnant la liberté de se retirer à ceux qui ne se sentiraient pas assez fermes pour le combat : « Seulement, dit-il, ils renonceront à leur habit militaire, et je dirai, si nous sommes vaincus, que ce sont des... voyageurs que nous avons dépouillés. » Ce trait de générosité a été vivement applaudi, parce qu'il peut l'être par tous les partis ; mais j'ai entendu un aristocrate, qui n'était qu'à deux ou trois banquettes de moi, dire avec triomphe : « Ah ! ce ne sont pas des enrôlements forcés. »

— Citoyen, lui ai-je répondu, il est des époques pour les sociétés, et des circonstances pour les hommes, où nul n'a besoin d'être forcé ; mais convenez que de vieux esclaves, que l'on veut régénérer, ont besoin d'être poussés au feu et qu'à leur retour, ils sauront bon gré à ceux qui leur auront appris à retrouver le courage dans le sein du danger et la liberté qui en est le prix. »

Il ne paraît pas que cette éducation du spectateur, telle que la concevait notre policier, ait donné de bien brillants résultats ; car la lutte reprit, comme de plus belle, dans les salles de spectacle, entre muscadins qui persistaient à ne pas admirer le mouvement révolutionnaire, et jacobins qu'encourageait tacitement l'Administration, effrayée de l'audace de la réaction thermidorienne. Les deux partis se gourmaient d'importance, à propos d'allusions tendancieuses et même sans aucun motif. La police intervenait, quand elle croyait l'heure propice, mais souvent pour être rossée par les deux adversaires... d'accord ce jour-là.

Lorsque la Convention et ses Comités résignèrent leurs pouvoirs entre les mains des *Cinq Directeurs*, gouvernant sous la surveillance et avec le contrôle, plus ou moins effectifs, d'un Corps Législatif, composé du *Conseil des Cinq-Cents* et du *Conseil des Anciens*, la tactique de l'opposition changea quelque peu d'orientation au théâtre.

Entrepreneurs, auteurs, comédiens, public avaient à peu près recouvré leur ancienne liberté. La taquinerie administrative portait plus peut-être sur la forme que sur le fond des pièces, sur l'attitude des interprètes et des spectateurs que sur leurs opinions politiques. Ceux-ci, à leur tour, par esprit de représailles, modifièrent leur plan de campagne et commencèrent une guerre d'épigrammes, moins contre la République que contre le pouvoir exécutif.

Or, toutes ces menues médisances ou grosses calomnies s'échangeaient de préférence dans les corridors ou dans les foyers de certains théâtres, chers aux détracteurs de l'organisme républicain. Ainsi, le policier Houdeyer écrivait, le 20 novembre 1795, du Vaudeville :

« Toujours même nécessité d'avoir une garde respectable et imposante, pour forcer au silence et au respect l'essaim de libertines et de polissons, qui en infectent les corridors et les foyers. »

Ce vertueux agent généralisait, le 8 décembre, ses observations :

« Les foyers des spectacles ne présentent à la vue que ces brigands tout brillants de leurs vols (fournisseurs et agioteurs) et des étourdis à cadenettes. Ils ont l'air impudent et rassuré ; mais écoutez-les ; ils tremblent et redoutent les mesures sévères qu'on menace de prendre contre eux. Qu'on les prenne donc ces mesures, et elles seront plus vivement applaudies qu'elles ne sont impatiemment attendues. »

Le 22 frimaire, ce même Houdeyer réclamait la fermeture des foyers, quoique son rapport établisse que les tapageurs rentraient encore de temps en temps dans la salle : « La scène ajoutée à *Arlequin afficheur* pour inviter les habitués à ne plus faire d'allusions et à se conduire décemment a été très applaudie du parterre [1]. »

Le Directoire, criblé des flèches les plus aiguës, au moindre de ses mouvements, voulut revenir, pour se défendre ou se justifier, à l'un des procédés dont avait largement usé le Gouvernement de la Terreur.

Ce fut ainsi que, le 28 janvier 1796, au Théâtre de la rue de Bondy, un acteur vint chanter, comme intermède entre la première et la seconde pièce, des couplets sur *l'emprunt forcé*. Le public s'avisa de les trouver détestables, et, par manière de plaisanterie, en demanda l'auteur.

L'artiste qui les avait interprétés répondit qu'ils avaient été communiqués à la troupe par « le Directoire exécutif ».

— Eh bien, dites au « Directoire exécutif », répliqua un spectateur, porte-parole du public, que nous avons

---

1. SCHMIDT. *Tableaux de la Révolution française*, 1869, t. II, p. 539.

pour lui la plus profonde estime, mais que nous le prions de ne plus nous envoyer désormais des chansons aussi plates [1]. »

En réalité, le *chahut* au théâtre — suivant un terme de notre moderne argot — était devenu une forme d'opposition et se donnait plus libre cours dans telle salle que dans telle autre. Ainsi l'esprit de Feydeau était mieux « chouanisé » que celui du Vaudeville. Les réactionnaires s'y réunissaient, uniquement pour provoquer du désordre. Aussi le Directoire, à bout de patience, eût-il recours à certaines brutalités jacobines dont la Terreur s'était fait un moyen de coercition.

En conséquence, Merlin (de Thionville) écrivait, le 21 février 1796, au général en chef de l'armée de l'intérieur, Buonaparte :

« Je vous invite à faire placer, vers les 6 ou 7 heures du soir, un piquet de dragons dans les avenues de ce théâtre (Feydeau). Je ne doute pas que le seul aspect de ces défenseurs de la liberté ne réduise le royalisme au silence et ne prévienne ainsi tout désordre [2]. »

Malgré que le général en chef de l'armée de l'intérieur eût prouvé, en Vendémiaire, ce qu'il entendait par « réduire » des tapageurs « au silence », il ne semble pas que les mesures, édictées par Merlin, aient été bien efficaces, car, le 27 février, la police faisait fermer le théâtre Feydeau, qui, du reste, ne tarda pas à rouvrir. Maintenant c'était à la forme du gouvernement qu'on recommençait à s'attaquer.

Le royalisme avait bon dos. Certes, il cherchait à pêcher en eau trouble. Mais les autres partis, et l'opinion

---

1. SCHMIDT. *Tableaux de la Révolution française*, 1869, t. III, 28 pluviôse an IV.
2. H. WELSCHINGER. *Le théâtre de la Révolution.* p. 169.

publique, toute entière, menaient au théâtre la campagne de désaffection, de dégoût et de révolte qui s'était généralisée un peu partout. Et les ressorts qui avaient donné une si puissante élasticité au gouvernement révolutionnaire, étaient à jamais usés.

La Presse

Journalistes et Critiques

La Presse

Journalistes et Critiques

CHAPITRE PREMIER

Molière, le courtisan malgré lui, d'après les « Révolutions de Paris ». — Discours de La Harpe sur la liberté du théâtre, prononcé au Club des Jacobins. — Comment il exécute l'ancien répertoire, les Comédiens français et tout spécialement l'œuvre de Du Belloy. — La conversion de La Harpe.

On lit dans les *Révolutions de Paris* (13-20 novembre 1790) cette appréciation du rôle de Molière à la Cour du grand Roi :

« Obligé, forcé de se taire dans un temps de servitude, la liberté lui sortait par tous les pores... Forcé de louer Louis XIV, il faisait ses prologues mauvais et détestables à plaisir. Il y brisait les règles mêmes de la versification. Les platitudes, les lieux communs les plus vulgaires, il les employait avec une intention marquée, comme pour avertir la postérité du dégoût et de l'horreur qu'il avait pour un travail que lui imposaient les circonstances, son état et la soif de répandre ses talents et sa philosophie. »

Autrement dit, Molière était le *Courtisan malgré lui*.

Les articles publiés dans les *Révolutions de Paris* ne

sont pas signés ; et cependant les rédacteurs de ce périodique ne sont pas inconnus. Loustalot n'en fut pas un des moindres ; mais, presque au début de cette feuille, une mort prématurée priva le directeur-propriétaire du journal, Prudhomme, qui écrivait peu et mal, d'une collaboration fort goûtée des lecteurs. Fabre d'Eglantine figura aussi, et beaucoup plus longtemps, parmi les rédacteurs des *Révolutions de Paris ;* et nous serions ne pas autrement surpris qu'en sa qualité *d'homme de théâtre*, il fût, malgré sa réputation *d'homme d'esprit*, l'auteur ou l'éditeur de ce grotesque paradoxe sur l'œuvre de Molière, qui donne une si prodigieuse entorse à l'histoire de l'art dramatique au xviie siècle.

A quelques semaines de là, le 17 décembre 1790, cette étrange conception de l'esthétique moliéresque se trouvait en quelque sorte confirmée par une critique véhémente des agissements professionnels de la troupe, qui avait hérité officiellement du théâtre et des traditions de l'illustre comique.

Et cette attaque passionnée était le fait, non plus d'un journaliste à qui son anonymat enlevait toute autorité, mais d'un homme de lettres universellement connu et qui était loin de dissimuler sa personnalité, puisqu'il formulait lui-même sa déclaration de guerre contre les Comédiens français dans un *Discours sur la liberté du théâtre prononcé à la Société des Amis de la Constitution* (Club des Jacobins).

Cet irréconciliable ennemi de la Maison de Molière était l'auteur dramatique La Harpe, qui devait à ses opinions philosophiques et à son titre d'enfant gâté de Voltaire, d'attester, par une bruyante manifestation, son horreur de l'ancien régime et son admiration du nouveau. Bien que très discuté par ses contemporains, La Harpe n'en avait pas moins de réels mérites et parfois même du talent. Doué d'un sens critique habilement développé par la lecture et par le travail, il écrivait avec facilité et avec goût. Ses poésies, un peu froides, mais qui ne manquent, ni d'élégance, ni de grâce, lui valurent de nombreuses couronnes académiques. Ses tragédies qui connurent les fortunes les plus diverses, avaient certaine science de composition et certaines qualités d'émotion qu'il serait injuste de leur contester. Mais ce qu'on s'accordait, non sans raison, à lui reprocher, c'était son insupportable suffisance, son amour-propre excessif, son humeur agressive et surtout son inconsistance de caractère.

Elève et benjamin des Encyclopédistes, qu'il ait accueilli avec transport la chute d'un pouvoir despotique et l'instauration d'un régime de liberté, rien de plus juste, de plus normal, de mieux adéquat à ses propres idées. Mais qu'il ait poussé l'enthousiasme jusqu'à célébrer de la voix et du geste, dans un tenue d'ailleurs peu décente [1], les violences et les ridicules de la démagogie, c'était déjà opposer un singulier démenti à ses principes philosophiques qui devaient lui défendre d'encourager la sottise, l'arbitraire et la barbarie. Bien plus, autant il s'était posé en prédicateur de l'Evangile ultra-révolutionnaire, autant, par la suite, il en proscrivit âprement les dogmes incendiaires. Il est vrai que, dans l'intervalle de cette... conversion, pour ne pas dire palinodie, il avait été emprisonné, comme suspect, pendant quatre mois, au Luxembourg [2].

---

1. ETIENNE et MARTAINVILLE. *Histoire du Théâtre-Français*, t. III, pp. 141-144.
2. BOISSY-D'ANGLAS *(Loisirs*, 1825, t. III, p. 211) attribue l'incarcération de La Harpe à ce propos qu'il avait tenu, en quittant le bonnet rouge dont il se coiffait à son cours : « Ce bonnet qui échauffe toutes les têtes, ferait sûrement fondre la mienne, si je le gardais plus longtemps. » Chénier et Barère le firent mettre en liberté.

Ce qu'il faut conclure de cette lamentable histoire, c'est que La Harpe, vraisemblablement très sincère au début de la Révolution, se laissa entraîner par ses convictions généreuses et qu'ensuite pris de peur comme tant d'autres de ses contemporains, il crut nécessaire à sa sécurité de professer, avec la dernière violence, des opinions qu'il ne partageait déjà plus.

Mais, soit par tempérament, soit par rancune, n'avait-il pas été des premiers à donner l'exemple d'une intransigeance qui devait être si rapidement dépassée ?

Son *Discours sur la liberté du théâtre* était la négation de cette même liberté, puisqu'il tendait à influencer, par ses récriminations et par ses menaces, la détermination d'hommes qu'il n'estimait pas assez indépendants. Il commençait par les injurier et par les dénoncer — système qui sera bientôt en honneur dans cette Société, où il pérore sur le mode mélodramatique :

« ... Mon dessein est de vous faire suivre de l'œil la marche oblique et astucieuse des Comédiens qui ont su lier à leur cause celle des ennemis de la Révolution. »

Ses confrères durent penser et peut-être lui dire : « Vous êtes orfèvre, Monsieur Josse » ; car, s'il attribue au théâtre une influence considérable sur l'esprit public en France, il insiste pour qu'on n'en laisse pas la libre disposition aux comédiens. Quel ne fut pas, en effet, « le choix insidieux et perfide des pièces données au Théâtre-Français, pendant le séjour des Fédérés dans la capitale ? » D'où le « refroidissement dans l'esprit patriotique » qui fut constaté à cette époque. Tout au contraire, quelle chaleur — et ce sous-entendu s'impose — si Messieurs les Sociétaires avaient largement puisé dans le répertoire démocratique de La Harpe !

Mais, alors, ils ne visaient, à l'exemple des aristocrates, qu'à « représenter les vrais patriotes que comme des ennemis mortels de la royauté. »

Nous ignorons le motif de l'animosité que La Harpe nourrissait contre Du Belloy [1] (jamais, à vrai dire, celui-là n'avait obtenu au théâtre le succès retentissant de celui-ci), mais l'orateur du Club des Jacobins exécute, avec férocité, les pièces données à l'époque de la Fédération (1790, 14 juillet) qui font précisément partie de l'œuvre de Du Belloy.

— « Pièces dégoûtantes d'adulation, infectées de servitude », s'écrie La Harpe, telles *le Siège de Calais*, *Zelmire*, *Gaston et Bayard*, et autres « tragédies nommées si ridiculement nationales... », alors que d'Argenson disait, en pleine Académie, à Duclos qui employait le terme de *Nation* : En France, il n'y a point de Nation ; il y a un roi et des sujets. »

« Un roi et son peuple », le mot, dont aujourd'hui encore, se servent volontiers les Empereurs d'Allemagne.

Et, pour justifier sa campagne contre un « système suivi d'adulation et d'esclavage », La Harpe citait ces deux vers empruntés à *Gaston et Bayard* :

Dieu dit à tout sujet, quand il lui donne l'être,
Sers, pour me bien servir, ta patrie et ton maître.

Comme si l'on pouvait avoir une patrie quand on a un maître, fulmine l'Aristarque de la démocratie.

Et — comble de la contradiction ! — ce même homme, qui, sous l'ancien régime, avait si fort maudit la censure, dont il avait eu à souffrir, ce même homme demandait

---

1. Boissy-d'Anglas prétend qu'une autre cause de la détention de La Harpe fut cette phrase dite à son cours sur les pièces de Du Belloy : « Nous les analyserons un jour, quand le temps, qui n'est pas loin, sera venu, où on pourra parler des rois comme des autres hommes. »

qu'on défendît aux Comédiens de débiter ces deux vers.

Au reste, il n'était pas plus tolérant pour eux que pour les tragédies de Du Belloy. S'il prétendait leur en interdire la représentation, il leur reprochait de s'être opposés à celle de *Brutus*, « le triomphe de l'esprit public » et d'être entrés en conflit avec la municipalité, à propos de Talma qu'ils avaient voulu exclure de leur Société.

C'était bien, en réalité, une querelle de clocher et un plaidoyer *pro domo* ; car, si La Harpe parlait, au nom de ses confrères, dont il avait signé la pétition réclamant la liberté des théâtres, « décision d'où dépend notre existence littéraire », il s'affirmait un des apôtres de la religion nouvelle, éducateur des foules et rénovateur de l'art dramatique [1].

1. Il est certain que La Harpe croyait jouer le rôle d'un connétable de lettres de la République. Il chercha toutes les occasions de se placer au premier plan. Etienne et Martainville écrivent dans leur *Histoire du Théâtre-Français* (tome III) : « La Harpe ne craignit pas de venir sur le Théâtre de la République, le bonnet rouge en tête, et dans le costume du sans-culotte le plus prononcé, hurler une hymne patriotique de sa composition et recevoir les applaudissements d'une foule d'énergumènes, dont les strophes vigoureuses échauffaient encore le fanatisme. » Cette anecdote que nous avions également trouvée dans les feuilles du temps, nous avait paru suspecte. La question, posée dans l'*Intermédiaire* de 1908, reçut plusieurs réponses qui affirment toutes l'authenticité de l'historiette.

CHAPITRE II

La critique dramatique pendant la Révolution. — Le « Journal de Paris » et « Robert, chef de brigands ». — « Les Spectacles de Paris et de toute la France » : éreintement des « Deux Nicodème ». — Difficultés de Collot d'Herbois, le rédacteur, avec Duchesne, propriétaire de la publication. — Ce qu'était cet almanach pour l'année 1794 : attaque furibonde contre les Comédiens français, « l'Ami des Lois », « Paméla ». — Article, reproduit, de la « Feuille du Salut Public ».

Le journaliste et l'orateur que nous venons de lire et d'entendre, l'un dans la feuille de Prudhomme, l'autre à la tribune des Jacobins, donnent la note exacte et générale, à peu d'exceptions près, de la critique théâtrale pendant la Révolution.

Comme, à ce point de vue, le nouveau régime retarde sur l'ancien ! Et comme son appréciation des productions dramatiques, à quelque siècle qu'elles appartiennent, paraît insignifiante, fausse ou ridicule, auprès des jugements prononcés par les Desfontaines et les Fréron [1] ! Certes, ces professionnels de la critique ne sont pas les modèles du genre ; ils ont supporté jusqu'à nos jours tout le poids des rancunes et des inimitiés que leur attira trop souvent, à juste titre, il faut bien le reconnaître, la malignité combative de leur tempérament. Mais, quand ils n'étaient pas aveuglés par leurs préventions, ou déjà surexcités par les sarcasmes de leurs justiciables,

---

1. Si nous ne citons pas, comme *professionnels*, les Grimm, les Diderot, les Raynal, les Suard et La Harpe lui-même, qui furent des critiques considérables, c'est que leurs *correspondances* ne s'adressaient qu'à une portion très limitée du public, un petit nombre d'abonnés.

ils savaient définir, avec autant d'autorité que de bon sens, et dans une argumentation d'écriture ingénieuse, les défauts ou les qualités des œuvres soumises à leur critique.

Tout au contraire, les spécialistes du temps, qui donnent l'analyse des pièces du théâtre révolutionnaire, ne témoignent, sauf, comme nous l'avons dit, deux ou trois, que d'une compétence médiocre, d'une faible judiciaire et d'une lamentable partialité. S'agit-il de l'ancien répertoire ? Il passe par la cote de Prudhomme ou de La Harpe. Du nouveau ? Il est impitoyablement condamné, s'il ne sacrifie pas sur l'autel de la Révolution ; et, trop longtemps, il fut porté aux nues, s'il poussait à la surenchère démagogique.

Assurément, la plupart de ces Aristarques, comme ils ne dédaignaient pas de s'appeler eux-mêmes, alors qu'ils n'étaient que des critiques d'occasion, croyaient que l'exaltation des idées républicaines était la meilleure garantie de talent ou devait en tenir lieu. Mais combien, qui, maudissant, dans leur for intérieur, la rigueur des temps, pliaient sous le joug de la loi commune et traitaient de géniales, par prudence ou par peur, des œuvres, dont la nullité était à la hauteur de leur abjecte férocité !

Dès 1791, un quotidien, le second qui ait paru en France, après la *Gazette*, près de deux fois centenaire, le *Journal de Paris* laissait pressentir, en un langage aussi modéré dans le fond que dans la forme, à quels abîmes allait courir l'art dramatique, en suivant aveuglément le mouvement révolutionnaire, dont le départ avait été cependant si grandiose.

C'était à propos de la pièce que nous avons signalée dans le chapitre précédent, l'adaptation ou plutôt la déformation des *Brigands* de Schiller, le drame de La Martelière, *Robert, chef de brigands*, qui fournissait au

Théâtre du Marais une brillante carrière. Et le critique du *Journal de Paris*, en constatant une vogue aussi soutenue, formulait des réserves qui étaient alors d'une saisissante actualité et qui... le seraient encore aujourd'hui.

« L'auteur allemand, disait-il, a peint des voleurs de grand chemin, dont le chef est un jeune homme bien né, qui conserve le sentiment de la vertu au milieu des crimes qu'il commet. L'auteur français, au contraire, a fait de ses voleurs des redresseurs de torts qui se comparent souvent à Hercule et qui n'assassinent jamais que justement les hommes puissants et pervers que le glaive de la loi a épargnés... C'est l'héroïsme des brigands ; mais de tels exemples peuvent donner lieu à des applications dangereuses. Malgré ces observations critiques, que nous avons cru devoir à l'art dramatique et à l'ordre social, les beautés répandues dans ce drame annoncent, d'une manière avantageuse, M. de La Martelière, qui en est l'auteur et que l'on a demandé. »

En vérité, notre critique est bien indulgent ; car la tragédie en prose de La Martelière est aussi ennuyeuse qu'elle est déclamatoire. Mais, pour se mettre au goût du jour et pour métamorphoser son Mandrin en justicier, elle lui avait attribué cette devise, alors fort à la mode : « Guerre aux châteaux, paix aux chaumières. » Encore cette concession fut-elle bientôt insuffisante. Robert, à l'origine, rétablissait sur le trône occupé par un usurpateur, Adolphe, fils du comte de Marbourg. Mais, écrit un contemporain, « ces idées n'étaient plus de nature à faire fortune sur nos théâtres. » La Martelière, qui était déjà traité de suspect, transforma sa pièce, *Robert, chef de brigands* en *Robert, républicain*. Ce nouveau titre, dont la comparaison avec l'ancien avait mis les royalistes en belle humeur, promettait ;

et le drame, comme bien on pense, répondit au titre.

Un périodique de la même époque nous fera entendre, dans le cours de trois années consécutives, une note qui contraste singulièrement avec celle du *Journal de Paris*.

L'*Almanach des spectacles de Paris et de toute la France*[1] pour l'année 1792, qui résume la saison théâtrale de 1791, est en communion d'idées avec la démagogie, par conviction, nous voulons bien le croire, mais peut-être un peu parce qu'il a pour concurrent l'*Almanach général des Spectacles* de Beffroi de Reigny.

En tout cas, il est curieux de voir avec quelle rudesse il secoue un confrère, le brave homme — personnage falot, c'est entendu, mais inoffensif et honnête — qui vient de donner au Théâtre de la rue Feydeau les *Deux Nicodèmes*, « opéra-comique en 2 actes et en vaudevilles. »

« On a supporté avec chagrin l'idée d'un faiseur de vaudevilles, qui, soufflant le froid et le chaud, chansonne les choses les plus respectables, qui plaisante des plus grands intérêts. L'indignation du public a été à son comble, quand on a entendu d'impudents couplets où l'auteur a osé plaisanter sur la misère publique dont les agioteurs sont la cause ; et aussi plusieurs autres dont l'effet devait être d'irriter les citoyens les uns contre les autres, si la présence d'un officier civil qui parut sur le théâtre ne l'eût empêché. »

Déjà, en effet, les « agioteurs » avaient bon dos ; le malheureux agent de change en sut quelque chose, qui fut guillotiné, pour avoir conservé dans son office quel-

---

1. Edité par DUCHESNE. L'*Almanach des spectacles* cesse de paraître au cours de l'année 1793 : les *Spectacles de Paris et de la France* commencent à la même date, puis sont édités, toujours par Duchesne, pour 1794.

ques croûtes de pain destinées au poulailler de sa fruitière.

L'*Almanach Duchesne* « pour l'année 1793 » se devait de persévérer dans les principes du sans-culottisme intégral. Aussi couvre-t-il de fleurs l'Opéra-Comique National, « dont les artistes sont du nombre de ceux qui ont su saisir plus tôt l'esprit public et le sens de la Révolution et qui a soigneusement écarté de son répertoire tout ce qui pouvait choquer des oreilles républicaines. Les pièces patriotiques ont été accueillies par lui avec le plus vif empressement. Aussi a-t-il joui d'un succès soutenu ».

Malheureusement pour la cause des ultra-révolutionnaires, la pureté absolue des principes ne paraissait pas toujours aux éditeurs, soucieux de faire honneur à leurs affaires, une garantie sérieuse de succès. Au dire d'une note manuscrite, datée de 1841, accompagnant l'exemplaire de l'*Almanach des Spectacles pour l'année 1794*, que possède la *Bibliothèque de la Ville de Paris* [1], ce fut Collot d'Herbois qui rédigea cet opuscule, comme il avait déjà rédigé d'ailleurs celui de 1793. Or, ce misérable cabotin qui ne devait jamais rendre autant de services à la France que le jour où il la débarrassa de Robespierre, avait distillé dans *Les Spectacles* tout le venin dont il était perpétuellement gonflé. Mais l'éditeur Duchesne, qui payait les frais de l'opération, s'aperçut sans doute qu'elle n'augmentait pas sa clientèle ; car, un beau jour — et ce fut lui qui en informa l'auteur de la note — il se brouilla avec Collot d'Herbois, en raison de « ses opinions exagérées et de sa conduite révolutionnaire ». Mais le coup était déjà porté ; et l'édi-

---

1. *Les Spectacles etc... pour l'année* 1794, n° 3398, pp. 122 et suiv. — Des bibliographes ont attribué la rédaction de cet almanach à Billaud-Varennes.

tion *pour* 1794, bel et bien imprimée, ne trahit que trop les dessous perfides de la campagne menée par l'ancien auteur-acteur, comme membre du Gouvernement et comme journaliste. Il assénait le coup de grâce à la Comédie-Française, achevant ainsi l'œuvre malsaine de La Harpe.

« La Comédie-Française seule parut prendre à tâche de heurter l'opinion publique. Depuis la scission qui s'était opérée dans son sein, depuis le moment où Talma, Dugazon et la citoyenne Vestris l'avaient quittée pour aller fonder une colonie plus révolutionnaire dans la rue de la Loi, cette Société (nous parlons ici de la masse des sociétaires du Théâtre de la Nation, sans prononcer sur chaque individu séparément, attendu que la loi les a tous atteints depuis), cette Société, disons-nous, suivit aveuglément le goût des *gens de bon ton*, de ceux qu'on appelait encore *la bonne compagnie*. Une teinte aristocratique vint couvrir de sa rouille impure toutes ses opérations et toutes ses nouveautés. Aucune, à l'exception de la *Liberté conquise* [1], fatras joué, pour ainsi dire, en dépit du bon sens, aucune ne fit un pas vers la Révolution. Le feuillantisme vint enfin accoucher de l'*Ami des Lois ;* et soudain, les patriotes et les gens de goût prévirent la chute du Théâtre-Français, jusqu'à cette époque *le plus beau théâtre de l'Europe* [2].

« Cet ouvrage excita un bruit considérable dont la Convention elle-même fut étourdie. Les modérés, les brissotins et les aristocrates eux-mêmes coururent en foule à cette pièce dont les gens simples et crédules ne

---

1. Bien peu indulgent, Collot d'Herbois, pour l'auteur, ce vieil *Harni*, vainqueur de la Bastille, de qui M. J. Claretie a rappelé « le fatras » dans la *Révolution française* de 1909.
2. Ici, Collot est moins dur que n'avait été La Harpe à la tribune des Jacobins.

sentaient pas toutes les perfidies. Ainsi les bons aidèrent, sans le savoir, les méchants dans leurs projets criminels et presque tout Paris vit l'*Ami des Lois*.

« Mais les patriotes, brûlants et éclairés, ne tardèrent pas à reconnaître la maligne influence d'un théâtre qui s'éloignait, tous les jours, de la hauteur des principes révolutionnaires.

« L'*Ami des Lois* disparut de son répertoire ; et quelques mois après, à l'époque de *Paméla*, nouvelle pièce entachée encore des anciens préjugés, le *Théâtre, dit de la Nation*, fut fermé ; et les acteurs furent incarcérés. Voici comment arriva cet événement important dans la République des lettres.

« Le lundi 2 septembre 1793, on donnait *Paméla* avec des changements. Cette représentation avait attiré beaucoup de monde et plus de cent voitures. Au moment où lord Arthur débitait ces deux vers :

> *Ah ! les persécuteurs sont les plus condamnables*
> *Et les plus tolérants sont les plus pardonnables,*

un patriote en uniforme, s'écria :

— Point de tolérance politique, c'est un crime.

« De violents murmures, partis de tous les côtés de la salle, exprimèrent assez à ce citoyen qu'il s'était trompé sur le sens de ces deux vers, attendu qu'il ne s'agissait point de tolérance politique, mais de tolérance religieuse. Mais les acteurs et le public qui fit à ce citoyen une scène très indécente, ne sentirent pas assez que la Liberté naissante est ombrageuse et qu'un amant doit avoir égard aux scrupules de sa maîtresse [1]. Le lende-

---

[1]. Coïncidence assez curieuse et qui, vraisemblablement, était voulue : c'était, en ces termes mêmes, que François de Neufchâteau avait annoncé à la *Feuille du Salut Public* les corrections et modifications qu'il avait introduites dans *Paméla* qu'il venait de « faire

main tout Paris apprit cet événement et le rédacteur de la *Feuille du Salut Public* fit, à ce sujet, les réflexions suivantes :

« Un Patriote vient d'être insulté dans une salle où les croassements prussiens et autrichiens ont toujours prédominé, où le défunt *Veto* trouva ses adorateurs les plus vils, où le poignard qui frappa Marat a été aiguisé, lors du faux *Ami des Lois*. Je demande en conséquence

Que ce sérail impur soit fermé pour jamais ;

que, pour le purifier, on y substitue un club de Sans-culottes des faubourgs ; que tous les histrions du Théâtre, dit de la *Nation*, qui ont voulu se donner les beaux airs de l'aristocratie, dignes par leur conduite d'être regardés comme gens très suspects, soient mis en état d'arrestation dans les maisons de force ; qu'enfin le citoyen François veuille bien donner à sa philosophie une pente plus révolutionnaire.

« Voilà le langage du *Père Duchesne*, m'allez-vous dire : à cela je réponds que c'est celui de la Vérité républicaine et que peut-être ma motion n'est pas loin d'être appuyée. »

« Sa motion était déjà appuyée, conclut Collot d'Herbois. Le Patriote insulté avait quitté, la veille, le Théâtre dit de la *Nation*, pour aller raconter, à la Société des Jacobins, ce qui venait de lui arriver ; et le 3 septembre, à dix heures du matin, on arrêta tous

roturière » ; et Rousselin, le 3 septembre, avait accompagné cette déclaration des « Réflexions » publiées par l'*Almanach des Spectacles*. — En tout cas, ce qui est indéniable, c'est que la *Comédie* fut fermée et la troupe incarcérée, pour donner satisfaction au « patriote insulté ». Rousselin arrivait en retard... dans son *Journal* ; mais il y formulait les mêmes vœux — injonctions devrions-nous dire — exprimés la veille aux Jacobins.

les acteurs et actrices de ce Théâtre qui fut fermé sur-le-champ ».

Collot d'Herbois, en même temps qu'il exhalait sa jalousie haineuse contre toutes les supériorités qui l'offusquaient, s'autorisait, pour condamner à mort... avec phrases, cette Comédie-Française, dédaigneuse du répertoire de son accusateur, d'une dénonciation abominable fulminée contre elle par la *Feuille du Salut Public*.

Or, on ne saurait assez flétrir ce quotidien et son rédacteur, d'autant que celui-ci a trouvé, à quelques quarante ans de là, de maladroits thuriféraires dans des parents et dans des amis, trop intéressés à sa réhabilitation, pour servir avec impartialité sa cause...

Rousselin de Saint-Albin, orateur applaudi du Club des Jacobins, à la fois le directeur, le rédacteur et le propriétaire de la *Feuille du Salut Public*, doit être tenu pour responsable de tous les articles parus dans son journal pendant la Terreur. Etait-il démagogue de bonne foi ou par peur ? Nous acceptons cette dernière hypothèse : car, on ne saurait s'expliquer autrement son attitude indignée au lendemain du 9 thermidor et sa superbe pendant le Consulat, l'Empire et la Restauration. Tant d'audace put faire illusion à ses contemporains, mais doit appeler aujourd'hui l'instruction de son procès devant le tribunal de l'opinion. Il serait vraiment déplorable que sa mémoire sût encore bénéficier d'illustres amitiés pour échapper au verdict de l'Histoire.

CHAPITRE III

Rousselin de Corbeau de Saint-Albin et sa campagne contre la Comédie-Française. — Son acharnement contre Larive et sa « prédiction » sur les « triumvirs » du Vaudeville. — Sa mercuriale à l'adresse de Monvel : plate soumission de ce comédien. — La croix de ma mère et le sucre brûlé de Dugazon. — Eloges distribués au « Jugement dernier des Rois » et à « l'Heureuse Décade ». — J. B. B. de la « Feuille du Salut Public ».

Quel motif de haine Rousselin pouvait-il avoir contre la Comédie-Française et contre la troupe de ce théâtre ? Avait-il, comme Collot d'Herbois, les rancœurs de l'auteur dramatique méconnu ou sifflé, rejeté avec dédain ou joué sans conviction ? Nous ne voyons pas que l'influent politique qu'était Alexandre Rousselin de Corbeau de Saint-Albin ait jamais abordé la scène. Toujours est-il qu'il s'était accroché furieusement aux Comédiens français et qu'il ne devait pas les lâcher sans leur avoir fait de profondes et cuisantes blessures.

La séance du 4 septembre 1793 au Club des Jacobins le démontre de reste [1].

Un membre de la Société avait annoncé qu'aussitôt le théâtre fermé et les acteurs arrêtés, le Comité de Salut public avait été assailli de gens venant protester contre le décret de la Convention et demander qu'il fût immédiatement rapporté.

« L'un d'eux, disait-il, ancien mousquetaire, amant ou mari de la demoiselle Joly [2], paraissait avoir plus

---

1. *Journal des Débats et de la Correspondance de la Société des Jacobins*, du 6 septembre.
2. Dulomboy l'avait épousée en 1778.

d'accès que les autres. J'élevai ma voix républicaine ; et il rentra dans l'antichambre, à sa place ordinaire. »

Aussitôt Rousselin de monter à la tribune, pour déclarer que « les crimes des comédiens ordinaires du Roi sont de l'origine la plus vieille et la plus gangrénée ; tous, depuis la Révolution, ont conspiré contre la liberté ; les femmes sont bonnes, quand elles sont patriotes, mais atroces quand elles sont aristocrates ».

Il ne va pas toutefois jusqu'à vouloir la mort du pécheur : il désire simplement — ah ! le digne homme ! — qu'on tienne ces incorrigibles contre-révolutionnaires sous les verrous jusqu'à la paix, puis qu'on les jette « sur les plages de quelque pays despotique, où ils porteront leur talent monarchique et efféminé, que la République eût déjà dû proscrire à jamais de son sein. »

Enfin, réglant d'une manière définitive l'avenir de la Maison de Molière, Rousselin voulait que, « pour purifier ce local infecté depuis si longtemps par les gens de *bon ton*, il y fût établi un club où les sansculottes des faubourgs Saint-Antoine et Saint-Marcel feraient entendre les accents purs de la liberté [1]. »

Il est à croire que si les vœux de cet ardent réformateur eussent été remplis, les amateurs de spectacles auraient trouvé quelque changement entre les « accents » de ces incorruptibles patriotes et ceux de leurs prédécesseurs.

Mais Rousselin, en bon cerbère de la démagogie, ne lâchait pas volontiers sa proie. Or, qu'apprend-il, quelques jours après l'heureuse nouvelle qu'il avait annoncée à ses lecteurs ? Qu'un des Comédiens est relâché ; et la *Feuille du Salut Public* du 19 septembre de lancer aussitôt ce réquisitoire :

---

[1]. Rousselin trouvait là une excellente occasion de rééditer son article de la *Feuille du Salut Public*.

« A peine le sieur Mauduit Larive, ci-devant pensionnaire ordinaire du roi, a-t-il été incarcéré, qu'il se trouve tout à coup relâché, et cela par ordre des administrateurs de police. Le motif d'un élargissement, aussi légèrement prononcé, ne peut être qu'erreur ou... *(sic)* de la part de ces magistrats. Mais nous ne doutons pas qu'ils réparent leur indiscrétion en leur rappelant les faits qu'il est difficile de croire qu'ils n'aient pas oubliés.

« Le s^r Mauduit Larive a été arrêté comme *suspect*. D'après le décret de la Convention, tous les *suspects* doivent être détenus jusqu'à la paix. Et quel homme peut être plus suspect aux yeux de tous les bons citoyens que le s^r Larive, qui :

1º a recelé chez lui l'assassin du Champ-de-Mars (Silvain Bailly) ;

2º a joué à Bordeaux, l'infâme, le faux *Ami des Lois* et qui a contribué, de tous ses moyens, par l'*opium rolandin*, à refroidir l'esprit méridional, jadis républicain, aujourd'hui monarchique, ou plutôt monarchisé, etc... ».

Dans les numéros suivants, la *Feuille du Salut Public* continue sa campagne de proscription contre Larive et de délation contre d'autres comédiens ou directeurs de théâtre.

Le 21 septembre.

« Prédiction : On dit que le Sr Delarive ne tardera pas à être réintégré à la Force.

« On dit que MM. les triumvirs du Vaudeville pourraient bien aller le rejoindre.

« Cela serait assez drôle, mais serait assez juste : les *Honnêtes gens* doivent avoir la satisfaction de se trouver ensemble. »

Cette « prédiction » était un ordre qui fut scrupuleusement obéi.

Et, en effet, le 22 septembre, Barré, Radet et Desfontaines, puis Léger et Lemonnier, auteurs-acteurs, ou « entrepreneurs » du Vaudeville, étaient arrêtés et mis en état de détention. Léger put sortir, le 25, de Sainte-Pélagie. Ses camarades, ses « complices », eût dit Rousselin, ne recouvrèrent leur liberté que quelques jours ou quelques mois après.

Quant à Larive, enfermé aux Madelonnettes après son retour de Bordeaux, il était arrêté de nouveau et emprisonné sur la dénonciation du Comité de Salut Public.

Après Larive, Monvel. Et cependant ce comédien, auteur dramatique à ses heures, avait donné, depuis longtemps, au parti des gages indiscutables de sa foi révolutionnaire. Mais la *Feuille du Salut Public* lui reprochait de « laisser moisir sa plume dans l'encrier » ; un écrivain n'était, pour elle, à la hauteur des principes que s'il griffonnait, sans répit, pour la plus grande gloire de la République terroriste.

Or, Monvel protestait contre son prétendu crime d'indifférence ; et, pour mieux s'en disculper, il rappelait son passé. Le journaliste avait amèrement critiqué *Urgande et Merlin* ; mais cette pièce, disait Monvel, avait été reçue en 1788 ; au reste, il la sacrifiait, en se frappant humblement la poitrine :

« Vous la croyez d'un genre trop insignifiant pour la Révolution ; je la supprime. La pièce devait être jouée aujourd'hui ; elle va disparaître de dessus l'affiche ; je ferais bien d'autres sacrifices à la patrie. Veuillez bien, citoyen, insérer ma lettre dans votre journal. C'est ma justification ; et vous êtes trop équitable pour me priver des moyens de la rendre publique. »

Et, ce qui ne laissait pas d'être piquant, c'est que, dans la crainte sans doute de passer pour subir quelque influence étrangère, il répondait de la sincérité républicaine de son compositeur et de ses interprètes :

« Le citoyen Dalayrac, auteur de la musique, les sociétaires du Théâtre de l'Opéra-Comique, malgré les frais qu'ils ont faits pour établir ma pièce, partagent tous mes sentiments ; et c'est en leur nom, autant qu'au mien, que je vous prie de ne pas me refuser. Je suis bien fraternellement, citoyen, votre dévoué compatriote,

MONVEL. »

Et Rousselin qui était, — qu'on nous passe l'expression — une bonne... *rosse*, ajoutait, en guise de commentaire :

« Nous admirons sincèrement la résignation civique du citoyen Monvel. »

N'importe, la leçon avait été un peu dure pour l'intéressé ; et son inquiétude n'avait pas été moindre ; aussi, pour qu'il fût manifeste, aux yeux de tous, que le citoyen Monvel était le plus chaud des patriotes, prêchait-il l'athéisme, le mois suivant, à Saint-Roch, dans un discours où — nous l'avons vu — il défiait Dieu, s'il existait, de le foudroyer séance tenante.

Ce dût être une joie ineffable pour la *Feuille du Salut Public*, qui avait écrit dans son numéro du 3 frimaire (23 nov. 1793) :

« Nous engageons les citoyennes, celles surtout qui sont attachées aux spectacles, à ne plus porter de croix, lorsqu'elles jouent des rôles de villageoises. Ce signe de fanatisme, dont le sexe avait fait une parure, doit être à jamais proscrit. »

Il semble, en vérité, que cette terrible *Feuille du Salut Public*, sous prétexte de sauvegarder « les principes, » ait pris plaisir à démolir, comme dans un jeu de massacre, toutes les réputations des auteurs dramatiques du temps. C'était de la critique à coups de balles.

Dugazon, de qui le loyalisme révolutionnaire était aussi éclatant que la lumière du soleil, n'était pas mieux traité que Monvel. Ses pièces ne respiraient-elles pas le plus pur civisme ? Or, la *Feuille du Salut Public* avait précisément profité du compte-rendu de l'une d'elles, le *Modéré*, représenté le 28 octobre 1793, pour reprocher indirectement à l'auteur la faiblesse qu'il incriminait chez autrui. Rousselin faisait allusion à l'épisode du sucre brûlé chez Talma, après le départ de Marat, « pour complaire à un monstre (Dumouriez) que l'Ami du Peuple avait été courageusement poursuivre dans l'asile des plaisirs brissotins ».

Pas aimable non plus pour Talma, la *Feuille du Salut Public !*

Visiblement, Rousselin s'inspirait du titre même de son journal pour continuer sa campagne d'épuration dramatique. On ne peut expliquer que, par cette considération de l'intérêt supérieur de la République, les réflexions dont il accompagne son compte-rendu de l'inepte farce de Sylvain Maréchal, le *Jugement dernier des Rois* :

« Une remarque vraiment délicieuse pour les bons républicains, c'est que, loin de ressembler à ces spectateurs blasés des ci-devant Comédiens français, et encore du Vaudeville, prêts à saisir d'un ton muscadin les allusions les plus impies, le parterre et la salle paraissaient être composés d'une légion de tyrannicides prête à s'élancer sur l'espèce léonine connue sous le nom de rois. L'esprit public existe enfin ; mais il ne peut se soutenir qu'en tournant les esprits uniquement vers la Révolution, qu'en se pénétrant de ce principe sévère que celui-là est justiciable du tribunal révolutionnaire qui veut distraire de la chose publique. »

Mais, comme s'il eût voulu adoucir l'âpreté de cet aphorisme et témoigner de sa bienveillance pour des gens, qu'il avait désignés, le mois précédent, aux rigueurs de ce même tribunal révolutionnaire, Rousselin écrivait, à propos de l'*Heureuse décade* de Barré, Léger et Rosières, « pièce faite, apprise et jouée en sept jours » :

« Quel plus bel usage un homme peut-il faire de ses talents, que de les consacrer à vivifier l'esprit public et à embellir la vertu des traits de l'éloquence ! Quelle récompense plus flatteuse pour lui que les applaudissements d'un public patriote !... Nous sommes souvent sévère — la patrie l'exige — mais jamais injuste ; et c'est avec plaisir que nous dirons au Vaudeville malin, qu'il paraît être en route de réparer les torts qu'il a faits à l'esprit public, en alimentant l'opinion des *honnêtes gens*. »

Et notre faux bonhomme revenait à sa thèse favorite :

« Dans un moment de révolution, tout ce qui n'est pas fortement prononcé *pour* est *contre* ; il ne faut que du bon sens pour sentir la vérité de cette maxime. »

C'était aussi la théorie jacobine, dont la pensée se trahit encore dans cette conclusion qui dut rassurer toutefois le Vaudeville sur les dispositions du critique à son égard :

« Que ceux qui ne voient qu'une innovation dans le nouveau calendrier aillent au Vaudeville ; on leur apprendra, en chantant, que dans un état qui ne peut tolérer de religion *dominante*, il est nécessaire d'ôter aux prêtres, *dominateurs* par essence, les ressources toujours trop grandes, des vieilles habitudes... »

Oui, pour les remplacer par la *domination*... jacobine.

Le même exclusivisme, intolérant et farouche, se

retrouve dans des *Réflexions sur le théâtre*, que le *Journal des Spectacles* emprunte à la *Feuille du Salut Public* et qui portent cette signature : J. B. B.

« Il faut que toutes les pièces soient patriotiques ou morales ; plus de petits-maîtres, de chevaliers, de marquis, avec leurs habits tout brillants de paillettes, distribuant des soufflets et des coups de bâton à ceux qui les servent... La marche révolutionnaire, déjà devenue plus rapide, depuis que la perfidie et l'intrigue n'entravent plus les opérations de nos législateurs, le serait encore davantage, si, comme dans les fêtes nationales, le citoyen voyait, tous les jours, sur le théâtre, les brillantes époques de la Révolution retracées avec une énergie patriotique. »

Assurément le spectacle eût été fort beau, mais n'eut pas *brillé*, pour reprendre un terme qui semble plaire au rédacteur, par la variété.

Nous ignorons quel pouvait bien être ce *J. B. B.* ; mais nous ne croyons pas qu'il eût le sentiment très net des exigences du théâtre, même en temps de Révolution.

CHAPITRE IV

La « Feuille du Salut Public » devenue « Feuille de la République » en 1794. — L'ex-marquis Antonelle, successeur, comme critique, de Rousselin. — La « majesté du peuple » outragée. — Critique de « la Discipline républicaine », de l' « Hypocrite en révolution », de « Plus de bâtards en France ». — Eclairs de bon sens : pas de « philanthropie universelle », ni d'absurdités patriotiques. — Le « Jury des Arts ». — Un dilemme. — Après Thermidor : « les Charlatans » et « le Bienfait de la Loi ».

Rousselin collaborait-il encore à la *Feuille du Salut Public* en 1794 ? — Il serait assez difficile de se prononcer à cet égard, car nous ne trouvons plus, à cette époque, ni signature, ni même initiales dans ce quotidien qui portera bientôt le titre de *Feuille de la République* (le Comité de Salut Public réservait-il la propriété de son nom ?)

En tout cas, un conventionnel, non moins exalté et non moins noble que Rousselin, l'ex-marquis Antonelle, tenait, dans la *Feuille de la République*, en février 1794, la férule de la critique, puisque la *Correspondance politique* du 11 ventôse (1er mars) en cite les « réflexions très sensées » sur le rôle de Dave de l'*Andrienne* (imitation de Térence) « par lequel le citoyen Larochelle a débuté au Théâtre de la République ».

Antonelle, qui semble, dans l'espèce, un précurseur de Joseph Prudhomme, s'étonne qu'un républicain ait pu se charger d'un rôle où la dignité de l'homme est si fort dégradée et se plaint des applaudissements prodigués à cette prostitution du talent. »

Mais, à ce compte-là, qui voudrait tenir les personnages de *Tartufe*, de *Don Juan*, de *Néron*, d'*Athalie* ? Nous ne voulons pas parler du répertoire de notre xxe siècle, dont, certainement, plus d'un héros eût fait frémir d'horreur le vertueux Antonelle.

Toujours est-il que le critique de la *Feuille du Salut Public*, quel qu'il soit, argumente, à cette époque, beaucoup plus, au nom de la politique et de la morale, qu'au nom de la littérature. Il s'en explique assez nettement, dans le compte rendu d'un opéra en trois actes de Moussard et Lambertini, le *Cri de la Patrie*, qui célèbre le triomphe civique de jeunes défenseurs de la République sur un odieux contre-révolutionnaire, s'employant à contrarier le départ de la première réquisition (janvier 1794).

« Depuis quelque temps, c'est une manie sur tous les théâtres de présenter un personnage ridiculement bête que l'on donne pour le comique de la pièce. Nous ne nous opposerons pas à ce débordement de mauvais goût comme littérateurs ; mais, comme pénétrés du respect que l'on doit au peuple, nous dirons que ce mauvais goût devient une infamie avilissante dans une pièce patriotique. Quoi ! le peuple exerce sa souveraineté, les actes qui décident de son bonheur n'ont de force que par sa sanction ; et, au bout de quatre ans de révolution, on nous le représentera ne sachant pas faire la différence du mot *civique* au mot *incivique* ; tous les termes heureux consacrés par la liberté et l'égalité seront avilis par le ridicule forcé d'une ignorance qui n'existe pas ! Auteurs, oubliez-vous que ce n'est point être plaisant que d'outrager la majesté du peuple ? Le public doit s'opposer à ce qu'on insulte en sa présence un des membres de la grande famille. Tous les hommes n'y sont pas également instruits, mais tous les patriotes sont également respectables... C'est, dans les salons dorés, ce n'est que là que se trouvent les sots et les ignorants en révolution... »

Autant dire que le riche n'entend rien à la politique, ni aux affaires de son pays.

Nous retrouvons le même esprit d'intransigeance jacobine dans cette note du 1er ventôse, qui rappelle la profession de foi de *J. B. B.* :

« Une pièce ne serait pas bonne, si elle n'avait pour but exclusif les mœurs et la patrie.

— « Mais sur trois pièces on en donne deux patriotiques ?

— « Il faut en donner trois ; car les républicains ne doivent et ne veulent voir que la République. Ce qui amuse la classe du *bon ton* ne peut en même temps réjouir les hommes libres ; et il faut bien, comme l'a dit Robespierre, substituer enfin les *bonnes gens* à la *bonne compagnie.* »

Et encore, à propos de cette *Discipline républicaine,* dont nous avons donné plus haut l'analyse sommaire, le critique de la *Feuille de la République* écrit cette énormité sur le type très curieux de l'espion héroïque qui semble avoir inspiré l'*In-Manus* de Victor Hugo dans *Quatre-vingt-treize :*

« On aurait raison de désirer que le courage flegmatique qui appartient aux seuls républicains ne fût pas attribué à un pareil monstre. Cette scène serait politique, si elle était vraie, parce qu'elle n'a pas besoin d'être déguisée aux yeux des hommes libres ; mais elle est impolitique parce qu'elle est fausse (3 floréal an II). »

Quelques jours avant la fameuse séance qui devait frapper d'un coup mortel le jacobinisme, le rédacteur, masqué, de la *Feuille de la République*, rendant compte d'une pièce de Dumaniant, jouée à la Cité-Variétés, l'*Hypocrite en Révolution* [1], se préoccupait encore de la valeur politique de l'œuvre, beaucoup plus que de son mérite littéraire. Mais, à lire entre les lignes, on pourrait croire que le critique ait voulu stigmatiser, par anticipation, une tyrannie, que la *Feuille de la République* allait flétrir, après l'avoir exaltée quelques mois auparavant.

« ... Il nous semble que, pour remplir le titre de sa pièce, l'auteur eût dû montrer au public un de ces hommes astucieux, qui, sous le manteau du patriotisme, imposent aux citoyens peu éclairés, influencent les assemblées populaires par leur éloquence robuste et séduisent pour quelque temps les sans-culottes honnêtes qui donnent leur confiance imprudemment à ces faux patriotes. Il eût fallu nous développer toutes les ruses que ces agents secrets de nos ennemis savent employer si habilement pour nous conduire à de fausses démarches. Enfin, il eût fallu les signaler de manière que chacun eût pu montrer du doigt les fourbes, qui, dans nos sections, usurpent une popularité dont ils voudraient se servir pour perdre la République. C'était, en démasquant par degrés ces hommes affreux, que l'on pourrait donner au public une pièce utile et tracer un caractère dont le modèle n'est que trop connu depuis cinq ans. »

En effet, Dumaniant s'était abstenu de nommer personne. Il avait mis en scène ce que nos psychologues appellent volontiers une *entité*, un homme à qui seul incombait la responsabilité de ces conspirations que le Comité de Salut Public découvrait et révélait à tout instant. Son *Hypocrite* était *globalement* — encore un

---

[1]. Particularité piquante ! Un mois après, le même Dumaniant donnait, en collaboration avec P. Lebrun, la *Nuit du 9 au 10 thermidor* ou la *Chute du tyran (Journal des Théâtres*, de Duchosal, t. I, p. 149).

terme de notre langue moderne — un scélérat que trahissaient ses maladresses.

Et, à cet égard, Dumaniant avait, pour son théâtre, les mains autrement libres que la plupart de ses confrères. C'était un ouvrier de la première heure : il avait fait ses preuves dans la brochure, presque laudative, qu'il avait dédiée à la mémoire de son camarade et ami Bordier, peu de jours après l'exécution à Rouen de cet anarchiste.

Le critique anonyme, qui pontifiait dans la *Feuille de la République*, y faisait également de la sociologie, comme M. Jourdain de la prose, sans le savoir. *Plus de bâtards en France*, la pièce de la citoyenne Villeneuve, représentée en floréal an II, n'avait pas eu l'heur de lui plaire, non qu'il eût rien à reprocher au sujet, ni à sa contexture dramatique ; mais il ne comprenait pas que l'auteur n'eût pas cherché à « corriger des hommes plutôt faibles que méchants » de leur obstination à conserver « un préjugé monarchique », après « la loi bienfaisante qui rendait aux bâtards leurs droits méconnus ». Le triste héros de la pièce est un monstre, heureusement très rare, un aristocrate fort riche, marchand d'argent, qui repousse son fils naturel. Il faut atténuer « l'atrocité » d'un tel caractère, comme il importe de glisser dans cette même pièce, sur le cynisme d'un prêtre, complaisant Mercure de grands seigneurs voluptueux, « ce qui offense la pudeur ».

Le rédacteur de la *Feuille de la République* n'a cependant ni l'animosité, ni l'acrimonie, ni les haines systématiques d'un Rousselin. Après la chute du *Compère Luc*[1]

---

1. Le *Compère Luc*, du citoyen... (Beffroi), musique de Lemoyne (ventôse an II). Un biographe dit de ce compositeur, encore un sans-culotte malgré lui : « Le Génie de la Révolution n'inspirait à sa muse que des accords barbares. »

à Feydeau, il écrit d'un ton assez bonhomme : « On sait bien qu'il faut siffler une mauvaise pièce, lorsqu'elle ne permet même pas de bâiller ; mais cette juste représaille doit finir avec la pièce ; et il n'est pas honnête d'accompagner, en sifflant, l'auteur du *Club des bonnes gens* jusques dans son domicile. »

Rousselin, au contraire, eût demandé qu'on allât siffler ce malheureux Beffroi de Reigny jusque dans sa chambre à coucher. Ne lui avait-il pas amèrement reproché, à propos de son *Quaker en France*, son trop ardent pacifisme et « d'avoir voyagé dans les lunes glaciales » — toujours les *Lunes du Cousin Jacques*.

Mais, dans le cerveau de tout Français, si embrumé qu'il soit par les conceptions nébuleuses d'une politique, d'une morale ou d'une philosophie sectaire, vacille quand même une petite lueur de cet éternel bon sens, que nos plus injustes ennemis veulent bien encore reconnaître à notre race. Or, la *Feuille de la République*, quelque fût son rédacteur, n'admettait pas plus dans le domaine de la fiction que sur le terrain de la réalité, les billevesées d'un internationalisme qui laissait déjà passer le bout de l'oreille. Et, du même coup, elle s'indignait, mais hélas ! dans le style *pompier* du temps, de voir les auteurs se recommander des grands mots de liberté, d'égalité, de patriotisme, de républicanisme, pour imposer leurs pauvretés au spectateur plus ou moins convaincu.

Il s'agissait, dans l'espèce, d'un acte de Sylvain Maréchal, les *Missions patriotes*, joué le 16 germinal an II, au Théâtre Favart.

Dans la pièce, deux « propagandistes » français, affublés d'un costume de pélerin qui leur a permis de franchir la frontière espagnole, vont, par delà les Pyrénées, colportant, exhibant, commentant une pancarte où sont rappelés « les crimes et les forfaits de l'ancienne Cour ». Mais les émigrés français ont surpris cette campagne républicaine et veulent en livrer les initiateurs au tribunal de l'alcade.

Malheureusement pour ces traîtres, les Français, entr'ouvrant leur manteau de pélerin, montrent leur « habit national » et se répandent en discours enflammés. A leur voix, les Espagnols, en dignes « prosélytes de la liberté », se précipitent sur les émigrés et les livrent eux-mêmes à la vindicte des lois françaises.

— Pourquoi, s'écrie alors le journaliste de la *Feuille de la République*, aller colporter des romans à l'étranger, plutôt que de servir la liberté chez nous ?... « Anacharsis Clootz, comme nous l'a dit Saint-Just, était citoyen de l'Univers, excepté de la France... La philanthropie nationale rejette la philanthropie universelle ; nous n'avons besoin de l'opinion des Anglais, ni de celle des Espagnols. »

Et, laissant de côté Sylvain Maréchal, qui aurait pu s'inquiéter, à bon droit, de se voir représenter en communion d'idées avec « l'Apôtre du genre humain », guillotiné depuis quelques jours, notre critique généralisait ses attaques contre le mauvais goût de la production dramatique contemporaine :

« La sublimité du sujet que traitent les auteurs a l'air d'être pour eux un motif de confiance et de sécurité qui les fait se complaire dans la négligence... C'est ainsi que le spectateur, devenu patriote, dans l'hésitation de ne pouvoir séparer du talent de l'auteur le respect dû au sujet qu'il a embrassé, laisse aller impunément jusqu'à la fin une pièce qui devrait tomber en route. La liberté ne doit point être l'égide de la médiocrité et de la paresse qui la flétrissent en se réfugiant sous son aîle. Cette licence et cette usurpation feraient croire que ces auteurs ne sont nullement pénétrés de la dignité de leur sujet et qu'ils veulent exprimer des sentiments qui ne sont nullement dans leur cœur.

« Un seul vers de Corneille vaut tous les enfantements modernes. Cependant Corneille écrivait sous le despotisme ; mais c'est que Corneille avait l'âme romaine... », comme le Molière des *Révolutions de Paris*.

Le 21 floréal, ces récriminations deviennent plus vives. Il importe de sauver le théâtre « d'une décadence honteuse pour la République », sans toutefois en donner la mission aux comédiens :

« Quoique leur état soit changé, quoiqu'ils appartiennent uniquement aujourd'hui à la patrie qui les a rendus à la société, elle ne peut se reposer sur eux du soin d'agréer ou de rejeter les ouvrages, dont ils ne doivent être que les organes et non pas les juges. »

Observations peut-être sensées, mais assurément peu flatteuses pour l'intellect de ces comédiens, qu'on rendait cependant responsables, quand l'occasion s'en trouvait, de l'incivisme de leur répertoire !

La *Feuille de la République*, elle, réclamait un « Jury des Arts [1] », devant se prononcer sans appel sur la valeur des pièces que leur étiquette recommandait, par une tromperie insigne, à l'attention du public.

Cette note, dont l'esprit de dénonciation ne gâte que trop la justesse, se trouve accentuée encore dans un compte-rendu, à la date du 8 thermidor, sur le *Siège de Granville* ou les *Décius Français*. C'est une « tragédie révolutionnaire du Théâtre des sans-culottes », dit le rédacteur, dans laquelle, « à l'exception d'une douzaine de fusées éclairant le fond du théâtre et un pan de mur

---

1. C'était la conception de l'abbé d'Aubignac, un critique du xviie siècle.

qui s'écroule, on ne voit rien du siège et tout se passe en récit. »

Aussi la *Feuille de la République* conclut-elle :

« Il est temps d'opposer une digue à cette inondation de pièces dont la médiocrité orgueilleuse surcharge nos théâtres. Il est temps de les débarrasser de ce limon fangeux que le torrent de l'ignorance et du mauvais goût y a déposé. Combien de fois n'avons-nous pas lutté dans cette feuille contre les applaudissements du public qui accueillait avec enthousiasme des pièces qui n'avaient de mérite que dans l'intention de leurs auteurs ! Et peut-être avons-nous encore à nous reprocher trop d'indulgence. Fallait-il en avoir pour ces ouvrages informes, qui furent composés et représentés dans le temps où des factieux voulaient ramener le peuple au despotisme par l'ignorance et l'immoralité ! »

Oui, voilà le grand argument lâché ! — Vous êtes auteur dramatique ou du moins vous vous donnez pour tel. Eh bien ! vous avez le devoir strict d'écrire et d'écrire *ad majorem gloriam* de la Révolution. Vous vous abstenez, parce que vous ne vous sentez pas le souffle assez puissant, pour vous élever à la hauteur d'une tâche aussi ardue. N'importe, il vous faut prendre la plume.

— Mais, si je suis inférieur à cette tâche, on incrimine mon insuffisance ; on dit que je suis stipendié par le despotisme ; on me traite enfin comme ces généraux qui, tenus de vaincre parce que le Comité de Salut Public a décrété la victoire, n'ont plus d'autre perspective, en cas de défaite, que la mort sur le champ de bataille ou sous le couteau de la guillotine.

Quel implacable dilemme ! — Par prudence, ou par sentiment de son impuissance, un auteur se refuse à produire. Il est suspect de modérantisme. Au contraire, toujours par prudence, ou parce qu'il n'a pas d'autre métier, il écrit avec toute l'énergie du plus intransigeant des sans-culottes ; et, comme le demande Plancher-Valcour, il est « homme avant que d'être auteur ». Malheureusement « l'homme » ne trahit que trop l'inexpérience de « l'auteur » ; son œuvre, détestable, est outrageusement sifflée : « C'est, affirme la *Feuille de la République*, qu'il exprime des sentiments qu'il n'a pas dans le cœur ». Et il « essaiera la cravate à Sanson », au même titre que son confrère qui n'a « exprimé aucun sentiment ».

Comment sortir de là ?

. . . .

La *Feuille de la République* en sortit, au lendemain du 9 thermidor, comme tant d'autres quotidiens ou périodiques, par une pirouette qui témoignait beaucoup plus de la désinvolture de sa politique que de la solidité de ses convictions littéraires. Au fait, n'était-ce pas plutôt la peur qui lui dictait, à l'adresse des auteurs dramatiques, ces philippiques furibondes pouvant se résumer dans cette formule empruntée au protocole révolutionnaire :

Du talent ou la Mort !

En effet, le critique de la gazette jacobine, poursuivant sa tâche, à l'instauration de la période thermidorienne, écrivait, à propos des *Charlatans* de Planterre et Foignet (première sans-culottide an II) :

« Il eût été bien plus utile de nous montrer les tours de gibecière de ces harangueurs affamés, qui occupent les centres de tous les groupes, assiègent sans cesse les tribunes de chaque Société dont ils sont membres, séduisent par leur ton emphatique et parviennent à d'excellentes places où ils ont *bientôt fait leurs affaires.* »

Est-ce assez moderne ?

Mais les allusions se précisent. Dans le numéro de la cinquième sans-culottide de l'an II, elles surgissent de l'analyse même de ce *Timoléon,* qui avait eu jadis une si mauvaise presse.

« Cette tragédie dont les triumvirs empêchèrent la représentation, parce que le *Timophane français* craignait sans doute qu'on ne le reconnût dans celui qui voulait asservir Corinthe, présente des allusions nombreuses qui sortent naturellement du sujet. »

Enfin, le 7 vendémiaire an III, la *Feuille de la République,* dans son analyse du *Bienfait de la Loi* (jadis on préférait le *sang* à la *loi),* est bien obligée de reconnaître encore que la foi républicaine n'est pas une garantie de talent, puisqu'elle condamne « la plupart des pièces modernes, où l'expression du patriotisme, prodiguée jusqu'au dégoût, n'annonce que l'impuissance dramatique de ces auteurs éphémères. »

CHAPITRE V

« Le Journal de la Montagne » et les « Réflexions » de Laveaux sur le « Fénelon » de Chénier. — Compliments du « Batave » à l'adresse des artistes de l'Opéra. — La critique du « Père Duchesne ». — Le vrai grief du gouvernement jacobin contre la Comédie-Française. — L'Opéra à l'Hôtel de Ville et Feydeau à la Convention.

Une autre feuille qui se chargeait de mettre au pas auteurs, acteurs, directeurs de théâtres mal pensants, c'était le *Journal de la Montagne*, l'ancien *Point du jour*, devenu, depuis le 1ᵉʳ juin 1793, l'organe officiel du Club des Jacobins, sous la direction d'un ami et admirateur de Robespierre, le citoyen Laveaux.

Ce journaliste qu'on a prétendu honnête et sincère, qui, d'ailleurs, avait du métier, mais que l'esprit de parti induisait aux plus étranges paradoxes, exposés dans la langue gourmée et prétentieuse du jour, Laveaux donne une idée de sa conception de l'art dramatique et de la critique théâtrale, dans ses *Réflexions* (on réfléchissait beaucoup en ce temps-là), publiées, le 6 septembre 1793, par le *Journal de la Montagne*, sur les directions des auteurs en vogue.

Il exécute, bien entendu, l'*Ami des Lois* et *Paméla*. Mais il entend frapper de la même réprobation *Fénelon ou les Religieuses de Cambrai*, de Marie-Joseph Chénier, qui « présente le poison le plus subtil ».

La pièce avait été jouée pour la première fois le 9 février 1793 ; mais, quand on est assuré d'avoir un antidote infaillible contre le venin que peut receler une œuvre dramatique, il n'est jamais trop tard pour en offrir la recette à ses concitoyens :

« Représenter ainsi un prélat de l'ancien régime, écrivait Laveaux, n'est-ce pas faire regretter aux âmes faibles l'existence de ces hypocrites ? N'est-ce pas augmenter la sotte compassion des cagots pour ces êtres exécrables qui ne vivent encore que pour travailler à la destruction de notre liberté ? Fénelon pouvait avoir des vertus et en avait sans doute, mais Fénelon était un courtisan (! !). Fénelon était un prélat romain ; et, quand on présente sur le théâtre une classe d'hommes bien caractérisée, il faut lui conserver son caractère. Il peut y avoir des bourreaux compatissants, des filles du monde désintéressées et des archevêques romains patriotes ; mais si vous me présentez un homme ou une femme de cette classe, il faut que vous les peigniez avec le caractère connu de leur état, ou avec le désespoir d'y être attaché... Je reviens au drame de *Fénelon*. Le héros de cette pièce est plutôt un homme faible qu'un homme vertueux. L'abbesse est un monstre digne du dernier supplice ; et le larmoyant Fénelon, au lieu de la faire punir, se contente de lui faire un plat sermon. Ce dénouement révolte. »

La haine du prêtre chez les ultra-révolutionnaires était peut-être plus intense que celle de l'aristocrate. Et ce fut, dans la presse démagogique, comme un mot d'ordre, dont le fréquent retour ne saurait s'expliquer que par les horreurs de la guerre de Vendée, alors dans toute sa fureur.

Les comédiens étaient soumis à une censure, non moins rigoureuse, pour ne pas dire acerbe, dans cette société des Jacobins dont Laveaux tenait, au jour le jour, les Annales. Et nous y relevons, à propos de l'incident d'*Adèle de Sacy*, que nous avons relaté en son temps, l'étrange motion de ce citoyen, affligé vraisemblablement de berlue, le jour où il voyait dans l'héroïne de la pièce la prisonnière du Temple :

« Je me borne (il s'estimait sans doute fort indulgent) à demander que les auteurs, acteurs, actrices et même musiciens de ce théâtre, car, ne vous y trompez pas, ceux-là sont du complot qui se plaisent à râcler des airs chers aux ennemis du peuple, je demande, dis-je, que tous soient arrêtés, poursuivis, comme perturbateurs du repos public et que le théâtre soit fermé [1]. »

Les musiciens des autres salles de spectacle n'étaient pas toujours aussi maltraités. Ceux de l'Opéra, par exemple, étaient fort bien vus, parce qu'ils ne laissaient échapper aucune occasion d'attester leur mépris et leur haine de l'ancien régime. *Le Batave*, ou le *Sans-culotte observateur* du 2 octobre 1793, nous édifie complètement à cet égard ; car, lui aussi, il est « selon les principes » :

« Tout le monde sait que les artistes de l'Opéra sont depuis longtemps à la hauteur de la Révolution ; et on n'est pas étonné qu'ils se soient mis à dos tous les ennemis du bien public.

« En voici une preuve : il a été porté à la police un billet portant ces mots : *Académie royale de musique. Côté du Roi*, et trois fleurs de lys. Les artistes, instruits de ce fait, ont fait vérifier le dit billet qui se trouve être de l'année 1790 et qu'on a falsifié assez adroitement. En conséquence, les artistes de l'Opéra, désirant ôter tout moyen aux malveillants de tramer contre eux, ont

---

[1]. *Journal des Débats*, etc., n° du 6 sept. 1793. Ce fut également à propos de cette pièce que Rousselin s'écriait à la tribune des Jacobins : « Rappelez-vous que Christine, sœur d'Antoinette, mit elle-même le feu aux bombes meurtrières qui ont incendié les chaumières des malheureux habitants de Lille. »

aujourd'hui 30, à midi, assistés du commissaire de police de la section de Bondy, brûlé, en face de la salle de l'Opéra, tout ce qui existait encore ayant trait à la royauté et au régime féodal. Parmi cette immense quantité de papiers étaient les règlements de ce spectacle, intitulés *Académie royale de musique*. Les artistes ont communiqué le procès-verbal de cet auto-da-fé philosophique au Conseil général, qui en a arrêté mention civique et insertion aux *Affiches de la Commune* [1] ».

Cette préoccupation constante de la politique au théâtre était la note dominante d'informations dont, à vrai dire, la presse d'alors était plus sobre que ne l'est celle d'aujourd'hui. Elle accueillait néanmoins, quand elle se targuait d'un civisme irréductible, toutes les communications, qui lui permettaient d'en faire valoir le bon aloi, grâce à un commentaire approprié. C'est ainsi que le *Sans-culotte observateur* du 12 ventôse an II, fidèle à cette tactique — la meilleure des réclames — avait donné une éclatante publicité à la dénonciation du *Congrès des Rois* par le citoyen Barrucaud, patriote de l'Arsenal, à l'affût de toute les manœuvres contre-révolutionnaires.

Mais, le journaliste qui, pendant la Terreur, dut peser le plus lourdement sur les destinées du théâtre, fut Hébert, l'auteur du *Père Duchesne* et le second substitut du procureur de la Commune, Anaxagoras Chau-

---

1. D'autres feuilles signalèrent, mais avec moins de détails, un sacrifice dont nous avions déjà noté le pénible caractère. Nous trouvons encore *(Archives de l'Opéra, Inspection, Correspondance,* 1792-1793) une autre preuve de cette pusillanimité, le 8 septembre 1792, le jour où une lettre anonyme prévenait les artistes qu'on leur reprochait, dans un café, d'avoir laissé subsister « les trois fleurs de lys » accompagnant la lyre qui décorait l'avant-scène, et d'afficher « l'Hymne Marseillais comme scène religieuse ». Les artistes décidèrent que, pour éviter le « reproche d'aristocratie », on effacerait les fleurs de lys et on « intitulerait scène républicaine » l'Hymne des Marseillais.

mette. On a prétendu que, d'accord avec ce dernier, Hébert jouait au satrape dans les coulisses de l'Opéra. La preuve n'en est pas faite. D'ailleurs, il parlait peu théâtre à travers ses *Joies* ou ses *Colères* ; mais le jour où, sous prétexte de « mener Jacqueline (sa femme) au spectacle », le « vieux marchand de fourneaux » passa les scènes parisiennes en revue, l'éloge, modéré, qu'il fit des unes, ne compense certes pas l'effroyable diatribe dont il accabla les autres.

Le dialogue s'engageait ainsi entre les deux époux [1] :

— « Je te mènerai demain à la comédie : cela vaut mieux que la messe ; on y dit, en riant, de bonnes vérités, et, quand la pièce est bonne, elle instruit mieux que le plus beau sermon.

— Où ça, mon vieux ? *Aux Grands Danseurs de Corde?*

— Non pas, Jacqueline. Un pareil spectacle est indigne des républicains. Il n'y a que les rois ou leurs valets qui puissent s'amuser à voir un pauvre diable s'écloper et souvent se casser le col pour gagner un misérable Corset [2].

— Nous irons donc voir les ci-devant Comédiens du Roi ? demande Jacqueline.

— Pas davantage.

— Je n'en suis pas fâchée, mon homme. Car j'ai toujours bâillé en entendant ces rois et ces princesses en détrempe.

— Ils ne feront plus bâiller personne, ma vieille, si ce n'est les aristocrates avec qui ils sifflent maintenant la linotte. Cette bande de muscadins et de muscadines est à l'ombre pour avoir voulu gouailler la sans-culotterie. Ils ont oublié que le plus beau de leur nez en est fait. »

1. Le *Père Duchesne*, n° 310.
2. Assignat de cent sous qui portait ce nom, celui du caissier des Finances qui l'avait signé.

On sait de quels infâmes propos, à cette même place, le *Père Duchesne* fouaille la Montansier [1]. Il réserve, par contre, son plus gracieux sourire aux Théâtres de la République et de l'Opéra :

« ... Ainsi donc, ma Jacqueline, tu n'iras point à ce spectacle ; je te conduirai à celui qui s'intitule, avec raison, *Théâtre de la République*. Tu verras le *Jugement dernier des rois* ; tu verras tous les brigands couronnés, la corde au col, jetés dans une île déserte ; tu verras le Pape faire amende honorable et obligé de convenir qu'il n'est qu'un joueur de gobelet ; tu verras tous les tyrans de l'Europe obligés de se dévorer eux-mêmes et engloutis, à la fin de la pièce, par un volcan. Voilà un spectacle fait pour des yeux républicains. Nous passerons encore en revue tous les autres de Paris. Je mettrai au pas tous ceux qui sentent encore le musc ; mais tu crieras bravo, avec tous les bons sans-culottes, en voyant le Grand Opéra et en entendant nos compères Chéron, Laïs, Renaud, chanter des hymnes en l'honneur de la sans-culotterie, f...! »

Pour mémoire, nous rappellerons, d'abord, ce détail, peu connu, de l'histoire intime d'Hébert, que, s'il avait épousé une religieuse défroquée, Françoise Goupil, sa femme n'avait pas renoncé, du fait de son mariage, à ses pratiques de dévotion. Allait-elle régulièrement à la messe ? Peut-être, mais, certainement, elle assistait aux sermons de l'évêque Fauchet, qu'elle prisait fort, pour la plus « grande *colère* » du Père Duchesne, qui le détestait à double titre, d'abord comme calotin, puis comme Girondin. Le fait est incontestable. Ce fut Françoise Goupil qui l'apprit au docteur Des Genettes [2], le futur

---

1. Voir page 78.
2. Baron DES GENETTES. *Souvenirs de la fin du XVIIIe siècle*, 1835, t. II, p. 240.

baron de l'Empire, compatriote et bienfaiteur d'Hébert. L'allusion des premières lignes que nous citons du *Père Duchesne* est donc des plus transparentes.

En outre, cette revue des spectacles parisiens est capitale pour l'histoire du théâtre révolutionnaire. A défaut de tout autre mérite, elle a celui de la sincérité. Elle articule nettement le grief du gouvernement jacobin contre la Comédie-Française : celle-ci a osé « gouailler [1] la sans-culotterie ! » Crime irrémissible et passible de la guillotine.

Dans le réquisitoire ignoble dirigé contre la Montansier, éclate la rancune, moins peut-être contre le « traître Dumouriez », que contre Lacroix, en sous-entendant son collègue Danton. Tous deux étaient accusés par les « enragés », ainsi qu'on appelait les ultra-démagogues, d'être des concussionnaires et d'avoir prévariqué au profit de Dumouriez.

Hébert n'excepte de sa réprobation que le *Théâtre de la République ;* et son compte rendu, aussi concis que pittoresque, de la pièce de Sylvain Maréchal, démontre une fois de plus quelle esthétique la sans-culotterie prétendait imposer à l'art dramatique. Enfin le *Père Duchesne* accorde une mention plus qu'honorable à l'Opéra et à ses premiers sujets. La Montagne et la Commune de Paris leur devaient, à l'occasion, de jeter sur leurs sombres débats quelques notes brillantes.

Le *Journal des Spectacles* du 20 septembre 1793 nous apprend, avec une pointe de malice, à peine sensible, comment cet infortuné personnel, qui jadis se prodiguait si peu, en était arrivé à ne plus compter les

---

1. La satisfaction donnée au « patriote insulté » (pp. 18 et 20 et p. 428) par la fermeture du théâtre et l'incarcération de la troupe, n'était donc qu'un PRÉTEXTE.

sacrifices qu'il consentait aujourd'hui à sa sécurité.

« Les artistes de l'Opéra ayant été, lundi dernier, 16 de ce mois, remercier le Conseil général de la Commune de l'arrêté qu'il avait pris en leur faveur, les magistrats et le peuple parurent désirer de leur entendre chanter en chœur l'hymne civique : *Allons, enfants de la Patrie...* Ces artistes qui brûlaient eux-mêmes d'aller au-devant du désir qu'on leur témoignait, ne le firent point demander deux fois ; et ils excitèrent, par leurs chants, dans la salle de la Commune, l'enthousiasme général qu'ils excitent, chaque fois qu'ils jouent à l'Opéra l'*Offrande à la Liberté*. »

A deux mois de là, le 1er frimaire an II (21 novembre) le *Journal de Paris* signalait une séance du même genre, donnée le 19, à la Convention, par les artistes du Théâtre Feydeau.

« Les citoyens de la section de la Montagne, faisant partie de la paroisse Saint-Roch, succèdent à celle de l'Unité et, abjurant comme elle le catholicisme, ils ont déclaré qu'ils n'étaient plus dupes de leurs patrons et qu'ils n'en croiraient plus désormais que les maximes de la Liberté et de la Convention, que l'Eglise Saint-Roch a été fermée et qu'on n'y prêcherait plus que les principes de la raison, des vertus et de l'égalité républicaine.

« Les citoyens composant le théâtre Feydeau ont exécuté, au nom de cette Section, un morceau de musique qui a été fréquemment applaudi ; et le citoyen Martin, acteur de ce spectacle, a chanté seul des couplets, dont le dernier a été répété. Le voici :

> Les traîtres seront tous punis.
> Leurs remords nous vengent d'avance ;
> Tous les despotes réunis
> Respecteront bientôt la France.

> Marchons, pour les écraser tous ;
> Depuis le Nord jusqu'à l'Espagne,
> Républicains, rassemblons-nous
> Autour de la Montagne.

Si la démarche du personnel de Feydeau était un acte de sagesse, d'autant que le théâtre était assez mal noté au Comité de Salut Public, le ton sur lequel en parlait le *Journal de Paris*, témoignait du même esprit de prudence et de circonspection.

Les artistes de l'*Opéra-Comique National*, qui allaient, dans quelques années, en fusionnant avec ceux de Feydeau, en absorber la troupe, les avaient précédés dans la voie des sacrifices nécessaires. Car, déjà, le fronton de leur temple [1] portait, le 5 septembre 1793, cette longue inscription ne laissant aucun doute sur l'étendue de leur civisme :

ÉGALITÉ, FRATERNITÉ, UNITÉ, INDIVISIBILITÉ
DE LA RÉPUBLIQUE OU LA MORT !

---

1. *Compte rendu des dépenses du théâtre* (A. POUGIN. *L'Opéra-Comique pendant la Révolution*, p. 81).

CHAPITRE VI

Le « Journal des Hommes Libres » et la critique de l'hémistiche de Chénier. — Son correspondant à Bordeaux. — Le « Journal universel » et sa politique étrangère. — « L'Abréviateur », le clair de lune de la « Feuille de la République », et le truc du « groupe d'abonnés ». — « L'Ecole de village » ; la Révolution du 31 mai ; « Gilles-Georges et Arlequin-Pitt ». — La critique d' « Epicharis et Néron ».

D'autres feuilles, de couleur accentuée, ne s'occupaient que très sommairement des questions de théâtre ; et encore fallait-il que la politique y jouât le rôle principal, ou que la représentation se fût accompagnée de scandale, de tumulte et de violences.

C'est ainsi que le *Journal des hommes libres de tous les pays* ou le *Républicain*, dirigé par le conventionnel Montagnard Charles Duval, est amené à parler de deux pièces, dont nous connaissons déjà les mésaventures en divers pays — mésaventures sur lesquelles cet organe, fort accrédité auprès de la démagogie parisienne, disserte avec une aigreur menaçante.

Un de ses confrères, le *Journal de Rouen*, venait de publier un article, marqué au coin du plus « honteux modérantisme » sur le *Caïus Gracchus* de J. Chénier. Le fameux hémistiche *Des lois et non du sang* l'avait réconcilié, disait-il, avec la pièce et avait soulevé dans le parterre des tonnerres d'applaudissements. Et le *Journal des hommes libres de tous les pays* (octobre 1793) de protester par le plus subtil et le plus haineux des sophismes :

« Tant pis pour lui et les spectateurs ! Lorsque, à l'époque où nous sommes, on applaudit avec ivresse une semblable pensée, c'est une preuve que l'on veut *toujours du sang et jamais de lois*. C'est en criant avec perfidie *Des lois et non du sang* que, jusqu'à ce jour, on a empêché les lois de s'établir et que l'on a prolongé les jours de sang... Et, nous aussi, nous applaudirons un jour à l'hémistiche de Chénier, mais ce sera quand la race qui y applaudit aujourd'hui sera réduite au silence devant la Majesté républicaine. Il y a deux ans que, si l'on avait dit *du sang et puis des lois*, nous dirions aujourd'hui *des lois et plus de sang.* »

C'était, comme on le voit, la théorie de Robespierre dans sa pure beauté. Exterminons tous les aristocrates, tous les prêtres, tous les agioteurs, tous les *scélérats* et puis... nous brûlerons la guillotine.

Cet excellent confrère, ce parfait jacobin qu'est Charles Duval, publie et commente, avec force éloges, dans un autre numéro de son journal, une lettre qui lui est adressée de Bordeaux, le 25 frimaire, sur les incidents de *La vie est un songe*[1] au Grand Théâtre National. Le correspondant de Duval avait transcrit les *Considérants* de l'arrêté des représentants, qui avaient fermé la salle et renvoyé devant une commission militaire les acteurs.

Ces *considérants* établissaient des termes de comparaison, autrement dit des rapprochements, entre le *Théâtre français* de Paris et le *Théâtre national* de Bordeaux », pour l'espèce de gens qui composaient les spectateurs » et « pour l'esprit des acteurs ». Ceux-ci écartaient les ouvrages susceptibles de « propager la liberté »; ceux-là n'étaient qu'un ramassis de fédéralistes et de royalistes. Mais *La vie est un songe* est plus abominable encore que *Paméla*, puisqu'on y a crié *Vive Louis XVII*[2] ! Aussi les représentants, « voulant faire du

---

1. Voir page 52.
2. On avait crié « Vive le roi ! » (p. 52).

Grand Théâtre de Bordeaux une école, nationale où le père de famille pût conduire avec sécurité ses enfants et où les bons citoyens pussent se délasser quelques instants et se récréer en s'instruisant, y ont-ils appelé les acteurs du Théâtre de la République, ci-devant de Molière [1].

« Ils ont invité en même temps tous les bons citoyens de la commune de Bordeaux à former un abonnement assez considérable pour que le nouveau théâtre pût donner, toutes les décades, une représentation *gratuite* au peuple. » Touchant appel à la caisse !

Le *Journal Universel,* que signait seul le conventionnel Louis Audouin, n'était pas de meilleure composition que le *Républicain*, encore qu'il ne s'occupât guère des spectacles. L'art du théâtre ne l'intéressait que si la politique révolutionnaire en tirait profit. Lorsque Audouin rapporte la disgrâce du *Timoléon* de Chénier : « Que cet exemple du moins, dit-il d'un ton sévère, ne soit pas perdu pour les auteurs dramatiques qui veulent chanter la liberté. Qu'ils la chantent telle qu'elle doit l'être ! »

Mais ce Joseph Prudhomme est, à l'occasion, avisé, fin et subtil, comme un diplomate. Lui aussi n'admet pas que la forme républicaine soit un article d'exportation. Il a entendu dire qu'un auteur avait mis sur le chantier une pièce en l'honneur de l'assassin de Gustave III ; et, le 20 ventôse an II, il improuve énergiquement le choix d'un tel sujet :

« On annonce la tragédie d'*Ankarström*. Est-il politique aujourd'hui de la représenter ? La Suède n'a-t-elle pas conservé scrupuleusement la neutralité ? Encore s'il était prouvé que cet Ankarström ait été véritablement

---

[1]. Corsse était l'entrepreneur de ce théâtre (p. 324).

un Brutus ! Mais n'a-t-on pas dit qu'il ne servait que sa faction ? Et peut-on d'ailleurs parler d'Ankarström sans parler de la Suède ! Que n'a-t-on pas fait pour nous brouiller avec la Suisse ? Je crois que le gouvernement français, en écrasant toutes les puissances qui nous font la guerre, doit exiger qu'on garde au moins le silence sur celles qui ne nous la font pas ; et je remarque, en passant, *que toutes les pièces qu'on appelle révolutionnaires, ne sont pas toutes l'ouvrage d'hommes qui aient travaillé pour le succès de la Révolution. Comment la liberté peut-elle être bien célébrée par ceux qui ne se sont point exposés pour sa défense ?* »

Toujours la théorie : un *bon* sans-culotte est seul capable d'écrire une *bonne* pièce dans le sens républicain !

Après le *Journal des Hommes Libres*, le *Journal de la Montagne*, la *Feuille de la République*, il faut citer un autre quotidien, l'*Abréviateur*, dont le nom seul laisse pressentir la mission qu'il s'est assignée. Il donne, en effet, le résumé succinct des nouvelles du jour, des débats de l'Assemblée, des séances de la Commune ou des clubs parisiens ; il cite volontiers tel ou tel article des confrères, et parfois même en insère des extraits. Il ne semble pas qu'il ait une opinion personnelle : quand on *expose* les idées d'autrui, on ne... *s'expose* pas. Mais, comme on ne peut pas toujours jouer le rôle d'écho, il se décide, de loin en loin, à faire entendre le son de sa cloche ; et celle-ci a le timbre, un peu atténué, il est vrai, de ce formidable bourdon qu'est la *Feuille de la République*.

On perçoit surtout cette note dans les comptes-rendus de pièces de théâtre, auxquels se complaît fréquemment, bien que laconiquement, l'*Abréviateur*.

Il prend le ton guindé et pincé de l'organe de Rousselin et Cie, quand il estime que le théâtre donne une pièce trop au-dessous de son genre. A propos de couplets lancés sur la scène de l'Opéra-Comique, où se jouait l'*Ecole de village*, de Sewrin, l'*Abréviateur* déplore aigrement que le vaudeville y reprenne racine :

« Est-il décent, est-il vrai, est-il civique, républicain, révolutionnaire *(patriote* manque à la gamme), de faire chanter aujourd'hui, en public, que la France, opposant quatorze armées à ses ennemis, fondant sur de nouvelles bases sa politique, sa morale et sa religion, et occupée de la liberté du monde, est encore fille du vaudeville[1] ? Cet anachronisme n'aurait-il pas, contre le vœu de l'auteur, un faux air aristocrate ? »

L'*Abréviateur* est chaste à l'égal du pudibond Robespierre. Comme il tance, en termes indignés, un drame en trois actes de Pigault-Lebrun (Théâtre de la Cité-Variétés) :

« L'intrigue remonte à un adultère, à une imposture ; l'intérêt ne se nourrit que de la crainte d'un inceste et le terme de l'action est l'union de deux personnes, dont l'une a tout fait pour en épouser une autre. Il y avait peu de convenance à préférer la maison d'un patriote pour de semblables événements, à l'époque où toutes les vertus sont à l'ordre du jour. On pourrait mieux employer les mêmes talents [2]. »

Assurément, Pigault-Lebrun que le Comité de Salut Public pressait d'enrichir la République du « fruit de ses veilles », ne passa jamais pour le parangon des moralistes, mais quel petit saint à côté de notre école actuelle de vaudeville !

---

1. Elle en eût été plutôt la mère, en raison du fameux vers
 Le Français, né malin, créa le vaudeville.
2. L'*Abréviateur*, numéro du 6 juin 1794. La pièce a pour titre l'*Orphelin*.

En dépit de son rigorisme, l'*Abréviateur* a parfois le mot pour rire ; et comme il se contente d'être naturel, il arrive qu'il dit juste. *La Révolution du 31 mai* (la chute de la Gironde) ou l'*Enfant républicain* — un acte de la Cité-Variétés — lui inspire cette réflexion :

« ... Une femme accouche, tandis que son mari court en armes où le tambour l'appelle. Il est vrai qu'elle chante au milieu des douleurs de l'enfantement et après sa délivrance. Ces détails ne font nullement que le nouveau-né soit plus républicain, que s'il était venu au monde quinze jours plus tôt, ou quinze jours plus tard. »

Entre temps, et, comme pour laisser sous-entendre son alliance avec la *Feuille de la République*, l'*Abréviateur* s'offre la facile satisfaction d'une petite réclame, dont le journal, son compère, partagera le bénéfice. Un « groupe d'abonnés » — on connaissait déjà cette innocente supercherie — avait écrit à l'*Abréviateur*, pour lui signaler avec « quelle affectation » certains journalistes citaient la *Feuille de la République*, alors que d'autres la pillaient impudemment sans la nommer. Mais vous, ajoutait le groupe d'abonnés, en s'adressant directement à l'*Abréviateur*, « vous avez toujours été le laborieux *annaliste* et le scrupuleux *analyste* des productions d'autrui que vous abrégez et citez fidèlement ».

Et ces correspondants occasionnels lui envoyaient, en conséquence, avec prière d'insérer, le compte-rendu de différentes pièces par la *Feuille de la République*.

L'influence de cet organe se fait encore sentir dans l'appréciation que donne l'*Abréviateur*, le 1er juillet 1794, sur une farce idiote du Vaudeville, *Gille-Georges et Arlequin-Pitt*. Il conclut, comme la *Feuille de la République*, comme aussi le *Journal Universel*, que le patriotisme français n'est pas un article d'exportation.

L'esprit qu'on veut avoir gâte celui qu'on a

dit l'*Abréviateur*; et les pantalonnades des deux gouvernants d'Angleterre sont tout simplement fastidieuses.

Au dénouement, en plein cabaret, un patriote de Londres monte sur une table et lit un article du *Journal de Paris*, annonçant que les projets de Pitt sont découverts et les agents britanniques suppliciés. Georges devient fou; il veut qu'on pende Pitt et prétend épouser la Chambre des Lords. On l'emmène à Bedlam, pendant que les patriotes anglais chantent le vaudeville final.

La circonspection coutumière du critique de l'*Abréviateur* avait été soumise à une assez délicate épreuve, à propos d'*Epicharis et Néron*. Chacun avait voulu voir dans l'Empereur romain le prototype de Robespierre; et, quand, le 16 mai, plus de trois mois après la première, notre journaliste crut devoir glisser, dans ses *Réflexions sur le théâtre*, son appréciation personnelle sur la tragédie de Legouvé : « La fable de l'auteur, dit-il, tend presque à ériger le poète Lucain en *Vainqueur de la Bastille*. »

Il est vrai qu'un autre critique avait écrit de la même pièce : « Le désir de flatter le goût dominant se laisse voir dans certaines parties. »

En un mot, terroristes et anti-terroristes pouvaient se montrer également satisfaits de l'œuvre : c'était de l'opportunisme à double détente; mais le procédé était-il bien sûr ? Qui prétend contenter tout le monde, ne parvient, comme l'a prouvé le fabuliste, qu'à le mécontenter.

CHAPITRE VII

Les modérés. — Les « Révolutions de Paris » et leur critique de « l'Ami des Lois ». — La courtoisie du « Moniteur » : le « Vous et le Toi » ; les « vrais sans-culottes » ; l' « Ecole villageoise » ; l' « Apothéose de Barra ». — La prudence du « Journal de Perlet » ; « article communiqué ».

Un organe, très lu et souvent écouté, les *Révolutions de Paris*, n'apportait pas à l'examen des pièces de théâtre, examen qui était d'ailleurs le moindre de ses soucis, l'étroit et rude fanatisme que pouvaient faire craindre ses débuts dans la carrière [1]. C'est aussi que la feuille de Prudhomme s'était peu à peu assagie ; non qu'elle eût déserté l'édifice révolutionnaire, construit, en partie, par ses soins, mais elle voulait le rendre habitable ; et si sa phraséologie coutumière prêtait encore à rire, le fond de sa pensée méritait qu'on prît au sérieux ses arguments ou ses réflexions.

Son article (n° 184) sur l'*Ami des Lois* le démontre de reste.

Comme il en a le droit absolu, et d'accord sur ce point avec les critiques les plus autorisés, il discute la valeur littéraire de l'œuvre : il constate l'incohérence de l'action, la médiocrité de sa trame dramatique, les négligences et la faiblesse du style ; et il s'étonne, à bon droit, que la pièce de Laya, par l'effervescence qu'elle provoqua chez les comédiens et les amateurs de théâtre, dans les clubs et dans les sections, à la Commune de Paris et à la

---

1. Voir page 415.

Convention elle-même, ait réduit tant de bons citoyens à « violer tous les principes ».

On crut voir dans l'*Ami des Lois*, écrit le rédacteur des *Révolutions*, « quelques traits prononcés qui pouvaient, à la rigueur, convenir à Robespierre et à Marat; c'en était assez pour éveiller l'irascibilité des représentants de la Commune provisoire [1] ». Et la moralité, très libérale, que tire le critique de tous ces tumultueux incidents, c'est qu' « au lieu de suspendre la pièce, les amis des deux patriotes, que l'on y croit désignés, auraient dû, au contraire, la faire imprimer, la multiplier à leurs frais, l'envoyer dans toute la République, en disant : *Tolle et lege*, prenez et lisez. Il est certain qu'une lecture, froide et solitaire, dissipe tous les dangers que l'on pourrait croire cachés dans cette pièce. »

Les *Révolutions de Paris* pouvaient se permettre d'être impartiales et d'avoir un peu de bon sens : leur directeur avait été, aux heures critiques, « dans le Cheval de bois [2] », comme disait de lui-même Camille Desmoulins, en son *Vieux Cordelier* ; il n'en allait pas ainsi d'autres journalistes, qui, bien qu'ayant applaudi, par principe et par raison, au libéralisme du nouveau régime, ne s'étaient ralliés qu'insensiblement à la forme républicaine : telle la rédaction du *Journal de Paris*, celle du *Moniteur*, et bien d'autres encore, pour lesquelles le redoutable *Père Duchesne* n'avait que haine ou mépris, lui qui, cependant, avait témoigné si longtemps de son loyalisme envers le « gros dâron des Tuileries ».

Aussi le *Moniteur*, depuis le 10 août 1792, ne recevait-il et n'imprimait-il que de la copie s'inspirant « des

---

1. La Commune, issue de la *Commune insurrectionnelle du 10 août*, devait porter officiellement ce titre de *provisoire*.
2. Allusion au *Cheval de Troie*.

principes ». La conversion fut complète, lorsque la Convention « battit monnaie sur la place de la Révolution ». Et il est curieux de voir, quand le *Moniteur* parle du théâtre contemporain (et il en parle souvent) avec quelle dextérité, avec quelle souplesse il évolue. Il semble qu'il marche sur des œufs, tant il s'efforce de conserver une juste balance entre les exigences de sa probité littéraire et le souci de sa conservation personnelle.

S'agit-il (2 décembre 1793) du *Vous et du Toi*, l'opéra-comique de Plancher-Valcour, « qui a exprimé avec énergie les sentiments républicains qui l'animent dans *Charles et Victoire* », le critique du *Moniteur* conclut sur cette réflexion souriante qui fait tableau :

« Nous invitons les citoyens qui ont encore quelque répugnance à prononcer le *toi* qui doit être le lien de la fraternité universelle, (de l'internationalisme, mais à l'eau de rose !) à aller au théâtre de la Cité, applaudir le *Vous et le Toi* : sans doute, comme le firent tous ceux qui assistèrent à la première représentation (fut-ce bien par conviction ?) ils sortirent en tutoyant leurs voisins. »

La morale en action, dont le comédien-auteur Rézicourt, assisté du compositeur Lemoyne, découpe une tranche dans ses *Vrais sans-culottes* (mai 1794), démontre victorieusement, aux yeux du *Moniteur*, que le peuple seul a le monopole de la vertu, de l'honnêteté, en un mot des bons sentiments (c'était le *dada*, nous ne disons pas la *bourrique*... à Robespierre). Un batelier, une portière, des officieux, se disputent la douce joie de secourir une veuve infortunée, la cousine de l'impitoyable Durmont, qui, pour s'être enrichi, grâce à la Révolution, n'en est, ni plus patriote, ni plus humain. Mais l'heure, double, de la récompense et du châtiment a sonné. Un officier municipal, conformément au décret de la Convention, cette nouvelle Providence, vient proclamer la belle action du batelier qui la complète, séance tenante, en sauvant le fils de la veuve tombé à l'eau. Et Durmont est arrêté comme fournisseur infidèle de l'armée.

L'*Ecole de village*, de Sewrin et Solié (juin 1794) permet à notre journaliste de donner la mesure de son prudent optimisme. Il excuse, ou peu s'en faut, une révolte d'écoliers contre un magister brutal et sottement amoureux. Chez ces jeunes rebelles, la haine de l'étude pourrait bien être celle de l'esclavage, comme leur amour de l'insubordination doit être la passion de la liberté.

Dans le compte-rendu de l'*Apothéose de Barra*[1], un à-propos patriotique de Léger, le *Moniteur* du 6 juillet reprend le mot d'ordre, bien connu, que le peuple a seul toutes les noblesses, toutes les générosités, tous les dévouements. La commune de Bressuire veut couronner le buste de Barra.

Un des habitants, fils du ci-devant seigneur qui, « assure celui-ci, a un air de roture », prétend se donner un « vernis de patriotisme », en épousant Nicette, la sœur du jeune martyr. Mais ce n'est, en réalité, qu'un muscadin, ayant toute la tournure « qu'on reproche à nos jeunes gens qui croient que les cheveux plats et le reste à l'avenant sont des preuves incontestables de civisme et les seules qu'on puisse exiger d'eux ». Ce petit-maître, déguisé, s'offre à la « magnanime mère », pour lui « remplacer son fils ». Ici un quiproquo. La

---

1. Rappelons, pour mémoire, qu'un autre jeune martyr, Agricol Viala, mort pour la patrie, eut aussi ses zélateurs ; et précisément ce même Léger, l'auteur de l'*Apothéose de Barra*, fit jouer au Théâtre Louvois, le *Héros de la Durance*, pièce en l'honneur d'Agricol, à laquelle collabora Philippon de la Madeleine.

« magnanime mère » s'imagine, comme une autre Spartiate, que ce jeune marquis parle de « remplacer » Barra à l'armée. Mais ce muscadin tient uniquement à épouser Nicette ; or Nicette n'en veut à aucun prix : elle lui préfère un véritable roturier qui a déjà son cœur.

Le *Journal de Perlet,* qui était encore plus modéré que le *Moniteur* et qui eut la chance de traverser, comme lui, la Révolution, sans y laisser la moindre plume, s'était presque désintéressé des théâtres. Son directeur sentait trop bien, à moins de verser complètement dans la démagogie (et alors c'en était fait de sa clientèle) à quels périls l'exposait la critique impartiale d'un répertoire qui ne pouvait être que révolutionnaire. Et comme il fallait cependant ne pas paraître ignorer le mouvement dramatique, le rédacteur du *Journal* ne s'aventurait que sur un terrain où tous les partis sont forcément d'accord. Quel Français, par exemple, n'eût exulté, en apprenant la reprise de Toulon sur les ennemis coalisés ? Aussi, le 14 janvier 1794, le *Journal de Perlet* s'empresse-t-il de féliciter Ribié, le directeur du *Théâtre de la République,* à Rouen, d'avoir monté le *Cachot de Beauvais,* « fait historique en un acte ».

Cet à-propos représente le prisonnier des Anglais à Toulon, « grand, intrépide, digne enfin de la cause qu'il soutient, au milieu des esclaves des tyrans, qui étaient devenus ses bourreaux ».

La pièce « honore le talent et le patriotisme de son auteur. Il nous charge de l'offrir sans aucune rétribution aux directeurs des théâtres de Paris et des départements. Elle est vraiment à l'ordre du jour, dans un moment où il importe de faire connaître et détester les crimes et les perfidies du ministère britannique. »

Cet auteur, c'était précisément Ribié, c'était encore Destival son collaborateur : on ne pouvait alors arriver trop tôt pour être bien noté dans les bureaux du Comité de Salut Public.

A quelques jours de là, le *Journal de Perlet* exagère encore sa circonspection. Il publie, le 12 février, un compte-rendu fort élogieux d'*Epicharis et Néron ;* et il termine par cette mention, en guise de signature : Article communiqué !

CHAPITRE VIII

Le « Journal des Spectacles », le seul spécialiste, pendant la Terreur. — C'est un réactionnaire très prudent. — Ses procédés. — Il défend la liberté des cultes, « Georges et Grosjean », « la Journée du Vatican ». — Concessions forcées : « Arétophile » de Ronsin. — Malices par sous-entendus : « Au retour ». — Colères : « Les Prêtres et les Rois ». — Critiques plus vives. — Fin d'un journal ; fin d'un journaliste.

Un journal eut cependant le courage, en 1793 — il est vrai qu'il ne put atteindre qu'à grand'peine les premiers mois de 1794 — de se prononcer, mais avec quelle modération de langage, contre les tendances de cette littérature politico-dramatique que prétendait imposer au théâtre le jacobinisme officieux ou officiel.

C'était un spécialiste, le *Journal des Spectacles*, dont nous avons pu découvrir le propriétaire, en même temps le principal rédacteur, resté jusqu'alors inconnu. Cette feuille avait paru au commencement de 1793 et rendait compte des nouveautés, ou traitait de l'ancien théâtre, avec une certaine indépendance, alliée à beaucoup de tact dans le fond et dans la forme.

Il n'en prenait pas moins un malin plaisir à citer, sans commentaires, les énormités de confrères, tels que la *Feuille du Salut Public* ou le *Journal de la Montagne*, en matière d'art et de critique.

Il signalait, sur le même ton, les théâtres qu'il estimait essentiellement révolutionnaires, entr'autres le *Théâtre de la République* et le *Théâtre Molière*, remarquables par leur « ardent civisme ».

« Aussi, ajoutait-il, le 30 juillet 1793, « ont-ils seuls mérité les faveurs du gouvernement, qui, en les gratifiant de trente à quarante mille livres, les a dédommagés des pertes que les circonstances leur font éprouver, pertes dont les autres théâtres se ressentent encore et vraisemblablement se ressentiront longtemps. »

Où le *Journal des Spectacles* apporte une certaine vivacité, soit dans ses appréciations, soit dans sa polémique, c'est quand les auteurs ou leurs interprètes tournent en dérision les croyances religieuses et les ministres du culte.

L'auteur-acteur Léger faisait chanter dans *Georges et Grosjean* ou *l'Enfant trouvé*, « fait historique », représenté le 13 juin au Vaudeville, un couplet prétendant que jadis

Celui qui n'était propre à rien,
On en faisait un prêtre.

Et le *Journal des Spectacles*[1] de répliquer par la liste d'un certain nombre d'ecclésiastiques, qui étaient loin d'être des « propres à rien », témoin M. Léger, qui, s'il avait porté jadis la soutane, se montrait bien peu reconnaissant aujourd'hui envers ses anciens éducateurs.

Le fait était, d'ailleurs, parfaitement exact.

Le 20 août, à propos de la *Journée du Vatican*[2], le *Journal des Spectacles* faisait précéder son analyse de la pièce de ces observations tant soit peu hardies pour l'époque :

« Quel fruit peut-on retirer de l'image de la prostitution de quelques religieuses et de la dépravation de

---

1. BIBLIOTH. NAT. IMPR., INVENT. Z. 20776-20778. *Journal des Spectacles.*
2. La *Journée du Vatican* avait été imprimée en 1790 ; c'était une satire grossière et quasi-pornographique de l'émigration : Pie VI, le cardinal de Bernis, les archevêques Loménie de Brienne et de Juigné y faisaient la fête avec MM^{mes} de Polignac, de Canisy et Vigée-Lebrun ; le festin dégénérait en orgie et l'orgie en scène de lupanar.

quelques cardinaux ? Ah ! pourquoi les lois ne s'empressent-elles pas de venir au secours de la pudeur violée ; et pourquoi n'en existe-t-il pas une qui ordonne d'imprimer en gros caractères sur la couverture des pièces telles que celle qui va nous occuper :

La mère en proscrira la lecture à sa fille ? »

Et le critique ne relève guère d'à peu près plaisant dans cette pitoyable comédie, que le trait, à l'arrivée des Français arborant le drapeau tricolore sur le château Saint-Ange, des soldats du pape ne leur opposant, pour toute défense, que le bouclier de leurs parapluies largement ouverts.

Les acteurs avaient alors un travers, dont la tradition n'est pas encore perdue : c'était d'agrémenter leur rôle de mots ou de réflexions de leur crû, qu'ils croyaient impérieusement réclamés par les exigences de l'actualité, mais qui n'étaient pas toujours du goût des spectateurs.

Au mois d'octobre, jouant dans l'*Abbé Vert*, pièce empruntée par le Vaudeville au répertoire de l'ancien régime, l'acteur Bourgeois avait dit, autant pour faire sa cour au nouveau que pour rajeunir cette bluette :

— Ce « muscadin » d'abbé !

Le public le siffla et le hua de la belle manière.

Dans une minute d'accalmie, le comédien crut se disculper, en prétendant que « ce n'était qu'à un abbé que s'adressait l'épithète ». Mais le parterre, à qui l'explication déplut sans doute autant que le mot lui-même, resiffla et rehua l'imprudent acteur.

« Puisse cette leçon rigoureuse, conclut le *Journal des Spectacles*, apprendre à cet artiste, d'ailleurs reconnu pour excellent patriote (était-ce un éloge bien sincère ?) qu'un comédien ne doit jamais prendre la licence d'ajouter au texte de ses rôles, et surtout des épithètes odieuses qui peuvent, en réveillant les haines et les discordes, allumer la torche incendiaire de la guerre civile ! »

Le même rédacteur reprochait à l'auteur Piis, qui avait vu son *Saint déniché* tomber au Vaudeville, après être monté *alle Stelle* à Bordeaux, « d'avoir traduit au théâtre des choses qui ont été pendant longtemps saintes et sacrées pour tant de gens et qui vraisemblablement le sont encore pour un très grand nombre. »

Mais il était des fourches caudines, sous lesquelles devait se courber le vaillant journal, pour sauvegarder une existence déjà bien précaire.

Le 26 brumaire an II, le Théâtre de la République reprend une mauvaise tragédie de Ronsin, *Arétophile*, à laquelle assiste, dans une loge, le général en chef de l'armée révolutionnaire, reconnu et acclamé par une foule, qui ne redoute que trop d'exciter, en restant silencieuse, l'insolence de ce traîneur de sabre. Le *Journal des Spectacles* oserait-il le braver ? Non ; il sait que ce malandrin se croit le prince des poètes. Et il flattera sa manie : il lui reconnaît « de la verve et de la chaleur ». Bien mieux, à quelques jours de là, le 4 frimaire, il insérera une traduction en vers de Claudien par Ronsin, que l'auteur dramatique Fauconpret, plat courtisan de la démagogie, a recommandée, comme un modèle d'exactitude et d'élégance, au *Journal des Spectacles*.

Autre exemple de résignation : ne pas applaudir très bruyamment au *Jugement dernier des rois*, c'était courir le risque d'être dénoncé comme suspect et traité comme tel. Aussi notre feuille des spectacles se hâte-t-elle de faire siennes, et avec une apparente sincérité, les opinions d'autres confrères, opinions débordant de lyrisme et d'enthousiasme, bien que ceux qui les professent ne soient pas de notoires sans-culottes. C'est ainsi que les *Petites Affiches* [1], citées par le *Journal des Spectacles*, estimaient les grossières plaisanteries de la pièce, « très gaies et très morales », et constataient, en même temps, l'affluence extraordinaire du public : « Tout était plein jusqu'à l'orchestre des musiciens ».

Le *Journal des Spectacles* signalait encore l'admiration de la *Feuille du Salut Public*, que charmait un « sujet aussi glorieux pour les Français et d'intérêt plus général. »

Mais, lui aussi, de très bonne foi, il ne demande qu'à s'extasier devant les chefs-d'œuvre que doit enfanter un aussi brûlant civisme : pourquoi faut-il que, sous cette gerbe de fleurs, offerte à la Révolution, perce le dard acéré de l'épigramme réactionnaire ?

Ainsi, *Miltiade à Marathon*, opéra en deux actes, dont le livret est de Guillard et la musique de Lemoyne, n'a pas beaucoup de consistance et pourrait être mieux écrit ; mais il est « parfaitement à l'ordre du jour ». La partition est « d'une belle facture »; et l'un des personnages chante une hymne à ce « puissant moteur de l'univers », que le « peuple d'Athènes était vraisemblablement bien éloigné de connaître ».

Ce persifleur intermittent qu'est le *Journal des Spectacles*, n'a garde de passer sous silence l'épisode de la représentation d'*Au retour*, le vaudeville des trois détenus, [2] où il signale « de jolis couplets animés du plus pur républicanisme ». La pièce monte aux nues. Le public

---

1. Leur directeur, ce pacifique et inoffensif Ducray-Duminil, avait acheté la bienveillance des sans-culottes par la *Journée dérangée*, dont il avait écrit les paroles et la musique. Et les *Spectacles de Paris* avaient daigné en dire : « Pièce patriotique avec persiflage plaisant de la ci-devant noblesse ».

2. Voir page 178.

en demande les auteurs. Léger, qui est un des protagonistes d'*Au retour*, vient les nommer. On désire les voir sur la scène. Et Léger y reparaît pour annoncer qu'ils « sont... absents ». Notre journal ne dit pas si le dialogue continua.

Quelquefois cependant l'indignation l'emporte. Le critique analyse un opéra-comique de Feydeau, *Pauline et Henry*.

Le vicaire Simon, écrit-il, est allé porter à la mairie 32.000 livres qu'il a trouvées dans le presbytère. Sa probité est d'autant plus méritoire qu'il est pauvre et qu'il a deux filles à marier. Aussi encourt-il les plus vifs reproches de sa femme et du père d'Henry, lequel est fiancé à Pauline, la fille de Simon. Puis, autre sujet d'inquiétude : un officier municipal vient sommer le vicaire de le suivre à la mairie. Mais Simon ne tarde pas à être rassuré : il apprend à la maison commune qu'il est nommé curé du village.

Et, très habilement, notre critique relève ici la maladresse du vaudevilliste qui prête à un magistrat du nouveau régime les pires agissements de l'ancien :

« Est-ce bien de voir un maire employer maintenant au théâtre une de ces anciennes et despotiques formes que les tyranneaux mettaient autrefois en usage pour faire amener quelqu'un devant eux ? Un magistrat du peuple doit-il exiger qu'on intime des ordres en son nom ? Et, quoique ce soit pour un bon motif, doit-il se permettre d'effrayer un de ses concitoyens, en lui envoyant des gardes nationaux, pour le saisir et le traduire sans nécessité devant lui ? »

Dans d'autres circonstances, les « auteurs du journal », comme disent leurs correspondants, s'abritent sous l'autorité d'un confrère mieux en cour. Ils citent une page de la feuille *Les Trois décades* ou le *Mois républi-*

cain, qui sous-entend, en quelque sorte, leur propre critique :

« Depuis l'exemple de *Paméla* et des acteurs français, les théâtres se sont formé de nouveaux répertoires... Les préjugés de notre ancien théâtre ont disparu... Les auteurs des pièces nouvelles, s'essayant dans une carrière inconnue, n'ont pas produit des chefs-d'œuvre ; mais à mesure que la mine se creuse, elle devient plus féconde... toutefois ne faut-il pas que l'auteur néglige entièrement le but de plaire ? »

C'est, sous l'enrobement de phrases circonspectes, le grief perpétuel de toute la presse contre l'insignifiance de la production contemporaine.

Mais, un jour, notre critique ne se contient plus ; et, à propos des *Prêtres et des Rois*, « pièce révolutionnaire en trois actes et en vers, de Richebourg », jouée au Théâtre National, il fulmine, au nom du patriotisme et du goût, ce réquisitoire, qu'on eût peut-être supporté de la *Feuille du Salut Public*, mais qui, émané du *Journal des Spectacles*, dut passer pour une manœuvre contre-révolutionnaire :

« Convenons, à la honte de la plupart des auteurs dramatiques, qui ont travaillé jusqu'à ce moment pour la Révolution, qu'ils sont presque toujours demeurés au-dessous de la vérité et sans cesse enveloppés dans les filets de la crainte et de la médiocrité. Ils n'ont montré, quand ils ont pu parvenir à s'en débarrasser, qu'un patriotisme haletant, poussif, qui les a empêchés de fournir leur course.

« En effet qu'ont été jusqu'à ce moment nos pièces révolutionnaires ?

« Des tragédies comiques, où les interlocuteurs se sont bornés à dire, le premier : « C'est une abominable chose que la tyrannie ; il faut exterminer les rois. *Vive la liberté !* » Le second : « Vous avez raison » ; le troisième : « Je suis de votre avis. »

« Que nous apprend-on dans les comédies et dans les opéras ? Un patriote vient et dit, ou chante : « Ce sont de belles choses que la *Liberté et l'Egalité* ». Un second paraît et assure qu'il n'est rien de plus beau et de plus aimable. Un troisième et un quatrième répètent, dans d'autres termes, les mêmes choses ; et la toile tombe.

« Et l'auteur, dont on ne voit, en ce moment, sans doute, que les bonnes intentions, vient modestement recueillir des applaudissements que sa honteuse impuissance aurait dû lui faire refuser. Est-ce donc ainsi que des artistes, patriotes et français, devraient se montrer au théâtre ? »

Dès lors, et comme s'il était à bout de concessions, aussi bien pour les hommes que pour les choses, notre rédacteur ne trouve plus sous sa plume que des critiques mordantes ou des expressions de dégoût, dont il stigmatise cette basse et plate littérature.

Le Lycée des Arts a donné, le 12 novembre 1793, un drame de Déreaux, *Marie-Christine* (une sœur de Marie-Antoinette) ou *l'Archi-Tigresse du Nord*, un épisode du siège de Mons. Le *Journal des Spectacles* conclut : « Si, dans l'ancien régime, il ne suffisait pas d'être honnête homme pour être consul, même dans un village, pourrait-on penser, dans le nouveau, qu'il suffit de se montrer patriote pour faire une bonne pièce ? »

En sortant du *Voyage de Cobourg à Paris par Cambrai*, ou *Ah ! comme ils y viendront !* deux actes en vers, joués, le 16 décembre, aux Délassements Comiques, le lettré qu'est notre critique se désole de voir si outrageusement violée la règle des trois unités et encore pour quelle farce !

L'auteur, « un attaché au théâtre du Lycée des Arts »,

est ce Fonpré qui avait imaginé, en vers également (et quels vers !), un drame si bizarre sur la guerre de Vendée. Son *Voyage de Cobourg* appartient à la même conception historique.

Ce prince, qui partagea si longtemps, avec Pitt, le privilège de stimuler l'ironie ou d'exaspérer les colères de la France, est représenté, dans la pièce, dialoguant avec un marquis émigré sur les chances de la future campagne. Il se dit certain du triomphe, bien qu'il soit obligé de reconnaître la vaillance des armées républicaines. Il espère trouver à Paris au moins autant de maîtresses qu'il en laisse à Valenciennes ; et cette perspective ragaillardit l'émigré qui est plutôt pessimiste. Cobourg et sa suite se voient déjà à Versailles soupant au champagne.

Mais le général et les officiers français ont juré sur leurs épées d'être vainqueurs ; et, après que le signal du combat est donné au chant de la *Marseillaise*, le succès de la journée ne saurait être douteux. La formule est infaillible :

> . . . . . . *De vaincre on est certain,*
> *Quand le soldat se bat en vrai républicain.*

— Oui, c'est un succès, dit le *Journal des Spectacles*, mais quelle trivialité ! Ce n'est pas plus une comédie que *les Emigrés à Spa*, de Guillemain [1].

Mais la campagne, toujours acharnée contre le catholicisme, malgré « la loi infiniment sage sur la liberté

---

1. « Trop d'esprit et succès médiocre », disaient les *Spectacles de Paris pour* 1794, d'une pièce que, d'après le *Journal des Spectacles* du 19 nivôse, le « Sans-culotte observateur affiché depuis quelques mois » traitait d'ordure, tant elle était obscène. Guillemain était, depuis longtemps, l'infatigable fournisseur des théâtres de la Foire et des Boulevards ; et il avait cru se faire bien venir du pouvoir en couvrant d'immondices la clientèle d'émigrés dont regorgeait la ville de Spa.

des cultes », est encore ce qui l'indigne le plus chez les professionnels du théâtre.

A la première de *A bas la calotte* ou les *Déprêtrisés*, ce fut un bruit assourdissant de sifflets.

— C'est la faute des acteurs, dit l'auteur.

— C'est la faute de la pièce qui n'a pas le sens commun, disent les comédiens.

— « Mais, riposte notre *Journal*, à quoi bon faire des pièces pour nous mettre sans cesse sous les yeux des prêtres, des religieuses ou des moines ? Est-ce pour nous les faire aimer ? Nous n'en avons plus. Est-ce pour nous les faire haïr ? Nous n'en avons plus. Mais nous avons encore des ridicules, des vices, des mauvaises mœurs ; et ce sont eux, ce sont elles qu'il faut attaquer, si l'on veut bien mériter de la patrie.

Sa critique de l'*Esprit des Prêtres*, de Prevost Montfort, drame en trois actes, joué à la Cité-Variétés, le 29 novembre 1793, est des plus véhémentes. C'est surtout « l'esprit des Dominicains, l'esprit de l'Inquisition » (car la scène se passe en Espagne) ; et le « cortège repoussant d'autodafés », qui s'y déroule, a révolté le journaliste. Celui-ci invoque les sentiments de tolérance religieuse qui animent le Comité de Salut Public : « Poursuivre avec acharnement les prêtres, remarque-t-il, c'est leur donner des partisans. Et, conclut-il, si on laisse passer cet affreux spectacle, pourra-t-on empêcher la surenchère d'auteurs qui exhiberont le patriote Chalier « sur la roue [1] » et Bordier à la potence ?

Cet article est un des derniers qu'ait publiés *le* ou *les* auteurs du *Journal des Spectacles*. Contribua-t-il à la disparition d'un organe qui, à part quelques défail-

---

1. Une légende voulait que Chalier, après avoir été guillotiné, eût été exposé sur la roue, dernier supplice des criminels sous l'ancien régime.

lances bien excusables en ce pays d'épouvante, affirma si hautement l'indépendance désintéressée de ses jugements, au nom du bon sens, de la morale et de la dignité professionnelle ? Peut-être ; mais ce qui détermina sa brusque et définitive suppression, ce fut l'arrestation de son rédacteur en chef, Boyer-Brun, dénoncé au Comité de Sûreté générale comme le pire des contre-révolutionnaires. Ardent royaliste, il avait été compromis dans les émeutes de Nîmes et dans l'affaire du Camp de Jalès. Pour soutenir une politique qui lui était chère, il avait fondé divers périodiques, où, chaque jour, il partait en guerre contre la démagogie, et surtout ces albums de caricature, dont les mordants commentaires avaient eu le don d'exaspérer les sans-culottes. Mais, depuis le 10 août, il avait sagement gardé le silence ; et, se croyant sans doute suffisamment couvert par l'amnistie qui avait suivi l'échauffourée de Nîmes, il était venu vivre à Paris du produit de sa plume.

Il avait apporté, nous l'avons vu, une certaine modération à ses polémiques ; mais la fougue de son tempérament avait peine à se contenir, et principalement sur le terrain de la religion. Bien qu'il ne signât jamais ses articles du *Journal des Spectacles*, sa personnalité était trop connue, dans les bureaux même de rédaction [1], toujours encombrés de visiteurs, pour qu'il pût échapper plus longtemps à la haine implacable de ses envieux et de ses ennemis. Traduit devant le tribunal révolutionnaire, il y fut condamné à mort comme coupable de conspiration contre la sûreté de l'Etat. Ce qui rend sa fin

---

1. Nous avons retrouvé aux Archives Nationales (Dossiers de la Sûreté générale et du Tribunal révolutionnaire) les pièces du procès et le procès-verbal de l'arrestation au siège du journal. Ce dernier document nous a permis d'identifier la personnalité de Boyer-Brun ou Brun-Boyer.

à la fois plus tragique et plus touchante, c'est l'héroïsme de l'amie de Boyer-Brun, Madame Costard, qui, après avoir partagé l'existence, les travaux et les luttes du journaliste, ne voulut pas lui survivre.

Boyer-Brun avait été exécuté le 1er prairial an II. Madame Costard adressait, sans doute le même jour (car sa lettre dut être antidatée par erreur), la requête suivante au Comité de Sûreté générale [1] :

« Vous avez condamné à mort Boyer. Pourquoi l'avez-vous condamné ? Parce qu'il aimait son Dieu, sa religion catholique, apostolique et romaine, et son Roi... Eh bien !... vous n'avez pas puni tous les coupables ; vous saurez que, depuis quatre ans que Boyer a fait tous ses ouvrages, j'ai été de moitié associée avec lui dans tout ce qu'il a fait ; qu'il était mon ami, que je pense comme lui, et que ne ne puis vivre sous un régime comme le vôtre, où on ne voit que des massacres et des pillages. Avant la mort de mon ami, je souffrais patiemment les maux que j'endurais, parce qu'il me consolait, que j'espérais que nous aurions bientôt un roi et que nous nous vengerions de tous les maux que vous nous avez fait souffrir ; mais à présent que je n'ai plus rien dans le monde, puisque j'ai perdu mon ami, frappez, terminez une vie qui m'est odieuse et que je ne puis supporter sans horreur.

Costard (le mot est signé avec du sang).

Vive le Roi ! Vive le Roi !

Le 20 mai 1794.

---

[1] Campardon. *Le Tribunal révolutionnaire de Paris*, 1866, t. I, p. 290. — Archives Nationales, W 371-835. — Nous avons publié, en 1911, dans le *Ménestrel*, une monographie de Brun-Boyer, intitulée : *Un critique musical sous la Terreur*.

P.-S. : N'ayez pas l'air de croire que je sois folle ; non, je ne le suis pas ; je pense tout ce que vous venez de lire et je le signe de mon sang. Vous me trouverez à la Maison de santé, rue Buffon, n° 4. »

Fouquier-Tinville, à qui le Comité transmit la lettre de Madame Costard, ne se fit pas répéter l'invitation (et cet exemple ne fut pas le seul pendant la Terreur) pour envoyer chercher une victime qui s'offrait si vaillamment à la mort. Madame Costard parut devant le Tribunal révolutionnaire, le 4 prairial an II, « impliquée dans une affaire où elle n'était pour rien et avec des gens qu'elle n'avait jamais vus ».

Elle fut condamnée et guillotinée le même jour [1].

---

1. L'*Abréviateur* du 6 prairial (25 mai) annonce, en ces termes, la condamnation et l'exécution, le 4 prairial.

« Avoie-Pavie Costard, âgée de 27 ans, travaillant au *Journal des Spectacles*, femme de Costard, bijoutier, rue des Fossés-Montmartre, etc. »

CHAPITRE IX

Représailles exercées, pendant la réaction thermidorienne, par les journaux survivants ou ressuscités. — La « Gazette française » ; son juste réquisitoire et sa bévue. — Autre gaffe signalée par « l'Anti-terroriste. — Mme Clairville et Cornu de Boisancourt. — Presse jacobine et presse royaliste.

Si, après la chute de Robespierre, les amateurs de spectacles, terrorisés par le jacobinisme, prirent leur revanche, en conspuant, non seulement le répertoire qu'ils avaient subi, mais encore les administrations ou les comédiens qui le leur avaient imposé, les rares journaux échappés à « la mort sans phrases », ressuscités ou créés le lendemain du 10 thermidor, ne ménagèrent pas leurs critiques à un régime jusque-là silencieusement exécré.

Certains, comme la *Gazette française*, maniaient l'invective à la façon d'une massue : son numéro du 2 brumaire an III (22 octobre 1794), visait plus spécialement les comédiens :

« On les vit déshonorer leur profession en quittant la scène pour les comptoirs de l'intrigue et en jouant le patriotisme, comme ils jouaient autrefois les vertus qu'ils n'avaient pas. Ces messieurs ont sauté des tréteaux de Polichinelle à la tribune du peuple ; et la Révolution, par eux, est devenue trop souvent un théâtre où le parterre était la dupe des acteurs ».

Entr'autres comédiens, persécuteurs du département de l'Ain, la *Gazette française* citait Desiles et Dorfeuil, celui-ci « couvert du sang de mille victimes immolées à la fureur de Robespierre ».

Mais, pour la *Gazette française*, le plus odieux de tous était encore « un homme plus fameux dans la Révolution, qui avait comparé d'*Orléans* à Socrate, *Monsieur* au soleil et les courtisans aux étoiles et que la postérité, qui a déjà commencé pour lui, compare aux plus cruels satellites de Néron, un homme dont un écrivain a vanté la sensibilité, mais qui nous a toujours rappelé Sylla qui pleurait au récit des maux qu'il n'avait pas faits lui-même, ou le tyran de Phères, qui se cachait au spectacle, de peur qu'on ne le vît gémir avec Andromaque et Priam, tandis qu'il écoutait sans émotion le cri de tant d'infortunés qu'on égorgeait (on ne fusillait point encore alors) tous les jours par ses ordres. »

Ici, l'allusion est transparente. Le journal désigne, sans qu'il soit possible de s'y méprendre, Collot d'Herbois, l'adulateur servile des grands de la terre sous l'ancien régime, devenu, pendant la Révolution, l'impitoyable fusilleur des Lyonnais, sous ce cynique prétexte, dont il développait complaisamment à la Convention et aux Jacobins les spécieuses raisons, que la sensibilité des condamnés souffrait moins de l'éclat instantané de « la foudre » que du jeu alterné de la guillotine.

Par contre, la *Gazette française* avait commis une bévue énorme en confondant avec le Dorfeuil de Lyon, le Dorfeuille, directeur du Théâtre de la République [1] — erreur que Louvet dut rectifier le 10 ventôse.

Un impair d'un autre genre, mais dont la victime souffrit peut-être davantage, était signalée par l'*Anti-*

---

1. Les *Spectacles de Paris et de la France pour l'année* 1793 inscrivent à l'article *Grand Théâtre de Bordeaux* : « Pierre Dorfeuille, entrepreneur et administrateur ; Louise Dorfeuille, directrice. »

Terroriste de Toulouse, dans le courant de prairial an V.

Madame Clairville, « actrice du grand Opéra », douée d'un beau talent, était venue, à cette époque, chanter à Toulouse. Elle avait été chaleureusement applaudie et « couronnée cinq fois ». La municipalité elle-même lui avait donné un témoignage public de son admiration, en autorisant la lecture, en plein théâtre, des pièces de vers adressées à la cantatrice.

« Dans l'une d'elles, dit l'*Anti-Terroriste*, on assurait à Madame Clairville que « *le vandalisme n'avait jamais infecté notre ciel* », assertion, ajoute le journal, qui dut très certainement affecter le cœur de la jeune femme : l'auteur ignore sans doute que l'objet de ses éloges a failli être victime du monstre hideux du Terrorisme...

« Longtemps menacée du dernier supplice, Madame Clairville n'avait dû sa liberté qu'au plus triste courage, de jouer dans *Miltiade*, le jour où la tête la plus chère... Je m'arrête, cet écrit pourrait tomber entre ses mains... »

L'*Intermédiaire des chercheurs et des curieux*, du 30 juin 1908, donnait, sous la signature d'un de ses collaborateurs, M. Labadie, l'explication de ces lignes mystérieuses autant que mélodramatiques :

« C'était à Bordeaux, de prairial à thermidor an II ; la guillotine fonctionnait sur la *Place Nationale*, aujourd'hui place Gambetta ; ce qui n'empêchait pas les quatre théâtres de la ville de regorger de spectateurs, devant lesquels on jouait la *Mort de César*, *Marat dans le souterrain*, les *Douze mois de l'année*, « sans-culottide nationale », avec intermèdes, où se chantaient en chœur la *Marseillaise*, le *Ça ira*, la *Carmagnole* et autres hymnes patriotiques décrétés d'obligation.

« Or, Madame Clairville, un des premiers sujets du Grand-Théâtre, avait pour amant un jeune avocat parisien, Cornu de Boisancourt, qui fut guillotiné à

Bordeaux, comme convaincu de feuillantisme ; et le soir même de l'exécution, les autorités enjoignirent à l'artiste de paraître sur la scène et d'y chanter. Se soustraire à cet ordre, c'était marcher à la guillotine. Madame Clairville obéit. Et elle put survivre trente-six ans à cette exécution ; car elle venait mourir à Bordeaux en 1830. »

Assurément, après l'écrasement du jacobinisme, nombre de journaux s'inspirant, pour la plupart, des haines thermidoriennes, dénoncèrent à la vindicte publique directeurs et comédiens (ils semblaient ignorer les auteurs) convaincus ou simplement soupçonnés d'avoir propagé les doctrines terroristes. Souvent leurs accusations tombaient à faux.

Ils n'en avaient pas moins commis un crime, bas et vil, qu'ils reprochaient jadis si amèrement à leurs adversaires, celui de la délation. Mais ils furent presque aussi indulgents pour leurs confrères de la presse qu'ils l'avaient été pour les auteurs dramatiques. Et cependant, combien de ces « rédacteurs », voire de critiques de feuilles jacobines, avaient appelé les foudres de la Convention sur les théâtres, leur personnel et leur répertoire, sur la presse elle-même, qu'ils avaient, dans leur sagesse, décrétés contre-révolutionnaires ! Presse royaliste, presse démagogique eurent donc, chacune, pendant ou après la Terreur, leur part de responsabilité. Tant il est vrai que le journalisme, qui prétend diriger le tribunal de l'opinion, devrait bien commencer par savoir se diriger lui-même !

FIN

INDEX ALPHABÉTIQUE DES NOMS CITÉS

Les numéros indiquent les pages, ceux précédés d'une astérisque indiquent les notes. Les noms en italique désignent les noms de lieux et d'ouvrages.

A

A bas la calotte ! vaudeville, 85, 480.
Abbaye (Prison de l'), 299, 300.
Abbé de l'Epée (L'), comédie, 148.
Abbé vert (L'), vaudeville, 473.
Abréviateur (L'), journal, *52, 145, *182, 183, *249, *346, 458, 461-464, *483.
ACHILLE, 208, 288.
Actes des Apôtres (Les), journal, 251.
Adèle de Sacy, pantomime, 90, 91, 450.
ADELINE, actrice, 385.
ADMÈTE, 288.
Adrien, opéra, 127, 227.
Affiches (Les petites), 374, 475.
Affiches de la Commune (Les), 452.
Affiches du Mans (Les), journal, 327.
AGAMEMNON, 288.
Agen, 323, 325.
Agra (L'évêque d'), 211, 240, 241.
AIMÉE (La citoyenne), actrice, 225.
Ain (Département de l'), 484.
Aisne (Département de l'), 163.
Alarmiste (L'), vaudeville, 170-172.

ALBERT (Paul). *Lettres inédites*, *124.
ALBITTE, conventionnel, 108, 132, 136, 387, 394.
ALBUFÉRA (Suchet, duc d'), *59.
Alceste, opéra, 286, 288.
ALEXANDRE, 43.
ALEXANDRE, dit DOISEMONT, acteur, *112.
Alisbelle, drame lyrique, 230.
Allons, ça va ! vaudeville, 100, 164.
Almanach des Honnêtes Gens (L'), 162.
Almanach des Spectacles (L'), *212.
Almanach révolutionnaire pour l'an III (L'), 244, *250.
ALMÉRAS (H. d'). *La vie parisienne sous le Consulat et l'Empire*, *254.
Amateur d'autographes (L'), *162, 164.
Ami des Lois (L'), comédie, 3, 5, 29, 58, 71, 138, 140, 141, 142, 176, 300, 341, 343, 421, 426, 427, 432, 449, 465, 466.
Ami du peuple (L'), journal, 150, 195.
Ami du peuple (L'), pièce, 57, 58, 205, *205, 338, 340-343.
AMIEL, acteur, 295.
Amis de la Constitution (Les), 68.

Amis de l'Egalité à Auxerre (Les), 162.
Amours de Bayard (Les), comédie, 94, 95.
ANACHARSIS (Clootz), conventionnel, 163, 341, 444.
Anaximandre, comédie, 145.
Andrienne (L'), comédie, 438.
ANDRIEUX, auteur dramatique, 138, 145.
ANDROMAQUE, 485.
Andros et Almona, drame, 359, 364, 366.
Angers, 105, 108, 258, 361.
Anglais (Les) et *Angleterre* (L'), 77, 154, 213, 362, 365, 445, 464, 469.
ANGOULÊME (Duchesse d'), 85.
Ankarström, tragédie, 460, 461.
Annales patriotiques et littéraires (Les), 129.
Annales de la République française (Les), *282, *314, *331, *388.
Annuaire historique (L'), 264.
Anti-terroriste (L'), journal, 484, 486.
ANTONELLE, conventionnel, 221, 438, 439.
Apothéose de Barra (L'), vaudeville, 465, 468, *468.
Apothéose de Beaurepaire (L'), pièce, 102.
Apothéose du jeune Barra (L'), vaudeville, 358.
Apothicaire patriote (L'), vaudeville, 85.
Arabelle et Vascos, drame, 221.
Archives nationales, 70, *76, *143, *200, *230, *316, 334, *334, *481, *482.
Archives de l'Opéra, *9, *26, *45, *76, *81, *82, *128, *452.
Archives de la préfecture de police, *8.
Archives de la préfecture de la Seine, *8, *30.
Arétophile, tragédie, 471, 474.
ARGENSON (D'), 419.
Argus (L'), journal de Valenciennes, 402.

ARISTOTE, 105.
Arlequin afficheur, vaudeville, 410.
Arlequin Diogène, vaudeville, 268.
Arlequin Jésus-Christ, vaudeville, 328.
ARMIDE, 291.
Armide, opéra, *9.
ARNAULT, auteur dramatique, 130, 138, 140, *140, 141, 201, 247.
ARNAULT. *Souvenirs*, *30, *140, *201, *247.
AROUCH, 52, *52.
Arras, 94-96, 100, 102, 105.
ARTOIS (Comte d'), 90, 91, 252, 253.
ARTOPHILE, 387, 391.
Assemblée nationale (Constituante), 3, 301, 361.
Assemblée nationale (Législative), 227, 299.
Assemblée nationale (Convention), 6, 15, 226.
ATHALIE, 439.
ATRIDES (Les), 288.
AUBIGNAC (L'abbé d'), *445.
AUDE, auteur dramatique, 324.
AUDIFFRED, 144, 145.
AUDINOT, directeur de théâtre, *7.
AUDOUIN, journaliste, 136, *137, 460.
AUDREIN, député, 299.
AULARD. *La Société des Jacobins*, *18, *80, *381.
Au plus brave la plus belle, vaudeville, 253.
Au retour, vaudeville, 173, 178-180, 471, 475, 476.
AUSSENAC, 404.
Austerlitz, 187.
Autel de la patrie (L'), drame lyrique, *230.
Auteur du moment (L'), vaudeville, 357, 376, 381.
Auxerre, 162.
Avocat Pathelin (L'), comédie, 10.
AVRIGNY (D'), auteur dramatique, *39.

B

Baillet, conventionnel, 15, 17.
Bailly (S.), maire de Paris, 303, 432.
Balzac, 329, 335-337.
Baptiste cadet, acteur, 246, 374, 375.
Barbeau (L'abbé), 147.
Barère, conventionnel, 20, 22, 32, 40, 125, 133-136, *147, *417.
Barère. *Mémoires*, *33.
Barra, 202, 206, *206, 208-210, 226, 255.
Barral, auteur-acteur, 362.
Barras, conventionnel, 396.
Barras. *Mémoires*, 394.
Barré, auteur dramatique, 81, 86, 87, 152, 170, 173, 175, *175, 184-186, 188, 253, 433, 436.
Barrucand, *299.
Barrucaud, 29, 452.
Bar-sur-Ornain, 342.
Bastia, 248.
Bastille (La), 69, 269, 270, 278, 298, 345, 352, 374, 464.
Bataille de Jemmapes (La), pièce, 85.
Batave (Le), journal, 449-452.
Baudot, conventionnel, 51.
Baudrais, 7, 8, 11, *11, 27, 28.
Beaumarchais, 119, 127.
Beaupré, danseur, 225.
Beaupréau, 251.
Beauvais (Hôtel de), rue des Vieux-Augustins, 163.
Bec d'Ambès (Département du), 51.
Bédoin, 59.
Beffroi, conventionnel, 163, 168, 169.
Beffroi de Reigny (Le Cousin Jacques), *100, 152, 158-169, *169, 176, 314, *320, 379, 422, *442, 443.
Beffroi de Reigny. *L'Almanach général des spectacles*, 422.
Beffroi de Reigny. *Le Consolateur*, 159, 379.
Beffroi de Reigny. *Les Lunes*, 158, 443.
Beffroi de Reigny. *Le Tableau des spectacles*, 159.
Béjart (Armande), 172.
Belle fermière (La), comédie, 268.
Bellemont, auteur-acteur, 351, 354.
Belval, acteur, 50.
Bernis (Cardinal de), *472.
Berriat-Saint-Prix. *La Justice révolutionnaire*, *49.
Bertier, 153.
Bertin d'Antilly, 216, 221, 222.
Bertin de Blagny, 221.
Berton, compositeur, 227, 365.
Bertrand, 401, 402.
Besançon, 252, *370.
Beugnot (Comte), 82, *82, 83, 320.
Beugnot. *Mémoires*, *82.
Béverley, tragédie, 10.
Bibliothèque de l'Arsenal, *298.
Bibliothèque Mazarine, 244, 250.
Bibliothèque Nationale, 78, 79, *150, 196, *225, *226, *300, *316, *360, *385, *472.
Bibliothèque de la Ville de Paris, *42, *152, *228, *265, 359, *360, 423.
Bicêtre, 212.
Bienfait de la Loi (Le), comédie, 438, 448.
Billaud-Varenne, 22, 40, *41, 88, 90, 132, 134, 135, *147, 169, 268, *425.
Biographie Michaud, *59, 144, 172.
Biographie portative des Contemporains, *59, *139, 141, *215, *234, 338.
Bis (Hippolyte), auteur dramatique, 148.
Bizet, directeur de théâtre, 113, 114.
Blanc (Louis). *Histoire de la Révolution*, 185.

Blasius, compositeur, 222, 226, 227.
Boieldieu fils, compositeur, 346.
Boilly, peintre, *292.
Boissard, 373.
Boissy d'Anglas, conventionnel, 5, *419.
Boissy d'Anglas. *Loisirs*, *417.
Bonaparte, 169, 288, 405, 411.
Bonchamps, 358, 359.
Bonglon (Baron de). *Les Reclus de Toulouse*, *112.
Bonneau, 106.
Bonnefon (Paul). *Revue d'histoire littéraire de la France*, *363.
Bonnet - Gonneville, acteur, 295, 306.
Bordeaux, 46, 50, 51, 52, 154, 212, 305, 307, 308, 311, 318, 322-324, 325, 336, 338, 347, *349, 399, 432, 433, 458, 460, 474, 486, 487.
Bordeaux, Le Grand Théâtre, 52, *52, 212, 325, 399, 459, 460, *485, 486.
Bordeaux, Le Théâtre de la Montagne (Vaudeville-Variétés), 53, 325, 347.
Bordeaux, Le Théâtre de la République (Molière), 53, 323, 399, 400, 460.
Bordier, acteur, 263, 297, 298, 338, 346, 442, 480.
Bordier-Langlois. *Angers et le département de Maine-et-Loire*, *108.
Bouillon (Hôtel), 335.
Bouilly, auteur dramatique, 138, 147, *147, 148.
Bouilly. *Récapitulations*, 147.
Boullault, auteur dramatique, 254, *254.
Boulogne-sur-Mer, 385.
Bouquier, conventionnel, 268, 269-273.
Bourdon (Léonard), conventionnel, *23, 47, 286, 287.
Bourgeois, acteur, 473.
Bourges, 322-324.
Bourru bienfaisant (Le), comédie, 305.

Boursault, directeur de théâtre, *212.
Bouteiller. *Histoire des théâtres de Rouen*, *56, *65, *343, *345, *401.
Boyer (Michel), auteur dramatique, 256.
Boyer de Nimes (Boyer-Brun ou Brun-Boyer), 251, 481, *481, 482, *482.
Bressuire, 468.
Brest, 46, 49.
Bretagne (La), 184, 209, 210.
Brèves (Château de), 109.
Brifaut (Ch.). *Œuvres*, 311, *311, 312.
Brigand (Le), pièce, 127.
Brigands de la Vendée (Les), pièce, 85.
Briois, auteur dramatique, 202, 206-209.
Brissot, 168.
Brun, *88, 89.
Brune (Le général), 52, 400.
Brunoy, 311.
Brutus, tragédie, 6, 10, 16, 50, 103, 106, 108, 420.
Brutus au jour du supplice de ses enfants, tableau, 134.
Bruxelles, 75, 79.
Buchez et Roux. *Histoire parlementaire de la Révolution*, *177.
Buffart, acteur, *112.
Bulletin de la Société d'Histoire du Théâtre (Le), *396.
Bulletin du bouquiniste (Le), *140.
Bulletin du tribunal révolutionnaire (Le), 86.
Burke, 219, 220.
Bussière (La), 251, 252, 302.
Buzot, roi du Calvados, vaudeville, 190.

C

Cabousse, directeur de théâtre, 46, 56, 58, 63, 343, 344, 400, 401, 404.
Cachot de Beauvais (Le), pièce, 469.

Caen, 369, 372, 374.
Café des Patriotes (Le), vaudeville, 190, 194, 195.
CAGLIOSTRO, 28, 29.
Ça ira (Le), 113, 154, 372, 379, 399, 401, 485.
Caïus Gracchus, tragédie, 6, 103, 108, 132, 387, 393, 394, 458.
Calas, tragédie, 132.
CALIGULA, 217.
Callias, pièce, 127.
CAMAILLE-SAINT-AUBIN, auteur-acteur, 57, 338-344.
CAMAILLE-SAINT-AUBIN. *Les Jacobins au Panthéon*, 343.
Cambrai, 94, 102, 103.
CAMPARDON, 238, *299,*482.
CANDEILLE (Mlle), auteur dramatique et actrice, 268.
CANISY (Mme de), *472.
Canonnier Convalescent (Le), vaudeville, 173.
CAPET, 78.
CAPET (Veuve), 86, 288.
Capucins (Les), vaudeville, 159.
Carmagnole (La), 29, 154, 205, 385, 485.
Carmes (Prison des), 145.
CARMOUCHE. *Histoire du théâtre révolutionnaire*, 296.
CARNOT, 22, *114, *147.
CARRIER, conventionnel, 105, 107.
Carrousel (Chapelle du), 354.
CASTIL-BLAZE. *Histoire de l'Académie de musique*, *287.
Castor et Pollux, opéra, 44.
Castres, 404.
CATILINA, 291.
Catilinas modernes (Les), pièce, 307.
CAUBRIÈRES, 99.
Cause et les Effets (La), vaudeville, 351, 352.
CAVAIGNAC, conventionnel, 46, 48.
CELLERIER, directeur de l'Opéra, 81, *81, *82, *83.
CHALIER, 182, 480, *480.
CHALLAMEL. *Les Français de la Révolution*, 386.

Chalonnes, 258.
Chambéry, 310.
Champ-de-Mars (Le), 272, 303, 432.
Chant du Départ (Le), 113, 309.
Charles IX, tragédie, 132, 142, 299, 300, *370.
Charles et Victoire, vaudeville, 238, 467.
Charlotte (La romance de), 206.
Chartres, 385.
Chartres (Rue de), 173, *175.
CHASTENOY (Mme de), 326, *326.
Chaste Suzanne (La), vaudeville, 11, 14, *14, 71, 173, 176, 178, 185, 314, 315.
CHATEAUFORT, acteur, 292.
CHATEAUNEUF, auteur dramatique, 241, 242.
Château-Trompette, 349.
Châteaux en Espagne (Les), comédie, 125.
Chat Noir (Le), 158.
CHAUDRON-ROUSSEAU, conventionnel, *308.
CHAUMETTE, 12, 26, 35, 77, 129, 163, 166, 179, 182, 248, 286, 287, 290, 335, 341, 452.
CHAUVELIN (Marquis de), 396.
CHENARD, acteur, 292, *292, 293, 317, 318.
CHÉNIER (André), 132, 137.
CHÉNIER (Marie-Joseph), auteur dramatique, 109, 130-136, 311, 365, *365, *366, *370, 393, *415, 449, 458-460.
Cher (Département du), 324.
CHÉRON, acteur, 225, 309, 454.
CHÉRUBINI, compositeur, 227.
CHÉRY, 89.
Chevaliers du Poignard (Les), 380.
Cholet, 361.
Chouans de Vitré (Les), pièce, 173, 184.
CHOUDIEU. *Notes*, 297, 299, *299, 300.
Chrétien (Café), 314, 316, 317, 319.
Chronique de Paris (La), journal, 72.

Chroniqueur désœuvré (Le), pamphlet, 347.
Cid (Le), 8, 55.
Cinna, 55.
Cizos-Duplessis, auteur dramatique, 202, 212-215.
Clairville (Mme), actrice, 484, 486, 487.
Clamecy, 105, 109.
Claretie (Jules), *426.
Clarisse Harlowe, pièce, 146.
Claudien, 474.
Clémence, 89.
Clérembray. *La Terreur à Rouen*, *54, *347, *405.
Clermont (comte de), 128.
Cléry (Journal de), 139, *139.
Clouzot (H.), *Le Théâtre révolutionnaire en Vendée*, *114, 184, *184, 209, *257, 361, *361.
Club des bonnes gens (Le), vaudeville, 158, 159-161, 320, 374-379, 399, 443.
Cobourg, 216, 238, 479.
Cochon (Ch.), conventionnel, 146.
Colin, acteur, *114.
Culletet, poète, 212.
Collin d'Harleville, 119, 125, 126.
Collin de Plancy, 245, *246, 248.
Collin de Plancy. *S. Maréchal*, *248.
Collot d'Herbois, conventionnel, 22, 32, 40, 47, 83, 139, 140, *147, 268, 283, *295, 321, 323, 387, 405, 421, 423, *424, 428-430, 485.
Colombe (Mlle), actrice, 36.
Combat des Thermopyles (Le), drame, 398.
Combes. *Histoire de la ville de Castres*, *405.
Comédie Italienne (Théâtre Favart - Opéra-Comique National), *7, 9, 29, *29, 36, *167, 173, *173, 192, *205, 221, 226, 239, 264, 272, 278, *281, 292, 314, 316-318, 352, 364, 372, 385, 391, 425, 434, 443, 457, 462.

Comité de Correspondance de la Société des Jacobins, 15.
Comité des Douze, 337.
Comité d'Instruction publique, 4, 6, 8, 15, *30, 33, 38, *38, 39, *39, 40, 41, *41, 42, 43, 44, 73, 76, 77, 137, 146, *146, 220, 254, 266, 268.
Comité de Salut Public, 6, *11, 16, 18, 19, *19, 20, 22, 23, 24, 25, 26, 27, 28, 30, *30, 31-33, 38, *39, 41, *41, 46, 47, 49, 56, 60, 90, 98, 135, 142, 146, *146, 151, 164, 180, 226, 230, *230, 232, 238, 239, 247, 272, 283, *287, 290, 307, 321, 347, 355, 430, 433, 438, 441, 446, 457, 462, 470, 480.
Comité de Salut Public du département de Paris, 5.
Comité de Sûreté générale, 34, 75, 89, 136, 142, 143, 151, 162, 163, 238, 251, 252, 284, 309, 311, 316, 329, *329, 355, 481, 482, 483.
Comité de Surveillance du département de Paris, 34, 84, 88.
Commune de Paris et Conseil général (de la), 3-5, 7, 9, 11-14, 18, 26, *27, 28-30, *30, 31, 35-37, 39, 42, 46, 69, 71-73, 77, *77, 78-81, *81, 127, 129, 135, 151, 166, 176, 177, 179, 180, 200, 222, 229, 242, 255, 281, 290, 296, 314-317, 335, 362, 455, 456, 461, 465, 466, *466.
Comœdia, journal, *147.
Compain, dit Monselet, acteur, *349.
Compère Luc (Le), vaudeville, 442, *442.
Conaxa, comédie, 221.
Congrès des Rois (Le), vaudeville, 26, 28, 29, *30, 190, 201, 225, 229, 452.
Connac. *La Révolution à Toulouse*, *48, *109.
Conseil des Anciens (Le), 409.
Conseil des Cinq-Cents (Le), 409.

Conseil exécutif provisoire (Le), 177.
Conservateur décadaire des principes républicains (Le), journal, 262, *262.
Constitution de 1793 (La), 6, 223, 237, 255, 257, 272, 292, 293.
Constitution à Constantinople (La) pièce, 196, 197.
Consulat (Le), 429.
CONTAT (Louise), comédienne, 297, 301, 313.
Convention (La), 3-5, 8, 11, 15-24, 26, 27, 31, 33-35, *38, *39, 46-48, 52, 55, 59, 64, 65, 71, 72, 79, 88, 100, 107, 109, 110, 113, 138, 139, 146, 154, 155, 166, 175, 177, 183, 201, 213, 221, 228, 233, 239, 256, 265, 268, 269, 270-272, 281, 284, 290, 292, 298, 316, 322, 325, 351, 387, 397, 409, 424, 430, 432, 449, 456, 461, 466, 467, 485, 487.
COQUILLE D'ALLENX (Le curé), auteur dramatique, 256-258.
CORDAY (Charlotte), 204, *204, 339.
Cordeliers (Club des), 183, 397.
CORNEILLE (Pierre), 46, 55, 56, 262, 289, 444.
CORNU DE BOISANCOURT, 486.
Correspondance politique (La), journal, 438.
CORSET, 453.
CORSSE, directeur de théâtre, 322-324, 325, *460.
COSTARD (Mme), 482, 483, *483.
COUAILHAC (V.), journaliste, 397.
COUPIGNY, auteur dramatique, 254.
COURDE, acteur, 295.
Courtisanes (Les), comédie, 129.
COURTOIS (Mlle), actrice, 35.
COUTHON, conventionnel, *363.
CRÉBILLON père, 119.
Cri de la Patrie (Le), opéra, 439.
Crimes de la noblesse (Les), pièce, 10, 213, 214.
Crispin, rival de son maître, comédie, 103.

CRUMPIPEN (Mlle), 75.
Curé patriote (Le), vaudeville, 328.
CUSTINE (Le général), 365.
CUVELIER DE TRY, auteur dramatique, 254, 259, 266, 267, *267.

D

DAILLET, 99.
DALAYRAC, compositeur, 227, 434.
DANTEN, 99.
DANTON, 140, 143, 387, 455.
Dantonistes (Les), 156.
DARRICAN. *La Terreur à Bayonne*, *49.
DARRIEUX, auteur dramatique, 229.
DARTIGOEYTE, conventionnel, 47, 48.
DAUPHIN (Le), 85, 90, 91.
DAVID (Le peintre), 134, 271.
DAZINCOURT, comédien, 297, 302.
Décade (Chanson de la), 124.
Décade (L'heureuse), vaudeville, 186, 436.
Décade philosophique (La), revue, *321.
Décadi (Le), comédie, 327.
DECHRISTÉ. *Douai pendant la Révolution*, *402.
DEGOUGE, auteur dramatique, 263.
DELACROIX, conventionnel, 11, 16.
DELESPINE, 89.
DELPECH, acteur, 314-316.
DELPONT, 110.
DEMAHY (Mme), 137.
DEMAILLOT (Eve), auteur dramatique, 28, *28.
Déménagement de l'armée catholique (Le), pièce, 359.
DEMEUILLY, accusateur public, 98.
Démonseigneurisation (La), pièce, 86.
DÉMOSTHÈNES, 167.

Denys le Tyran, opéra, 225, 226, 244.
Départ d'un père de famille pour les frontières (Le), pièce, 85.
Départ des villageois (Le), vaudeville, 197.
Déreaux, auteur dramatique, 478.
Déroulède (Paul), *147.
Desaides, compositeur, 388.
Desaudrais, directeur de théâtre, 90.
Desbarreaux, acteur, 109, 110, *111, *204, 273, *273, 274.
Deschamps, auteur dramatique, 152, 170, 173, 189.
Déserteur (Le), opéra-comique, 8, 371.
Desfaucherets, auteur dramatique, 140.
Desfontaines (l'abbé), 421.
Desfontaines, auteur dramatique, 152, 170, 173-175, 177-181, 184, 433.
Desforges, auteur dramatique, *230, 254, *254, 397.
Des Genettes (Le docteur), 454, *454.
Deshayes, compositeur, 227.
Desiles, acteur, 485.
Desmoulins (Camille), 82, 260, 268, 289, 466.
Desnoiresterres. *La Comédie satirique*, *145, *230, *371, *384.
Després, auteur dramatique, 152, 170-173.
Destival, acteur-auteur, 27, 345, 469.
Desvernois (Général baron). *Mémoires*, 376, 382, *382, 383.
Deux Nicodèmes (Les), vaudeville, 421, 422.
Deux-Ponts (Duc des), 174.
Devienne, compositeur, 227.
Devienne (Mlle), 33.
Devin du village (Le), opéra-comique, 10.
Dictionnaire néologique (Le), 169.
Didelot, acteur, 295.

Diderot, 202, *421.
Diéterville, 373.
Dijon, 322, 326, 327.
Dillon (Arthur), 171.
Diogène, comédie, *39.
Directoire (Le), 113, 114, *114, 115, 221, 222, 242, 296, 404, 409-411.
Discipline républicaine (La), vaudeville, 232, 239, 241, 438, 440.
Dissipateur (Le), comédie, 10.
Ditteville, 103.
Domergue, 220.
Don Juan, 439.
Dorat-Cubière, poète, 393.
Dorfeuil, acteur, 485.
Dorfeuille (Jeanne - Louise, Veuve Diatroselly, dite), *52, 485*.
Dorfeuille (Pierre), 399, *485.
Dorfeuille, directeur du Théâtre de la République, 81, 83, 84, *84.
Doria, tragédie, *39.
Dorsan, 102.
Dorval (Mme), *112.
Dorvigny, auteur dramatique, *23, 86, 149, 152-157, 188.
Douai, 96, 399, 401.
Doullens, 402.
Doumer, 329, 336.
Douze mois de l'année (Les), vaudeville, 485.
Drouet, conventionnel, 384.
Du Belloy, auteur dramatique, 415, 417, *419, 420.
Dublin, 295.
Duboulay, compositeur, 272.
Duchesne, éditeur, 421, *424, 425.
Duchesne (Rue de la mère), 55.
Duchesne (Le Père), 73, 78, *78, 80, *143, 150, 154, 176, 182, 184, 190, 191, 195, 196, 200, 201, 217, 259, 287, 289, 316, 332, 341, 395, 396, 428, 449, 452, *453, 454, 466.
Duchosal, journaliste, *249, *349, *441.
Ducis, auteur dramatique, 119, 124, 125, 202, 312.

Duclos, 419.
Ducray - Duminil, journaliste, 374, *475.
Dufresse, acteur, 297, 299, *299, 300.
Dugazon (Gourgaud, dit), auteur-acteur, 246, 302, 329-337, 364, 426, 430, 435.
Dugazon (Mme), actrice, 371, 385.
Duhem, conventionnel, 73, 75, 143.
Dulomboy, *430.
Dumaniant, auteur dramatique, *221, 263, 440-442, *441.
Dumas, 311.
Dumouriez (Le général), 74, 75, 77-79, 334, 341, 435, 455.
Dunkerque, 36, 96, 350.
Dupont, acteur, 282.
Dupré, directeur de théâtre, 94-98, 100-104.
Dupuy, *112.
Duval, acteur, 282.
Duval (Alexandre), auteur dramatique, 130, 359, 363, *363, 364.
Duval (Charles), conventionnel, 6, *88, 458, 459.
Duval (Georges). *Souvenirs de la Terreur*, 397.
Duval-Jouve. *Histoire de Montpellier*, *64.
Duveyrier, *336.

E

Ecole de village (L'), vaudeville, 458, 462, 465.
Ecosse (Rue d'), 56.
Egalité (La fête de l'), vaudeville, 173, 181.
Egalité (Place de l'), à Metz, 50.
Elbe (L'île d'), 221.
Elleviou, acteur, 222, 314, 316-318.
Elmotte (Poultier d'), 266.
Emigrante (L'), comédie, 329, 331, 332.

Emigrés à Spa (Les), vaudeville, 479.
Emigrés aux Terres Australes (Les), pièce, 216, 217, 273.
Emilie, comédie, 268.
Empire (L'), 221, 243, 266, 429, 455.
Encore un curé, vaudeville, 10, 173, 179.
Enfance de J.-J. Rousseau (L'), comédie, 145.
Enrôlement de Cadet-Roussel (L'), vaudeville, 149, 154.
Entrée des Français à Chambéry (L'), vaudeville, 85.
Entrevue des Patriotes (L'), vaudeville, *11.
Epicharis et Néron, tragédie, 39, 138, 142, 143, *394, 458, 464, 470.
Epoux républicain (L'), vaudeville, 259, 262, 263.
Ermite aux enfers (L'), vaudeville, 28.
Eschassériaux, conventionnel, 146.
Esope républicain, vaudeville, 10.
Espagne (L') et *Espagnols* (Les), 8, 444, 457, 480.
Esprit des prêtres (L'), pièce, 10, 27.
Etienne, auteur dramatique, 221.
Etienne. *Mémoires de Molé*, *311.
Etienne et Martainville. *Histoire du Théâtre français*, 397, *415, *418.
Etourdis (Les), comédie, 145.
Etre Suprême (Fête de l'), 38, 43, 165.
Eure-et-Loir, 16.
Europe (L'), 16, 201, 232, 265, 359, 369, 424, 454.
Evrard (La citoyenne), 205, 364.

F

Fabre d'Eglantine, conventionnel, 79, 82, 138, 140, 141, 268, 416.

Fanchon la Vielleuse, comédie, 148.
FARO, *11, 291.
FAUCHET (L'évêque), 454.
FAUCONPRET, auteur dramatique, 474.
Fausse dénonciation (La), vaudeville, 351, 356.
Favart (Place), 372.
FAVIÈRES, auteur dramatique, *374.
FAYE. *La Révolution au jour le jour en Touraine*, *107, *147.
Fédération nationale en 1793 (La), pièce, 86.
Fénelon, tragédie, 132, 449, 450.
FENOUILLOT DE FALBAIRE, auteur dramatique, 47.
Ferdinand, opéra-comique, 388.
FÉRU fils, auteur dramatique, 307.
Fête civique (La), vaudeville, 190, 192.
Fête des Fous (La), 21.
Fête de la Raison (La). opéra, 224, 227, 244, 249.
Feuille du jour (La), journal, 171.
Feuille du matin (La), journal, 315.
Feuille du Salut public (La), puis *Feuille de la République* (La), journal, 25, *35, 87, 167, 261-263, *263, 333, 421, *427, 428-431, *434, 432-437, 438-448, 461, 463, 471, 477.
FLEISCHMANN, *94.
FLINS DES OLIVIERS (Carbon de), 170, 171.
FOIGNET, compositeur, 239, 447.
Folie de Georges (La), pièce, 216, 219.
FONTENAY (L'abbé de), journaliste, 251.
FONPRÉ, auteur-acteur, 359-362, 479.
FORCADE, 385.
Force (Prison de la), 83, 178, 432.
Force (Prison de la petite), 79.
Forêt périlleuse (La), drame, 397, 398.

Forges-les-Eaux, 228.
FOUCHÉ, conventionnel, 105, 108, 109, 169, 321.
FOULON, 153.
FOUQUIER-TINVILLE, 147, 252, 283, 483.
FOURNERAT, 89.
FOURNIER l'Américain, 189, 374, 380, 381.
FOURNIER l'Américain. *Mémoires*, * 381.
Français dans l'Inde (Les), pièce, 216.
France (La), 42, 46, 47, 74, 75, 85, 119, 142, 144, 154, 162, 164, 181, 182, 192, 213, 214, 218, 229, 265, 310, 319, 322, 339, 344, 359, 365, 369, 374, 382, 396, 420, 423, 433, 462, 479.
FRANCHET, 89.
FRANCŒUR, directeur de l'Opéra, 81, 82, *82, 83, 84, 285.
FRANÇOIS DE NEUFCHATEAU, auteur dramatique, 18, 19, *19, 114, *114, 130, 141, 142, 290, *427, 428.
FRÉDÉRIC II, 388.
FRÉRON, 421.
FRÉRON le fils, 58, 59.
FROIDURE, 7, 8, 9, 11, *11, 28.
FUSIL, acteur, 314, 321.
FUSIL (Louise). *Mémoires d'une actrice*, 334, *334.

G

GABIOT DE SALINS, auteur dramatique, 194, 195.
GABRIEL, 119, 127.
Gabrielle de Vergy, tragédie, 385.
GAILLARD, directeur de théâtre, 83, 84, *84, 331.
Gaillon, 128.
GALLET, acteur, 295.
GAMAS, auteur dramatique, 217, *217, 218.
GARDEL, chorégraphe, 287.
GASSIER - SAINT - AMAND, auteur dramatique, 202, 205, *205.

INDEX ALPHABÉTIQUE

Gaston et Bayard, tragédie, 419.
Gautier (Le Petit), journal, 251.
Gazette française (La), journal, 308, *393, 484, 485.
Gazette de France (La), journal, 422.
Gazette nationale (La), journal, *224.
Gellée (La citoyenne), actrice, 401, 402.
Genève, 274.
Génissieux, conventionnel, 4.
Genois, 5, 89.
Gentilly, 155.
Georges III, roi d'Angleterre, 201, 219, 220.
Georges et Grosjean, vaudeville, 471, 472.
Gervais, 90.
Gilles-Georges et Arlequin-Pitt, vaudeville, 458, 463.
Girault de Saint-Fargeau, 396.
Girey-Dupré, journaliste, 83.
Gironde (La) et *Girondins* (Les), 3, 5, 14, *14, 26, 71, 94, 132, 145, 190, 201, 219, 237, 307, 312, 325, 391, 454, 463.
Glorieux (Le), comédie, 10, 235, 372.
Gluck, *268, 288.
Gohier, ministre, 289.
Goizet. *Histoire de la collaboration au théâtre*, 172.
Gonchon, 376, 385-387.
Goncourt (Les). *La Société française pendant la Révolution*, 286, *286, *287, *374, *375, 379, *379.
Gorsas, conventionnel, 168, 191.
Gossec, compositeur, 365, *366.
Goupil (Françoise), 454.
Gournay, 228.
Gouvernante (La), comédie, 301.
Grammont-Nourry, acteur, 297, 298, *388, 397.
Grandmesnil, acteur, 12.
Grands danseurs de corde (Les), 453.
Granger, acteur, 318, *318.
Granville, 210.

Grégoire (L'évêque). *Histoire des sectes religieuses*, 323, *323, 324.
Gresset, 245.
Grétry, compositeur, 22, 23, 97, 123, 127, 223-227, 244, 247-249.
Grétry. *Mémoires*, 224, *224.
Grimm (Le baron), *421.
Gros-Caillou (Le), 303.
Guadet, conventionnel, 191.
Guerre de Vendée (La), pièce, 251, 255.
Guieysse. *Sedaine*, *122.
Guigne, 89.
Guilbert de Pixérécourt, auteur dramatique, 148.
Guillard, auteur dramatique, 475.
Guillaume, 384.
Guillaume Tell, tragédie, 6, 10, 97, 103, 107, 119, 123, 124, 327.
Guillemain, auteur dramatique, 479, *479.
Guimard (Mlle), 35.
Guimberteau, conventionnel, *105, *147.
Gustave III, 119, 460.
Guyton, conventionnel, 146.

H

Hacot, maire d'Arras, 98.
Hainault, *26, 60.
Hallays-Dabot. *Histoire de la Censure*, *8, *12, *27, *29, *30, *374, *375.
Hambourg, 304.
Hanriot (Le général), 37, 65, 194.
Hardi (Alexandre), 152.
Harni, auteur dramatique, *426.
Hatin. *Bibliographie*, *371.
Havard, 57.
Hébert, Hébertisme (L') et Hébertistes (Les), *11, 12, 17, 26, *30, 38, 44, 45, 77-80, 82, 87, 143, 165, 176, 180,

182, 193, 200, 249, 260, 286, 287, *287, 334, 364, 396, 452-455.
Henri (Chanson du roi), 9.
Henri VIII, tragédie, 132.
HÉRAULT DE SÉCHELLES, conventionnel, 124, 163.
HERCULE, 43, 421.
Héroïne de Mithier (L'), vaudeville, 359, 361, 362.
HÉRON, *147.
Héros de la Durance (Le), vaudeville, *468.
Heureuse Décade (L'), vaudeville, 87, 173, 351, 354, 430.
HOFFMAN, auteur dramatique, 119, 127, 128, 227, 228, 317, 318.
HOMAIS, 85.
Hommage aux mânes de Lemierre (L'), 124.
Honnête criminel (L'), drame, 47.
HORACE, 306.
Horatius Coclès, drame lyrique, 228.
Hormisdas, tragédie, 144.
Hôtel-de-Ville (L'), *8, 9, 11, 29, 42, 71, 72, 449.
HOUDEYER, 409, 410.
HUGO (Victor), 185, 440.
HUSS (M{11e}), actrice, 221.
Hymne à la Liberté (L'), 98.
Hymne à la Raison (L'), 249, 287.
Hymne à la Victoire (L'), 249.
Hymnes pour les fêtes décadaires, 250.
Hypocrite en Révolution (L'), comédie, 438, 441.

I

Inauguration du Temple de la Vérité (L'), 21, 22.
Inauguration du Théâtre des Arts (L'), 272.
Indulgents (Les), 133.
Impromptu sur la paix, 344.
Iphigénie en Aulide, opéra, 288.
Intermédiaire des Chercheurs et des Curieux (L'), 320, *420, 486.

J

Jacobins (Club et Société des), 5, 11, 14, *14, 15, 18, *19, 20, 26, 73, 80, 88, 90, 100, 127, 140-142, 161, 171, 219, 234, 237, 241, 248, 258, 259, 302, 308, *309, 310, 321, 322, 329, *332, 335, 362, 380-384, 407, 415, 416, 417, 419, *426, 428, *428, 429, 430, 440, 450, *451 485.
JACQUELINE (La mère Duchesne) 78, 182, 452-454.
JADIN, compositeur, 223, 227, 230.
JAL (Dictionnaire de), 317.
Jalès (Camp de), 481.
JANET, 400.
JANIN (Jules), 8.
Janot ou Les battus paient l'amende, vaudeville, 152.
Jardin de l'Égalité, 13.
JAUFFRET. *Théâtre révolutionnaire* (Le), 14, *14, *140, *183, *253, *354, *356.
JAY RICHARD, 46, 48.
Jean-Sans-Terre, tragédie, 373.
Jemmapes (Bataille de), 265.
JÉSUS (Le sans-culotte), 82.
Jeu de l'amour et du hasard (Le), comédie, 10.
Joigny, 162, 163.
JOIGNY, auteur-acteur, 351-354.
JOINVILLE, 335, 336.
JOLY (M{11e}), comédienne, 284, 438.
JOUAN, 90.
Joueur (Le), comédie, 10.
JOURDAN, 314, 317.
JOURDAIN (Voir BORDIER), 338, 346.
Journal de Bordeaux, 348.
Journal des Débats et de la Correspondance de la Société des Jacobins, *18, *430, *451.
Journal des Français, *310, 348.
Journal Général, 251.
Journal des Hommes libres, 5, 6, *88, 150, 195, 458, 461.

INDEX ALPHABÉTIQUE

Journal de la Montagne, *7, *18, 19, 20, 234, *234, *236, *308, 449, 461, 471.
Journal de Paris, *35, *36, *88, 126, *306, 312, 313, 388, 419-422, 456, 457, 464, 466.
Journal de Perlet, 465, 469, 470.
Journal de Rouen, 343, 454.
Journal du Soir, 365.
Journal des Spectacles, 21, 22, *22, 23-25, *25, 84, *86, *91, 119, 123, 129, *156, 167, *167, 192, 193, 197, 211, *211, 242, *242, 274, *287, *293, 306, 307, 339, 340, 342, *342, 343, 391, 394, 395, 455, 470-481, *483.
Journal des Théâtres, *249, 309, *310, 319, 321, *349, *441.
Journal du Théâtre Français, 369.
Journal Universel, 458, 460, 463.
Journée dérangée (La), opéra-comique, *475.
Journée du 10 août (La), drame lyrique, 229.
Journée de Varennes (La), pièce, 384.
Journée de Varennes (La), ou *Le Maître de poste de Sainte-Ménehould*, pièce, 159, 384.
Journée du Vatican (La), vaudeville, 471, 472, *472.
Jugement dernier des rois (Le), pièce, 12, 244, 245, 273, 274, 346, 430, 435, 454.
Juigné (De), archevêque de Paris, *472.
Julien, acteur, 295.
Jullian de Carentan, *19.
Jullien (Jean). *Le Théâtre à Metz*, *50.
Jullien fils, 130, 136, 137.
Jullien père, 130, 136, 137.
Jullien fils (de Paris), *54.
Jupiter, 291.

K

Kolly, 385.
Kretzicoff, 119.

Kreutzer, compositeur, 128, 222, 223, 227, 229, 230, *374.

L

Labadie, 485.
La Chaussée, auteur dramatique, 202.
Lacombe, acteur, 347, 348.
Lacoste, conventionnel, 402.
Lacroix, conventionnel, 75, 79, 455.
La Croix (La citoyenne), actrice, 208.
La Fayette (Le général), 303.
Laforet, 220.
La Harpe, auteur dramatique, 14, *14, 415, 416, 417, *417, 418, *418, 419, *419, 420, *420, *426.
La Haye, 216.
Laignelot, conventionnel, *374.
Lamandé, 55, 56.
La Martelière, auteur dramatique, *97, 407, 421, 422.
Lamballe (Princesse de), 145.
Lambert, auteur dramatique, 193.
Lambertini, compositeur, 439.
Lamiral, *295.
Lamotte, acteur, 295.
Lapierre, adjudant général, 86.
Laplanche, conventionnel, 47, 387.
La Porte, 84.
Laporte (La citoyenne), actrice, 178, 184.
Larive, comédien, 211, 297, 303-305, 369, 372, 373, 432, 433, 433.
La Rochejacquelein (Mme de), 297, 300.
La Rochelle, acteur, 283, 438.
Laujon, auteur dramatique, 119, 124, 128.
Laumonier, chirurgien, 346.
Laurent-Lieutard. *Marseille depuis 1789*, *380.
Laus de Boissy, auteur dramatique, 388, 390, 391.

Lauzun (Duc de), 396.
La Vallée, auteur dramatique, 196, 197.
Laveaux, journaliste, 234, 449.
Laya, auteur dramatique, 130, 138, 139, *139, 140, 141, 143, 465.
Lays, acteur, 166, 225, 249, 305, 307-310, 314, 320, 396, 454.
Lays, *artiste du Théâtre des Arts, à ses Concitoyens,* 309.
Lazzari, mime, 81, 85.
Le Bon, conventionnel, 94, 96, 98, 100, 102.
Le Brun, poète, 172.
Lebrun (Pierre), auteur dramatique, *441.
Lebrun-Tossa, auteur dramatique, 216, 219-221.
Lebrun-Tossa. *Consciences littéraires,* *221.
Lecesne. *Arras pendant la Révolution,* *94.
Le Comte (Le chevalier), directeur de théâtre, 105, 112-114, 326.
Lécrivain, 89.
Lefebvre (Victor), 63.
Lefetz, 94, 100, 101.
Legendre, conventionnel, 324.
Léger, auteur-acteur, 152, 170, 185, 186, 188, 206, 351, 357, 381, 435, 436, 468, *468, 472, 476.
Legouvé, auteur dramatique, *39, 130, 142, 143, *394, 464.
Legouvé (Ernest), 143.
Lejeune, conventionnel, 11, 16.
Lelièvre, *11, 291.
Le Mans, 251, 256, 322, 327.
Le Mazurier. *Galerie historique du Théâtre-Français,* *337.
Lemercier (Népomunèce), auteur dramatique, 138, 145-147, 202.
Lemière de Corvey, compositeur, 365, 366.
Le Monnier, acteur, 433.
Lemoyne, compositeur, 166, 167, *442, 467, 475.
Lenglet, 96, 99.

Le Peletier Saint-Fargeau, conventionnel, 182, 204, 285, 286, 354, 355.
Le Peletier Saint-Fargeau, pièce, 222.
Le Sénéchal, dit Clairfon, auteur-acteur, 361.
Lesueur, compositeur, *102.
Lesur, auteur dramatique, 259, 264-266, 326.
Levot. *Histoire de la ville et du port de Brest pendant la Révolution,* *49.
Levrier, auteur dramatique, 206, *226.
Lewis, auteur anglais, 344.
Lezay-Marnésia, 228.
Lezay-Marnésia. *Mémoires,* 228, *228.
Liberté conquise (La), pièce, 426.
Liberté et l'Egalité rendues à la Terre (La), opéra, 231.
Ligue des fanatiques et des tyrans (La), tragédie, 402.
Lille, 94, *451.
Lillier (Mme), 396.
Lindet (Robert), conventionnel, 22.
Lodoïska, pièce, 372.
Loi (Rue de la), rue Richelieu, 12, 32, 39, 76, 77, *114, 196, 272.
Lombard (de Langres), 216, *388.
Lombard de Langres (Grégoire). *Mémoires de l'exécuteur,* *295.
Loménie de Brienne (Le cardinal), *472.
Longuemare (P. de). *Le Théâtre à Caen,* *370, *372.
Lorédan. *La Terreur rouge à Valenciennes,* *403.
Lottin. *Histoire de Beaugency,* *28.
Louis XIV, 415.
Louis XV, 86, 224.
Louis XVI, 4, *11, 15, 43, 65, 74, 75, 137-139, *140, *147, 159, 175, 204, 217, 224, 229, 234, 303, 373, 401.

Louis XVIII, *145, 288.
Loustalot, journaliste, 416.
Louvet, journaliste, 485.
Louvois (Hôtel de), *33.
Lucas (Hippolyte). *Histoire philosophique du Théâtre-Français*, *137.
Luce de Lancival, auteur dramatique, 130, 138, 143.
Luce de Lancival. *Œuvres*, *144.
Lullier, 13, 14, 167.
Luxembourg (Prison du), 417.
Lycée des Arts, 88, 90, 91, 390.
Lyon, 154, 200, 217, 250, 321, 350, 376, 485.

M

Madame Angot, vaudeville, 28, 324.
Madeleine (Philippon de la), auteur dramatique, 251-253, *468.
Madelonnettes (Prison des), 279, 284, 433.
Mademoiselle de la Seiglière, comédie, 386.
Mahomet, tragédie, 8, 10, 289, 303.
Maignet, conventionnel, 46, 59, *59, 60.
Maillard, 314, 317.
Maillard (Mlle), actrice, 168, *168, 396.
Maillard (de Toulouse), acteur-régisseur, 111, 112.
Maillard ou *Paris sauvé*, drame, 119, 122.
Maire du village (Le), comédie, 387-390.
Maisons, 146.
Mallet du Pan, journaliste, 376, 381, *381.
Manne (De) et Ménétrier. *La troupe de Voltaire*, *318.
Manne (De) et Ménétrier. *La troupe de Talma*, *303.
Manne (De) et Ménétrier. *La troupe de Nicolet*, 324, *324.

Manuel, 69, 71, 129, 379.
Marat, 28, 29, 142, 182, 203-206, *204, *205, 248, 285, 286, 305, 307, 310, 333, 334, 339-341, 354, 355, 364, 396, 428, 435, 466.
Marat dans le Souterrain, pièce, 205, *205, 485.
Marcel, acteur, 247.
Marchal (N.), *140.
Marchand, 5, 89.
Maréchal (S.), auteur dramatique, 12, *39, 224, 244-251, 274, 435, 444, 445, 455.
Maréchal (S.). *Le livre échappé au déluge*, 244.
Mariage de Figaro (Le), comédie, 46, 59, 119, 302.
Mariage interrompu (Le), vaudeville, 212.
Mariage républicain (Le), vaudeville, 251, 255, *255.
Marie-Antoinette, 46, 73, 90, 127, 229, 250, 298, 301, 303, 315, 369, *451, 478.
Marie-Christine, drame, 478.
Marmontel. *Mémoires*, 128.
Mars (Mlle), comédienne, 396.
Marseillaise (La), 99, 113, 123, 154, 197, 227, 292, 309, 380, 394, 399, 400, 401, *452, 479, 485.
Marseille, 36, 46, 50, 58, 59, 60, 335, 338, 343, 376, 379, 393.
Marseille, Théâtre Le Peletier, 58.
Martainville, auteur dramatique, *97, 396.
Martin, acteur, 456.
Mathelin, auteur dramatique, 202, 205, *205.
Maurice (Charles), journaliste, 303, *303.
Mayence, 365.
Mayeur de Saint-Paul, auteur-acteur, 297, 338, 347-349.
Mayeur de Saint-Paul. *Espion des Théâtres du boulevard* (L'), 297.
Mayeur de Saint-Paul. *Le Chroniqueur désœuvré*, 347.

Mazuyer (Le général), 314, 316-318.
Méchant (Le), comédie, 245.
Médan, *112.
Méhul, compositeur, 223, 227-229, 288.
Meister (Correspondance de Grimm), *369.
Melpomène, 125, 130, 133, 137, 278, 303, 359.
Ménestrel (Le), revue musicale, *482.
Menteur (Le), comédie, 289.
Méquignon (Hôtel), 335.
Mercier, auteur dramatique, 129, 163, 203.
Mercure français (Le), journal, 177, *177.
Mère coupable (La), drame, 129.
Merlin (de Douai), 113, 146.
Merlin (de Thionville), 411.
Mérope, tragédie, 3, 4, 5.
Métromanie (La), comédie, 10, 289.
Metz, 43, 50, 193.
Meunier (P.). La Nièvre pendant la Convention, *109.
Meurthe (Département de la), 255.
Michelet, *185.
Michot, acteur, 60, 132, 246, 305, 335.
Milord (Mme), actrice, *112.
Miltiade à Marathon, opéra, 475, 485.
Misanthrope (Le), comédie, 9, 305, 306.
Missions patriotes (Les), vaudeville, 443.
Mittié fils, auteur dramatique, 363.
Modéré (Le), comédie, 329, 332, 333, 347, 435.
Moessard, 89.
Mœurs contadines (Les), comédie, 37, 38.
Moine (Le), roman, 344.
Moitié du chemin (La), vaudeville, 364.
Molé, comédien, 33, 305, 306, *306, 307.

Molière, 10, 220, 306, 405, 415, 414, 445.
Moliéristes (Les), 172.
Moline, auteur dramatique, *23, 268, *268, 269-272.
Moniteur (Le), journal, *13, *16, *30, 34, 38, *46, *47, 72, *75, *77, *89, *139, *140, 157, 179, 216, 217, *217, 247, *304, 313, *332, *354, 465-468.
Mons, 96, 478.
Monsieur (le comte de Provence), 91, 122, *145, 174, 485.
Monsieur de Crac dans son petit castel, comédie, 125.
Montagne (La) et Montagnards (Les), 26, 74, 75, 80, 208, 213, 239, 242, 251, 256, 293, 391, 455, 457.
Montansier (Marguerite Brunet, dite la), directrice de théâtre, 12, 13, 32, *33, 73-76, *76, 77-81, 84, 196, 272, 306, 396, 397, 454, 455.
Montmorin (De), ancien ministre, 189.
Montpellier, 62, 64.
Monvel, auteur-acteur, 126, 246, 288, 331, 340, 430, 433-435.
Mort de César (La), tragédie, 10, 16, 70, 289, *346, 376, 380, 485.
Mort du jeune Barra (La), pièce, 206.
Mort de Marat (La), pièce, 10, 85, *204.
Mort de Marat (La), poème, 393.
Mort de Le Peletier Saint-Fargeau, pièce, 85.
Mourir pour la patrie ! chant, 348.
Moussard, auteur dramatique, 439.
Muret (Théodore). L'Histoire par le théâtre, *368.
Musée des Archives nationales, *135.
Mutius Scévola, tragédie, 143, 144.

N

Nancy, 255.
Nanette (La Petite), vaudeville, 158.
Nanine, comédie, 10.
Nantes, 105, 107, 256, 257, 349.
NAPOLÉON Ier, 187.
NAUDET, acteur, 297, 301.
Navarre (Collège de), 143.
NÉRON, 439, 485.
NEUVILLE, acteur, 13, 74.
Nevers, 105, 108, 109.
Nicaise peintre, vaudeville, 186.
Nicodème dans la lune, vaudeville, 158, 168.
NICOLAÏE, dit CLAIRVILLE, auteur-acteur, 351, 355-357.
NICOLET, directeur de théâtre, *7, 88, 89, 347.
Nièvre (Département de la), 47, 108.
Nîmes, 481.
NIVELON, danseur, 225.
NOÉ (DE), évêque, 143.
NOEL, journaliste, 343, 346.
Notre-Dame, 21.
NOURRY. Le Théâtre français de Rouen en 1793, *55, *345.
Nouveau calendrier (Le), vaudeville, 27.
Nouvelle Parvenue (La), vaudeville, 28, *28.
Nuit de Charles V (La), pièce, 374.
Nuit du 9 au 10 thermidor (La), pièce, *441.

O

ŒDIPE, 308.
Œdipe à Colone, opéra, 387, 392.
Offrande à la Liberté (L'), 103, 360, 456.
Omelette miraculeuse (L'), vaudeville, *23.
Optimiste (L'), comédie, 125.
Orléans, 46, 47, 189, 337, 380, 387.

Orphée, opéra, *9.
Orphelin (L'), pièce, *462.
Orphelin anglais (L'), drame, 400.
Orphelin de la Chine (L'), tragédie, 262.
Othello, tragédie, 124.

P

PACCARD. Souvenirs, *212.
PACHE, maire de Paris, 5, 80.
PAIN, auteur dramatique, 148.
Palais de Justice, *8, *10.
Palais Royal (Jardin de l'Egalité ou jardin de la Révolution), 12, 13, 74, *74, 85, 302.
PALISSOT, auteur dramatique, 119, 129, 133, *371.
PALLOY, *226.
Paméla, comédie, 18, 19, *19, 114, 138, 141, 142, 176, 290, 419, 427, *427, 449, 459, 477.
Panthéon ou Wauxhall d'Hiver, *175, 380.
Pape aux Enfers (Le), vaudeville, 328.
Papesse Jeanne (La), vaudeville de FAUCONPRET, 10, 170, 172.
Papesse Jeanne (La), vaudeville de LÉGER, 358.
Papiers trouvés chez Robespierre, *295.
PARÉ, ministre, 295, 407.
Parfaite égalité (La), vaudeville, 149, 156.
Paris, 4, 6, 7, 15, 28, 31, 34, 36, 42, 46, 49, 58, 67, 71, 73, 74, 78, 85, 87, 89, 92, 96, 108, 127, 128, 146, 147, 162-164, 169, 179, 200, 212, 213, 219, 224, 228, 230, 234, 237, 242, 254, 298, 301, 308, 317, 319, 322, 324, 335, 339, 350, 351, 353, 360, *368, 372, 380, 385, 386, 427, 454, 469.
PARIS, directeur de théâtre, 92.
PARISEAU, journaliste, 171.
PARMENTIER, acteur, 349.

Partie de chasse de Henri IV (La), comédie, 302.
Passion du Christ (La), opéra, 81, 82.
Passy (Conciliabule de), 298.
Patriote français (Le), journal, 83.
Patriotes de la Vendée (Les), pièce, 254.
Pau, 48, 175.
Paul et Virginie, opéra-comique, *374.
Pauline et Henry, vaudeville, 476.
PAYAN, procureur de la Commune de Paris, 26, 35, 36, 40-45, 135, 220, 285, 290, 291.
Paysan révolutionnaire (Le), comédie, 190, 201.
Pêche aux Jacobins (La), vaudeville, 358.
PENNE (DE), journaliste, *371.
Père de famille (Le), comédie, 10.
Pères nobles, pères sérieux, 24, 215.
Perpignan, 46, 49.
PERRIÈRE, inspecteur de police, 295, 296, 407.
PERROT, 377.
PESCAYRE. *Tableau des prisons de Toulouse*, 111, *111, 112, 113.
PESLIN (Mlle), actrice, 35.
PÉTION, maire de Paris, 2, 4, 384.
PETIT (Mme), actrice, 284.
Peuples et les Rois (Les), pièce, 214.
Phèdre, tragédie, 290.
Philosophe sans le savoir (Le), comédie, 119, 122.
Philosophes (Les), comédie, 129, 133.
PICARD, auteur dramatique, 130, 138, 144, *145, 173, 359, 363, *363, 364.
PICARD jeune, 103.
PICCINNI, compositeur, 128.
PIE VI, *472.
PIERRE (Constant). *Hymnes et Chansons de la Révolution*, *206, *236, 293, *366.
Pierrelate, 219.
PIIS, auteur dramatique, 173, *175, 474.
PIGAULT-LEBRUN, auteur dramatique, *147, 462.
PILLET (Fabien), auteur dramatique, 251, 252, 302, 338.
PILLON, 57.
PINET, conventionnel, 46, 48.
PITT, 201, 216, 219, 238, 479.
Place des Piques (place Vendôme), 354.
Place des Vosges (place Royale), 289.
PLANCHER-VALCOUR, auteur dramatique, 23, *23, 27, 232-242, *348, 447, 467.
PLANCHER-VALCOUR et ROUSSEL. *Annales du crime et de l'innocence*, 243.
Plantation de l'arbre de la Liberté (La), 400.
PLANTERRE, auteur dramatique, 447.
Plaque retournée (La), vaudeville, 190, 193.
Plus de bâtards en France, drame, 10, 213, 438.
POIRIER DE BEAUVAIS. *Mémoires*, *185.
POIZOT. *Histoire de la musique en France*, *287.
POLIGNAC (Mme de), *472.
Pomme à la plus patriote (La), vaudeville, 86.
POMPIGNY, auteur dramatique, 259, 261-263.
Pont de Varennes (Le), pièce, 384.
POREL et MONVAL. *Histoire de l'Odéon*, *5, *79, *284, *306.
PORSENNA, 138, 144.
PORTA, compositeur, 272.
Portefeuilles (Les), comédie, 405.
Port-Royal (Prison de), 145.
Potentats foudroyés (Les), pièce, 273, 274.
POUGIN (A.). *L'Opéra-Comique pendant la Révolution*, *29,

*35, *53, *83, *281, *318, 320, *374, *457.
Prélat d'autrefois (Le), pièce, 263.
Première réquisition (La), vaudeville, 387, 394.
Prêtres de Dodone (Les), 169.
Prêtres et les Rois (Les), drame, 27, 213, 216, 328, 471, 477.
PRÉVILLE, comédien, 337.
PRÉVOST, acteur, 145.
PRÉVOST-MONTFORT, auteur dramatique, 480.
PRIAM, 485.
PRIEUR (A.), 22, 32, 146, *147.
PRIEUR (de la Marne), 139.
Prince ramoneur (Le), vaudeville, 263.
Procès-verbaux du Comité d'instruction publique, *136.
PRUDHOMME, journaliste, 17, 416, 421, 422, 465.
Prusse (La) et *Prussiens* (Les), 74.

Q

Quaker en France (Le), vaudeville, *100, 158, 443.
Quatre (Conseil des), 11.
Quatre nations (Les), 5.
Quatre-vingt-treize, drame, 185, 440.
Quiberon, 210.
Quotidienne (La), journal, 306.

R

RACINE, 405.
RADCLIFFE (Anne), romancière, 398.
RADET, auteur dramatique, 152, 170, 173-175, *175, 177-181, 433.
RAFFARD, auteur dramatique, 254.
Raison (Culte de la), 17, 21, 26, 46, 49, 165, 173, 181, 182, 225, 285, 327.

RAMONDE, 48.
Raoul de Créqui, comédie, 369, 373.
Râpée (La), 153, 336.
Rapsodies du jour (Les), journal, 351, 357.
RAYNAL (L'abbé), *421.
RÉAL, 72.
REGNARD, 222.
REICHARDT, *Un Prussien en France*, 376, *376.
RENAUD, acteur, 454.
RENAUD (Mme), 385.
Repos des bruyères (Le), vaudeville, 57, 64.
Républicain à l'épreuve (Le), pièce, 202, 210, 213.
Restauration (La), 172, 174, 183, 221, 243, 300, 312, 429.
Réunion (Fête de la), 108.
Réunion du 10 août (La), opéra, 230, 268, 269, 272.
Revanche forcée (La), vaudeville, 189.
Rêve du républicain (Le), brochure, 274.
Réveil d'Epiménide (Le), comédie, 170, 172.
Réveil du peuple (Le), hymne, 309, 311, 321, 402, 404.
Révolution (Place de la), 147, 467.
Révolution française (La), revue, *426.
Révolutions de Cyrène (Les), pièce, 47.
Révolutions de Paris, journal, 17, *17, *245, 415, 416, 445, 465, 466.
Révolution du 31 mai (La), vaudeville, 463.
Revue (La), *284.
Revue de l'Agenais (La), 325, *325.
Revue d'art dramatique (La), *257.
Revue du Berri (La), *325.
Revue d'histoire de Versailles (La), *122.
Revue d'histoire littéraire de la France (La), 398.

Revue rétrospective de Taschereau (La), *108.
REY (A.). *Revue d'histoire de Versailles* (La), *122.
RÉZICOURT, auteur-acteur, 467.
RIBIÉ, directeur-acteur, 46, 56, 58, 64, 338, 345-347, *346, 469.
RICARD, 49.
Richard-Cœur-de-Lion, opéra-comique, 121, 223, 224, 227.
RICHEBOURG, auteur dramatique, 477.
Rienzi, tragédie, 374.
Robert, chef de brigands (Robert républicain), drame, *199, 212, 404, 407, 408, 421-423.
ROBERT (Le général), 108.
ROBERT DESCHAMPS LA RIVIÈRE. *Le Théâtre au Mans*, *328.
ROBESPIERRE, 18-21, 26, *33, 36, 37, *39, 42-45, 55, 80, 88, 89, 113, 132, 135, 141-143, 146, 150, 165, 182, 183, 199, 215, 217, 219, 241, 242, 249, 292, 294, 295, *295, 296, 302, 308, 319, 323, 333, 348, 364, 366, 384, 394, *394, 396, 404, 425, 440, 459, 462, 464, 466, 467, 484, 485.
ROBESPIERRE jeune, 142.
RŒDERER, 312, 313.
ROLAND (Le ministre), 140, 341.
ROLAND (Mme), 191, 283.
ROLAND (Mme). *Mémoires*, *283.
Roland, opéra, 128.
ROMAIN, acteur, 89.
Rome, 58, 68, 236, 408.
ROMME, conventionnel, 220.
RONSIN (Le général), 200, 201, 471, 474.
Rose et Picard, comédie, 119, 126.
Rosière républicaine (La), opéra, 226, 227, 244, 249.
ROSIÈRES, acteur, 173, *173, *175, 185, 186, 436.
ROSNY, publiciste, *167.
Rouen, 46, 50, 55, 58, 62, 63, 74, 295, 296, 338, 342, 344-347, 401, 404, 405, 442.

Rouen, Hospice de l'Humanité, 346.
Rouen, Théâtre des Arts (de la Montagne), 56, 57, 63, 343, 344, 405.
Rouen, Théâtre de la République, 56, 57, 338, 347, 469.
Rougyff (Le), journal, 150, 195.
ROUSSEAU (Jean-Jacques), 10, 119, 129, 182, *198, 204, 364, 389.
ROUSSELIN DE CORBEAU DE SAINT-ALBIN, journaliste, *428, 429, 430-436, 438, 442, *451.
Royalistes de la Vendée (Les), pièce, 254, 259, 266.

S

SAINT-ANDRÉ (Jeanbon), conventionnel, 49.
Saint-Antoine (Faubourg), 375, 385, 431.
SAINT-AUBIN, acteur, 193.
SAINT-AUBIN (Mme), actrice, 374.
Saint-Barthélemy (Eglise), *10.
Saint déniché (Le), vaudeville, 474.
Saint-Domingue, 347.
Sainte-Anne (Rue), *116.
SAINTE-LUCE OUDAILLE, publiciste, 51, *51, 305, 308, *308, 320, 399, *399.
Sainte Omelette (La), vaudeville, 18, 23, 24, 25.
Sainte-Pélagie (Prison de), 279, 281, 283, 284, *284, 302, 433.
Saint-Florent, 360.
SAINT-GEORGES, 396, 397.
Saint-Germain (Faubourg), 32, 302.
Saint-Germain (Foire), 85.
Saint-Honoré (Rue), 232.
SAINT-JUST, conventionnel, *147, 444.
Saint-Lazare (Prison de), 171.
Saint-Malo (Port Malo), 183.
Saint-Mandé, 333.
Saint-Marcel (Faubourg), 431.

INDEX ALPHABÉTIQUE

Saint-Martin (Boulevard), 32, *33.
Saint-Martin (Théâtre de la Porte), 203, 285.
SAINT-PRIX, acteur, 297, 302, 303.
Saint-Roch (Eglise), 285, 287, 434, 456.
SAINVILLE (Mme), actrice, *112.
SALIOR, 379.
SALLÉ, directeur de théâtre, 360.
Sandillon, 337.
SANSON, 200, 287, 447.
SANTERRE (Le général), 331.
Sarthe (Département de la), 257.
SAULNIER, auteur dramatique, 229.
Saumur, 322, 323.
SCHILLER, 407, 422.
SCHMIDT. *Tableaux de la Révolution française*, *6, *15, *296, *407, *410, *411.
SECTIONS *Arcis* (des), 250.
    Arsenal (de l'), 29, 452.
    Bon Conseil, 83.
    Bondy (de), 285, 452.
    Bonne - Nouvelle (de), 166.
    Bonnet rouge (du), 31.
    Brutus (antérieurement de *Molière* et de *La Fontaine*), 145.
    Cité (de la), 138, 139.
    Guillaume Tell (de), 166.
    Indivisibilité (de l'), 263.
    1792 (de), 292.
    Le Peletier, 319.
    Marat, 31.
    Montagne (de la), 86, 456.
    Mutius Scévola, 31.
    Petits-Pères (des), 162, 163.
    Quinze - Vingts (des), 189.
    République (de la), 304.
    Réunion (de la), 138.
    Temple (du), 206.

SECTIONS *Tuileries* (des), 254, 315.
    Unité (de l'), 31, 306, 333, 334, 456.
SEDAINE, auteur dramatique, 97, 119-123.
SÉGUR (Vicomte de), 171.
SELIGMANN (E.). *Madame de Kolly*, *385.
Seligo, pièce, 148.
SENART, 105.
SÉRAPHIN, directeur de théâtre, 81, 85, 86.
SERVIÈRES, 58, 59.
SEWRIN, auteur dramatique, 462, 468.
SHAKESPEARE, 124.
SICARD, auteur dramatique, 231.
Siège de Calais (Le), tragédie, 419.
Siège et prise de Cholet (Le), drame, 359, 363.
Siège de Granville (Le), drame, 445.
Siège de Lille (Le), pièce, 109, 222.
Siège de Lille (Le) (DE JOIGNY), pièce, 351, 352.
Siège de Maubeuge (Le), drame lyrique, 228.
Siège de Rouen (Le), tragédie, 401.
Siège de Thionville (Le), drame lyrique, *9.
Silhouette (Scènes à la), 153.
SOCRATE, 485.
Soissons, 337.
SOLEINNE (Fonds), *11, *152, *360.
SOLIÉ, auteur-acteur, 265, 316, 317, 468.
SOUBISE (Le prince de), 35.
Souper des Jacobins (Le), vaudeville, 402.
Sourd ou l'Auberge pleine (Le), vaudeville, *254.
Sourd guéri (Le), vaudeville, 173, 188.
SOURIAU (M.). *Népomucène Lemercier*, *146.
Spa, *479.

Spartacus, tragédie, 108.
Spectacle des Enfants de France (Le), 85.
Spectacles de Paris et de la France pour 1793 et 1794, *23, *32, *52, *74, *81, *83, *84, *173, 193, 217, *224, *252, *263, *273, *299, 421, 424, *424, 425, *423, *428, *475, *479, *485.
Stamboul, 197.
Strasbourg, 115.
Strasbourg, Théâtre national, 113, 115.
SUARD, publiciste, *421.
Sucy, 254.
Suède (La), 460, 461.
Suicide ou la Mort de Paris (Le), pièce, 85.
Suisse (La), 301, 461.
SYLLA, 485.
Sylvius, comédie lyrique, 308, 320.

T

Tableau de Paris (Le), 129.
TALMA, 124, 302, 311-313, 321, 334, 368, 426, 435.
TALLIEN, conventionnel, 52, 325, 347, 399, 400.
Tartufe (Le), 8, 27, 352, 439.
Temple (Le), 91, 386, 451.
Tentation de Saint-Antoine (La), vaudeville, 53, 348, *348.
TÉRENCE, 438.
Terre (La), roman d'E. ZOLA, 201.
Terroriste (Le), drame, 349.
THALIE, 125, 278, 359.
Thé (Le), journal, 222.
Théâtre de l'Ambigu-Comique, 9, 115, 153, 194, 203, 266, 339, 344, 347.
Théâtre des Amis de la Patrie, 217, 253.
Théâtre de la Cité ou *du Palais-Variétés*, 10, 154, 199, 212-215, 219, 238, 259, 263, 266, 340, 375, 394, 440, 462, 463, 467, 480.

Théâtre des Délassements Comiques, 234, 241, 280, 478.
Théâtre de l'Egalité, 33, 39, 294, *295.
Théâtre de l'Estrapade, 279, 282.
Théâtre de la Gaîté, 89, 266, 350.
Théâtre des Grands Danseurs de Corde, 453.
Théâtre Louvois, 114, *114, *468.
Théâtre du Lycée des Arts (ancien *Théâtre du Cirque*), 90, 91, 194, 478.
Théâtre Lyrique et Comique, 190, *190.
Théâtre du Marais, *97, 114, 374, 386, 423.
Théâtre de Monsieur, puis *Théâtre Feydeau*, *11, 160, *160, 164, *175, 292, 295, 307, 319, 379, 385, 404, 410, 411, 424, 443, 449, 456, 457, 476.
Théâtre Montansier ou *du Palais Royal* (précédemment *des Beaujolais*), 12, 13, 74, *74, 75, 88, 299, 396.
Théâtre de la Nation (précédemment *Comédie-Française*, *Théâtre-Français*), 4, *7, 18, 19, 20, 31-33, 80, *84, 119, 132, 138, 141, 221, 232, 235, 252, 280, 283, 298, 300, 301, 302, *306, 307, 310, 318, 319, 337, 369, 388, 415-418, 426-429, 430, 431, 435, 449, 453, 455, 459.
Théâtre National ou *de la Montagne*, puis *des Arts*, 13, *13, 23, 24, 32, *33, 76-78, 81, 89, *102, 197, 199, *230, 247, 272, 305, 306, *306, 308, 362, 387, *389, 477.
Théâtre Olympique, 350.
Théâtre d'Ombres, 81, 85, 153.
Théâtre de l'Opéra, *Académie de Musique*, *Théâtre de l'Opéra National*, *7, 21, 22, *26, 32, *33, 35, 39, 45, 69, 72, *76, 81, *81, 127, 128, 166, 223, 224, 226, 227, 230, 272, 280, 285-287, *287, 288, 305, 307-309, 319, 385, 392, 449, 451-454, 456, 486.

Théâtre de l'Opéra-Comique. Voir *Comédie Italienne.*
Théâtre Patriotique (du boulevard du Temple), 354, 360, *360.
Théâtre du Péristyle, 13.
Théâtre du Peuple, 31, *32, *252.
Théâtre de la République (précédemment *de la Liberté et de l'Egalité*), 12, *26, *33, 81, 83, 126, 133, 245, 284, 285, 287, 302, 311, 331, 335, 340, 364, 375, 393, 407, *420, 438, 454, 455, 471, 474.
Théâtre de la rue de Bondy, 404, 410.
Théâtre des Sans-Culottes (précédemment *Théâtre Molière*), 9, *9, 212, *212, 230, 272, 373, 374, 383, 445, 471.
Théâtre français du boulevard du Temple, 85, *205.
Théâtre des Variétés Amusantes, *7, 263, 297, 355, 356, 375.
Théâtre des Variétés Comiques, 85.
Théâtre du Vaudeville, *7, 81, 86, 87, 175, 176, 177, 184-186, 188, 189, 193, 253, 314, 315, 357, 381, 382, 409, 411, 430, 432, 433, 435, 436, 472, 474.
THÉNARD (Mlle Jenny). *Choses vues, choses vécues,* *284.
THÉNARD (Madeleine), actrice, *284.
THESPIS, 46.
THIÉBAULT, auteur dramatique, 251, 254, 255, *255.
THIERRY, auteur dramatique, 193.
THUILLIER, dit RIGAUDON, 48.
Timoléon, tragédie, 130, 133-136, *137, 448, 460.
Tintamarre (Le), journal, 158.
TISSOT, auteur dramatique, 197.
Tombeau des Imposteurs (Le), pièce, 18, 22, 23, 26, *26, *287.
TOREILLES (L'abbé). *Perpignan pendant la Révolution,* 49, *49.
Toulon, 144, 154, 168, 194, 362, 469.

Toulouse, 47, 109, 111, *204, 273, 326, 485.
Toulouse, Théâtre de la Liberté et de l'Egalité, 47, 105, 109, *273.
TOURNEUX (Maurice), *Notes Duveyrier,* *336.
Tours, 105, 147, *147.
Toute la Grèce, opéra, 158, 166-168.
Tout pour la liberté, pièce, 190, 197.
Travaux de Cherbourg (Les), poème, 234.
TRIAL père, acteur, 314, 320, 321.
TRIAL fils, compositeur, 352.
Tribunal d'Apollon (Le), 167, *167, 267.
Tribunal de la Raison (Le), 213.
Tribunal redoutable (Le), drame, 96, *97, 386.
TROAISEL DE TRÉOGATE, auteur dramatique, 397, 398.
Trois décades (Les), journal, 476.
Trois frères (Les), comédie, 114.
TROUVÉ. *Chant de Guerre,* 365.
TUETEY (Répertoire), *298.
Tuileries (Château des), 86, 205, 365, 373, 466.
TURREAU (Le général). *Mémoires,* *185.

U

Urgande et Merlin, opéra-comique, 433.

V

Valenciennes, 96, 402, 479.
VALLIÈRE, auteur-acteur, 292, 293, 314, 319, 320.
VALMONT, auteur dramatique, 199, 200.
Valmy, 73, 74, 334.
VAN HOVE, acteur, 282.
Varennes, 87, 204, 303, 384.
VARNIER, 100.

Vée, auteur-acteur, 362.
Vée (La citoyenne), actrice, 361, 362.
Veillons au salut de l'Empire, hymne, 99, 113, 256.
Vendée (La), *Vendéens* (les), *Chouans* (les), 151, 154, 184, 185, *185, 197, 208-210, 239, 241, 266, 299, 332, 361, 362, 479.
Vergniaud, conventionnel, 244, 396.
Véritable Ami des Lois (Le), pièce, 210.
Versailles, 71, 75, 78, 79, 85, 189, 214, 350, 380, 479.
Verteuil (A.), acteur, 295, 306, 362, 396.
Verteuil ou Vertical (de Rouen), 343.
Vestris, danseur, 225.
Vestris (Mme), actrice, 133, 426.
Vestris père, 35.
Veuve d'un Républicain (La), pièce, 102, 259, 264, *326.
Viala (Agricol), *468.
Vie est un songe (La), vaudeville, 52, *53, 459.
Vieillard, auteur dramatique, 401.
Vieillard des Vosges (Le), vaudeville, 115.
Vieux Célibataire (Le), comédie, 125.
Vieux Cordelier (Le), journal, 132, 262, 466.
Vigée, auteur dramatique, 145.
Vigée-Lebrun (Mme), 145, *472.
Vilate, 125, *125, 133, *133, 134-137.
Vilate. *Causes secrètes de la Révolution*, *125, *133.
Villeneuve, acteur, 212, *212.
Villeneuve (La citoyenne), auteur dramatique, 202, 210, 211-215.
Villeroy, (La duchesse de), 174.
Villiers, journaliste, 206.

Vincelles, 162.
Vincent-la-Montagne, 106.
Visitandines (Les), comédie, 401.
Vive Henri IV, chanson, 379.
Vivie. *Histoire de la Terreur à Bordeaux*, *52, *348, *400.
Vivier. *Le Théâtre. Etudes administratives*, *10, *38.
Volange, acteur, 152, 396.
Volontaires en route (Les), vaudeville, 254.
Voltaire, 4, 8, 46, 50, 107, 133.
Vous et le Toi (Le), vaudeville, 467.
Voyage de Cobourg par Cambrai (Le), comédie, 478, 479.
Voyageuse extravagante corrigée (La), vaudeville, 384.
Vraie bravoure (La), comédie, 364.
Vraie républicaine (La), comédie, 390.
Vrais Sans-Culottes (Les), opéra-comique, 467.

W

Wallon, 238.
Wazilles, acteur, 295.
Welschinger. *Le Théâtre de la Révolution*, *7, *9, *24, *60, 65, 72, *90, *222, *411.
Wenzel, drame, 251, 252, *252.
Westermann (Le général), 359, 361.

Y

Ysabeau, conventionnel, 51, 52, 311, 325, 328, 348, 399, 400.

Z

Zaïre, tragédie, 113, 114.
Zelmire, tragédie, 419.

TABLE DES MATIÈRES

	Pages.
Avant-propos	VII

Le Théâtre et les Pouvoirs publics.

Chapitre Ier. — Entreprises de la Commune de Paris sur l'autorité de la Convention. — Les « invitations » de Pétion. — Interdiction de « l'Ami des Lois » et de « Mérope ». — Décret des 2 août et 1er septembre 1793. — Beautés de la censure théâtrale. — Servilité des théâtres. — Exécutions policières.... 3–10

Chapitre II. — Pièces jouées par ordre. — Une troupe de comédiens à l'Hôtel de Ville. — Epuration d'acteurs. — La « Chaste Suzanne » et le Conseil des Quatre. — Le théâtre dans les églises. — Plus de théâtres, dit Lejeune ; partout des théâtres, dit Delacroix. — Les tribunes aux harangues des « Révolutions de Paris »........................ 11–17

Chapitre III. — Tout le monde est censeur. — « Paméla » et Robespierre. — Volte-face du Comité de Salut Public. — Robespierre protecteur des religions. — « Le Tombeau des Imposteurs » et la « Sainte Omelette ». — Pluie de démentis................. 18–25

Chapitre IV. — Antagonisme entre la Commune et le Comité de Salut Public. — Une lettre de comédien-auteur. — Incidents du « Congrès des rois ». — Le théâtre selon le cœur de la Convention. — Entretien « fraternel et amical » avec les directeurs des théâtres parisiens. — Exode de comédiens. — Plus de passeports. — Intervention de Payan................ 26–37

Chapitre V. — Le Comité de Salut Public entreprend la régénération de l'art dramatique. — La « Commission d'Instruction publique », bureau de censure. — Les commentaires de Payan. — Les « phosphores éphémères ». — Le « Génie » invité à « déployer ses plans ». — Déchet de la fête de l'Etre suprême. — L'hébertisme des arts. — Chant du cygne........ 38-45

CHAPITRE VI. — Le théâtre dans les départements. — La manifestation d'Orléans. — Le sifflet de Jay Richard. — Comment les représentants Pinet et Cavaignac comprennent l'égalité. — On fête à Brest l'exécution de Marie-Antoinette et on célèbre le culte de la Raison à Perpignan. — Une tirade de Voltaire au théâtre de Metz. — Les théâtres de Bordeaux et la Commission militaire. — Surenchère démagogique des directeurs Cabousse et Ribié à Rouen. — « Corneille originaire de cette commune ». — Le Conseil général révolutionnaire de la commune de Rouen. — Interdiction du « Mariage de Figaro » à Marseille. — Le comédien idéal d'après Maignet.. 46-61

CHAPITRE VII. — Faillite de la régénération dramatique. — Représailles et palinodies. — Moralité des représentations « de par et pour le peuple » : ce qu'on en pense à Rouen et à Montpellier. — Après le 9 thermidor, le théâtre est encore tracassé, mais n'a plus peur 62-66

LES DIRECTEURS DE THÉATRE

1°. *A Paris*. — 2° *En Province*.

1° A PARIS :

CHAPITRE Ier. — Incertitude des directeurs de théâtre entre l'Ancien et le Nouveau régime. — La clôture pascale et Manuel. — Un arrêté du Conseil général de la Commune mort-né. — Les administrateurs de l'Opéra et le Gratis...................... 69-72

CHAPITRE II. — Campagne de la Commune de Paris contre les directeurs de théâtre. — Débuts patriotiques de la Montansier : sa légion de volontaires à Valmy. — Roman de Duhem. — Lettre de la Montansier au Comité d'Instruction publique .— Un numéro du « Père Duchesne ». — Incarcération de la Montansier. — Robespierre en parle aux Jacobins........ 73-80

CHAPITRE III. — Francœur, le directeur de l'Opéra et le motif de son incarcération. — « La Passion du Christ ». — Une sommation de Comité révolutionnaire. — Dorfeuille, directeur du Théâtre de la République. — Le mime Lazzari. — Séraphin, directeur du théâtre d'Ombres. — Une affiche de Barré, directeur du Vaudeville. — Un auteur généreux 81-87

Chapitre IV. — Les sans-culottes pudibonds. — Nicolet rappelé à la décence. — Circulaire aux artistes du Théâtre National. — Un rapport de Billaud-Varenne. — Dénonciation d'une pantomime à la tribune des jacobins. — Explications des administrateurs du Lycée des Arts... 88-91

2° En Province :

Chapitre Ier. — La direction Dupré au théâtre d'Arras. — Bonnets et chapeaux. — Les « Amours de Bayard ». — Plus de farce après une « pièce patriote ». — Le Bon ne veut pas qu'on l'affiche comme chansonnier. — Une manifestation chorégraphique sur la scène. — Les principes de l'administrateur Lefetz.. 94-104

Chapitre II. — Chapeaux et bonnets au théâtre de Tours. — « Brutus » amputé. — Carrier au théâtre de Nantes. — « Républicanisme exalté » du théâtre d'Angers. — Les « Ris » et les « Grâces » au théâtre de Nevers pendant le proconsulat de Fouché. — Les décors du théâtre de Clamecy. — Le théâtre de la Liberté et de l'Egalité à Toulouse. — Générosité du Conseil général. — Les infortunes du chevalier Le Comte................................... 105-112

Chapitre III. — Après la tempête. — « Les airs chéris des républicains ». — Le cœur de Bizet aîné. — Interdiction de « Zaïre ». — Le valet Merlin. — Facétie d'actrice. — Au théâtre national de Strasbourg.. 113-115

AUTEURS DRAMATIQUES

1° *Professionnels.* — 2° *Auteurs-fonctionnaires.*

1° Professionnels :

Chapitre Ier. — L'Ecole dramatique de l'Ancien régime. — Son attitude vis-à-vis le Nouveau. — Sedaine à Saint-Prix. — Corrections du « Philosophe sans le savoir ». — Guillaume Tell sans-culotte. — Correspondance de Ducis. — « Rose et Picard » de Collin d'Harleville. — Hoffman et le blanchisseur Gabriel. — Laujon « sans-culotte pour la vie ». — Palissot n'a jamais mis sur la scène J.-J. Rousseau ! 119-129

Chapitre II. — La jeune Ecole dramatique : illusions et déceptions. — Marie-Joseph Chénier et « Timoléon ». — Indignation de Jullien père et quatrain de Jullien fils. — La version de Vilate : Melpomène au bûcher 130-137

Chapitre III. — Laya et « l'Ami des Lois ». — Une séance de la Convention. — Dialogue d'Arnault et de Fabre d'Eglantine. — Les « retranchements » de « Paméla ». — « Epicharis et Néron » : mort aux tyrans ! — Luce de Lancival et le tyran Porsenna. — Picard et son répertoire révolutionnaire. — Népomucène Lemercier « l'Idiot ». — « Je ne bois à la mort de personne. » — Tactique d'Andrieux. — Abstention de Bouilly..................... 138-148

Chapitre IV. — Les vaudevillistes de la Révolution. — Dorvigny, l'auteur des « Janot », puise ses inspirations au fond de la bouteille. — Les Scènes « à la silhouette ». — « L'Enrôlement de Cadet-Roussel. » — Pourquoi Dorvigny ne vient-il pas saluer le public ? — « La Parfaite Egalité ». — Dorvigny achète sa tranquillité........................ 149-157

Chapitre V. — Le « Cousin Jacques » et ses « Lunes ». — Ses vaudevilles plusieurs fois centenaires. — La vie tourmentée du « Club des bonnes gens », avec additions, corrections ou commentaires. — Pessimisme et délire de la persécution : lettres terrifiées. — Les épreuves du « Quaker en France ». — Celles de « Toute la Grèce » sont compensées par le succès. — Le Cousin Jacques décrété d'arrestation. — Intervention de son frère le député. — Rancunes tenaces. 158-169

Chapitre VI. — Les fournisseurs attitrés du Vaudeville. — Allusions involontaires ou voulues. — Desprès, journaliste réactionnaire. — Son « impromptu républicain l'Alarmiste ». — Carbon de Flins des Oliviers. — Le « Réveil d'Epiménide » et la « Papesse Jeanne ».. 170-172

Chapitre VII. — Vaudevilles en collaboration. — Radet et Desfontaines. — Les malheurs de « la Chaste Suzanne ». — La pénitence du trio Barré-Radet-Desfontaines. — « Au retour », justification des massacres de septembre. — Lettre de prison. — « Encore un curé », hommage au culte de la Raison. — « La fête de l'Egalité » et la statuomanie. — « Le Canonnier convalescent », fait-divers. — « Les Chouans de Vitré ». — L' « Heureuse décade » : le livre du père Socle. — « Le Sourd guéri »........... 173-189

Chapitre VIII. — Les goujats de la littérature dramatique. — « Buzot, roi du Calvados ». — La « Fête civique » : apologie de la loi des suspects. — La « Plaque retournée » : hommage à l'esprit de délation. — Le « Café des patriotes » : l'épuration des cafés. — Féeries révolutionnaires : « Tout pour la liberté ! » — « Le Paysan révolutionnaire »: utilité de l'armée révolutionnaire. — Eclipse de l'esprit français : le trait de basson du « Congrès des rois » .. 190-201

Chapitre IX. — Le drame pendant la Révolution. — Comment on exploite la mort de Marat et celle de Barra. — Le Marat philanthrope de Mathelin et le Marat bénisseur de Gassier Saint-Amand. — Le Barra politicien de Briois. — Les dramaturges de la guerre civile. — La belle Villeneuve auteur du « Républicain à l'épreuve » ; et son mari, grand premier rôle. — Cizos-Duplessis, teinturier de la citoyenne Villeneuve. — Dramaturgie philosophique.................................... 202-215

Chapitre X. — Le drame d'un futur ambassadeur : « les Prêtres et les Rois ». — « Un ouvrage pitoyable » est une « conspiration payée par Pitt et Cobourg ». — Les « Emigrés aux terres australes ». — L'opportuniste Lebrun-Tossa : « la folie de Georges ». — Les variations de Bertin d'Antilly............ 216-222

Chapitre XI. — Musique et musiciens contre-révolutionnaires. — Comment Grétry se fait pardonner « Richard Cœur-de-Lion ». — Une partition « par ordre » ; la gaffe (?) de l'ouverture. — Méhul mal en cour. — Pourquoi il refuse un livret. — Indépendance de cœur de Kreutzer et de Jadin. — Opéras allégoriques........................... 223-231

2º Auteurs-fonctionnaires :

Chapitre Iᵉʳ. — Fonctionnaires, auteurs dramatiques. — Leur zèle et leur ineptie. — Plancher-Valcour, employé du Comité de Salut Public. — Ses débuts sous l'ancien régime. — Ses « réflexions » sur ses camarades de la Comédie. — Deux scènes de la « Discipline républicaine ». — Protestation de Plancher-Valcour contre le rétablissement de la censure. — La fin d'un révolutionnaire intransigeant...... 232-243

Chapitre II. — Sylvain Maréchal, l'athée de l'ancien et du nouveau régime. — Bibliothécaire à la Mazarine. — Sa tendresse pour la Révolution jusque dans ses excès. — Le « Jugement dernier des rois » ; sa préface, son affabulation. — « Denys le Tyran » avec la partition de Grétry. — Métamorphose de « la Fête de la Raison » en « Rosière républicaine ». — « Almanach révolutionnaire pour l'an III » de Sylvain Maréchal................................. 244-250

TABLE DES MATIÈRES

Chapitre III. — Fonctionnaires et auteurs dramatiques par prudence. — Fabien Pillet, chef, au Comité de Sûreté générale, de La Bussière. — Son honnête drame de « Wenzel ». — Philipon de la Madeleine, « jésuite », et ses conseils républicains aux nouvelles mariées. — Propagande révolutionnaire des employés supérieurs. — Thiébault : son « Mariage républicain ». — Sa « Guerre de Vendée » à l'usage des jeunes citoyens. — Professeurs et prêtres auteurs dramatiques : le régent du collège du Mans et le curé constitutionnel de Beaupréau.......... 251-258

Chapitre IV. — Militaires, auteurs dramatiques. — Pompigny, « citoyen-soldat » ; son « Epoux républicain » ; éloges et critiques ; ses réponses et ses dédicaces. — Lesur, auteur de « la Veuve d'un Républicain » : nouvel élément d'intérêt dramatique. — Cuvelier de Try : « les Royalistes de la Vendée »................................... 259-267

Chapitre V. — Les Conventionnels eux-mêmes daignent donner l'exemple. — Bouquier et son inséparable Moline. — « La Réunion du 10 août ou l'Inauguration de la République française », œuvre officielle. Trois théâtres doivent la représenter. — Un four noir. — Un maire, directeur-auteur-comédien...... 268-276

ACTEURS

1° *Acteurs.* — 2° *Acteurs-auteurs.*

1° Acteurs.

Chapitre Ier. — La Révolution donne un état civil aux comédiens. — Enthousiasme et désillusion. — Obéissance passive et obligatoire : au Théâtre de l'Estrapade. — Comédiens indociles à Sainte-Pélagie et aux Madelonnettes....................................... 279-284

Chapitre II. — Servilité des artistes de l'Opéra. — Une Montagne sur le boulevard. — La fête de la Raison à Saint-Roch. — Expurgation des répertoires de l'Opéra et du Théâtre de la République. — Les « scrupules d'une maîtresse ». — Jusqu'à Payan qui les désavoue................................... 285-291

Chapitre III. — A la Convention et dans les Sections, les artistes célèbrent à l'envi la Constitution. — Glorification sur la scène, par la voix et par le geste, de la guillotine. — « Flatteurs ! » un mot de Robespierre. — Le lendemain du 9 thermidor................. 292-296

CHAPITRE IV. — Quelques portraits d'acteurs démagogues ou réactionnaires. — Bordier le pendu. — Grammont-Nourry le guillotiné. — Dufresse, septembriseur méconnu : les Notes de Choudieu et la lettre de Mme de La Rochejacquelein. — Naudet, mauvais comédien, mais honnête homme. — La crânerie de Louise Contat. — Dazincourt-Figaro et Saint-Prix « soldat-citoyen ». — « Larive, où es-tu ? »................. 297-304

CHAPITRE V. — Le « citoyen Molé » : « Echec au tyran ! » ; son passage au « Théâtre National » ; comment on estropiait « le Misanthrope » ; Molé joue le rôle de Marat. — Lays défendu par Sainte-Luce-Oudaille ; sa mission politique à Bordeaux ; il est hué à l'Opéra : sa justification. — Michot, lui aussi, missionnaire politique, tient victorieusement tête à la cabale. — Injustes attaques contre Talma........ 305-313

CHAPITRE VI. — La « Chaste Suzanne » et la pétition du comédien Delpech au Conseil général de la Commune. — Entrées de faveur à l'Opéra-Comique ; habitués du café Chrétien : Mazuyer, Jourdan, Maillard et Cie ; réponse d'Elleviou aux aménités du général Mazuyer. — Cabales des « réacteurs » dans les petits théâtres. — Vallières, comme Lays, est défendu par le Cousin Jacques. — Les derniers jours de Trial. — Humiliation de Fusil : son amende honorable... 314-321

CHAPITRE VII. — En province. — Les billets de faveur n'apaisent pas les cerbères municipaux : les comédiens de Saumur. — Procession de Corsse à Bordeaux. — A Bourges et Agen les vêtements sacerdotaux deviennent des costumes de théâtre. — Misère des troupes de Bordeaux et de Toulouse. — Comédiens amateurs à Dijon et au Mans......... 322-328

2º ACTEURS-AUTEURS.

CHAPITRE Ier. — Rôle particulièrement difficile des acteurs-auteurs. — Dugazon, modèle du genre : ses qualités et ses défauts. — Ses deux pièces, l' « Emigrante » ou « le Père Jacobin » ; « le Modéré ». — Un mystificateur mystifié : visite domiciliaire et arrestation. — Les Jacobins le renient. — Il est brave et il a peur ! — Sa déclaration au Comité de Sûreté générale : Balzac et Doumer. — Les Thermidoriens le conspuent. — Une fin lamentable................ 329-337

CHAPITRE II. — Camaille-Saint-Aubin : éloges et critiques de l'écrivain. — Ses opinions politiques : « l'Ami du Peuple » et la correspondance qui l'accompagne : célébré à Rouen, il est interdit à Marseille. — Les variations de Camaille-Saint-Aubin : il finit dans la peau d'un juge de paix. — Le forain Ribié fonde à Rouen le Théâtre de la République : sa surenchère démagogique et son oraison funèbre de Bordier et de Jourdain. — Mayeur de Saint-Paul, esprit original : ses mésaventures comme directeur de théâtre à Bordeaux ; comment il se venge ; la vie d'un bohême... 338-350

Chapitre III. — L'auteur-acteur est moins tyrannisé à Paris. — Joigny, le comédien sans nez : auteur malheureux de la « Cause et les Effets » et très applaudi du « Siège de Lille ». — Bellemont donne la suite de « l'Heureuse Décade ». — Nicolaïe, dit Clairville et les beautés de sa « Fausse dénonciation ». — Léger et l'erreur des « Rapsodies du jour »............... 351-358

Chapitre IV. — Comment les faits de guerre civile et religieuse sont appréciés et dramatisés par les comédiens-auteurs. — Bonchamp et la guillotine dans le « Déménagement de l'Armée catholique, apostolique et romaine », par Fonpré. — Don d'ubiquité de Westermann, d'après « le Siège et la Prise de Cholet ». — « L'héroïne de Mithier ». — Les diverses « Reprises de Toulon ». — Collaboration de Picard et d'Alexandre Duval. — « Andros et Almona »....... 359-366

LE PUBLIC

Chapitre Ier. — La part du public dans le Théâtre de la Révolution. — Sa première effervescence en 1789. — Tumultes et batailles dans les salles de spectacle. — — Chances partagées entre aristocrates et démocrates. — Minorité jacobine et tyrannique en 1791. — La tournée de Larive à Caen : incidents de « Raoul de Créqui ». — Théâtre déserté. — Le désordre est à son comble en 1792 ; journaux brûlés sur la scène ; pièces condamnées ; bévues d'un public ignorant... 369-375

Chapitre II. — « Le Club des bonnes gens » et ses mésaventures à Lyon, d'après l'Allemand Reichardt. — « Le Club des bonnes gens à Paris », aux prises avec des « mal peignés ». — « La mort de César » à Marseille ; « à genoux ! à genoux ! » — Le double orage de l'« Auteur d'un moment », d'après Fournier l'Américain et Mallet du Pan. — Desvernois et sa scène de pugilat au Théâtre Molière. — Les théâtres désertés à Paris. — Le patriote Gonchon fait la loi dans la salle et dans les coulisses..................... 376-386

Chapitre III. — La cocarde au théâtre : dans la salle et sur la scène ; encore des bévues de spectateurs igno-

TABLE DES MATIÈRES

rants. — « Le Maire de village ou le Pouvoir de la Loi ». — La lettre d'Artophile. — Un contempteur d' « Œdipe à Colonne ». — Comment le public accueille les imprécations d'Albitte à « Caïus Gracchus ». — Multiples incidents de la « Première Réquisition ». — Au foyer du Théâtre Montansier........   387-398

Chapitre IV. — Public provincial : il n'entend pas se laisser mener. — Le « Club des bonnes gens » à Bordeaux. — Ysabeau et Tallien assistent à une représentation du Théâtre de la République à Bordeaux : la *Marseillaise* désavouée par un capitaine de l'armée révolutionnaire. — La turbulence du public rouennais. — La municipalité de Douai contre la population et la garnison......................   399-403

Chapitre V. — Après la persécution jacobine, la persécution thermidorienne. — Le « Réveil du Peuple » à Castres. — Injonction du public à Cabousse, directeur du Théâtre de la Montagne à Rouen. — Nouveaux désordres. — Prétentions d'un agent du ministre de l'intérieur ; son compte-rendu de « Robert, chef de brigands ». — Petite guerre des théâtres contre le Directoire. — Au Théâtre de la rue de Bondy. — A Feydeau. — Une lettre au général Buonaparte.................................   404-412

LA PRESSE

Journalistes et Critiques.

Chapitre I. — Molière, le Courtisan malgré lui, d'après les « Révolutions de Paris ». — Discours de La Harpe sur la liberté du théâtre, prononcé au Club des Jacobins. — Comment il exécute l'ancien répertoire, les comédiens français et tout spécialement l'œuvre de Du Belloy. — Conversion de La Harpe.........   415-420

Chapitre II. — La critique dramatique pendant la Révolution. — Le « Journal de Paris » et « Robert, chef de brigands ». — « Les Spectacles de Paris et de la France » : éreintement des « Deux Nicodème ». — — Difficultés de Collot d'Herbois, le rédacteur, avec Duchesne, propriétaire de la publication. — Ce qu'était cet Almanach pour 1794 : attaque furibonde contre les comédiens français, « l'Ami des Lois », « Paméla ». — Article, reproduit, de la « Feuille du Salut Public ».   421-429

Chapitre III. — Rousselin de Corbeau de Saint-Albin et sa campagne contre la Comédie-Française. — Son acharnement contre Larive et sa « prédiction » sur « les triumvirs du Vaudeville ». — Sa mercuriale à l'adresse de Monvel : plate soumission de ce comédien. — La croix de ma mère et le sucre brûlé de Dugazon. — Eloges distribués au « Jugement dernier des rois » et à « l'Heureuse Décade ». — « J. B. B. » de « la Feuille du Salut Public »................. 430-437

CHAPITRE IV. — La « Feuille du Salut Public » devenue « Feuille de la République » en 1794. — L'ex-marquis Antonelle, successeur, comme critique, de Rousselin. — La « majesté du peuple » outragée. — Critique de « la Discipline républicaine », de « l'Hypocrite en Révolution », de « Plus de bâtards en France ». — Eclairs de bon sens : pas de « philanthropie universelle », ni d'absurdités patriotiques. — Le « Jury des Arts ». — Un dilemme. — Après Thermidor : « Les Charlatans » et « le Bienfait de la Loi »............ 438-448

CHAPITRE V. — Le « Journal de la Montagne » et les « Réflexions » de Laveaux sur le « Fénelon » de Joseph Chénier. — Compliments du « Batave » à l'adresse des artistes de l'Opéra. — La critique du « Père Duchesne ». — Le vrai grief du gouvernement jacobin contre la Comédie-Française. — L' « Opéra » à l'Hôtel-de-Ville et « Feydeau » à la Convention...... 449-457

CHAPITRE VI. — Le « Journal des Hommes Libres » et la critique de l'hémistiche de M. J. Chénier. — Son correspondant de Bordeaux. — Le « Journal Universel » et sa politique étrangère. — L' « Abréviateur », clair de lune de la « Feuille du Salut Public » et le truc du « groupe d'abonnés ». — « L'Ecole de village », « la Révolution du 31 mai », « Gilles-Georges et Arlequin-Pitt ». — La critique d' « Epicharis et Néron ».. 458-464

CHAPITRE VII. — Les modérés. — Les « Révolutions de Paris » et leur critique de « l'Ami des Lois ». — La courtoisie du « Moniteur » : « Le Vous et le Toi » ; « Les Vrais sans-culottes » ; « l'Ecole de village » ; « l'Apothéose de Barra ». — La prudence du « Journal de Perlet » : « article communiqué »............ 465-470

CHAPITRE VIII. — « Le Journal des Spectacles », le seul spécialiste pendant la Terreur. — C'est un réactionnaire très prudent. — Ses procédés. — Il défend la liberté des cultes : « Georges et Grosjean » ; « la Journée du Vatican ». — Concessions forcées : « Arétophile » de Ronsin. — Malices par sous-entendus : « Au retour ». — Colères : « les Prêtres et les Rois ». — Critiques plus vives. — Fin d'un journal ; fin d'un journaliste.................................. 471-483

CHAPITRE IX. — Représailles exercées, pendant la période thermidorienne, par les journaux survivants ou ressuscités. — La « Gazette Française » : son juste réquisitoire et sa bévue. — Autre gaffe signalée par « l'Anti-Terroriste ». — Madame Clairville et Cornu de Boisancourt. — Presse jacobine et presse royaliste.................................. 484-487

Index alphabétique des noms cités............ 489

ABBEVILLE. — IMPRIMERIE F. PAILLART

EN VENTE A LA MÊME LIBRAIRIE

Albéric CAHUET

APRÈS LA MORT DE L'EMPEREUR
DOCUMENTS INÉDITS

Un volume in-18, illustré — Prix . . . . **3 fr. 50**

Jacques de LA FAYE

ÉLISABETH DE BAVIÈRE
IMPÉRATRICE-REINE D'AUTRICHE-HONGRIE

Avec préface de M. Maurice BARRÈS de l'Académie Française.

Un volume in-18. — Prix . . . . **3 fr. 50**

Alfred MARQUISET

ROMIEU ET COURCHAMPS

Un volume in-8° avec dix illustrations. — Prix . . . . **5 fr. »»**

Paul FROMAGEOT

UNE COUSINE DU GRAND CONDÉ
ISABELLE DE MONTMORENCY
DUCHESSE DE CHATILLON ET DE MECKLEMBOURG

Un volume in-8° avec illustrations. — Prix . . . . . **5 fr. »»**

Joseph TURQUAN

LADY HAMILTON
AMBASSADRICE D'ANGLETERRE
ET
LA RÉVOLUTION DE NAPLES

Un volume in-8° avec une héliogravure. — Prix. **5 fr. »»**

ABBEVILLE. — IMPRIMERIE F. PAILLART

www.ingramcontent.com/pod-product-compliance
Lightning Source LLC
Chambersburg PA
CBHW070835230426
43667CB00011B/1802